Bönker/Lailach
Praxisleitfaden Immobilienrecht

Praxisleitfaden Immobilienrecht

von

Rechtsanwalt Dr. Christian Bönker
Kapellmann & Partner, Berlin

und

Rechtsanwalt Dr. Martin Lailach
Kapellmann & Partner, Berlin

2. Auflage

Verlag C.H. Beck München 2009

Verlag C.H. Beck im Internet:
beck.de

ISBN 978 3 406 59335 2

Wilhelmstraße 9, 80801 München

Druck: Druckhaus Nomos
In den Lissen 12, 76547 Sinzheim

Satz: Fotosatz H. Buck
Zweikirchener Str. 7, 84036 Kumhausen

Gedruckt auf säurefreiem, alterungsbeständigem Papier
(hergestellt aus chlorfrei gebleichtem Zellstoff)

Vorwort zur 2. Auflage

Etwas mehr als 3 Jahre nach Erscheinen des Buches ist die Zeit für eine Neuauflage reif. Das Konzept der ersten Auflage, anhand diverser praktischer Beispiele eine kompakte Darstellung der wichtigsten Probleme des Immobilienrechts zu geben, ist von den Leserinnen und Lesern gut angenommen worden. Durch verschiedene aktuelle Entwicklungen in der einschlägigen Gesetzgebung und Rechtsprechung sind allerdings – nicht zuletzt vor dem Hintergrund der Krise der Finanzmärkte – wesentliche neue Diskussionsfelder eröffnet worden. Exemplarisch mögen hier für das Allgemeine Immobilienrecht die Förderalismusreform 2006, für den Bereich der Unternehmensformen die Einführung von Real Estate Investment Trusts (REIT) im Jahre 2007, die Modernisierung des GmbH-Rechts im Jahre 2008, für den Bereich des Grundstücksrechts die WEG-Novelle 2006 sowie für den Bereich des Baurechts die BauGB- und VOB/B-Fortentwicklungen 2006/2007 und 2009 und schließlich die Konjunkturpakete 2008/2009 des Bundes genannt werden. Die komplexen, einem stetigen Wandel unterworfenen Gesetzeslagen und die damit korrespondierenden, teilweise recht spektakulären höchstrichterlichen Entscheidungen zeigen: Immobilieninvestitionen stehen weiterhin im Fokus der Volkswirtschaft, das Immobilienrecht wird unverändert als zentrales Steuerungsinstrument eingesetzt.

Was es damit im Einzelnen auf sich hat, soll im Folgenden unter Beibehaltung der bewährten didaktischen Struktur des Buches aufgezeigt werden. Für Leserinnen und Leser, die sich vorab zusammenfassend über die Schwerpunkte der Immobiliengesetzgebung seit 2005 informieren wollen, wird auf den Überblick in der Einführung verwiesen (§ 1 Rdn. 7); Details werden von uns in den jeweiligen Kontexten aufgegriffen und vertieft.

Für die positive Resonanz auf die erste Auflage bedanken wir uns. Nach wie vor gilt, dass wir auch für Anregungen und Hinweise jeglicher Art dankbar sind.

Berlin, im April 2009

Dr. Christian Bönker
Dr. Martin Lailach

Inhaltsübersicht

Inhaltsverzeichnis

Inhaltsverzeichnis

Inhaltsverzeichnis

Inhaltsverzeichnis

Abkürzungsverzeichnis

a. F.	alte Fassung
ABN	Allgemeine Bedingungen für die Bauwesenversicherung von Gebäudeneubauten durch Auftraggeber
Abs.	Absatz
Abt.	Abteilung
ABU	Allgemeine Bedingungen für die Bauwesenversicherung von Unternehmerleistungen
AG	Aktiengesellschaft
AG	Amtsgericht
AG	Die Aktiengesellschaft
AGB	Allgemeine Geschäftsbedingungen
AGK	Allgemeine Geschäftskosten
AHB	Allgemeine Haftpflichtbedingungen
AHO	Ausschuss für Honorarordnung der Ingenieurkammer und Verbände
AktG	Aktiengesetz
AnfG	Anfechtungsgesetz
AO	Abgabenordnung
ATV	Allgemeine Technische Vertragsbedingungen für Bauleistungen
Aufl.	Auflage
AVB	Allgemeine Vertragsbedingungen
AVBGas	Verordnung über allgemeine Bedingungen für die Gasversorgung von Tarifkunden
Az.	Aktenzeichen
BauFordSiG	Gesetz über die Sicherung der Bauforderungen
BauGB	Baugesetzbuch
BauNVO	Baunutzungsverordnung
BauR	baurecht
BausparkG	Bausparkassengesetz
BayObLG	Bayerisches Oberstes Landesgericht
BayObLGZ	Entscheidungen des Bayerischen Obersten Landesgerichts
BB	Betriebsberater
BBR	Besondere Bedingungen und Risikobeschreibungen für die Berufshaftpflichtversicherung von Architekten, Bauingenieuren und Beratenden Ingenieuren
BFH	Bundesfinanzhof
BFH/NV	Sammlung amtlich nicht veröffentlichter Entscheidungen des BFH
BFHE	Entscheidungen des Bundesfinanzhofes
BGB	Bürgerliches Gesetzbuch
BGF	Bruttogrundrissfläche
BGH	Bundesgerichtshof
BGH-Rep.	BGH Report
BGHZ	Entscheidungen des Bundesgerichtshofs in Zivilsachen
BGK	Baustellengemeinkosten
Bids	Business Improvement Districts
BörsG	Börsengesetz
BRAK-Mitt.	Mitteilungen der Bundesrechtsanwaltskammer
BRS	Baurechtssammlung
BStBl.	Bundessteuerblatt
BV	Berechnungsverordnung
BVerfG	Bundesverfassungsgericht

Abkürzungsverzeichnis

BVerfGE	Entscheidungen des Bundesverfassungsgerichts
BVerwG	Bundesverwaltungsgericht
BVerwGE	Entscheidungen des Bundesverwaltungsgerichts
CAP	Zinsobergrenze
DB	Der Betrieb
DIN	Deutsches Institut für Normung
DNotZ	Deutsche Notar-Zeitschrift
DÖV	Die öffentliche Verwaltung
DStR	Deutsches Steuerrecht
DVBl.	Deutsches Verwaltungsblatt
DVP	Deutscher Verband für Projektsteuerung
EFG	Entscheidungen des Finanzgerichts
EKT	Einzelkosten der Teilleistungen
ErbbauRG	Erbbaurechtsgesetz
EStG	Einkommensteuergesetz
EU	Europäische Union
EuGH	Europäischer Gerichtshof
EuGHE I	Entscheidungen des EuGH
EuGVVO	Verordung über die gerichtliche Zuständigkeit und die Anerkennung und die Vollstreckung von Entscheidungen in Zivil- und Handelssachen
EV	Einstweilige Verfügung
ff.	folgende
FFH	Fauna-Flora-Habitat
FG	Finanzgericht
FGG	Gesetz über die Angelegenheiten der freiwilligen Gerichtsbarkeit
FM	Facility Management
GBO	Grundbuchordnung
GE	Grundeigentum
GbR	Gesellschaft bürgerlichen Rechts
GewArch	Gewerbearchiv
GewStG	Gewerbesteuergesetz
GF	Geschäftsführer
GFZ	Geschossflächenzahl
GG	Grundgesetz
gif	Gesellschaft für immobilienwirtschaftliche Forschung e.V.
GmbH	Gesellschaft mit beschränkter Haftung
GmbHG	Gesetz betreffend die Gesellschaften mit beschränkter Haftung
GmbHR	GmbH-Rundschau
GMP-Vertrag	Garantierter Maximumpreis-Vertrag
GrEStG	Grunderwerbsteuergesetz
GrStG	Grundsteuergesetz
GRUR	Gewerblicher Rechtsschutz und Urheberrecht
GRZ	Grundflächenzahl
GU	Generalunternehmer
GWB	Gesetz gegen Wettbewerbsbeschränkungen
HGB	Handelsgesetzbuch
HOAI	Honorarordnung für Architekten und Ingenieure
HypBankG	Hypothekenbankengesetz
IFRS	International Financial Accounting Standards
IBR	Immobilien- & Baurecht
IMR	IMR Immobilienverwaltung & Recht
InsO	Insolvenzordnung
InvG	Investmentgesetz
JurBüro	Das juristische Büro
JZ	Justizzeitung
KAGG	Gesetz über Kapitalanlagegesellschaften
KfW	Kreditanstalt für Wiederaufbau

KG	Kammergericht
KG	Kommanditgesellschaft
KGR	KG Report
KStG	Körperschaftssteuergesetz
KStZ	Kommunale Steuerzeitung
KWG	Kreditwesengesetz
LG	Landgericht
lit.	litera (Buchstabe)
LKV	Landes- und Kommunalverwaltung
MaBV	Makler- und Bauträgerverordnung
MDR	Monatszeitschrift für Deutsches Recht
MF-0	keine Mietfläche
MF-G	Mietfläche
MittBayNot	Mitteilungen des Bayerischen Notarvereins
MittRhNotK	Mitteilungen der Rheinischen Notarkammer
NdsRpfl.	Niedersächsische Rechtspflege
NF	Nutzfläche
NGF	Nettogrundrissfläche
NJW	Neue Juristische Wochenzeitschrift
NJW-RR	NJW-Rechtsprechungs-Report Zivilrecht
NordÖR	Zeitschrift für öffentliches Recht in Norddeutschland
NuR	Natur und Recht
NVwZ	Neue Zeitschrift für Verwaltungsrecht
NVwZ-RR	NVwZ-Rechtsprechungs-Report Verwaltungsrecht
NWVBl.	Nordrhein-Westfälische Verwaltungsblätter
NZBau	Neue Zeitschrift für Baurecht und Vergaberecht
NZG	Neue Zeitschrift für Gesellschaftsrecht
NZM	Neue Zeitschrift für Miet- und Wohnungsrecht
OFD	Oberfinanzdirektion
OG	Obergeschoss
OHG	Offene Handelsgesellschaft
OLG	Oberlandesgericht
OLGR	OLG Report
OVG	Oberverwaltungsgericht
PartGG	Partnerschaftsgesellschaftsgesetz
PPP	Public Private Partnership
RdL	Recht der Landwirtschaft
Rdn.	Randnummer
REITs	Real Estate Investment Trusts
RGZ	Entscheidungen des Reichsgerichts in Zivilsachen
RIW	Recht der internationalen Wirtschaft
RNotZ	Rheinische Notar-Zeitschrift
ROG	Raumordnungsgesetz
RPfleger	Der Deutsche Rechtspfleger
RuS	Rechtsprechung und Schrifttum
SächsVBl.	Sächsische Verwaltungsblätter
SiGeKo	Koordinator für Sicherheit und Gesundheitsschutz auf der Baustelle
StE	Steuer-Eildienst
SWAP	Zinsanpassung
TU	Totalunternehmer
UBGG	Gesetz über Unternehmensbeteiligungsgesellschaften
UPR	Umwelt- und Planungsrecht
UR	Umsatzsteuer-Rundschau
UStDV	Umsatzsteuer-Durchführungsverordnung
UStG	Umsatzsteuergesetz
VergabeR	Zeitschrift für das gesamte Vergaberecht
VerkProspG	Gesetz über Verkaufsprospekte

Abkürzungsverzeichnis

VersR	Versicherungsrecht
VGH	Verwaltungsgerichtshof
Vgl.	vergleiche
VgV	Vergabeverordnung
VOB	Vergabe- und Vertragsordnung für Bauleistungen
VOB/A	Vergabe- und Vertragsordnung für Bauleistungen, Teil A: Allgemeine Bestimmungen für die Vergabe von Bauleistungen
VOB/B	Vergabe- und Vertragsordnung für Bauleistungen, Teil B: Allgemeine Vertragsbedingungen für die Ausführung von Bauleistungen
VOB/C	Vergabe- und Vertragsordnung für Bauleistungen, Teil C: Allgemeine Technische Vertragsbedingungen für Bauleistungen (ATV)
VÜA Bund	Vergabeüberwachungsausschuss des Bundes
VVG	Gesetz über den Versicherungsvertrag
WA	Allgemeines Wohngebiet
WE	WE Wohnungseigentum
WEG	Wohnungseigentümergemeinschaft
WEG	Wohnungseigentumsgesetz
WertR	Wertermittlungsrichtlinien
WertV	Wertermittlungsverordnung
WM	Wertpapiermitteilungen (Zeitschrift für Wirtschafts- und Bankrecht)
WuM	Wohnungswirtschaft und Mietrecht
WuW/E	Wirtschaft und Wettbewerb/Entscheidungssammlung
ZfBR	Zeitschrift für deutsches und internationales Bau- u. Vergaberecht
ZfIR	Zeitschrift für Immobilienrecht
ZIP	Zeitschrift für Wirtschaftsrecht und Insolvenzpraxis
ZMR	Zeitschrift für Miet- und Raumrecht
ZPO	Zivilprozessordnung
ZTV	Zusätzliche Technische Vertragsbedingungen
ZUR	Zeitschrift für Umweltrecht
ZVB	Zusätzliche Vertragsbedingungen

§ 1 Einleitung

Die Immobilienwirtschaft ist national wie international ein bedeutender **Wirtschaftsfaktor**. Nicht nur der Staat verfügt über zahlreiche bebaute und unbebaute Grundstücke. Auch die meisten Unternehmen nutzen eine oder mehrere Immobilien, sei es als Eigentümer oder als Mieter. 1

Wo Immobilien ein bedeutender Wirtschaftsfaktor sind, treten stets auch Rechtsprobleme auf. Eine Vielzahl von Protagonisten ist mit den jeweils aktuellen Themenschwerpunkten befasst; das Immobilienrecht ist daher ein äußerst komplexes Rechtsgebiet.

Beispielfall 1: Rechtsproblem Reihenhaus 2
Der Investor I erfährt, dass in der Stadt S ein etwa 1500 m² großes Grundstück als Bauland verkauft werden soll. Nach Auffassung von I eignet sich das Grundstück optimal für eine Bebauung mit vier Reihenhäusern. I überschlägt die Kosten; nach den Berechnungen des I lässt sich ein erheblicher Gewinn erzielen, wenn die bebauten Reihenhausgrundstücke zu einem realistischen Preis weiterveräußert werden können.

Als I bei der Bank B anfragt, ob Bereitschaft bestehe, das Projekt zu finanzieren, fragt der zuständige Sachbearbeiter I, wie die Planung aussehe und ob das Baurecht gesichert sei. I entgegnet, ohne Finanzierung könne er keine Planung in Auftrag geben. B werde durch Darlehenszinsen und Grundpfandrecht abgesichert.

1. Begriffliche Grundlagen des Immobilienrechts

Im Mittelpunkt des Immobilienrechts steht der **Begriff der Immobilie**. Immobilien sind nach traditionellem Verständnis unbewegliche Sachen im Sinne von § 90 des Bürgerlichen Gesetzbuchs (BGB). Allerdings geht es insoweit nicht lediglich um Grund und Boden. Gegenstand des Immobilienrechts sind vielmehr typischerweise auch Rechtsfragen im Zusammenhang mit Gebäuden und Gebäudeteilen, die sich auf Grundstücken befinden. 3

Zum **Immobilienrecht** zählen alle Vorschriften, die den Erwerb und die Nutzung von Grundstücken, Gebäuden und Gebäudeteilen regeln. Dabei knüpfen sich speziell an den Nutzungsaspekt vielfältigste Differenzierungen, beginnend mit den Vorschriften über die Schaffung von Baurecht bis hin zu vertraglichen Entwicklungs- und Verwertungsmodellen. 4

Die **Kernbereiche** des Immobilienrechts lassen sich wie folgt darstellen: 5

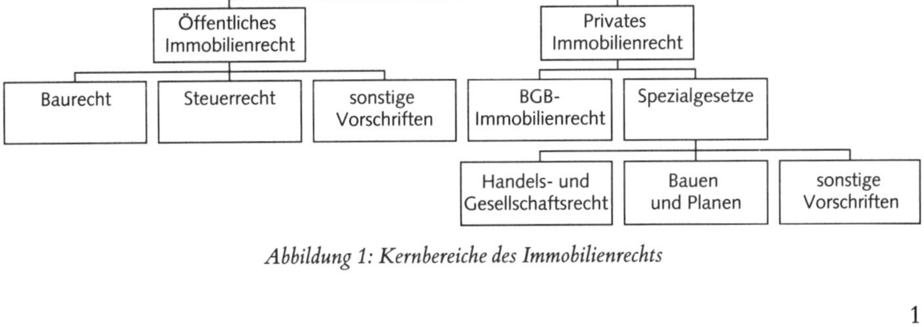

Abbildung 1: Kernbereiche des Immobilienrechts

6 Das Immobilienrecht hat **Querschnittscharakter.** Es gibt aber leider kein „Immobiliengesetzbuch“, der Anwender muss sich im Einzelfall informieren, welche allgemeinen und besonderen Bestimmungen für den in Rede stehenden Sachverhalt einschlägig sind. Dabei unterliegen die ohnehin schon schwer zu überschauenden einzelnen Gesetze und sonstigen Normen teilweise noch erheblichen rechtspolitischen Einflüssen; einerseits fördert der Gesetzgeber diverse Maßnahmen etwa durch steuerliche Sonderabschreibungen und baurechtliche Privilegien,[1] andererseits wird unerwünschten Entwicklungen durch Hürden in Form von einengenden Vorgaben begegnet.[2]

7 **Schwerpunkte** der gesetzgeberischen Tätigkeit auf dem Gebiet des Immobilienrechts waren **seit 2005**

- die Novellierung des Wohnungseigentumsrechts,
- eine Flexibilisierung der für die Immobilienwirtschaft in Betracht kommenden Unternehmensformen,
- die Einführung von Real Estate Investment Trusts (REIT),
- die Unternehmenssteuerreform 2008,
- die Bilanzrechtsmodernisierung 2009,
- die Modernisierung des öffentlichen Raumordnungs- und Baurechts mit dem vorrangigen Ziel, die Entwicklung städtischer Räume zu fördern,
- die Einführung diverser Vorschriften zur Energieeffizienz von Gebäuden und zur Immissionsvermeidung,
- die differenziertere Ausgestaltung des Vergaberechts für öffentliche Auftraggeber,
- die Fortentwicklung des BGB-Werk- und des VOB/B-Bauvertragsrechts.

8 Andere umstrittene Gesetzgebungsprojekte wie die seit längerem diskutierte Novellierung der Vorschriften über die Immobilienwertermittlung und die Einführung eines bundeseinheitlichen Umweltgesetzbuchs konnten bis Anfang 2009 nicht abgeschlossen werden. Vor dem Hintergrund der Krise der Finanzmärkte sollen aber auch und gerade Investitionen in Immobilien gefördert werden; es bleibt daher abzuwarten, welche Beiträge dazu der Gesetzgeber über die 2008/2009 verabschiedeten Konjunkturpakete I und II hinaus im einzelnen leisten wird.

9 Die **Rechtsprechung** zum Immobilienrecht interpretiert die gesetzgeberischen Weichenstellungen mit einigem zeitlichen Versatz. Beispiele aus der jüngsten Vergangenheit sind zahlreiche Entscheidungen zur baurechtlichen Zulässigkeit von Lebensmittelmärkten knapp unterhalb der Großflächigkeitsschwelle[3] sowie Auseinandersetzungen zur Rückabwicklung und finanziellen Kompensation riskanter Immobilienanlagen.[4] Nicht zuletzt wegen derartiger Entscheidungen ist das Immobilienrecht durch eine große **Dynamik** gekennzeichnet.

10 Im **Beispielfall 1** berühren die Überlegungen des I beinahe alle Kernbereiche des Immobilienrechts: Es geht um den Erwerb, die Entwicklung und Verwertung einer Immobilie, nämlich des Grundstücks in der Stadt S. Öffentlich-rechtlich ist das Baurecht zu klären, privatrechtlich hat I bei Realisierung des Projekts verschiedene Verträge abzuschließen. Eine gewerbliche Komponente resultiert möglicherweise aus der Tatsache, dass I mit Gewinnerzielungsabsicht mehr als 3 Objekte bebauen und veräußern will; dies kann insbesondere steuerlich relevant sein.[5]

[1] BFH, DStR 2004, 497 – Fördergebietsgesetz; BVerwG, ZfBR 2004, 464 – Windkraftanlage.
[2] VGH Mannheim, BauR 2003, 1526 – großflächiger Einzelhandel; BGH, NJW-RR 1998, 952 – Architekt als Makler.
[3] Vgl. BVerwG, ZfBR 2006, 247 – 800 qm Verkaufsfläche.
[4] Vgl. BGH, ZfIR 2007, 183 – Haftung der finanzierenden Bank.
[5] BFH, ZfIR 2007, 589 – 3-Objekte-Grenze.

2. Protagonisten von Immobilienprojekten

Bei Immobiliengeschäften ist der Investor meist von Beginn an mit einer **Vielzahl von Beteiligten** konfrontiert. Die nachfolgende Abbildung zeigt einige Rechtsbeziehungen, die üblicherweise zu beachten sind: 11

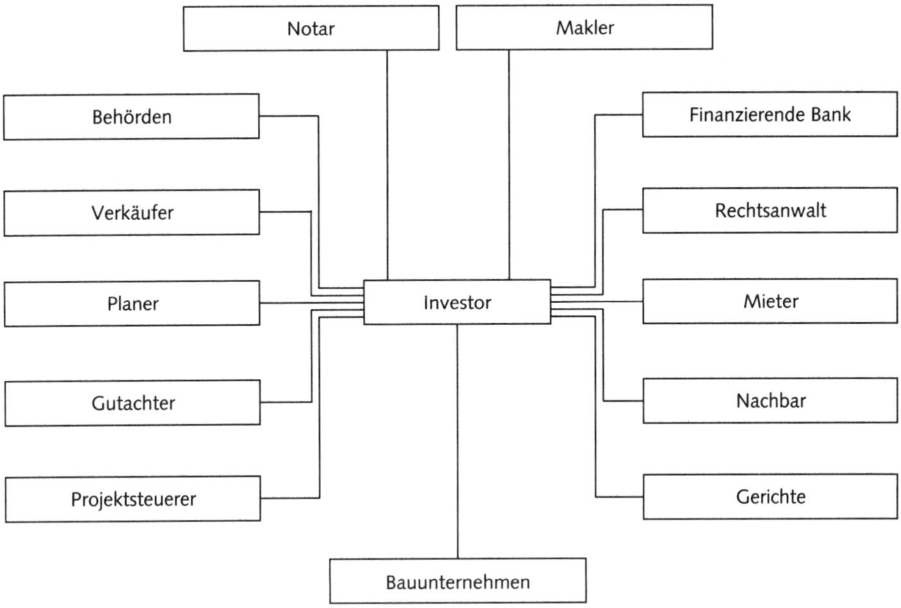

Abbildung 2: Protagonisten von Immobilienprojekten

Immobiliengeschäfte, bei denen mehrere Beteiligte zusammenarbeiten, sind typische **Projekte** im Sinne der maßgeblichen DIN 69901. Es handelt sich um Vorhaben, die im Wesentlichen durch die Einmaligkeit der Bedingungen in ihrer Gesamtheit gekennzeichnet sind, insbesondere 12

- Zielvorgabe,
- zeitliche, finanzielle, personelle oder andere Begrenzungen,
- Abgrenzung gegenüber anderen Vorhaben sowie
- projektspezifische Organisation.

Mit der Projektentwicklung, der Projektsteuerung, dem Projektmanagement und dem Projektcontrolling haben sich neuartige Leistungsprofile entwickelt, die ihre Legitimation aus der Einmaligkeit der Bedingungen von Immobilienprojekten beziehen.[6] Die **Projektentwicklung** steht dabei nach dem überwiegenden Begriffsverständnis für ein kreativ und akquisitorisch geprägtes Frühstadium, in dem Vorhaben von Initiatoren konzipiert und konfiguriert werden; nur bei einer erfolgreichen Vermarktung, insbesondere durch Gewinnung von Nutzern, und Schaffung der sonstigen Realisierungsvoraussetzungen, etwa im Hinblick auf den Grunderwerb, die Finanzierung und das Baurecht, wird allerdings aus der Idee eine Investition werden. Viele Projekte scheitern bereits auf der Entwicklungs- 13

[6] Vgl. BGH, BauR 1997, 154 – Projektsteuerung; BGH, BauR 2002, 315 – Qualitätscontrolling.

ebene – meist mit der Konsequenz, dass die den Beteiligten entstandenen Kosten entweder von vornherein nicht bezahlt oder jedenfalls nicht über spätere Einnahmen refinanziert werden können.[7]

14 Projektentwicklung und Projektrealisierung werden sich nach der hier zugrunde gelegten Terminologie vielfach unter dem professionellen Dach eines **Immobilienportfolios** bewegen. Während die projektbezogene Perspektive auf die Abwicklung individueller Einzelmaßnahmen ausgerichtet ist, orientiert sich die Portfolio-Betrachtung an Grundstücks- und Gebäudebeständen, die von Immobilien- oder anderen Unternehmen mit entsprechenden Binnenorganisationen langfristig gehalten und wirtschaftlich genutzt werden. Maßnahmen des Portfoliomanagements münden dann vielfach in Projektentwicklungen.

15 Architekten, Ingenieure, Betriebswirte und Juristen werden allein kaum jemals in der Lage sein, jeder Facette komplexer Projekte und Immobilienportfolien gerecht zu werden. Sowohl im Bereich der Projektentwicklung als auch bei der nachfolgenden Projektrealisierung und der projektunabhängigen Bewirtschaftung von Immobilienportfolien sind deshalb **interdisziplinäre Kooperationen** und aufeinander abgestimmte Vertragsstrukturen unabdingbar.

16 Im **Beispielfall 1** handelt es sich sicherlich nicht (mehr) um ein „Feierabendprojekt", das der I in eigener Regie gleichsam nebenbei betreiben kann. I hat es mit der Baubehörde und dem Finanzamt zu tun. Rechtssichere und wirtschaftlich effiziente Vorbereitung, Verhandlung und Abwicklung der Verträge mit den Beteiligten verlangen nach einer professionellen Begleitung. I kann etwa mit einem Projektsteuerungsunternehmen oder einem Bauträger über eine Zusammenarbeit sprechen; auch kann I in Erwägung ziehen, Rechtsberatungsleistungen bei geeigneten Rechtsanwälten zu beauftragen.

3. Lebenszyklus von Immobilien

17 Für die Rechtsbeziehungen des Investors zu den jeweiligen Mitwirkenden können vielerlei Vorschriften des öffentlichen und des privaten Immobilienrechts gelten. Dabei können die Interessen durchaus gegenläufig sein; so reduziert eine Senkung der Baukosten zwar einerseits den Investitionsbedarf und erhöht dadurch die Chancen auf Verwertungsgewinne, für das Bauunternehmen ergibt sich daraus jedoch automatisch ein erheblicher Preisdruck. Ein vergleichbarer **Interessenkonflikt** kann entstehen, wenn sich der für den Käufer auftretende Immobilienmakler zugleich für den Verkäufer als Verwalter betätigt.[8]

18 Am besten lassen sich die verbreiteten Konfliktszenarien und ihre rechtliche Beurteilung mithilfe einer am Lebenszyklus der Immobilie orientierten Betrachtung demonstrieren. Um den Lebenszyklus der Immobilie nachvollziehen zu können, sind nach einem kurzen Überblick über das Allgemeine, also teilgebietsübergreifende Immobilienrecht (dazu nachfolgend unter § 2) zunächst die im Immobilienrecht gängigen Unternehmensformen zu rekapitulieren (§ 3). Danach geht es um das Grundstücksrecht (§ 4) sowie die Modalitäten des Erwerbs und der Veräußerung von Immobilien (§ 5).

19 Voraussetzung für die erfolgreiche Realisierung von Immobiliengeschäften sind die angemessene Bewertung von Grundstücken und Gebäuden (§ 6), die hinreichende Finanzierung und Absicherung des erforderlichen Kapitals (§ 7) sowie die Prüfung der steuerlichen

[7] Vgl. OLG Hamburg, IBR 2005, 492 – Honorar des Projektentwicklers.
[8] Vgl. BGH, WM 2005, 1479 – Käufermakler als Grundstücksverwalter.

Implikationen (§ 8). Außerdem muss regelmäßig Baurecht geschaffen werden (§ 9); dem Vorhaben eventuell entgegenstehende nachbarliche Belange sind auszuräumen (§ 10).

Organisation und Planung der Bebauung von Grundstücken (§ 11) bereiten die eigentliche Bauausführung vor (§ 12). An diese Phase schließt sich die Verwertungsphase an; als Nutzungs- und Verwertungsmodelle sind – neben der Veräußerung – vor allem Miete und Leasing üblich (§ 13). Eigenen Regeln folgt die Bewirtschaftung von Immobilienbeständen; die Betriebsphase verursacht in der Langfristbewertung die höchsten Kosten (§ 14). 20

Sonderprobleme entstehen oft in Bezug auf bei Immobiliengeschäften angebotene Versicherungen (§ 15). Auch Insolvenzen kommen im Immobilienbereich verstärkt vor; es stellt sich deshalb die Frage nach den in diesem Fall bestehenden Handlungsoptionen (§ 16). 21

Schließlich sind Rechtsschutzaspekte in die Überlegungen einzubeziehen (§ 17). 22

Im **Beispielfall 1** muss I gegenüber Behörden und privaten Vertragspartnern die allgemeinen Rahmenbedingungen des Immobilienrechts beherrschen. I muss auch prüfen, ob er in eigenem Namen handeln oder eventuell eine Gesellschaft unter Einbeziehung externer Kapitalgeber gründen will. Grundstücksverhältnisse, Bewertung der Immobilie, Finanzierungs- und Absicherungschancen sowie steuerliche Aspekte werden die Ankaufentscheidung und die Verwertung prägen. Versicherungsfragen treten auf, ebenso kann I mit Insolvenzen oder Rechtsstreitigkeiten konfrontiert sein. 23

§ 2 Allgemeines Immobilienrecht

Das Immobilienrecht setzt sich aus einer Reihe von Teilgebieten zusammen, etwa dem Grundstücksrecht, dem Architektenrecht und dem öffentlichen Baurecht. Es gibt aber einige zentrale Prinzipien und allgemeine Regeln, die dem Rechtsanwender in nahezu allen Teilgebieten immer wieder begegnen. 1

Beispielfall 2: Kaltluftschneise 2
Der Investor I will ein ihm gehörendes Grundstück bebauen, auf dem sich zahlreiche Apfelbäume und eine denkmalgeschützte alte Scheune befinden. Der Architekt A, den I aus dem örtlichen Tennisclub kennt, erstellt eine Vorplanung für ein Hotel. Das Planungskonzept wird aber von der Baubehörde mit der Begründung verworfen, das Grundstück des I befinde sich in einer Kaltluftschneise und dürfe daher nicht bebaut werden; zudem sei die denkmalgeschützte Scheune zu erhalten.

1. Verfassungsrechtliche Wurzeln des Immobilienrechts

Fundament des gesamten Immobilienrechts ist das **Eigentumsgrundrecht** nach Art. 14 des Grundgesetzes (GG). Nach Art. 14 Abs. 1 GG ist das Individualeigentum, insbesondere an Grundstücken, vor staatlichen Eingriffen geschützt. Durch Gesetz können zwar Inhalt und Schranken des Eigentums definiert werden. Der Kernbereich der Eigentumsfreiheit muss jedoch erhalten bleiben. **Enteignungen** dürfen nur durch oder aufgrund von Gesetzen und zum Wohle der Allgemeinheit erfolgen (Art. 14 Abs. 3 GG).[1] 3

Auch wenn der Großteil der immobilienrechtlichen Gesetze mit der Eigentumsfreiheit des Art. 14 GG vereinbar ist, kann es gelegentlich zu **unverhältnismäßigen Eingriffen** kommen, die von Grundeigentümern gerichtlich abgewehrt werden können. Unverhältnismäßig und verfassungswidrig sind etwa umweltrechtliche oder denkmalschutzrechtliche Vorgaben, die den Eigentümer zu Sanierungs- oder Erhaltungsmaßnahmen mit einem über den Wert des Grundstücks hinausgehenden Volumen verpflichten.[2] Ein (entschädigungspflichtiger) enteignungsgleicher oder enteignender Eingriff kann nach der höchstrichterlichen Rechtsprechung vorliegen, wenn Immobilien durch Einwirkungen staatlicher Einrichtungen nachhaltig entwertet werden; beispielsweise kann dies bei Zugangsbeeinträchtigungen durch Großbaustellen oder Immissionen benachbarter Truppenübungsplätze der Fall sein.[3] 4

Neben der Eigentumsgarantie können durch staatliches Handeln eventuell noch **andere Grundrechte** betroffen sein, etwa bei Regelungen der Betätigung einzelner Berufsgruppen die Berufsfreiheit nach Art. 12 GG oder bei Gesundheitsgefahren das Recht auf körperliche Unversehrtheit nach Art. 2 GG.[4] Verfassungskraft hat zudem die **kommunale Selbstver-** 5

---

[1] BVerfGE 74, 264 – PKW-Teststrecke Boxberg; OVG Hamburg, ZUR 2005, 38 – Airbus A 380.
[2] BVerfGE 100, 226 – Denkmalschutz.
[3] BGH, NJW 1983, 1663 – U-Bahn-Baustelle; BGH, MDR 1978, 1005 –Manöverlärm.
[4] BGHZ 147, 39 – Rechtsanwalt als Makler; BVerfG, NJW 2002, 1638 – Elektrosmog.

waltung nach Art. 28 GG, die Gemeinden insbesondere ihre Planungsautonomie gegenüber konfligierenden Maßnahmen von Bund und Ländern sichert. Unter anderem kann dies Planfeststellungen überregional bedeutsamer Vorhaben betreffen.[5]

6 Für die Klärung verfassungsrechtlicher Fragen ist das **Bundesverfassungsgericht** zuständig. Nach der entsprechenden Prozessordnung kann gegen Staatsakte, die Grundrechte verletzen, Verfassungsbeschwerde eingelegt werden. Die Erfolgsaussichten sind in einem solchen Verfahren äußerst gering; es muss mit einer mehrjährigen Prozessdauer gerechnet werden.

7 Im **Beispielfall 2** kann I prinzipiell argumentieren, dass nach Art. 14 GG Baufreiheit besteht. Durch Bebauungspläne sowie Denkmal- und Naturschutzvorschriften wird die Baufreiheit jedoch erheblich relativiert. Die planerische Ausweisung einer Kaltluftschneise mit der Konsequenz von Nutzungseinschränkungen kann je nach den topographischen Gegebenheiten zulässig sein, ebenso das Gebot zur Erhaltung der Scheune mit vertretbarem wirtschaftlichem Aufwand. [6]

2. Öffentliches Immobilienrecht

8 Die verfassungsrechtliche Eigentumsgarantie wird durch das öffentliche Immobilienrecht näher ausgestaltet. **Öffentlich-rechtlich** sind alle Regelungen, die die Rechtsbeziehungen zwischen Staat und Privatpersonen sowie Unternehmen normieren, insbesondere (mit Sanktionen bewehrte) Ge- und Verbote, Genehmigungserfordernisse und Verpflichtungen zur Zahlung von Steuern.

2.1 Rechtsgrundlagen

9 Öffentliches Immobilienrecht kann **Bundes-, Landes- oder Kommunalrecht** sein. Bodenordnung ist nach den im Zuge der Förderalismusreform 2006 teilweise neu geordnete Gesetzgebungskompetenzen des Grundgesetzes (Art. 70 ff. GG) Sache des Bundes, Denkmalschutz fällt dagegen in die Hoheit der Länder. Kommunen können insbesondere im Bau-, Abgaben- und Steuerrecht dezentrale Festlegungen treffen; im Einzelfall kann die Rechtslage deshalb regional erheblich variieren.

10 Weitere Differenzierungen ergeben sich aus der Art der jeweils zu beachtenden **Rechtsquelle**. Neben formellen Gesetzen, Rechtsverordnungen und Satzungen gibt es ergänzende Verwaltungsvorschriften, Erlasse, Richtlinien, Arbeitshilfen und ähnliche Klauselwerke. Manchmal werden pauschale Gesetzesformulierungen – nach dem Muster eines Kaskadensystems – erst auf untergesetzlicher Ebene präzisiert; solange Transparenz und demokratische Legitimation gewahrt sind, wird dies grundsätzlich als zulässig angesehen. Musterbeispiel sind normkonkretisierende Verwaltungsvorschriften, wie sie etwa im Immissionsschutzrecht die einschlägigen Richt- und Grenzwerte angeben.[7]

---

[5] BVerwG, NVwZ 2003, 1263 – Landesmesse Stuttgart.
[6] Vgl. BVerfG, NVwZ 2003, 727 – Grüngürtel.
[7] BVerwGE 114, 342 – TA Luft.

2.2 Gesetzesbindung

Im Bereich des öffentlichen Immobilienrechts sind die verantwortlichen Behörden **an Recht und Gesetz gebunden**. Zwar gibt es eine gewisse Flexibilität bei der Auslegung und Anwendung unbestimmter Rechtsbegriffe oder bei der Ausübung behördlichen Ermessens („Kann-Regelung").[8] Von zwingenden öffentlich-rechtlichen Vorgaben kann aber selbst im Einverständnis der Beteiligten nicht rechtswirksam abgewichen werden.[9] Wo das Gesetz daher definitive Rechtsansprüche gewährt oder Handlungspflichten statuiert („Muss-Regelung"), sind diese bei Vorliegen der entsprechenden Voraussetzungen zu erfüllen; wo kein Rechtsanspruch und keine Handlungspflicht besteht, ist die Behörde in ihrer Entscheidung frei. 11

Ein **Verwaltungsverfahren** ist etwas anderes als eine Vertragsverhandlung. Es sind Formerfordernisse zu beachten, zumeist ist, je nach dem betroffenen Sachgebiet, auch eine Reihe von Verfahrensschritten sukzessive abzuarbeiten. Das Verfahren mündet schließlich in eine hoheitliche Entscheidung, die als Verwaltungsakt bezeichnet wird. Dieser Verwaltungsakt wird offiziell bekannt gegeben und mit einer Rechtsbehelfsbelehrung an den oder die Betroffenen zugestellt.[10] 12

Werden behördliche Entscheidungen nicht fristgerecht angefochten, erwachsen sie sogar dann in **Bestandskraft**, wenn ein Rechtsverstoß vorliegt.[11] Trotz strenger Rechtsbindung soll auf diese Weise Rechtssicherheit in kurzer Zeit geschaffen werden. Dazu gehört auch ein angemessener Bestandsschutz; ein einmal gewährtes Recht soll dem Begünstigten nicht im Nachhinein wieder entzogen oder zu seinen Ungunsten verändert werden können.[12] 13

Bei rechtswidrigem Verhalten von Behörden können nach Maßgabe von Art. 34 GG und § 839 BGB **Amtshaftungsansprüche** geltend gemacht werden. Schadensersatzansprüche haben insbesondere Grundeigentümer und Bauherren, die durch fehlerhafte Planung oder Genehmigung oder verzögerte Amtshandlungen Nachteile erleiden.[13] Das Risiko solcher Ansprüche ist für Behörden häufig maßgebliches Entscheidungskriterium. 14

2.3 Privatisierung

Ein zunehmend diskutiertes Thema im Grenzbereich zwischen öffentlichem und privatem Immobilienrecht ist die **Privatisierung öffentlicher Einrichtungen**. So werfen etwa private Folgenutzungen auf ehemals von der Bundeswehr, der Post oder der Bahn genutzten Liegenschaften oder Varianten des Public-Private-Partnership (PPP) komplizierte Fragen des jeweiligen Sonderverwaltungsrechts sowie des Haushalts- und Kommunalrechts auf.[14] 15

Es zeigt sich in diesem Zusammenhang immer mehr, dass die klassischen Strukturen des öffentlichen Rechts allein nicht geeignet sind, um wirtschaftlich sinnvolle Lösungen zu erreichen. An der Schnittstelle zwischen öffentlichem und privatem Immobilienrecht werden daher in jüngster Vergangenheit verstärkt kooperative Finanzierungs-, Bau- und Betreibermodelle erprobt. 16

---

[8] BVerwG, NVwZ 1991, 983 – baurechtliches Verunstaltungsverbot.
[9] BVerwGE 64, 274 – Betriebserlaubnis Peep-Show.
[10] Vgl. BVerwG, NJW 2001, 458 – Verwaltungszustellung.
[11] Vgl. OVG Schleswig, NordÖR 2003, 19 – Lärmschutzwand.
[12] OVG Münster, BauR 2002, 763 – nachträgliche Anordnung.
[13] BGHZ 113, 367 – Überplanung von Altlasten; BGH, ZfIR 2003, 952 – rechtswidrige Baugenehmigung; BGH, ZfIR 2007, 238 – verzögerte Grundbucheintragung.
[14] BVerwG, NVwZ 2001, 557 – Militäranlage.

17 Im **Beispielfall 2** könnte I durch eine Bauvoranfrage mit überschaubarem Kostenaufwand ermitteln, ob er einen Rechtsanspruch auf Gewährung des Baurechts hat. Dies hängt von den einschlägigen Bestimmungen des Bundes- und des Landes- sowie des kommunalen Baurechts ab. In jedem Falle muss ein förmliches Verwaltungsverfahren eingeleitet werden, wenn I Rechtssicherheit will.

3. Privates Immobilienrecht

18 Das private Immobilienrecht ist wegen der vom Grundgesetz vorgegebenen Zuständigkeitsordnung nahezu komplett **Bundesrecht**. Allenfalls ausnahmsweise gibt es regionale Besonderheiten nach Landes- oder Kommunalrecht, etwa im Bereich des Nachbarrechts.

3.1 Rechtsgrundlagen

19 **Privatrechtlich** sind alle Vorschriften, die die Rechtsbeziehungen von Privatpersonen und Unternehmen untereinander regeln. Dabei können staatliche Stellen im Rahmen des Verwaltungsprivatrechts, insbesondere bei der Beschaffung von Bau- und sonstigen Leistungen sowie als Grundeigentümer, am „normalen" Privatrechtsverkehr als gleichrangige Mitwirkende teilnehmen;[15] während für die auf dieser Basis begründeten Vertragsverhältnisse in der Erfüllungsphase keine Besonderheiten gelten, können die Bestimmungen des Vergaberechts in der Ausschreibungsphase zu spezifischen Anforderungen führen.[16]

20 Herausragende **Rechtsquelle** des privaten Immobilienrechts ist nach wie vor das Bürgerliche Gesetzbuch (BGB). Daneben gelten vielerlei Spezialgesetze wie diejenigen des Handels- und Gesellschaftsrechts, des Bau- und Architektenrechts sowie des Arbeitsrechts.

21 Auch Regelwerke **privater Organisationen** wie DIN-Vorschriften oder die Vergabe- und Vertragsordnung für Bauleistungen (VOB/B) können qua Vereinbarung anwendbar sein oder die Verkehrssitte konkretisieren und damit gesetzesähnliche Rechtsfolgen haben.[17] Vor einer unreflektierten Anwendung derartiger „Nichtgesetze" ist jedoch zu warnen; eine formelle Verbindlichkeit kommt ihnen nicht zu.[18]

3.2 Vertragsfreiheit

22 Entscheidendes Prinzip des privaten Immobilienrechts ist der Grundsatz der **Vertragsfreiheit.** Es kann von den Beteiligten frei entschieden werden,
- mit wem verhandelt und zusammengearbeitet werden soll,
- wie die vertraglichen Vereinbarungen gestaltet werden sollen.

23 Aus bloßen **Vertragsverhandlungen** oder aus Absichtserklärungen („letter of intent") entsteht gemeinhin noch keine Rechtsbindung.[19] Auch vor Vertragsschluss können indessen wechselseitige Pflichten der Vertragsparteien zu beachten sein, etwa auf wahrheitsgemäße Aufklärung durch Übergabe korrekten Prospektmaterials und Information über erkennbar

[15] Vgl. BGHZ 153, 93 – Einheimischenmodell.
[16] Vgl. OLG Schleswig, NZBau 2000, 207 – Schadensersatz im Vergabeverfahren.
[17] BGHZ 139, 17 – DIN-Norm.
[18] BGH, ZfIR 2008, 58 – Schallschutz.
[19] OLG Frankfurt, OLGR 2000, 112 – letter of intent.

für die andere Seite bedeutsame Umstände;[20] bei Verletzung dieser Pflichten können Schadensersatzansprüche wegen **Verschuldens bei Vertragsschluss** entstehen.[21]

24 Wer ohne besondere Abrede oder schriftliche Vereinbarungen Leistungen entgegennimmt und verwertet, die nach der Verkehrsauffassung nur gegen Vergütung erbracht werden, kann zudem unter dem Aspekt eines stillschweigend („konkludent") geschlossenen Vertrags zur Zahlung verpflichtet sein.[22] Verträge kommen im Übrigen erst durch übereinstimmende Willenserklärungen der Vertragspartner zustande. Diese Willenserklärungen werden als **Angebot** und **Annahme** bezeichnet.

25 Noch kein Angebot ist die reine Aufforderung zur Abgabe eines Angebots, wie sie unter anderem durch **Ausschreibung von Leistungen** erfolgt.[23] Keine Annahme mit der Konsequenz eines Vertragsschlusses ist gegeben, wenn ein Angebot nur mit Einschränkungen oder Abweichungen akzeptiert wird; dies wird nach § 150 Abs. 2 BGB als neues Angebot qualifiziert.[24] Einer Zustimmung gleichkommen kann dagegen das Schweigen auf ein kaufmännisches Bestätigungsschreiben, das einem an Vertragsverhandlungen Beteiligten zugeht.[25]

26 Bei Abschluss eines Vertrages können sich die Vertragspartner durch andere Personen **vertreten** lassen. Gesellschaften werden durch ihre gesetzlichen Organe vertreten, alternativ sind rechtsgeschäftliche Vollmachten möglich. Nach den Grundsätzen der **Duldungs- und Anscheinsvollmacht** können den Beteiligten auch Handlungen zugerechnet werden, die ohne gesetzliche oder rechtsgeschäftliche Vertretungsmacht, aber mit Wissen und tatsächlicher oder stillschweigender Billigung der Vertretenen vorgenommen werden.[26] Alle Erklärungen, die durch Vertreter ohne die erforderliche Vertretungsmacht abgegeben werden, können im nachhinein von dem/den Berechtigten genehmigt werden.[27]

27 Verträge bedürfen stets der **Auslegung**. Durch Auslegung wird festgestellt, welchen Regelungsgehalt die Verträge im Einzelnen entfalten. Auslegungskriterien sind insbesondere der Wortlaut, die Entstehungsgeschichte sowie der Sinn und Zweck des Vertrags; eine nachgewiesene Falschbezeichnung („falsa demonstratio") durch beide Parteien, etwa bei der Beschreibung eines verkauften Grundstücks, ändert an der Wirksamkeit und Verbindlichkeit des Vertrages nichts.[28] Bei Widersprüchen oder Regelungslücken kann eine ergänzende Vertragsauslegung unter Berücksichtigung des mutmaßlichen Parteiwillens zulässig und geboten sein.[29] Unklare Vertragsformulierungen, die Rechtsprobleme nach sich ziehen, lassen sich allerdings im Stadium der Vertragsverhandlungen recht einfach identifizieren und ausmerzen.

28 Den **Vertragstyp** und seine detaillierte Ausarbeitung können die Vertragsparteien in eigener Regie konfigurieren und optimieren. Neben den gesetzlichen Leitbildern des BGB, etwa Kauf-, Miet-, Werk- und Gesellschaftsverträgen, sind gemischte Verträge üblich, die Elemente mehrerer Leitbilder in sich vereinigen. Beispiele sind der Bauträgervertrag, der Projektsteuerungsvertrag und der Konzessionsvertrag.[30] Solche Verträge können auch Teil

---

[20] BGH, ZfIR 2008, 459 – Mietausfallrisiko; BGHZ 114, 266 – unzutreffende Steuermodellrechnung.

[21] BGH, ZfIR 2008, 415 – Prospekthaftung; BGH, NJW-RR 2003, 700 – mangelnde Bonität des Mieters.

[22] OLG Celle, BauR 2004, 361 – Architektenvertrag.

[23] Vgl. OLG München, IBR 1995, 369 – Ausschreibung und Zuschlag.

[24] OLG Brandenburg, IBR 1999, 585 – Teilannahme.

[25] Vgl. BGH, NJW-RR 2001, 680 – kaufmännisches Bestätigungsschreiben.

[26] BGH, NJW 2003, 2091 – Duldungs- und Anscheinsvollmacht.

[27] Vgl. BGH, ZfIR 2008, 101 – Vertretungsmacht und Schriftformerfordernis.

[28] BGH, ZfIR 2008, 372 – Falschbezeichnung beim Grundstückskauf.

[29] BGH, NJW 2004, 2230 – Auslegung des Begriffs „Wohnfläche".

[30] BGH, ZfIR 2003, 162 – Konzessionsvertrag.

eines ganzheitlichen und vernetzten Regelungsgefüges sein, das für komplexe Sachverhalte entwickelt wird; exemplarisch können hier Joint Ventures oder Sale-and-lease-back-Modelle genannt werden.[31]

3.3 Grenzen der Vertragsfreiheit

29 Ausnahmsweise besteht keine Vertragsfreiheit, wenn und soweit ein **Kontrahierungszwang** gilt. Gesetzlich begründete Kontrahierungszwänge gibt es speziell im Bereich der Versorgung mit Elektrizität, Gas und Wasser.[32] Damit korrespondieren teilweise öffentlich-rechtliche Anschluss- und Benutzungszwänge, die den Grundstückseigentümer dazu berechtigen und verpflichten, seine Immobilie an die vorhandenen Leitungsnetze und Infrastruktureinrichtungen anzubinden.[33]

30 Verträge können außerdem ganz oder teilweise **nichtig** sein, wenn und soweit sie gegen gesetzliche Verbote verstoßen (§ 134 BGB) oder den Vertragspartner entgegen den Grundsätzen von Treu und Glauben unangemessen benachteiligen (§ 138 BGB). Diese Voraussetzungen liegen in der Praxis selten vor;[34] von der Rechtsprechung werden durchaus auch Rechtsgeschäfte als wirksam angesehen, die mit erheblichen wirtschaftlichen Nachteilen für eine Seite einhergehen.[35]

31 Vermeidbar sind Verstöße gegen gesetzliche oder vereinbarte **Formvorschriften**. Wichtigste Formvorschrift des Immobilienrechts ist die Pflicht zur notariellen Beurkundung bei Verträgen über Grundstücke (§ 311 b Abs. 1 BGB).[36] Beim Mietvertrag kann nach § 550 BGB Schriftform notwendig sein,[37] bei der Bürgschaft gilt § 766 BGB.[38] Es ist verbreitet, für bedeutsame Rechtsakte, die nicht ohnehin gesetzlichen Formvorschriften unterliegen, vertragliche Schriftformklauseln zu vereinbaren.[39] Die Rechtsfolgen bei Missachtung derartiger Vorschriften ergeben sich aus den §§ 125 ff. BGB, danach ist insbesondere die e-mail regelmäßig nicht geeignet, Rechtssicherheit zu erzeugen.

32 Eine erfolgreiche **Anfechtung** einmal geschlossener Verträge ist – getreu dem Grundsatz „pacta sunt servanda“ – kaum jemals zu bewerkstelligen. Als Anfechtungsgrund kommt neben dem Irrtum nach § 119 BGB die arglistige Täuschung nach § 123 BGB in Frage; es muss dann aber nachgewiesen werden, dass der Vertragspartner die andere Seite über ihm bekannte und für den Vertragsschluss maßgebliche Umstände wie etwa die Schadstoffbelastung einer Immobilie nicht informiert hat.[40] Eine Haftung für bloße enttäuschte Erwartungen existiert mithin nicht.[41]

33 Einige weitere besondere **gesetzliche Schutzmechanismen** können ebenfalls zu Einschränkungen der Vertragsfreiheit führen. Zu nennen sind in diesem Zusammenhang einmal die Vorschriften über Haustürgeschäfte (§ 312 BGB) und Verbraucherkredite

---

[31] Vgl. BFH, BStBl. II 1987, 212 – Sale-and-lease-back-Modell.
[32] BGH, NJW-RR 2004, 231 – Telekommunikation.
[33] OVG Münster, RdL 1995, 258 – Biotonne.
[34] Vgl. BGH, ZfIR 2006, 336 – sittenwidriger Immobilienleasingvertrag; BGH, ZfIR 2006, 795 – Verkauf Schlossruine.
[35] Vgl. KG, NJW-RR 2001, 1092 – Mietwucher Gewerberäume; BGH, ZIP 2004, 549 – Immobilienkauf; BGHZ 110, 338 – Kreditzinsen.
[36] Vgl. BGH, NJW-RR 2004, 735 – Widerspruch Kaufvertrag-Lageplan.
[37] BGH, NJW 2004, 2962 – Mietvertrag durch gegengezeichnetes Schreiben.
[38] BGHZ 132, 119 – Schriftform der Bürgschaft.
[39] BGH, NJW 1999, 1633 – Mitteilung an Versicherung.
[40] BGH, NJW-RR 2003, 772 – Hausschwamm.
[41] BGH, NJW 2000, 1714 – Vermietungserwartung.

(§§ 491 ff. BGB), bei denen besondere Belehrungspflichten und Widerrufsrechte vorgesehen sind.[42]

Dem Schutz des Vertragspartners dienen auch die Vorschriften über für eine Vielzahl von Verträgen vorformulierte **Allgemeine Geschäftsbedingungen** (AGB) in den §§ 305 ff. BGB. Auf diese Vorschriften soll wegen ihrer weitreichenden Bedeutung für die professionelle Geschäftsabwicklung in nahezu allen Bereichen des Immobilienrechts sogleich gesondert eingegangen werden.[43] 34

Institutionelle Schutzmechanismen, die einen flankierenden äußeren Rahmen für Vertragsgestaltungen ziehen, sind im gewerblichen Immobilienrecht inzwischen auf recht breiter Front anzutreffen. Bauträger haben ihnen treuhänderisch zur Verfügung gestellte Gelder von Vertragspartnern nach Maßgabe der Makler- und Bauträgerverordnung (MaBV) getrennt zu verwalten und zu besichern. Der Bankenverkehr wird durch das Kreditwesengesetz (KWG) reglementiert, ergänzend gelten für den Bereich von Immobilienfinanzierungen etwa das Bausparkassengesetz (BausparkG) und das Hypothekenbankengesetz (HypBankG). Kapitalanlagegesellschaften, die sich mit Grundstücksgeschäften befassen, können nach dem Investmentgesetz (InvG) Restriktionen unterliegen. 35

Das Gesellschaftsrecht formuliert Grundstrukturen für **immobilienadäquate Unternehmensformen**; dabei werden gleichermaßen Gläubiger- wie Investoreninteressen berücksichtigt. Auch jenseits gesellschaftsrechtlicher Vorschriften können etwa im Bereich von Bauherrenmodellen oder von Immobilienfonds nach der höchstrichterlichen Rechtsprechung Ansprüche gegen die verantwortlichen Initiatoren nach den Regeln der Prospekthaftung geltend gemacht werden.[44] Mit diesen Schutzmechanismen reagieren Gesetzgeber und Rechtsprechung auf Missbrauchsfälle, wie sie zuletzt verstärkt vorgekommen sind. 36

3.4 Allgemeine Geschäftsbedingungen

Die Wirksamkeit von AGB richtet sich nach den §§ 305 ff. BGB. AGB können danach jedwede, objektiv für einen mehrfachen Einsatz gedachte Mustertexte sein, die von einem Vertragspartner einseitig **gestellt** werden.[45] Im Bauträgerbereich kann eine Vermutung für den AGB-Charakter der verwendeten Vertragsbedingungen sprechen;[46] für die Qualifizierung als AGB reicht es bereits aus, wenn ein ausfüllungsbedürftiger Vordruck für ein Verhandlungsprotokoll eingesetzt wird.[47] Keine AGB sind dagegen Vergütungsvorschriften[48] oder Teile von Leistungsbeschreibungen.[49] 37

Wird über AGB-Klauseln nicht **individuell verhandelt** – was der Verwender der Klauseln im Zweifel nachzuweisen hat[50] –, unterliegen sie einer spezifischen Inhaltskontrolle. Verhandlung bedeutet in diesem Zusammenhang, dass die Klauseln ernsthaft zur Disposition gestellt werden müssen; findet keine ernsthafte Diskussion und kein beiderseitiges Nachgeben statt, kann von einer Verhandlung keine Rede sein.[51] 38

---

[42] Vgl. BGH, ZfIR 2007, 287 – Grundstückskauf an der Haustür; BHGZ 133, 254 – Kauf von Gesellschaftsanteilen.

[43] Dazu § 2 Rdn. 37.

[44] BGH, NJW 2001, 1203 – geschlossener Immobilienfonds.

[45] BGH, ZfIR 2006, 130 – Verwendung von Formularen Dritter.

[46] Vgl. BGH, NJW 1992, 2162 – AGB-Vermutung beim Bauträgervertrag.

[47] BGH, NJW 1998, 1066 – Ausfüllung Vordruck.

[48] BGH, BauR 2000, 1756 – Umlage Bauwesenversicherung.

[49] BGH, BauR 1997, 123 – Kontrollfreiheit Leistungsbeschreibung.

[50] BGH, NJW 1998, 2600 – Aushandeln von AGB I.

[51] BGH, NJW 2000, 1110 – Aushandeln von AGB II.

39 AGB müssen dem **Transparenzgebot** entsprechen; substanzielle vertragliche Bestimmungen an versteckter Stelle im Kleingedruckten sind unwirksam.[52] Verschiedene Klauseln, etwa in Bezug auf Haftungsausschlüsse, sind im formularmäßigen Rechtsverkehr ausdrücklich verboten und im Falle ihrer Verwendung unwirksam. Nach der Generalklausel des § 307 Abs. 2 BGB dürfen AGB den Vertragspartner auch sonst **nicht unangemessen benachteiligen**. Eine unangemessene Benachteiligung kann etwa bei Abweichungen von wesentlichen Grundgedanken der einschlägigen gesetzlichen Regelung, die vertraglich modifiziert werden soll, gegeben sein.[53]

40 Für Darlehens-, Kauf-, Miet-, Bau- und Architektenverträge existieren eine Vielzahl von **Beispielen unwirksamer Klauseln.** Anhand der Spezialliteratur und der aktuellen Rechtsprechung kann jeweils festgestellt werden, ob und inwieweit einzelne Klauseln gegen die Vorschriften über die Wirksamkeit von AGB verstoßen.[54] Der Gesetzesverstoß führt regelmäßig zur Unwirksamkeit; eine geltungserhaltende Reduktion von AGB auf einen vertretbaren Kern gibt es nicht.[55]

41 § 310 BGB **privilegiert** verschiedene Geschäfte in Bezug auf die AGB-Kontrolle. Unter anderem sind davon Gesellschaftsverträge betroffen. Eingeschränkt sein kann die AGB-Kontrolle bei Bedingungen von Banken und Versicherungen sowie Versorgungsträgern, die auf gesetzlichen Vorschriften beruhen oder von einer Behörde vorab geprüft und genehmigt worden sind.[56]

42 I wird sich im **Beispielfall 2** nach Scheitern des Projekts möglicherweise Vergütungsforderungen des A ausgesetzt sehen. Allein aus der auf Akquisition ausgerichteten Beteiligung des A kann aber noch kein Abschluss eines Architektenvertrags abgeleitet werden. Auch Schadensersatzforderungen des A wegen Verschuldens bei Vertragsschluss scheiden aus, wenn nicht durch ein schuldhaftes Verhalten des I ein Vertrauensschaden entstanden ist. Hätten I und A einen formularmäßigen Architektenvertrag abgeschlossen, kann sich I, etwa in Bezug auf pauschale Entschädigungsklauseln, auf die Schutzvorschriften der §§ 305 ff. BGB berufen.[57]

4. Internationales Immobilienrecht

43 Auf internationaler Ebene ist bei Immobiliengeschäften mit zusätzlichen Komplikationen zu rechnen. Zu prüfen ist jeweils, welches Recht Anwendung findet. Es lassen sich insoweit nach der Lage der Immobilie **mehrere Konstellationen** unterscheiden:

---

[52] BGH, NJW 2000, 658 – uferlose Bürgenhaftung.

[53] Vgl. BGH, ZfIR 2008, 491 – Ausschluss Mietminderungsrecht.

[54] BGH, NJW 2002, 2388 – Vertragserfüllungsbürgschaft auf erstes Anfordern; BGHZ 118, 194 – Kleinreparaturen.

[55] BGHZ 120, 122 – Verbot geltungserhaltender Reduktion.

[56] Vgl. BGH, NJW 2004, 2161 – AGB Elektrizitätswirtschaft.

[57] BGH, BauR 1999, 167 – pauschale Entschädigung.

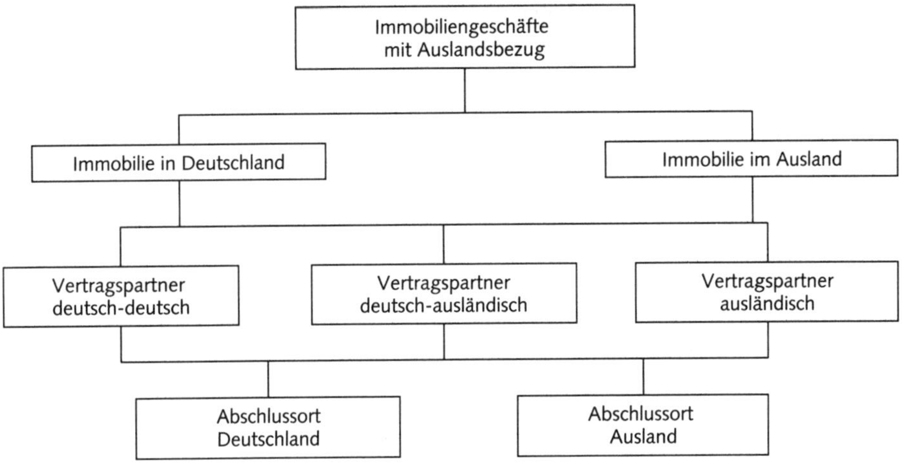

Abbildung 3: Immobiliengeschäfte mit Auslandsbezug

Bei **Grundstücken in Deutschland** besteht nach Maßgabe der Art. 27 ff. des Einführungsgesetzes zum BGB (EGBGB) Flexibilität. Verträge über deutsche Immobilien können danach durch Vereinbarung ganz oder teilweise ausländischem Recht unterstellt werden, wenn dies etwa seitens eines nicht in Deutschland beheimateten Beteiligten gewünscht ist und keine zwingenden Vorschriften wie die HOAI entgegenstehen.[58] 44

Erfolgt keine abweichende Rechtswahl, gilt im Zweifel deutsches Recht. Keiner Rechtswahl zugänglich sind – aus naheliegenden Gründen – nach den Art. 43 ff. EGBGB die Eigentumsverhältnisse und der Vollzug von Grundstücksgeschäften;[59] anerkannt ist dagegen die Zulässigkeit einer Auslandsbeurkundung, wenn die Grundsätze der Gleichwertigkeit gewahrt sind.[60] Auch ein im Ausland geschlossener privatschriftlicher Vertrag über die Veräußerung eines deutschen Grundstücks soll – trotz Verstoßes gegen das Beurkundungserfordernis des § 311 b BGB – rechtswirksam sein, wenn das Ortsrecht dies zulässt.[61] 45

Rechtsfähigkeit und Vertretung eines in Deutschland agierenden ausländischen Beteiligten sind gesondert zu beurteilen. Hier kann ausländisches Recht beachtlich sein; dies gilt vor allem bei Gesellschaften, die ihren satzungsmäßigen oder effektiven Sitz der Hauptverwaltung im Ausland haben, oder ausländischen Unternehmen, die faktisch überwiegend in Deutschland tätig sind. In solchen Fällen können komplizierte Probleme des internationalen Privatrechts entstehen;[62] darüber hinaus gestalten sich bei Streitigkeiten die Erwirkung gerichtlicher Urteile und die Zwangsvollstreckung gegen ausländische Beteiligte wegen der notwendigen Auslandszustellungen und der Abhängigkeiten von den – nicht unbedingt vorhandenen – Rechtshilfeabkommen aufwändig oder sogar fruchtlos.[63] 46

[58] BGHZ 154, 110 – HOAI-Mindestsätze.

[59] Vgl. KG, DNotZ 1987, 44 – Auflassung eines deutschen Grundstücks nur vor deutschem Notar.

[60] OLG München, RIW 1998, 147 – Schweiz.

[61] Vgl. OLG Köln, RIW 1993, 414 – Grundstückskauf im Ausland.

[62] BGHZ 154, 185 – niederländische BV; OLG Zweibrücken, BB 2003, 864 – britische Limited.

[63] BGH, ZIP 2002, 725 – Parallelprozesse Deutschland – Italien.

47 Geht es um ein **im Ausland belegenes Grundstück**, ist die Rechtslage anders. Tendenziell ist hier von einer Geltung des Rechts des Lageortes, also der jeweiligen nationalen Rechtsordnung, auszugehen. Ob und inwieweit eine Rechtswahl, speziell eine Vereinbarung der Anwendung deutschen Rechts, zulässig ist oder deutsches Recht ergänzend gilt, lässt sich nicht pauschal sagen.[64] Innerhalb der Europäischen Union ist bis zum Inkrafttreten der sog. Rom-I-Verordnung Ende 2009 das EG-Übereinkommen vom 19.6.1980 maßgeblich, so dass z.B. für Frankreich, Spanien, die Beneluxstaaten und Großbritannien das zu in Deutschland belegenen Grundstücken Gesagte übertragen werden kann.[65] Außerhalb der EU ist im Zweifel allein das Ortsrecht einschlägig; die entsprechenden Vorschriften sollten daher mithilfe lokaler Experten unbedingt rechtzeitig nachvollzogen werden.

48 Durch **Doppelbesteuerungsabkommen** wird länderübergreifend festgelegt, welche Steuern bei Immobiliengeschäften von demjenigen Land erhoben werden, in dem Investitionen getätigt werden („Quellenstaat"), und welche Steuern von demjenigen Land, in dem der Investor ansässig ist („Wohnsitzstaat"). Doppelbesteuerungsabkommen sind völkerrechtliche Verträge zwischen Staaten und müssen daher länderspezifisch ausgewertet werden;[66] sie können auch für die grenzüberschreitende Verrechnung von Einnahmen und Verlusten relevant sein.[67]

49 Ein weiteres völkerrechtliches Abkommen, das bei internationalen Immobiliengeschäften Bedeutung erlangen kann, ist das Übereinkommen über die gerichtliche Zuständigkeit und die Vollstreckung gerichtlicher Entscheidungen in Zivil- und Handelssachen (EuGVÜ). Das EuGVÜ ist inzwischen weitgehend durch eine Verordnung, die sog. EuGVVO, abgelöst worden. Beide Regelwerke gelten für Rechtsstreitigkeiten und Zwangsvollstreckungsmaßnahmen auf EU-Ebene.[68]

50 Ein einheitliches **EU-Immobilienrecht** hat sich trotz der erwähnten Abkommen bisher nicht entwickelt. Es fehlt bereits an einer entsprechenden Gesetzgebungszuständigkeit der EU. Soweit Zuständigkeiten bestehen, hat es die EU in vielen Bereichen den Mitgliedstaaten selbst überlassen, die gemeinschaftsrechtlichen Vorgaben durch entsprechende nationale Vorschriften umzusetzen.

51 Wichtige EU-Richtlinien mit Auswirkungen auf das deutsche Immobilienrecht hat es in den vergangenen Jahren auf den Gebieten des Vergaberechts, des Bau- und Umweltrechts, des Verbraucherschutzes, des Steuerrechts sowie des Wettbewerbsrechts gegeben. Seit kurzem können Europäische Aktiengesellschaften (SE) gegründet werden; auch im Übrigen dürfte das Europarecht für das nationale Immobilienrecht mittel- und langfristig immer mehr an Bedeutung gewinnen.

52 In einigen Fällen hatte der **Europäische Gerichtshof (EuGH)** bereits zu entscheiden, ob die Bundesrepublik Deutschland EU-Richtlinien ordnungsgemäß umgesetzt hatte; teilweise wurde dies verneint.[69] Manchmal rufen deutsche Gerichte den EuGH an, wenn sie der Auffassung sind, europarechtliche Präjudizien klären zu müssen.[70]

---

[64] Vgl. OLG Köln, OLGR 2001, 69 – Reservierungsvereinbarung zwischen Deutschen über Grundstücke in den Niederlanden; OLG München, OLGR 2006, 817 – Immobilienkauf nach spanischem Recht.

[65] Vgl. BGHZ 73, 391 – Immobilie in Spanien; OLG München, NJW-RR 1989, 663 – Verkaufsvollmacht.

[66] BFH, BStBl. II 1995, 129 – Doppelbesteuerungsabkommen.

[67] EuGH, ZfIR 2008, 433 – grenzüberschreitende Verlustverrechnung.

[68] BGH, WuM 2005, 203 – Vollstreckung belgischen Urteils in Deutschland.

[69] Vgl. EuGH, NZBau 2003, 393 – Vergaberichtlinie; EuGH, DVBl. 2001, 1826 – Umweltschutzrichtlinie.

[70] Vgl. EuGH, NJW 2002, 281 – Kreditvertrag.

Im **Beispielfall 2** können europarechtliche Komplikationen für I entstehen, wenn das vorgesehene Bauland in einem nach EU-Recht ausgewiesenen oder auszuweisenden Natur- oder Vogelschutzgebiet liegt. Daraus kann sich ein Bauverbot ergeben.[71] Vorsicht ist zudem geboten, wenn I beabsichtigt, mit ausländischen Unternehmen zusammenzuarbeiten. 53

Literatur zur Vertiefung

Balensiefen, Gotthold/Bönker, Christian/Geiger, Norbert/Schaller, Wolfgang, Rechtshandbuch für die Immobilienpraxis, München 2009; *Grabitz, Eberhard/Hilf, Meinhard,* Das Recht der Europäischen Union (Loseblatt, 5 Bände), 37. Aufl., München 2008; *Graf von Westphalen, Friedrich,* Vertragsrecht und AGB-Klauselwerke (Loseblatt), München 2009; *Jarass, Hans/Pieroth, Bodo,* Grundgesetz (Kommentar), 10. Aufl., München 2009; *Kapellmann, Klaus D.,* Juristisches Projektmanagement, 2. Aufl., Düsseldorf 2008; *Koeble, Wolfgang,* Rechtshandbuch Immobilien (Loseblatt, 2 Bände), München 2008; *Pfleiderer, Tilmann,* Einführung in das französische Immobilienrecht, München 2003; *Schäfer, Jürgen/Conzen, Georg,* Praxishandbuch der Immobilien-Projektentwicklung, 2. Aufl., München 2007; *Schäfer, Jürgen/Conzen, Georg,* Praxishandbuch der Immobilien-Investitionen, München 2005; *Schreiber, Klaus,* Immobilienrecht Handbuch, 2. Aufl., Berlin 2005; *Schulte, Karl-Werner/Bone-Winkel, Stephan,* Immobilien-Projektentwicklung, München 2008; *Palandt, Otto,* Bürgerliches Gesetzbuch (Kommentar), 68. Aufl., München 2008; *Usinger, Wolfgang/Minuth, Klaus,* Immobilien – Recht und Steuern, 3. Aufl., Köln 2004; *Vogel, Klaus/Lehner, Moris,* Doppelbesteuerungsabkommen, 5. Aufl., München 2008; *Weise, Stefan,* Beck'sches Formularhandbuch Immobilienrecht, München 2001.

---

71 Vgl. BVerwG, BauR 2004, 957 – potenzielles FFH-Gebiet.

§ 3 Unternehmensformen im Immobilienrecht

Ein **Unternehmen** betreibt, wer eine selbstständige und nachhaltige Tätigkeit ausübt. 1
Welche Unternehmensform bietet die besten Chancen, Immobilieninvestitionen effizient abzuwickeln?

Es gibt zunächst eine Reihe tradierter Gestaltungen, insbesondere des Handels- und des 2
Gesellschaftsrechts. Daneben haben sich gerade im Bereich des Immobilienrechts einige besondere Modelle für die individuelle Bündelung der Interessen mehrerer Beteiligter entwickelt. Die wichtigsten Unternehmensformen sind in der nachfolgenden Übersicht dargestellt:

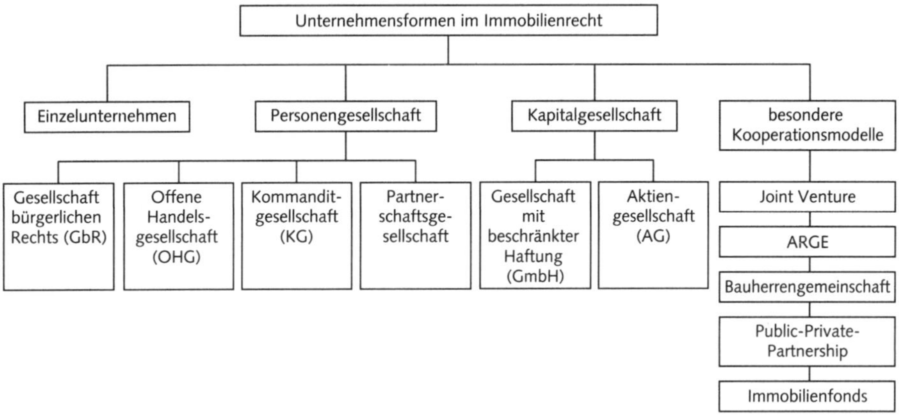

Abbildung 4: Unternehmensformen im Immobilienrecht

1. Einzelunternehmen

Ein Einzelunternehmen mit Ausrichtung auf Immobiliengeschäfte kann mit einem recht 3
begrenzten Aufwand gegründet und betrieben werden. Die meisten Unternehmen sind kaufmännische Gewerbebetriebe im Sinne von § 1 Abs. 2 des Handelsgesetzbuchs (HGB).

Beispielfall 3: Maklerbüro 4
Der M möchte nach Abschluss seines Studiums der Betriebswirtschaft ein überregional aktives Maklerbüro eröffnen. Er strebt einen Umsatz von etwa 250.000,00 € im Jahr an. M will wissen, welche Rechtsform sich für ein derartiges Büro eignet.

1.1 Kaufmännische und nichtkaufmännische Unternehmen

Eine maßgebliche Weichenstellung bei der rechtlichen Qualifizierung von Einzelunter- 5
nehmen hängt davon ab, ob derjenige, der das Unternehmen betreibt, **Kaufmann** ist. Kaufmann ist nach § 1 Abs. 1 HGB, wer ein Handelsgewerbe betreibt.

Gewerblich im Sinne des Handelsrechts ist jede selbstständige, auf Dauer angelegte 6
außengerichtete Tätigkeit mit Gewinnerzielungsabsicht. Die bloße Verwaltung des eigenen

Vermögens gehört dazu grundsätzlich nicht[1] – obwohl der Gesetzgeber über § 105 Abs. 2 HGB für derartige Fälle die Gründung von Handelsgesellschaften zugelassen hat.

7 Auch die Tätigkeit von **Freiberuflern** wie Architekten und Rechtsanwälten hat nach traditioneller Auffassung keinen gewerblichen Charakter. Freiberufler können daher kein kaufmännisches Einzelunternehmen und keine Personenhandelsgesellschaft nach den Vorschriften des HGB betreiben. Allerdings sind heute in einigen Bundesländern etwa Architektengesellschaften mit beschränkter Haftung oder nach Bundesrecht Rechtsanwalts-Aktiengesellschaften erlaubt.[2]

8 Ob ein **Handels**gewerbe gegeben ist, bestimmen die §§ 1 Abs. 2, 2 und 3 Abs. 2 und 3 sowie 5 HGB. Ist-Kaufmann ist stets derjenige, der einen Gewerbebetrieb unterhält, es sei denn der Betrieb erfordert nach Art und Umfang keine kaufmännischen Einrichtungen. Im letzten Fall kann sich der Betroffene aber freiwillig dem Handelsrecht unterwerfen (Kann-Kaufmann). Personenhandelsgesellschaften gelten nach § 6 Abs. 1 HGB als kaufmännische Unternehmen; Kapitalgesellschaften können nach § 6 Abs. 2 HGB in Verbindung mit den einschlägigen Spezialvorschriften Kaufmannseigenschaft haben (Form-Kaufmann).[3]

9 Im **Beispielfall 3** ist M Ist-Kaufmann im Sinne von § 1 Abs. 2 HGB. Die Tätigkeit des M als Makler hat gewerblichen Charakter und erfordert nach ihrem Zuschnitt eine kaufmännische Einrichtung.[4] Makler sind auch keine Freiberufler.[5]

1.2 Pflichten kaufmännischer Unternehmen

10 Das **Handelsrecht** erlegt Einzelkaufleuten einige Verpflichtungen auf. Insbesondere
- muss der Kaufmann eine Firma wählen,
- müssen Firma und Ort der Handelsniederlassung zum Handelsregister angemeldet werden.

11 Die **Firma** ist der Handelsname, unter dem der Kaufmann klagt und verklagt wird. Die zulässigen Varianten ergeben sich aus den §§ 18 f. HGB. Die Firma ist nach § 12 BGB geschützt; bei Namensrechtsverletzungen sind Rechtsbehelfe zulässig.[6] Ein Erwerb von Handelsgeschäften und eine Fortführung der vormaligen Firma sind möglich.[7]

12 Maßgebliches Medium für die Transparenz des Handelsverkehrs ist das **Handelsregister**. Das Handelsregister wird nach Maßgabe der §§ 8 ff. HGB von den Gerichten geführt. Jedermann kann zu Informationszwecken ohne besondere Begründung Einsicht in das Handelsregister nehmen und eine Abschrift verlangen. Auf diese Weise können die Basisdaten eines Unternehmens ermittelt werden.

13 Während es beim Einzelunternehmen lediglich um Firma und Handelsniederlassung geht, kann das Handelsregister, je nach der Unternehmensform, noch weitere Angaben enthalten über
- Gegenstand des Unternehmens,
- Zweigniederlassungen,
- Stammkapital und Grundkapital,
- Organe, Prokura und Handlungsvollmachten,
- ein eventuelles Insolvenzverfahren oder eine Liquidation.

[1] Vgl. BGH, JZ 2002, 459 – Vermögensverwaltung und Kaufmannseigenschaft.
[2] BGHZ 161, 376 – Rechtsanwalts-AG; OLG Frankfurt, NJW-RR 2001, 172 – Architekten-GmbH.
[3] Vgl. BGH, ZIP 2001, 1361 – Genossenschaft als Formkaufmann.
[4] Vgl. OLG Dresden, NJW-RR 2002, 33 – Handelsgewerbe ab 250.000,00 €.
[5] Vgl. BGH, WM 1981, 495 – Makler und Handelsgewerbe.
[6] BGHZ 120, 103 – Verwechslungsgefahr.
[7] BGH, NJW 1994, 2026 – Einwilligungserfordernis bei Firmenfortführung.

Da die Eintragungen – vergleichbar dem Grundbuch – in chronologischer Reihenfolge vorgenommen werden, lässt sich anhand des Handelsregisters in gewissem Umfang auch die Historie eines Unternehmens rekonstruieren, etwa der Gründungszeitpunkt, die Entwicklung der Kapitalausstattung und der Vertretungsverhältnisse. Das Handelsregister kann nach § 15 HGB auch **negative Publizität** entfalten; (noch) nicht eingetragene Tatsachen wie das Erlöschen einer Prokura muss sich ein gutgläubiger Dritter, der mit dem Unternehmen zusammenarbeitet, im Streitfall nicht entgegenhalten lassen.[8] 14

In Ergänzung zum Handelsregister soll künftig ein unter der Verantwortung des Bundesministeriums der Justiz geführtes elektronisches **Unternehmensregister** die Informationsbeschaffung im Geschäftsverkehr erleichtern. Einzelheiten dazu sind in § 8 b HGB und den zugehörigen Ausführungsvorschriften festgelegt. 15

Für alle Kaufleute und Handelsgesellschaften gilt nach den §§ 6 und 238ff. HGB die Verpflichtung zur **kaufmännischen Buchführung**. Befreit von dieser Verpflichtung sind nach § 241 a HGB lediglich Einzelkaufleute, die regelmäßig nicht mehr als 500 000 Euro Umsatzerlöse und 50 000 Euro Jahresüberschuss erzielen. Die kaufmännische Buchführung korrespondiert mit der steuerlichen Buchführungspflicht nach § 140 AO. Zentraler Bestandteil der Buchführung ist der Jahresabschluss. Er besteht nach den §§ 242f. HGB aus 16

- einer Aufstellung des Verhältnisses des Vermögens und der Schulden (Bilanz) und
- einer Gegenüberstellung der Aufwendungen und Erträge des Geschäftsjahres (Gewinn- und Verlustrechnung),

jeweils zum Ende des Geschäftsjahres.

Welche Inhalte die **Bilanz** haben kann und muss, ist den im Zuge des Bilanzrechtsmodernisierungsgesetzes 2009 fortentwickelten und internationalen Standards (IFRS) angeglichen und den §§ 247ff. HGB zu entnehmen. Die Wertansätze der Vermögensgegenstände des Unternehmens sind nach den §§ 252ff. HGB unter Berücksichtigung von Anschaffungs- und Herstellungskosten, eventuell vermindert um Abschreibungen, zu ermitteln. Der Begriff der **Anschaffungs- und Herstellungskosten** ist für das Handelsrecht definiert in § 255 HGB. Er spielt auch im Immobiliensteuerrecht eine wichtige Rolle.[9] 17

Jeder Einzelunternehmer **haftet unbeschränkt** für alle Verbindlichkeiten, die er unter seiner Firma eingeht. Er kann allerdings individuelle Haftungsbeschränkungen mit Vertragspartnern vereinbaren.[10] Die Haftung erstreckt sich, vorbehaltlich abweichender Vereinbarungen, nicht nur auf das Firmen-, sondern auch auf das Privatvermögen des Einzelunternehmers. Deswegen ist diese Unternehmensform mit erheblichen Risiken verbunden und nur begrenzt für Immobiliengeschäfte geeignet. 18

Bereichsabhängig bestehen für Einzelunternehmen **berufs-, gewerbe- und steuerrechtliche Besonderheiten**. So benötigen Makler, Bauträger und Baubetreuer für die Ausübung ihrer Tätigkeit eine öffentlich-rechtliche Erlaubnis nach der Gewerbeordnung.[11] Architekten müssen in die von den Architektenkammern geführte Architektenliste eingetragen sein,[12] Handwerksunternehmen mit dem von ihnen betriebenen Handwerk in die Handwerksrolle.[13] Die Aufnahme der Tätigkeit des Unternehmens ist außerdem unaufgefordert dem zuständigen Finanzamt anzuzeigen. 19

[8] BGH, NJW-RR 2004, 120 – negative Publizität des Handelsregisters.
[9] Dazu § 8 Rdn. 26.
[10] BGH, NJW 1994, 2228 – Treuhänder beim Bauherrenmodell; BGH, NJW 1999, 1031 – Unzulässigkeit der AGB-Freizeichnung.
[11] VGH Mannheim, NJW-RR 1999, 64 – Maklererlaubnis.
[12] BVerfG, IBR 2004, 700 – Architektenliste.
[13] Vgl. EuGH, NJW 2004, 435 – EU-Konformität der Handwerksrolle.

20 Im **Beispielfall 3** braucht M eine gewerberechtliche Erlaubnis, wenn er als Makler tätig werden will. Wie bereits festgestellt, betreibt der in größerem wirtschaftlichen Rahmen tätige Makler ein Handelsgewerbe und unterliegt daher grundsätzlich den Vorschriften des HGB, insbesondere über die Anmeldung einer Firma zum Handelsregister und die kaufmännische Buchführung.[14] Wegen des begrenzten Umsatzes von M könnte aber hinsichtlich der Buchführungspflicht der Befreiungstatbestand nach § 241 a HGB eingreifen. Will M sein persönliches Haftungsrisiko begrenzen, kann er sein Büro als 1-Mann-GmbH organisieren[15] oder geschäftsspezifische Haftungsbeschränkungsvereinbarungen treffen.

2. Personengesellschaften

21 Personengesellschaften lassen sich im Vergleich zu Kapitalgesellschaften einfacher gründen und betreiben. Die Anforderungen an Organisation und Transparenz sind geringer. Deswegen spielen Personengesellschaften im Immobilienrecht seit langem eine herausragende Rolle.

22 **Beispielfall 4:** GmbH & Co. KG
Der Investor I beabsichtigt, ein Grundstück zu erwerben, zu bebauen und zu verwerten. I selbst ist als GmbH organisiert und gründet üblicherweise für die von ihm realisierten Vorhaben Projektgesellschaften in der Rechtsform der GmbH & Co. KG.

2.1 Gesellschaften bürgerlichen Rechts

23 Grundform der Personengesellschaften ist die Gesellschaft bürgerlichen Rechts (GbR). Das maßgebliche Gesellschaftsrecht enthalten die §§ 705 ff. BGB; da die Vorgaben recht weit gefasst sind, besteht weitgehende Regelungsautonomie.

24 Nach der neueren Rechtsprechung ist die GbR **teilrechtsfähig.**[16] Im Grundbuch sollen zwar nach wie vor alle Gesellschafternamen als Eigentümer eingetragen werden. Die Gesellschaft kann aber unter ihrem Namen klagen und verklagt werden, sich an anderen Gesellschaften beteiligen sowie Mieter/Vermieter sein.[17] Eine Handelsregisteranmeldung und eine kaufmännische Buchführung nach dem HGB sind bei der GbR – mangels Handelsgewerbes – nicht angezeigt; im Rechtssinne kann eine GbR aber trotz fehlender Handelsregistereintragung in Wahrheit eine OHG sein, wenn sie in größerem Umfang gewerblich tätig ist.[18]

25 **Gesellschafter** einer GbR können natürliche Personen, andere Personengesellschaften oder auch Kapitalgesellschaften sein. Wird der Gesellschaftsvertrag durch einen Treuhänder geschlossen – diese Methode ist bei Immobiliengeschäften verbreitet –, wird dieser Gesellschafter; der Treugeber tritt lediglich nach Maßgabe des im Innenverhältnis geschlossenen Geschäftsbesorgungsvertrags in die Gesellschaft ein.[19]

26 Entscheidend für eine GbR ist, dass sich die Gesellschafter gegenseitig verpflichten, die Erreichung eines **gemeinsamen Zwecks** in der durch den Gesellschaftsvertrag bestimmten Weise zu fördern, insbesondere die vereinbarten Beiträge zu leisten. Der Begriff des

[14] Vgl. KG, MDR 2002, 629 – Zivilmakler und Handelsmakler.
[15] Dazu § 3 Rdn. 65.
[16] BGHZ 146, 341 – Teilrechtsfähigkeit der GbR.
[17] BGH, NJW 1998, 376 – GbR als Gesellschafterin.
[18] Vgl. BGHZ 135, 257 – Abgrenzung GbR – andere Gesellschaftsformen.
[19] Vgl. BGH, NJW-RR 2003, 1392 – Treuhandkonstruktion.

„gemeinsamen Zwecks", der für eine GbR konstitutiv ist, wird allgemein weit verstanden. Entscheidend ist, dass jeder Gesellschafter die Förderung des gemeinsamen Zwecks von jedem anderen beanspruchen kann; eine bloße wechselseitige Verpflichtung zur Erbringung aufeinander abgestimmter, aber eigenen Zwecken dienender Leistungen genügt nicht.[20]

Hier liegt auch das entscheidende Abgrenzungskriterium zu einer **Gemeinschaft** nach 27
den §§ 741 ff. BGB. Die Gemeinschaft wird als Interessengemeinschaft ohne Zweckgemeinschaft bezeichnet. Hauptfall ist die sog. **Bruchteilsgemeinschaft.**[21] Wo die Beteiligten keinen gemeinsamen Zweck verfolgen, andererseits aber auch keine reale Teilung stattgefunden hat, handelt es sich um eine (ungeteilte) Mitberechtigung im Sinne einer Gemeinschaft; Beispiele sind die Bauherrengemeinschaft[22] und die Wohnungseigentümergemeinschaft.[23]

Eine reine **Innengesellschaft** ist gegeben, wenn die Gesellschafter nicht nach außen hin 28
am Rechtsverkehr teilnehmen wollen. Typischerweise ist davon auszugehen, wenn kein Gesellschaftsvermögen vorhanden ist, das für den gemeinsamen Zweck verwendet werden soll. Wird das Gesellschaftsvermögen nach gesetzlichen oder vertraglich vereinbarten Bestimmungen verwaltet und wird die Gesellschaft gegenüber Dritten aktiv tätig, handelt es sich um eine **Außengesellschaft.** Ist die Gesellschaft für jedermann zugänglich, wird von einer **Publikumsgesellschaft** gesprochen.[24]

Von einer **stillen Gesellschaft** wird gesprochen, wenn sich jemand lediglich mit einer 29
Vermögenseinlage an dem Handelsgewerbe eines anderen beteiligt (§§ 230 ff. HGB). Auch bei einer GbR kann eine stille Gesellschaft vorkommen, dies ist ein Unterfall der Innengesellschaft.[25]

Problematisch sind vielfach **fehlerhafte Gesellschaften.** Fehlerhaft ist eine Gesell- 30
schaft, wenn es zu Gründungsmängeln gekommen ist, also etwa der Gesellschaftsvertrag ganz oder teilweise unwirksam ist oder der Beitritt von Gesellschaftern über Treuhänder nicht ordnungsgemäß erfolgt. Nach der höchstrichterlichen Rechtsprechung kann der Mangel von dem betroffenen Gesellschafter aus Gründen des Verkehrsschutzes nur mit Wirkung für die Zukunft geltend gemacht werden. Ab Invollzugsetzung der Gesellschafter haften deshalb Gesellschafter im Außenverhältnis; auch im Innenverhältnis können „de-facto-Verpflichtungen" bestehen. Angesichts dessen ist etwa eine Rückabwicklung von Immobilienbeteiligungen selbst bei täuschungsbedingtem Zustandekommen der Beteiligung nur eingeschränkt zulässig.[26]

Der **Gesellschaftsvertrag** kommt bei der GbR durch Angebot und Annahme zustan- 31
de. Er kann auch konkludent und in mündlicher Form geschlossen werden, soweit nicht Formvorschriften wie § 311 b BGB im Falle der Einbringung von Grundstücken entgegenstehen.[27]

Als **Beiträge** der Gesellschafter kommen Bar- und Sacheinlagen oder auch Dienstleis- 32
tungen in Frage.[28] Ein Mindestkapital der GbR ist – anders als etwa bei der GmbH – nicht vorgeschrieben. **Gewinne und Verluste** werden zu gleichen Anteilen auf die Gesellschafter verteilt, wenn keine andere Regelung getroffen ist.[29]

---

[20] OLG München, BB 1997, 435 – Finanzierungsvertrag Bauträger-Bank.
[21] Dazu § 4 Rdn. 31.
[22] Dazu § 3 Rdn. 100.
[23] Dazu § 4 Rdn. 49.
[24] BGHZ 102, 172 – Publikumsgesellschaft.
[25] BGHZ 127, 176 – stille Gesellschaft.
[26] Vgl. OLG Stuttgart, ZIP 2001, 692 – Beitritt zur Fonds-GbR.
[27] OLG Koblenz, NJW-RR 1992, 614 – Einbringung Grundstück in Gesellschaft.
[28] BGH, NJW 1987, 3124 – Gesellschafterbeiträge.
[29] Vgl. OLG Hamm, NZBau 2001, 28 – Bau-ARGE.

33 **Geschäftsführung** und **Vertretung** der GbR werden üblicherweise gesellschaftsvertraglich detailliert ausgestaltet. So können etwa ein oder mehrere – eventuell auf Basis eines gesonderten Vertrags anzustellende – Geschäftsführer mit Vertretungsmacht nach außen bestimmt werden.[30] Andernfalls sieht das Gesetz im Zweifel eine wenig praktikable gemeinschaftliche Geschäftsführung und Vertretung durch alle Gesellschafter vor.

34 Entsprechendes gilt für die **Beschlussfassung** innerhalb der Gesellschaft. § 709 BGB setzt als Regelfall die Einstimmigkeit voraus. Gesellschaftsvertraglich können aber Mehrheitsentscheidungen zugelassen werden. Einige Grundgeschäfte der Gesellschaft, etwa Gegenstand und Bestand oder Kündigung von Gesellschaftern, sind indessen keiner Mehrheitsentscheidung zugänglich; abweichende gesellschaftsvertragliche Regelungen sind unwirksam.[31]

35 Typisch für die GbR ist die **gesamtschuldnerische Haftung** der Gesellschafter gegenüber Dritten. Gläubiger der GbR können sich aussuchen, welchen Gesellschafter sie in Anspruch nehmen. Jeder Gesellschafter haftet in voller Höhe, ohne dass es darauf ankommt, ob im Innenverhältnis Rückgriffsansprüche bestehen und realisiert werden können. Eine GbR mit beschränkter Haftung ist gesetzlich nicht vorgesehen;[32] Haftungsbeschränkungen müssen daher gesellschafterspezifisch bei Abschluss von Rechtsgeschäften vereinbart werden.[33]

36 Auch die **Haftung der Gesellschafter untereinander** kann Schwierigkeiten bereiten. In Betracht kommen insbesondere Ansprüche auf Mitwirkung oder Schadensersatz.[34] Die Einzelheiten hängen von den gesellschaftsvertraglichen Vereinbarungen ab.

37 Wer in eine GbR **eintritt,** haftet automatisch für alle Verbindlichkeiten, die die GbR bis dahin begründet hat.[35] Die **Nachhaftung** nach Ausscheiden eines Gesellschafters aus der GbR ist nunmehr durch § 736 Abs. 2 BGB, der auf die für Personenhandelsgesellschaften geltenden Vorschriften verweist, zeitlich begrenzt. Nach § 160 HGB haftet der Ausgeschiedene für bis zum Zeitpunkt seines Ausscheidens begründete Verbindlichkeiten nur 5 Jahre; für nach seinem Ausscheiden ohne seine Beteiligung entstandene Forderungen haftet er nicht mehr.[36]

38 **Aufgelöst** wird die GbR nach Maßgabe der §§ 723 ff. BGB. Gesetzliche Auflösungsgründe sind der Tod oder die Insolvenz eines Gesellschafters, wenn die Gesellschafter keine **Fortsetzungsklausel** vereinbart haben. Eine Kündigung eines Gesellschafters ohne wichtigen Grund ist nur bei unbefristet eingegangenen Gesellschaften zulässig, wenn und soweit keine gesellschaftsvertraglichen Sonderregelungen getroffen worden sind. Existiert eine Fortsetzungsklausel, besteht die Gesellschaft auch weiter, wenn die übrigen Gesellschafter einen einzelne Gesellschafter nach den §§ 737 und 723 BGB oder nach Maßgabe des Gesellschaftervertrags „hinauskündigen".[37]

39 Nach Auflösung der GbR hat eine **Auseinandersetzung** nach den §§ 730 ff. BGB stattzufinden. Es handelt sich von jetzt an um eine Gesellschaft **in Liquidation**. Die Liquidation besteht einerseits in der Berichtigung der Gesellschaftsschulden und der Erstattung der Einlagen, andererseits in der Beitreibung offener Forderungen und einer Verteilung etwaiger Überschüsse. Nach § 735 BGB besteht eine Nachschusspflicht der Gesellschafter, wenn das Gesellschaftsvermögen zur Deckung der Schulden und Rückerstattung der Einlagen nicht ausreicht.[38]

---

[30] Vgl. BGH, NJW 1997, 314 – Geschäftsführerhaftung gegenüber Gesellschaft.
[31] BGH, NJW 1995, 194 – Einschränkung Stimmrecht.
[32] BayObLG, NJW 1999, 297 – Unzulässigkeit der GbR mbH.
[33] BGHZ 142, 315 – Haftungsbeschränkung bei Darlehen.
[34] BGH, NZG 2003, 73 – Treuepflicht des Gesellschafters.
[35] BGH, NJW 2003, 1803 – Haftung des eintretenden Gesellschafters.
[36] BGH, NJW 2002, 2170 – Nachhaftung.
[37] Vgl. BGH, NJW 2004, 2013 – Freiberuflergesellschaft.
[38] BGH, NJW 1997, 3370 – Auseinandersetzungsguthaben.

Von der Auflösung und Liquidation der Gesellschaft abzugrenzen ist die Rechtslage bei Ausscheiden (nur) eines Gesellschafters. In diesem Fall erfolgt nach § 738 BGB eine **Anwachsung** der Anteile des Ausgeschiedenen am Gesellschaftsvermögen, die verbliebenen Gesellschafter erwerben den freien Anteil im Verhältnis ihrer eigenen Anteile. Der Ausgeschiedene hat einen Abfindungsanspruch, dessen Einzelheiten gesellschaftsvertraglich ausgestaltet werden können.[39] **40**

Schließlich ist zu beachten, dass Anteile am Vermögen der GbR nach § 719 BGB nicht ohne weiteres übertragbar sind. Gleiches gilt nach § 717 BGB für den Gesellschaftsanteil als solchen. Anders ist dies allerdings, wenn der Gesellschaftsvertrag eine **Abtretung** der Anteile erlaubt. Fehlt eine solche Regelung, können das Ausscheiden eines alten und der Eintritt eines neuen Gesellschafters nur mit Zustimmung aller anderen Gesellschafter bewerkstelligt werden.[40] **41**

Im **Beispielfall 4** eignet sich die GbR als Organisationsform für die Projektgesellschaft nur begrenzt, weil die Gesellschafter der GbR, vorbehaltlich abweichender Vereinbarungen, im Außenverhältnis unbeschränkt haften. I will über die Gründung der Projektgesellschaft eine Durchgriffshaftung auf die Muttergesellschaft vermeiden; außerdem können auch Dritte als Kapitalgeber eher gewonnen werden, wenn sie sich als Gesellschafter der GmbH oder der KG mit begrenztem Haftungsrisiko beteiligen. Schließlich ist zweifelhaft, ob die GbR nicht wegen ihrer gewerblichen Ausrichtung in Wahrheit ohnehin als Handelsgesellschaft im Sinne des HGB zu qualifizieren ist.[41] **42**

2.2 Offene Handelsgesellschaft

Die Offene Handelsgesellschaft (OHG) ist die Grundform der **Handelsgesellschaft**. Auch die OHG ist teilrechtsfähig, sie kann nach § 124 Abs. 1 HGB im Unterschied zur GbR auch als Eigentümerin eines Grundstücks im Grundbuch eingetragen werden. Gläubiger der OHG können die Gesellschaft selbst oder nach § 128 HGB die Gesellschafter als Gesamtschuldner in Anspruch nehmen. **43**

Typisch für die OHG ist, dass sich die Gesellschafter zum Zwecke des Betriebs eines Handelsgewerbes zusammenschließen, entsprechende Beiträge leisten und bei keinem der Gesellschafter die Haftung gegenüber den Gesellschaftsgläubigern beschränkt ist (§ 105 Abs. 1 HGB). Art und Wert der Beiträge sind wie bei der GbR gesetzlich nicht standardisiert; es bedarf insbesondere keines Mindestkapitals. Die OHG besteht aus mindestens zwei natürlichen oder juristischen Personen[42]; auch andere Personen- oder Kapitalgesellschaften können sich zu einer OHG zusammenschließen.[43] **44**

Gegenstand der OHG ist der **Betrieb eines Handelsgewerbes** unter gemeinschaftlicher Firma. Insoweit gilt das zum kaufmännischen Einzelunternehmen Gesagte analog.[44] Etwa Freiberufler können mangels Handelsgewerbes keine OHG gründen. **45**

Welche **Firma** die OHG führen darf, ist in den §§ 17 ff. HGB geregelt. Für die Publizität und das Handelsregister gilt § 106 HGB. Die kaufmännische Buchführung entspricht der- **46**

---

[39] BGH, NJW 1985, 192 – Wertschätzung Abfindung.
[40] Vgl. OLG Hamm, NZG 99, 712 – Übernahmerecht der Mitgesellschafter.
[41] Vgl. OLG Dresden, BauR 2002, 1414 – Dach-ARGE als OHG.
[42] OLG Hamm, NJW-RR 2000, 482 – keine 1-Mann-OHG.
[43] BGH, NJW 1985, 736 – Vorgesellschaft als OHG.
[44] Dazu § 3 Rdn. 6 ff.

jenigen des Einzelunternehmens.[45] Hinsichtlich der **Abtretung** von Gesellschaftsanteilen, der **Haftung** und der **Beschlussfassung** innerhalb der Gesellschaft bestehen zwischen GbR und OHG keine substanziellen Unterschiede.[46] Zur **Vertretung** der Gesellschaft und zur **Geschäftsführung** ist nach den §§ 115 und 125 HGB jeder Gesellschafter einzeln berechtigt, wenn keine abweichende Regelung, etwa im Sinne der Bestellung eines oder mehrerer Geschäftsführer getroffen wird.

47 Die Verteilung von **Gewinnen und Verlusten** sowie die **Entnahmerechte** der Gesellschafter richten sich nach den §§ 120 f. HGB. Diese Regelungen werden aber in nahezu allen Fällen gesellschaftsvertraglich präzisiert und modifiziert.[47]

48 Besonderheiten gegenüber der GbR bestehen bei der **Auflösung** der OHG. Die Auflösungsgründe ergeben sich aus § 131 Abs. 1 HGB. Insbesondere wird die OHG danach durch Zeitablauf, Gesellschafterbeschluss oder Insolvenz aufgelöst. Des Weiteren kann ein einzelner Gesellschafter bei Vorliegen eines wichtigen Grundes nach den §§ 131 Abs. 1 Nr. 4 und 133 HGB Auflösungsklage erheben.[48]

49 Die **Kündigung** eines Gesellschafters muss nach den §§ 131 f. HGB nicht unbedingt zur Auflösung der Gesellschaft führen. Der Gesellschafter scheidet vielmehr aus der OHG aus, den anderen Gesellschaftern wächst der Anteil wie bei der GbR mit Fortsetzungsklausel an.[49] Auch die Hinauskündigungsmöglichkeit kann gesellschaftsvertraglich geregelt werden, soweit kein gerichtliches Ausschließungsverfahren nach § 140 HGB erfolgen soll.[50]

50 Rechtsfolge der Auflösung ist auch bei der OHG die **Liquidation**; Einzelheiten ergeben sich insoweit aus den §§ 145 ff. HGB. Das Verfahren weicht hier in einigen Punkten von der Auseinandersetzung bei der GbR ab.[51]

51 Im **Beispielfall 4** kann die OHG als Rechtsform der Projektgesellschaft durchaus erwogen werden. Nachteil ist die unbeschränkte Haftung der Gesellschafter; hier kann über eine KG-Konstruktion eine Optimierung, etwa mit dem Ziel, weitere Investoren zu gewinnen, erreicht werden.

2.3 Kommanditgesellschaft

52 Die Kommanditgesellschaft (KG) ist eine **Sonderform der OHG**. Die Besonderheiten der KG gegenüber der OHG sind in den §§ 161 ff. HGB dargestellt.

53 Während die **Komplementäre** nach außen wie OHG-Gesellschafter haften, sind andere Gesellschafter, nämlich die **Kommanditisten** nur in Höhe der von ihnen übernommenen Einlage beteiligt. Ist die Einlage geleistet, ist die unmittelbare Haftung der Kommanditisten gegenüber den Gläubigern der Gesellschaft vollständig ausgeschlossen.[52] Diese **Haftungsbeschränkung** ist strukturell mit derjenigen bei Kapitalgesellschaften zu vergleichen.[53]

54 Kommanditisten sind von der **Geschäftsführung** und **Vertretung** der Gesellschaft ausgeschlossen. Dies prädestiniert die KG als Beteiligungsgesellschaft für Personen, die primär Kapital einbringen und nicht aktiv an den unternehmerischen Aktionen der Gesellschaft

[45] Dazu § 3 Rdn. 16.
[46] Dazu § 3 Rdn. 34 ff.
[47] OLG München, NZG 2001, 793 – Gewinnverteilung.
[48] Vgl. BGH, NJW 2000, 3491 – zerrüttetes Vertrauen.
[49] Dazu § 3 Rdn. 40.
[50] BGH, NJW-RR 1997, 925 – Ausschluss durch Gesellschaftsbeschluss.
[51] BGH, NJW-RR 1988, 477 – Liquidationsgesellschaft.
[52] Vgl. OLG Hamm, NJW-RR 1996, 27 – beschränkte Einlage.
[53] Dazu § 3 Rdn. 73.

mitwirken wollen. Für die Verteilung von Gewinnen und Verlusten gibt es zwar in den §§ 167 ff. HGB einige gesetzliche Bestimmungen, diese können aber gesellschaftsvertraglich individuell angepasst werden.[54] Für Verluste hat der Kommanditist nach § 167 Abs. 3 HGB regelmäßig nur bis zum Betrag seines Kapitalanteils und seiner noch rückständigen Einlage aufzukommen.[55]

Eine Unterform der KG ist die **GmbH & Co. KG**. Bei dieser Konstruktion ist Komplementärin der KG eine Gesellschaft mit beschränkter Haftung (GmbH). Es werden dann zwei Gesellschaften gegründet, nämlich zuerst die GmbH und danach die KG. Die GmbH & Co. KG hat den Vorteil, dass einerseits ein Initiator ohne persönliche Haftung über eine GmbH die federführende Komplementärin eines Unternehmens stellen kann, andererseits aber als Kommanditisten mit summenmäßig begrenztem Haftungsrisiko natürliche Personen in beliebiger Zahl beteiligt werden können. 55

Die **Abtretung** von KG-Anteilen ist prinzipiell möglich. Hinsichtlich der **Kündigung** eines Gesellschafters und der Hinauskündigung gilt das zur OHG Gesagte entsprechend.[56] 56

Die KG und die GmbH & Co. KG gehören zu den im gewerblichen Immobilienrecht am häufigsten eingesetzten Unternehmensformen. Insbesondere aus Investorensicht sind hier Finanzierungs-, Steuer- und Haftungsaspekte wegen der Kombination von Elementen des Personen- und des Kapitalgesellschaftsrechts optimal miteinander zu verknüpfen. 57

Im **Beispielfall 4** kann I über die GmbH & Co. KG bei Bedarf externes Kapital in Form von Kommanditeinlagen mobilisieren und selbst über die GmbH die Geschicke der Projektgesellschaft weitgehend steuern. Eine Durchgriffshaftung von Gläubigern kommt im Regelfall weder hinsichtlich des I noch der Kommanditisten in Betracht.[57] 58

2.4 Partnerschaftsgesellschaft

Partnerschaften können nach dem Partnerschaftsgesellschaftsgesetz (PartGG) begründet werden. Diese Gesellschaftsform ist auf die gemeinschaftliche Ausübung **freier Berufe** durch natürliche Personen zugeschnitten. Beispiele für Partnerschaftsgesellschaften sind Rechtsanwaltssozietäten und Architektengesellschaften. 59

Die Partnerschaft fußt auf einem **Partnerschaftsvertrag**. Sie wird in das Partnerschaftsregister eingetragen und ist selbstständige Trägerin von Rechten und Pflichten, kann also etwa auch als Grundstückseigentümerin im Grundbuch eingetragen werden. 60

Für Verbindlichkeiten der Partnerschaft **haften**, vorbehaltlich abweichender Vereinbarungen, das Vermögen der Partnerschaft und die Partner als Gesamtschuldner. Ansonsten handelt es sich um eine Unternehmensform, die Parallelen mit der GbR und der OHG aufweist. 61

Im **Beispielfall 4** scheidet die Gründung einer Partnerschaft schon deswegen aus, weil es um eine gewerbliche Tätigkeit und nicht um die Ausübung eines freien Berufs geht. 62

---

[54] BGH, WM 75, 662 – garantierte Gewinnbeteiligung.

[55] BGH, BB 1995, 324 – Verlustbeteiligung bei Kommanditisten.

[56] Dazu § 3 Rdn. 49.

[57] BGH, BB 1994, 1658 – Kommanditistenhaftung aus c.i.c.; BGHZ 151, 181 – Vermögensvermischung bei der GmbH.

3. Kapitalgesellschaften

63 Kapitalgesellschaften haben im Vergleich mit Personengesellschaften eine deutlich höhere Komplexität. Im Immobilienbereich betätigen sich vornehmlich Gesellschaften mit beschränkter Haftung (GmbH) und Aktiengesellschaften (AG).

64 **Beispielfall 5:** Haftung der Vor-GmbH
Die Investoren I 1 und I 2 wollen eine GmbH gründen und mit dieser Gesellschaft ein größeres Bauprojekt realisieren. Nach Abschluss des Gesellschaftsvertrags, aber noch vor Eintragung in das Handelsregister kommt es zum Streit und zur Trennung von I 1 und I 2. Wer haftet dem Architekten A für Planungsleistungen, die von I 1 und I 2 beauftragt worden sind ?Wie ist die Rechtslage, wenn die GmbH zwar zunächst in das Handelsregister eingetragen, dann aber insolvent wird?

3.1 Gesellschaft mit beschränkter Haftung

65 Die Vorgaben für Gesellschaften mit beschränkter Haftung (GmbH) ergeben sich aus dem Gesetz betreffend die Gesellschaften mit beschränkter Haftung (GmbHG). Danach ist die GmbH eine **juristische Person**. Bereits eine natürliche Person kann eine GmbH gründen (Ein-Mann-GmbH), es können sich aber gleichermaßen auch mehrere natürliche oder juristische Personen als Gesellschafter beteiligen.

66 Es muss ein **Gesellschaftsvertrag** in notarieller Form abgeschlossen und unterzeichnet werden; bis dahin werden die bereits vielfach gemeinsam agierenden (künftigen) Gesellschafter als Vorgründungsgesellschaft bezeichnet.[58] Die Gesellschaft ist nach Abschluss des Gesellschaftsvertrags in das Handelsregister einzutragen. Zwischen Vertragsschluss und Eintragung handelt es sich um eine Vor-GmbH.[59] Gelegentlich werden in der Praxis auch bloße Vorratsgesellschaften gegründet, deren „Mantel“ bei Bedarf an Dritte zur Weiterführung veräußert wird.[60]

67 Die GmbH muss im Zeitpunkt ihrer Eintragung in das Handelsregister die gesetzlich geregelte **Kapitalausstattung** haben. Nach geltendem Recht beträgt das Stammkapital einer GmbH mindestens 25.000,00 €. Sacheinlagen anstelle von Geldeinlagen sind unter bestimmten Voraussetzungen zulässig.

68 2008 hat der Gesetzgeber als für Existenzgründer interessante Alternative zur „normalen“ GmbH die haftungsbeschränkte **Unternehmergesellschaft** eingeführt. Dabei handelt es sich um eine GmbH, die ohne ein bestimmtes Mindeststammkapital gegründet werden kann, ihre Gewinne aber nicht voll ausschütten darf, um so den vorgenannten Betrag von 25.000,00 € nach und nach anzusparen. Ergänzend kann bei unkomplizierten Standardgründungen fortan mit Musterprotokollen gemäß Anlage zum GmbHG gearbeitet werden.

69 Die §§ 30 ff. GmbHG untersagen bestimmte Rechtsakte, die auf eine gezielte Reduzierung des Stammkapitals hinauslaufen.[61] Die Kapitalerhöhung ist nach den §§ 55 ff. GmbHG recht kompliziert.[62]

---

[58] OLG Stuttgart, NZG 2002, 910 – Vorgründungsgesellschaft.
[59] BGH, NJW 1993, 459 – Vor-GmbH.
[60] BGHZ 153, 158 – Vorratsgründung und Mantelkauf.
[61] OLG Hamburg, NZG 2000, 839 – verdeckte Gewinnausschüttung.
[62] BGHZ 140, 258 – Übernahmevertrag GmbH-Gesellschafter.

Die GmbH hat eine differenzierte Organisationsstruktur. Oberstes **Organ** ist die Gesellschafterversammlung. Fakultativ können auch ein Aufsichtsrat und/oder ein Beirat eingerichtet werden.[63] 70

Vertreten wird die GmbH durch den **Geschäftsführer**. Er ist einerseits Organ der GmbH, andererseits hat er einen Anstellungsvertrag. Deshalb muss bei Beendigung der Zusammenarbeit von GmbH und Geschäftsführer neben der Abberufung als Organ eine formelle Kündigung erfolgen.[64] 71

Der Geschäftsführer ist den **Weisungen** der Gesellschafter unterworfen, Einzelheiten können im Gesellschaftsvertrag geregelt werden. Wichtiges Thema ist dabei die Geschäftsführerhaftung. Nach § 43 GmbHG haften Geschäftsführer einmal der Gesellschaft für Pflichtverstöße;[65] daneben kommt in der Phase nach Abschluss des Gesellschaftsvertrags vor Eintragung in das Handelsregister (=Vor-GmbH) eine sog. Handelndenhaftung nach § 11 Abs. 2 GmbHG in Betracht.[66] Auch strafrechtlich kann der Geschäftsführer speziell wegen Verletzung der Insolvenzantragspflicht verantwortlich sein;[67] dem kann durch interne Haftungsbeschränkungen und Abschluss von D & O-Versicherungen nur begrenzt begegnet werden. 72

Die **Haftung** der GmbH selbst ist auf das Gesellschaftsvermögen beschränkt (§ 13 Abs. 2 GmbHG). Mithin können die einzelnen Gesellschafter von Gläubigern der Gesellschaft nicht in Anspruch genommen werden, ein Durchgriff scheidet bis auf eng begrenzte Ausnahmefälle aus.[68] Denkbar ist es aber, dass Gläubiger aufgrund von Titeln gegen die GmbH Ansprüche der Gesellschaft gegen ihre Gesellschafter, etwa auf Erbringung von Einlagen, im Wege der Zwangsvollstreckung pfänden.[69] 73

Die GmbH ist als juristische Person **rechtsfähig**, kann also etwa als Eigentümerin eines Grundstücks im Grundbuch eingetragen sein. Ein Wechsel im Gesellschafterbestand ändert an der Rechtsträgerschaft nach dem Grundbuch nichts. Deshalb werden unter anderem bei als GmbH organisierten Objektgesellschaften Grundstücksverkäufe manchmal als Share Deal abgewickelt; so kann unter Umständen der Anfall von Grunderwerbsteuer vermieden werden.[70] 74

Gegenüber den Kaufleuten und Personenhandelsgesellschaften[71] bestehen nach Maßgabe der §§ 264 ff. HGB weitergehende **kaufmännische Buchführungspflichten**. Unterschieden wird zwischen kleinen, mittelgroßen und großen Kapitalgesellschaften; danach gliedern sich die Anforderungen an die Erstellung und Prüfung des Jahresabschlusses. Nach § 325 HGB besteht für Kapitalgesellschaften – mit Differenzierungen im Detail – die Verpflichtung zur **Offenlegung des Jahresabschlusses**. Auch insoweit hat es im Zuge der Bilanzrechtsmodernisierung 2009 einige Neuerungen gegeben, um kleine und mittelgroße Kapitalgesellschaften zu entlasten. 75

Aufgelöst wird die GmbH nach den §§ 60 ff. GmbHG. Wie bei der OHG und der KG können bei Vorliegen der gesetzlichen Voraussetzungen Auflösungsklage erhoben oder ein Gesellschafter gegen Abfindung „hinausgekündigt" werden.[72] Es schließt sich eine **Liquidation** an.[73] 76

---

[63] BGHZ 114, 127 – beratender Aufsichtsrat.
[64] BGH, NJW 2000, 1864 – Geschäftsführerkündigung.
[65] BGHZ 152, 280 – Geschäftsführerhaftung.
[66] BGH, ZIP 2001, 789 – Handelndenhaftung.
[67] BayObLG, ZIP 2000, 1220 – Insolvenzverschleppung.
[68] BGHZ 151, 181 – Durchgriffshaftung.
[69] Dazu § 17 Rdn. 85.
[70] Dazu § 8 Rdn. 73.
[71] Dazu § 3 Rdn. 16.
[72] BGH, ZIP 2002, 258 – Abfindungsanspruch; BGH, NJW 1999, 3779 – Auflösungsklage.
[73] Vgl. OLG Frankfurt, GmbHR 1998, 789 – Liquidatorenhaftung.

77 GmbH-Anteile sind nach § 15 GmbHG im Wege der **Abtretung** frei veräußerbar, soweit der Gesellschaftsvertrag keine Einschränkungen vorsieht.[74] Die Abtretung ist notariell zu beurkunden; eine Nachhaftung des ausgeschiedenen Gesellschafters im Außenverhältnis existiert wegen der Struktur der GmbH als juristische Person nicht.

78 Die Vorgaben für die Gründung und Verwaltung der GmbH, die Kapitalausstattung und die erweiterten Buchführungsanforderungen sind mit erheblichem Kosten- und Arbeitsaufwand verbunden. Gleichwohl eignet sich die GmbH insbesondere unter haftungsrechtlichen Gesichtspunkten ganz besonders für größere und risikoreichere Immobiliengeschäfte.

79 Im **Beispielfall 5** ist die GmbH nicht in das Handelsregister eingetragen worden. I 1 und I 2 haften nach den Grundsätzen des Personengesellschaftsrechts gesamtschuldnerisch und unbeschränkt, wenn sie – als Vorgründungsgesellschaft – vor Abschluss des Gesellschaftsvertrages Verbindlichkeiten gegenüber dem Architekten A eingegangen sind. Diese Haftung besteht fort, unabhängig davon, ob die GmbH-Gründung später scheitert.

Ist A nach Abschluss des Gesellschaftsvertrages beauftragt worden, ist die Rechtslage anders: einmal kommt eine Handelndenhaftung von I 1 und I 2 nach § 11 Abs. 2 GmbHG in Betracht, wenn I 1 und I 2 namens der GmbH aufgetreten sind. Diese Haftung erlischt indes mit Eintragung der GmbH in das Handelsregister. Allerdings kann dann eine Verlustdeckungshaftung von I 1 und I 2 gegenüber der Gesellschaft gegeben sein, die erforderlichenfalls der Insolvenzverwalter geltend macht.[75]

Schließlich haften I 1 und I 2 Gläubigern unmittelbar anteilig im Verhältnis ihrer Einlagen, wenn es keinen Geschäftsführer mehr gibt, der den Verlustdeckungsanspruch realisieren könnte, die GmbH vermögenslos ist oder weitere Gläubiger nicht vorhanden sind.[76] Eine unbeschränkte Außenhaftung analog Personengesellschaftsrecht soll eintreten, wenn zum Zeitpunkt der Begründung der Verbindlichkeit, hier also der Beauftragung des A, die Absicht der GmbH-Gründung schon aufgegeben war.[77]

3.2 Aktiengesellschaft

80 Die Immobilienaktiengesellschaft ist gegenüber der GmbH eine alternative Variante des Kapitalgesellschaftsrechts. Gegenwärtig sind die rechtlichen Rahmenbedingungen dem Aktiengesetz (AktG) zu entnehmen. Die AG kann danach von einer einzelnen Person oder von mehreren natürlichen oder juristischen Personen gegründet werden.

81 Die Aktiengesellschaft ist ebenfalls eine rechtsfähige **juristische Person**, die klagen und verklagt werden kann; sie kann auch als Grundstückseigentümerin im Grundbuch eingetragen werden. Sind ein herrschendes und ein oder mehrere abhängige Unternehmen unter der einheitlichen Leitung des herrschenden Unternehmens zusammengefasst, bilden sie nach § 18 AktG einen **Konzern**. Typisches Beispiel sind Unternehmen, die mit Muttergesellschaften Beherrschungs- und Gewinnabführungsverträge im Sinne von § 291 AktG abgeschlossen haben.[78]

82 Bei einer als AG organisierten Dachgesellschaft – auch **Holding** genannt – werden mehrere Beteiligungen an anderen Unternehmen von dem zentralen Unternehmen gehal-

[74] KG, NZG 2001, 805 – Zustimmungserfordernis.
[75] OLG Stuttgart, NZG 2001, 86 – Haftung bei GmbH i.G.
[76] BGHZ 134, 333 – Haftung in der Vor-GmbH I.
[77] BGHZ 152, 290 – Haftung in der Vor-GmbH II.
[78] BGHZ 103, 1 – Familienheim.

ten und gesteuert. Werden Unternehmen oder Beteiligungen erworben, eventuell auch im Zuge eines Share Deals, kann sich die Notwendigkeit einer **Fusionskontrolle** nach dem Gesetz gegen Wettbewerbsbeschränkungen (GWB) und nach dem EU-Recht ergeben.[79] Bei Konzern- und Holdingstrukturen sind zusätzliche Transparenz- und Kontrollerfordernisse nach dem AktG zu beachten.[80]

Die AG wird durch eine **Satzung** in notarieller Form (=Gesellschaftsvertrag) errichtet. **83**
Vorgeschrieben ist ein Grundkapital von mindestens 50.000,00 €. Die **Aktien** bilden das Grundkapital, sie können als Wertpapiere dem Kapitalmarkt zugänglich gemacht werden. Es sind unterschiedliche Aktienformen möglich, etwa Inhaberaktien, Namensaktien und Vorzugsaktien ohne Stimmrecht.[81] Auch Sacheinlagen kommen in Betracht. Nicht jede AG ist automatisch **börsennotiert** und deshalb auf dem öffentlichen Kapitalmarkt präsent; hier sind vielmehr nach § 3 Abs. 2 AktG zusätzliche gesetzliche Anforderungen zu erfüllen.

Mit der Aktie ist – soweit nichts anderes vereinbart ist – ein **Stimmrecht** verbunden. **84**
Dieses Stimmrecht wird von den Aktionären nach den §§ 118 ff. AktG in der **Hauptversammlung** ausgeübt; eine laufende Kontrolle oder sogar eine unmittelbare Einwirkung auf die übrigen Organe der AG von Seiten der Aktionäre ist nicht vorgesehen.[82] Hierin besteht – je nach Blickwinkel – einer der wichtigsten Vor- oder Nachteile der AG.

Als Wertpapiere sind Aktien auf Dritte **übertragbar**, wenn sich aus der Art der Aktie **85**
oder anderen gesellschaftsvertraglichen Vereinbarungen nichts anderes ergibt.[83] Nur ausnahmsweise soll die Gesellschaft nach § 71 AktG eigene Aktien erwerben. Für die Kapitalbeschaffung durch die AG, insbesondere durch **Kapitalerhöhung**, enthalten die §§ 182 ff. AktG eingehende Bestimmungen.

Die **Organisationsstruktur** der AG ist gegenüber der GmbH nochmals verfeinert. Im **86**
Zuge des gesetzlich vorgeschriebenen Gründungsprozederes der AG wird der **Aufsichtsrat** bestellt und später von der Hauptversammlung bestätigt oder neugewählt. Als weiteres Organ wählt der Aufsichtsrat den **Vorstand**. Der Vorstand vertritt die AG im Außenverhältnis und wird durch den Aufsichtsrat überwacht. Gründer, Vorstand und Aufsichtsrat haben die gebotenen Handelsregistereintragungen zu veranlassen.

Mit der differenzierten Organisationsstruktur der AG korrespondieren strenge Haf- **87**
tungsvorschriften in den §§ 46 ff. AktG.[84] Neben dem operativ handelnden und nach § 91 AktG für das Risikomanagement verantwortlichen Vorstand kann auch der Aufsichtsrat unter bestimmten Voraussetzungen wegen Verletzung von Kontrollpflichten von der Gesellschaft auf Schadensersatz in Anspruch genommen werden.[85] Außerdem besteht eine zunehmende Tendenz von Aktionären, tatsächliche oder vermeintliche pflichtwidrige Handlungen oder Unterlassungen der Gesellschaft und ihrer Organe im Klagewege anzugreifen oder Kompensation für dadurch erlittene Nachteile zu verlangen.[86]

Die **Haftung der AG** im Außenverhältnis ist auf das Gesellschaftsvermögen beschränkt. **88**
Ein Durchgriff auf die Aktionäre ist prinzipiell nicht möglich.[87] Eine andere Frage ist, ob und inwieweit bei gesellschaftsrechtlichen Verflechtungen möglicherweise eine Kon-

---

[79] Vgl. EU-Kommission, WuW EU-V 21 – Zusammenschluss Einzelhandelsunternehmen; OLG Düsseldorf, WuW/E DE-R 1462 – Zusammenschluss Baustoffunternehmen.
[80] BGHZ 114, 203 – Mitteilungspflicht bei Stimmrechtskonsortium.
[81] OLG Oldenburg, AG 2000, 367 – Inhaberaktie; BGHZ 70, 117 – Vorzugsaktie.
[82] Vgl. BVerfG, NJW 2000, 349 – Hierarchie der AG-Organe.
[83] KG, AG 2003, 568 – Übertragung Namensaktie.
[84] BGHZ 135, 244 – unternehmerisches Ermessen des AG-Vorstandes.
[85] Vgl. OLG Jena, DB 2007, 2079 – Haftung des Aufsichtsrats.
[86] Vgl. BGH, NJW-RR 2008, 2079 – verspätete Ad-Hoc-Mitteilung.
[87] Vgl. BGHZ 90, 381 – Unterkapitalisierung der AG.

zernhaftung eingreift oder im Wege der Zwangsvollstreckung Rechte der Gesellschaft gepfändet werden können.[88]

89 Ähnlich wie bei der GmbH gelten auch für die AG erweiterte Anforderungen an die **kaufmännische Buchführung.**[89] Bei Aktiengesellschaften gibt es allerdings einige Besonderheiten. So sind bei börsennotierten Gesellschaften nunmehr nach § 161 AktG im Interesse einer übergreifenden Unternehmens-Compliance zusätzlich jährliche Erklärungen zur Einhaltung des „Corporate Governance Kodex" und Erklärungen zur Unternehmensführung nach § 289a HGB abzugeben; wegen dieser anspruchsvollen Erfordernisse ist die AG als Unternehmensform üblicherweise nur bei komplexen Immobiliengeschäften oder erheblichen Investitionsvolumina über längere Zeiträume sachgerecht.

90 Aufgrund positiver Erfahrungen im US-amerikanischen Bereich hat der Gesetzgeber ergänzend zum AktG und zum HGB 2007 spezialgesetzliche Vorschriften für **REITs (Real Estate Investment Trusts)** eingeführt. REITs sind danach als von der Körperschafts- und Gewerbesteuer befreite Immobilienaktiengesellschaften konzipiert. Die Besteuerung erfolgt stattdessen bei der Ausschüttung der Gewinne an den Anleger.

91 REITs sollen einerseits nicht den Bindungen für Kapitalanlagegesellschaften nach dem Investmentgesetz unterliegen,[90] andererseits sollen Verbesserungen gegenüber dem recht begrenzten Anlegerschutz speziell bei geschlossenen Immobilienfonds erreicht werden.[91] Transparenz soll durch das Gebot der Börsenzulassung von REIT-Aktien geschaffen werden, dazu bedarf es eines ordnungsgemäßen Prospektes des Emittenten.

92 **Gegenstand** von REITs können nach deutschem Recht insbesondere der Erwerb, das Halten, Vermieten, Verpachten, Leasing und Veräußerung von Immobilien sein, soweit diese Geschäfte sich nicht auf im Inland belegene, vor dem 1.1.2007 errichtete Bestandswohnobjekte beziehen. Mit der Ausnahmeregelung sollen Wohnmietraumbestände vor einseitig am Profit orientierten Investoren geschützt werden. Ob durch die Einführung von REITs zusätzliche Immobilieninvestitionen mobilisiert werden können, bleibt abzuwarten.

93 Im **Beispielfall 5** wäre die Gründung einer AG für I 1 und I 2 nur dann eine erwägenswerte Option, wenn das Geschäft der Investoren im Hinblick auf unterschiedliche Beteiligungen an anderen Gesellschaften mittel- und langfristig ausgeweitet und die Organisationsstrukturen auf einen weitgehend selbstständig agierenden Vorstand ausgerichtet werden sollen. Eine Haftung von Aktionären scheidet aus; anders als bei der GmbH sind die Kapitalgeber deshalb Dritten gegenüber weitgehend von Risiken freigestellt.

4. Besondere Kooperationsmodelle

94 Im Bereich des Immobilienrechts haben sich einige besondere Kooperationsmodelle bewährt, die wegen ihrer praktischen Bedeutung nachstehend vorgestellt werden sollen. Auch für diese Unternehmensformen gilt selbstverständlich der gesellschaftsrechtliche **Typenzwang**, es ist deshalb im Einzelfall festzustellen, welche Vorschriften des Unternehmens- und Gesellschaftsrechts Anwendung finden.[92]

[88] Vgl. BGHZ 149, 10 – Bremer Vulkan.
[89] Dazu § 3 Rdn. 16.
[90] Dazu § 3 Rdn. 128.
[91] Dazu § 3 Rdn. 136.
[92] Vgl. OLG Koblenz, NZG 2003, 32 – Haftung der GmbH vor Gründung als GbR/OHG.

Beispielfall 6: Sportzentrum als Joint Venture 95
Der Investor I 1, eine AG, der Investor I 2, eine GmbH, und die Gemeinde G sind Eigentümer dreier aneinander angrenzender Grundstücke. I 1, I 2 und G überlegen, im Rahmen eines gemeinsamen Projekts auf den Grundstücken ein Sportzentrum zu errichten und zu betreiben. G will sich in der Weise beteiligen, dass das kommunale Grundstück kostenlos zur Verfügung gestellt wird und im Gegenzug mehrere Sporteinrichtungen langfristig für gemeindliche Zwecke genutzt werden können. Alle Bau- und Planungsleistungen sollen einer Arbeitsgemeinschaft (ARGE) leistungsfähiger Unternehmen übertragen werden.

4.1 Joint Venture

In einem Joint Venture schließen sich die Beteiligten zusammen, um auf der Grundlage der getroffenen Vereinbarungen ein Projekt zu realisieren. Zu diesem Zweck wird zunächst ein **Joint-Venture-Vertrag** abgeschlossen. Der Joint-Venture-Vertrag ist ein komplexer Gesellschaftsvertrag, durch den eine Innengesellschaft in der Rechtsform einer GbR oder einer OHG gebildet wird.[93] 96

Gegenstand des Joint-Venture-Vertrags können sein 97
- die Projektziele,
- die Projektfinanzierung,
- die Beiträge der Beteiligten, etwa in Form von Bar- und Sachleistungen,
- weitere gesellschaftsrechtliche Differenzierungen, vor allem die Gründung von Projekt- und Betreibergesellschaften,
- die Mitwirkungs- und Entscheidungsbefugnisse,
- die Mechanismen zur Bereinigung von Konflikten,
- „Ausstiegsklauseln".

Joint-Venture-Konstruktionen sind für die Beteiligten mit erheblichen **Risiken** verbunden. 98
Werden in der Phase bis zum Zustandekommen des Joint Venture Vorleistungen erbracht, können bei einem Scheitern der Vertragsverhandlungen Ansprüche nach Gesellschaftsrecht oder wegen Verschuldens bei Vertragsschluss (culpa in contrahendo) gegeben sein.[94] Auch in der Phase nach Zustandekommen des Joint Venture können vielfältige Differenzen auftreten, beginnend mit den Realisierungsentscheidungen über Entscheidungsnotwendigkeiten bei der Projektabwicklung bis hin zur Verteilung von Gewinnen und Verlusten. Dem lässt sich nur durch eine frühzeitige und faire vertragliche Absicherung der jeweiligen Positionen begegnen.

Im **Beispielfall 6** können I 1, I 2 und G grundsätzlich einen Joint-Venture-Vertrag 99
schließen. In dem Vertrag können Einzelheiten des Vorhabens „Sportzentrum" und die jeweiligen Rechte und Pflichten der Partner geregelt werden. G könnte allerdings aus kommunal- und vergaberechtlichen Gründen gehindert sein, sich an dem Joint Venture zu beteiligen. Möglicherweise müssen ein förmliches Vergabeverfahren vorgeschaltet und eine kommunalaufsichtsrechtliche Genehmigung eingeholt werden. Die maßgeblichen Vorschriften nach der Gemeindeordnung und dem Vergaberecht gelten auch dann, wenn sich der Gemeinde, wie im Beispielfall, bei einer Beschaffung eine günstige Gelegenheit bietet.[95]

---

[93] Vgl. OLG Düsseldorf, NJW-RR 1995, 1246 – gemeinsamer Gaststättenbetrieb.
[94] Vgl. OLG Koblenz, NJW-RR 2004, 668 – gemeinsames Bauprojekt.
[95] Vgl. BayObLG, ZfBR 2003, 511 – Verpachtung und Abfallentsorgung.

4.2 Bauherrengemeinschaft

100 Eine auf die gemeinschaftliche Errichtung eines Bauwerks (und vielfach auf die anschließende Bildung von Wohnungseigentum zu Gunsten der einzelnen Bauherrn) gerichtete Bauherrengemeinschaft kann zunächst (nur) eine **Innengesellschaft** in der Rechtsform einer GbR darstellen, die im Außenverhältnis als Bruchteilsgemeinschaft agiert. Die Gesellschafter können daher voneinander ihre Einlagen verlangen, im Außenverhältnis haften sie für die Herstellungskosten aber nur anteilig.[96] Im Einzelfall kann der Gesellschaftsvertrag notariell beurkundungsbedürftig sein.[97]

101 Die „klassischen" Bauherrenmodelle dienten speziell dazu, die Investoren **unmittelbar** an den Risiken und Chancen eines Projekts zu beteiligen und ihnen damit im Vergleich zum Bauträgermodell, das lediglich eine mittelbare Beteiligung impliziert, steuerliche Vorteile zu verschaffen. Bauherrenmodelle waren vor allem im **Wohnungsbau** üblich. Das vormalige Steuerprivileg ist jedoch nicht mehr existent, seit den Investoren bei Zwischenschaltung von Treuhändern, Geschäftsbesorgern oder Baubetreuern die Qualifikation als Bauherren abgesprochen worden ist.[98]

102 Anstelle von Bauherrenmodellen haben sich deshalb geschlossene Immobilienfonds immer mehr durchgesetzt.[99] Bauherrengemeinschaften (teilweise auch als „Baugruppen" bezeichnet) können aber als Alternative zum Bauträgerkauf bei kleineren privaten Projekten nach wie vor attraktiv sein. Sie werden nicht selten von Architekten initiiert und teilweise bei der Flächenvergabe durch Kommunen bevorzugt berücksichtigt.[100] Je nach den Umständen kann es sich dann auch um **Außengesellschaften** handeln.

103 Soll sich die Bauherrengemeinschaft nach dem Abschluss der Bauphase in eine Wohnungseigentümergemeinschaft nach dem WEG umwandeln, bedarf es neben gesellschaftsvertraglichen auch wohnungseigentumsrechtlicher Vereinbarungen.[101] Die Gestaltungsvarianten sind hier vielfältig und sorgfältig abzustimmen.

104 Im **Beispielfall 6** könnten I 1, I 2 und G eine Bauherrengemeinschaft bilden, wenn sie ihre jeweiligen Teilprojekte zwar in Abstimmung miteinander, aber ohne den für eine Außengesellschaft entscheidenden übergreifenden gemeinsamen Zweck realisieren würden. Unabhängig von den auch dann zu beantwortenden kommunal- und vergaberechtlichen Fragen entspricht dies aber nicht den Zielsetzungen der Beteiligten; das Sportzentrum soll vielmehr von I 1 und I 2 gemeinsam betrieben werden, auch sollen G langfristig Einrichtungen überlassen werden.

4.3 Public-Private-Partnership

105 Der Begriff Public-Private-Partnership (PPP) – inzwischen auch als ÖPP bezeichnet – hat in den vergangenen Jahren einen stetigen Bedeutungszuwachs erfahren. In Zeiten knapper Kassen ist die öffentliche Hand mehr denn je darauf angewiesen, private Investoren bei Immobiliengeschäften hinzuzuziehen. Daneben setzt sich die Erkenntnis durch, dass Finanzierung, Bau und Betrieb von Immobilien von Privatunternehmen zu günstigeren Konditionen bewerkstelligt werden können als von der öffentlichen Hand.

---

[96] BGH, NJW 2002, 1642 – Bauherrengemeinschaft.
[97] BGHZ 101, 393 – Treuhandvertrag.
[98] BFH, BStBl. II 1990, 366 – Bauherrenmodell.
[99] Dazu § 3 Rdn. 136 ff.
[100] Vgl. OLG Frankfurt am Main, IBR 2007, 503 – Architekt und Bauherrengemeinschaft.
[101] Dazu § 4 Rdn. 39 ff.

PPP ist Ausdruck einer **Privatisierung** ehemals staatlicher Leistungen. Die öffentliche Hand konzentriert sich auf ihre Kernaufgaben; Planung, Bau und Betrieb von Immobilien müssen dazu nicht notwendig gehören. Bund, Länder und Gemeinden haben ihr Immobilienvermögen im Hinblick darauf teilweise bereits in öffentlich-rechtliche Anstalten oder Betriebe wie die Bundesanstalt für Immobilienaufgaben, den Bau- und Liegenschaftsbetrieb Nordrhein-Westfalen (BLB NW) oder privatrechtliche Gesellschaften wie die TLG Immobilien GmbH ausgelagert. 106

PPP-Modelle haben sich auf unterschiedlichen Sektoren entwickelt. Eher der Wirtschaftsförderung dient die Ausweisung von **Business Improvement Districts (Bids)** in Großstädten; in solchen Bids sollen von Kommune und ortsansässigen Investoren in enger Abstimmung Maßnahmen zur Verbesserung der Attraktivität des Standortes wie übergreifende Parkraum-, Erschließungs- und Bewirtschaftungskonzepte realisiert werden. Primär zielt PPP aber weiterhin auf Bauvorhaben von Hoheitsträgern ab. Beispiele sind kommunale Bürobauten, Schulen und Sporteinrichtungen, Krankenhäuser, Justizvollzugsanstalten, Universitätseinrichtungen sowie Vorhaben der Verkehrsinfrastruktur. 107

Im **Überblick** lassen sich die gängigen PPP-Modelle wie folgt darstellen: 108

	Planung	Bau	Finanzierung	Wartung	Betrieb	Verkauf von Vermögen
General- oder Totalunternehmermodell	enthalten	enthalten	optional	optional	optional	nicht enthalten
Werklohnstundung/Forfaitierungsmodell	enthalten	enthalten	enthalten	optional	optional	nicht enthalten
Leasingmodell	enthalten	enthalten	enthalten	optional	optional	optional
Investorenmodell	enthalten	enthalten	enthalten	optional	optional	optional
Betreibermodell (Konzessionsmodell)	enthalten	enthalten	enthalten	enthalten	enthalten	optional
Contracting-Modell	enthalten	enthalten	enthalten	enthalten	enthalten	optional

Abbildung 5: PPP-Modelle

Das **General- oder Totalunternehmermodell** ist seit längerem üblich. Privatisiert werden hier vor allem Teile der ehemals in hoheitlicher Regie erstellten Planung.[102] 109

Investoren- und Leasingmodelle decken neben Planung und Bau zusätzlich den Bereich Finanzierung ab. Typischerweise wird dabei eine Projektgesellschaft gegründet. Diese Projektgesellschaft übernimmt anstelle der öffentlichen Hand die Bauherrenrolle; die öffentliche Hand stellt vielfach ein Grundstück zur Verfügung und erhält im Gegenzug ein Nutzungsrecht über einen längeren Zeitraum zu im Einzelnen definierten wirtschaftlichen Bedingungen. 110

Als Nutzungsverträge kommen insbesondere Miet- und Leasingverträge in Betracht;[103] ob neben den schuldrechtlichen Vereinbarungen auch dingliche Rechte begründet werden, etwa in Form eines Erbbaurechts oder eines Eigentumswechsels mit Rückerwerbsoption, 111

[102] Dazu § 11 Rdn. 83.
[103] Dazu § 13 Rdn. 1 ff.

hängt von den Umständen des Einzelfalls ab.[104] Generell sind die rechtlichen Beziehungen zwischen den Beteiligten höchst kompliziert und mit hohen Transaktionskosten verbunden.

112 Gegenüber Investoren- und Leasingmodellen können **Werklohnstundungs- und Forfaitierungsmodelle** Vorteile bringen. Auch bei derartigen Modellen geht es neben Planung und Bau vor allem um die Finanzierung. Ziel ist es indessen, dingliche Rechtsänderungen möglichst zu vermeiden und die von der öffentlichen Hand für die langfristige Nutzung zu erbringenden Gegenleistungen optimal auf den Nutzungszeitraum zu verteilen.[105]

113 Betreiber- und Konzessionsmodelle haben neben Planung, Bau und Finanzierung auch die Instandhaltung und den dauerhaften Betrieb der Immobilie zum Gegenstand. **Betreibermodelle** nehmen den Lebenszyklusgedanken auf; die Privatisierung erstreckt sich, je nach Gestaltung, neben der eigentlichen Immobilie auf ergänzende Dienstleistungen, etwa Personal, Ausstattung und Einrichtung sowie Fuhrpark. Hier ist die Schnittstelle zum Gebäude- und Facility Management.[106] Gesicherte Erfahrungen, ob und inwieweit dadurch ein Effizienzgewinn gegenüber von der öffentlichen Hand selbst betriebenen Immobilien entsteht, liegen aber gegenwärtig nicht vor.

114 Entsprechendes gilt für die **Konzessionsmodelle**. Konzessionsmodelle sind insbesondere für Infrastruktureinrichtungen prädestiniert. Der Investor erhält für Herstellung und Betreiben der Einrichtung regelmäßig keine Gegenleistung, sondern das Recht, seine Investitionen über vom Nutzer zu entrichtende Entgelte oder Gebühren zu refinanzieren. Beispiele gibt es bei Veranstaltungsstätten und im Straßenbau.[107]

115 **Contracting-Modelle** sind schließlich dadurch gekennzeichnet, dass Aufgaben einer technischen Anlagen- oder Bauinvestition von einem Investor übernommen werden, der die Investitionskosten über Versorgungsverträge umlegen und so Stundungseffekte erreichen kann. Exemplarisch werden der Bau und Betrieb von Elektro-, Wärme- und Kälteanlagen sowie Parkhäusern genannt.[108]

116 PPP-Modelle werfen komplizierte **Rechtsfragen** in folgenden Bereichen auf:
- Haushaltsrecht,
- Kommunalrecht,
- Steuerrecht,
- Vergaberecht.

117 Die öffentliche Hand ist zur sparsamen und wirtschaftlichen Haushaltsführung verpflichtet. Mit dem danach bei PPP-Modellen gebotenen sogenannten **Wirtschaftlichkeitsvergleich** gehen Bewertungsunsicherheiten einher; dies betrifft die Gegenüberstellung der fiktiven Kosten einer Eigeninvestition und der Kosten bei Realisierung des beabsichtigten PPP-Modells. Kommunen müssen nach den landesspezifischen Gemeindeordnungen eine aufsichtsrechtliche Genehmigung für PPP-Modelle einholen; auch in diesem Zusammenhang ergeben sich nach wie vor Unsicherheiten bis hin zu der Problematik der Haftung der Aufsichtsbehörde bei Genehmigung eines unwirtschaftlichen PPP-Modells.[109]

118 Sodann geht es um mehrere zu beachtende **Steuerarten**. Konkret ist zu prüfen, ob und inwieweit – unter Berücksichtigung der 2005 vom Gesetzgeber eingeführten Privilegien – Ertragssteuern, Gewerbesteuer, Grundsteuer, Umsatzsteuer sowie Grunderwerbsteuer

---

[104] Vgl. BFHE 141, 509 – Leasing und Steuern; OLG Karlsruhe, ZfIR 2003, 285 – Leasing und Ankaufsrecht.

[105] Vgl. OLG Jena, BauR 2000, 388 – Finanzierung Schulbau.

[106] Dazu § 14 Rdn. 2 ff.

[107] Vgl. OLG Jena, ZfBR 2003, 830 – Fußballstadion.

[108] Dazu § 14 Rdn. 12 ff.

[109] BGH, IBR 2003, 381 – Haftung der Aufsichtbehörde bei Unwirtschaftlichkeit.

anfallen.[110] Auch daraus kann sich gegenüber einer Eigeninvestition ein Verteuerungseffekt ergeben.

119 PPP-Modelle unterliegen schließlich dem öffentlichen **Vergaberecht**. Bei Überschreitung der einschlägigen Schwellenwerte ist ein EU-weites Vergabeverfahren durchzuführen. Wenn die Konturen des PPP-Modells erst nach und nach konkretisiert werden sollen, wird der Weg eines Verhandlungsverfahrens gewählt, zumal sich die starre Struktur einer förmlichen Ausschreibung kaum mit den Erörterungsbedürfnissen der Beteiligten in Einklang bringen lässt.[111] Wegen der Vergabenotwendigkeit können nicht berücksichtigte Bieter ein Nachprüfungsverfahren bei der Vergabekammer einleiten; die Konsequenz können Verzögerungen sein.[112]

120 Im **Beispielfall 6** wird es in erster Linie um den Wirtschaftlichkeitsvergleich gehen. Die Gemeinde G muss der Kommunalaufsicht nachweisen, dass Finanzierung, Bau und Betrieb der Sporteinrichtungen durch private Investoren im Vergleich mit einer möglichen Eigeninvestition den Grundsätzen der sparsamen und wirtschaftlichen Haushaltsführung genügen. Außerdem dürfte ein Vergabeverfahren nach GWB und VOB/A erforderlich sein. Es könnte sich bei Realisierung des Vorhabens ein kombiniertes Leasing- und Betreibermodell anbieten. Die Grundstücksüberlassung muss ausgestaltet werden; ferner ist zu überlegen, ob und mit welchen Beteiligungsverhältnissen durch Gesellschaftsvertrag eine Projektgesellschaft konstituiert werden sollte. Hinzu kommt der Totalunternehmervertrag für Planung und Bau. Alle Verträge müssen miteinander vernetzt werden.

4.4 Arbeitsgemeinschaft

121 Die Gründung einer Arbeitsgemeinschaft (ARGE) ist vor allem bei Planungs- und Bauaufträgen üblich. Eine ARGE ist ein **Zusammenschluss mehrerer Unternehmen** beliebiger Rechtsform. Vorstufe der ARGE ist die Bietergemeinschaft (BIEGE), die sich um einen Auftrag bewirbt.

122 **Sonderformen** der ARGE sind die sog. Dach-ARGE und die Unter-ARGE. Die Dach-ARGE ist meist unmittelbar vertraglich an den Auftraggeber gebunden; sie vergibt aber Teilaufträge weiter an Nachunternehmer oder Unter-ARGEn, die ihrerseits aus mehreren Unternehmen bestehen. Dadurch kann ein kompliziertes Kaskadensystem von Unternehmen entstehen, das die Gefahr von Interessenkonflikten nach sich zieht.

123 ARGEn und BIEGEn können im Rechtssinne GbR oder OHG sein.[113] Für den Auftraggeber ist es haftungsrechtlich positiv, mit einer ARGE zu kontrahieren, weil die ARGE-Mitglieder vorbehaltlich einer abweichenden Regelung gesamtschuldnerisch haften; der Auftraggeber kann daher etwa bei Insolvenz eines ARGE-Partners die Fortsetzung und Fertigstellung der Arbeiten von dem oder den verbliebenen Unternehmen verlangen.

124 Die ARGE bestellt durch den **ARGE-Vertrag**, der das Innenverhältnis zwischen den Gesellschaftern regelt, ein federführendes Unternehmen. Meist enthält der ARGE-Vertrag auch Bestimmungen über die Beteiligung der Gesellschafter an Gewinnen und Verlusten, die jeweiligen Arbeitspakete und die Kündigung oder das Ausscheiden von Gesellschaf-

---

[110] Dazu § 8 Rdn. 1 ff.
[111] Vgl. BayObLG, ZfBR 2005, 90 – Mietmodell mit Kaufoption.
[112] Dazu § 11 Rdn. 114 f.
[113] OLG Dresden, NJW-RR 2003, 257 – Dach-ARGE.

tern.[114] Für den Auftraggeber kann es sinnvoll sein, sich wenigstens in groben Zügen über den Inhalt des ARGE-Vertrags zu informieren.

125 Im **Beispielfall 6** liegt die Beauftragung einer ARGE nahe, weil umfangreiche Planungs- und Bauleistungen abgerufen werden sollen. Durch die Beauftragung einer ARGE können Insolvenz- und Haftungsrisiken besser abgefedert werden. Zudem gilt die HOAI nicht, wenn Planungsleistungen als Annex zu Bauleistungen vergeben werden.[115]

4.5 Immobilienfonds

126 Immobilienfonds sind gesellschaftsrechtliche Konstruktionen, die die Voraussetzungen für eine Finanzierung von Immobiliengeschäften schaffen sollen. Immobilienfonds sind gleichzeitig Kapitalanlagemodelle. Mit den Fonds sollen Gewinne erwirtschaftet werden, von denen die Anleger profitieren.

127 **Beispielfall 7:** Probleme beim geschlossenen Immobilienfonds
Der Investor I hat über den Treuhänder T Anteile an einem geschlossenen Immobilienfonds erworben. Den Beitritt zu dem Fonds hat I über ein Darlehen der Bank B finanziert. Das Darlehen hat T dem I vermittelt. Im Nachhinein erweist sich die Beteiligung allerdings als problematisch, denn neben umfangreichen Baumängeln beträgt die Leerstandsrate 75 %. In dem Prospekt, den I im Vorfeld des Beitritts erhalten hat, ist demgegenüber von einer Vollvermietung und einer „vollumfänglichen Absicherung" der Mängelfreiheit die Rede.

4.5.1 Offener Fonds

128 Der Begriff Fonds ist gesetzlich nicht definiert. Vorschriften über **Investmentfonds** enthält das Investmentgesetz (InvG). Danach sind Investmentfonds von einer Kapitalanlagegesellschaft verwaltete Publikums-Sondervermögen.

129 **Sondervermögen** sind dadurch gekennzeichnet, dass Kapitalanlagegesellschaften die in Rede stehenden Vermögensgegenstände für Rechnung der Anleger verwalten und die Anleger das Recht zur Rückgabe der Anteile haben. Immobilien-Sondervermögen – im Sprachgebrauch auch Immobilienfonds genannt – im Sinne der §§ 66 ff. InvG investieren dabei ausschließlich in Immobilien.

130 **Offen** ist ein Immobilienfonds, wenn weder die Zahl der auszugebenen Anteilscheine noch die Zahl der Grundstücke, die der Fonds erwirbt, hält oder veräußert, begrenzt ist. Der offene Immobilienfonds lässt sich damit als Dauereinrichtung bezeichnen. **Spezialfonds** sind dagegen nur für institutionelle Anleger zugänglich. Die Zahl der Anleger bei Spezialfonds ist beschränkt, es gelten auch nach den §§ 91 ff. InvG noch einige weitere Besonderheiten.[116]

131 Nach dem InvG dürfen **Kapitalanlagegesellschaften** nur in der Rechtsform der AG und der GmbH betrieben werden. Im Rechtssinne handelt es sich um Institute, deren Geschäftsbereich darauf gerichtet ist, bei ihnen eingelegtes Geld im eigenen Namen für gemeinschaftliche Rechnung der Anleger (Anteilinhaber) nach dem Grundsatz der Ri-

[114] Vgl. OLG Koblenz, NJW-RR 1987, 24 – Federführervergütung.
[115] Dazu § 11 Rdn. 81.
[116] Vgl. OLG Stuttgart, NZG 2005, 432 – Spezialfonds.

sikomischung anzulegen und über die hieraus sich ergebenden Rechte der Anteilinhaber Urkunden (Anteilscheine) auszustellen. Offene Immobilienfonds unterliegen der Aufsicht der Bundesanstalt für Finanzdienstleistungsaufsicht (BaFin); sie müssen eine Betriebserlaubnis einholen.

Das InvG enthält in den §§ 66 ff. eine Reihe **besonderer Vorschriften** für offene Im- 132
mobilienfonds. Danach

- gelten Restriktionen für Anlagewerte und Anlagegrenzen,
- sind Unterbeteiligungen an anderen Grundstücksgesellschaften nur begrenzt zulässig und im Übrigen den Unternehmensbeteiligungsgesellschaften nach dem UBGG vorbehalten,[117]
- muss eine Depotbank mit der laufenden Überwachung des Bestands an Grundstücken, der Verwahrung der zum Sondervermögen gehörenden Geldbeträge und Wertpapiere sowie mit der Ausgabe und Rücknahme von Anteilscheinen beauftragt werden,
- ist ein aus drei Mitgliedern bestehender Sachverständigenausschuss zu bestellen, der mit den anfallenden Bewertungsaufgaben betraut wird,[118]
- sind die Ertragsverwendung, die Rechnungslegung, die Wertermittlung sowie die Veräußerung und Belastung von Grundstückswerten nach Maßgabe genauer Vorgaben zu vollziehen.

Offene Immobilienfonds dürfen in allen EU-Mitgliedstaaten regelmäßig Mietwohngrund- 133
stücke, Geschäftsgrundstücke, gemischt genutzte Grundstücke sowie Erbbaurechte an solchen Grundstücken erwerben. Immobilien außerhalb der EU dürfen nur einen bestimmten Anteil des Fondsvolumens ausmachen; **Sonderimmobilien** wie Industrieanlagen kommen für Investitionen offener Immobilienfonds nicht in Frage. Seit dem ÖPP-Beschleunigungsgesetz 2005 ist künftig aber eine weitergehende Beteiligung von offenen Immobilienfonds an PPP-Modellen zulässig.[119] Mit dem Investmentänderungsgesetz hat der Gesetzgeber Ende 2008 auch in einigen anderen Punkten vormalige Restriktionen gelockert; gleichzeitig hat es Verbesserungen beim Anlegerschutz, insbesondere im Hinblick auf ein unabhängiges Aufsichtsratsmitglied. das Risikomanagement und die Bewertung der Fondsimmobilien, gegeben. Trotz dieser Verbesserungen waren einige Fonds zuletzt wirtschaftlich außer Stande, ihre Verpflichtung zur Rücknahme von Anteilen zu erfüllen, und mussten deswegen zeitweise „geschlossen“ werden.

Das InvG gewährleistet alles in allem heute einen recht weitgehenden **Anlegerschutz**. 134
Durch kontinuierliche Wertermittlungen sowie behördliche Überwachung sollen missbräuchliche Geschäfte verhindert werden. Für das langfristig angelegte „Massengeschäft“ mit Immobilien sind offene Fonds deswegen prädestiniert.

Im **Beispielfall 7** hat sich der Investor I für das risikoreichere Modell einer Investition 135
in einen geschlossenen Immobilienfonds entschieden. Ein Anlegerschutz, wie ihn das InvG für offene Immobilienfonds vorsieht, besteht somit grundsätzlich nicht.

4.5.2 Geschlossener Fonds

Geschlossen ist ein Immobilienfonds, wenn die Zahl der Anteilscheine und der zum Fonds 136
gehörenden Grundstücke von vornherein feststehen. Investiert wird überwiegend in Büroimmobilien, Gewerbeparks und Einzelhandel sowie Wohnimmobilien. Damit ergibt sich für den geschlossenen Immobilienfonds ein abgegrenztes Betätigungsfeld.

---

[117] Dazu § 7 Rdn. 31.
[118] Dazu § 6 Rdn. 1 ff.
[119] Dazu § 3 Rdn. 105 ff.

137 Geschlossene Immobilienfonds sind im Allgemeinen als GbR, OHG oder KG organisiert. Ein umfassender gesetzlicher **Anlegerschutz** nach dem Muster des InvG existiert nicht. Vielmehr bleibt es bei den normalen Grundsätzen des Personengesellschaftsrechts;[120] diese Grundsätze sind indessen durch die Rechtsprechung für einige spezielle Konstellationen, etwa die Zulässigkeit der Haftungsbeschränkung nach außen bei als GbR strukturierten Fonds[121], die Nachschusspflicht der Gesellschafter[122] und die Prospekthaftung, weiterentwickelt worden. Seit dem 1.7.2005 besteht eine gesetzliche Prospektierungspflicht auch für geschlossene Immobilienfonds nach dem Gesetz über Verkaufsprospekte (§§ 8 f. und g VerkProspG); vergleichbare Vorschriften enthalten die §§ 44 f. Börsengesetz (BörsG) für an der Börse gehandelte Wertpapiere.

138 Die **Prospekthaftung** greift nicht bei jedem Prospekt, sondern nur dann, wenn davon auszugehen ist, dass der Prospekt die einzige Informationsquelle des Vertragspartners ist.[123] Dies gilt insbesondere bei Emissionsprospekten im Immobilienfondsvertrieb;[124] dort handelt es sich beim Vertragspartner um einen **Kapitalanleger**, der auf weitere Informationsquellen in der Regel keinen Zugriff hat. Bei diesen Prospekten besteht die **Pflicht zur vollständigen und richtigen Information** über sämtliche Umstände und Risiken, die für die Anlageentscheidung von Bedeutung sind. Etwaige Mietgarantien[125] sind ebenso zu erläutern wie sonstige Regelungen, die auf den Ertrag des Objekts einen Einfluss haben.

139 Ist der Prospekt unrichtig oder unvollständig, so kann der Erwerber als Schadensersatz die **Rückgängigmachung des Vertrags** und die Erstattung seiner Aufwendungen verlangen. Dies gilt selbst dann, wenn nicht die unrichtig dargestellten, sondern andere Risiken zum Wertverfall geführt haben.[126] Der **Kreis der Haftenden** ist von der Rechtsprechung sehr weit gezogen. Es haftet nicht nur der Veräußerer, sondern alle mit ihm in Verbindung stehenden Personen, die auf das Geschäftsverhalten oder die Gestaltung des konkreten Modells entscheidenden Einfluss ausgeübt haben. Außerdem haften bei Mitwirkung am Emissionsprospekt diejenigen, die dem Erwerber als Garanten der Richtigkeit der Angaben benannt werden, z.B. Wirtschaftsprüfer, Steuerberater oder Rechtsanwälte.[127]

140 Die **Finanzierung** geschlossener Immobilienfonds muss nicht zwingend ausschließlich durch Eigenkapital der Anleger erfolgen. Es kann auch Fremdkapital beschafft werden.[128] Zu unterscheiden ist zwischen der individuellen Finanzierung des Fondsbeitritts jedes einzelnen Anlegers und übergreifenden Finanzierungen, die von dem geschlossenen Immobilienfonds als solchem aufgenommen werden. Hier sind mehrere Verträge zu schließen; die Unwirksamkeit der gesellschaftsvertraglichen Beteiligung muss nicht notwendig dazu führen, dass damit auch alle Verpflichtungen aus Darlehensverträgen der Gesellschaft oder des Anlegers hinfällig sind.[129]

141 Für die **Geschäftsführung** und **Vertretung** des geschlossenen Immobilienfonds sind die gesellschaftsvertraglichen Vereinbarungen maßgeblich. Eine **Weiterveräußerung von Fondsanteilen** ist ebenfalls nur nach Maßgabe des Gesellschaftsvertrags zulässig.

142 Streitigkeiten bei notleidenden geschlossenen Immobilienfonds sind in jüngster Vergangenheit vermehrt aufgetreten. Insbesondere hat die Rechtsprechung die von vielen Anle-

---

120 BGHZ 154, 370 – Haftung des Eintretenden für Altschulden.
121 Vgl. BGHZ 150, 1 – persönliche Haftung in GbR-Fonds.
122 BGH, ZfIR 2007, 579 – Nachschusspflicht im GbR-Immobilienfonds.
123 BGH, NJW 1990, 2461 – Bauherrenmodell.
124 BGH, NJW 2001, 1203 – Immobilienfondsprospekte.
125 BGH, NJW-RR 2003, 1351 – Mietgarantie.
126 BGH, NJW 1993, 2865 – Prospektaufklärungspflicht.
127 BGH, NJW 1995, 1025 – Kreis der Prospekthaftenden.
128 Dazu § 7 Rdn. 10 ff.
129 Vgl. BGH, ZIP 2005, 565 – Widerruf Haustürgeschäft.

gern gewünschte **Rückabwicklung** kompletter Fondsbeitritte geprüft. Selbst wenn und soweit Fondsbeitritte wegen Formfehlern unwirksam sind, haftet der Anleger indessen im Außenverhältnis als Mitgesellschafter nach den zur fehlerhaften Gesellschaft entwickelten Regeln.[130] Eine komplette Rückabwicklung des Fondbeitritts und der zugehörigen Darlehensverträge kommt lediglich bei einer Verletzung der bankseitigen Aufklärungspflichten[131] oder bei von vornherein verbundenen Geschäften in Betracht.[132]

Umgekehrt ist die Rechtslage, wenn im Rahmen von Immobilienfonds **Garantien** 143
Dritter zugunsten der Anleger abgegeben worden sind. Der wirtschaftliche Misserfolg des Fonds ändert an der Einstandspflicht des Garanten nichts; im Gegenteil war und ist die Sicherheit gerade für diesen Fall gedacht.[133]

Im **Beispielfall 7** ist der Beitritt zu einem geschlossenen Immobilienfonds für den 144
Investor I eine riskante Angelegenheit. Im Außenverhältnis gegenüber Gläubigern kann sich speziell bei einem als GbR organisierten Fonds eventuell eine Nachschusspflicht des I ergeben. Eine Rückabwicklung des Fondsbeitritts ist etwa in Erwägung zu ziehen, wenn unter Verstoß gegen Rechtsvorschriften ein Treuhänder eingeschaltet worden ist[134] und/oder wenn Schutzvorschriften des Haustürwiderrufsgesetzes oder des Verbraucherkreditgesetzes verletzt wurden.[135] Im Zuge der Rückabwicklung muss I steuerliche Konsequenzen sorgfältig untersuchen; entsprechendes gilt für denkbare Schadensersatzansprüche gegen Fondsinitiatoren unter dem Aspekt der Prospekthaftung.

Literatur zur Vertiefung

Binz, Mark/Sorg, Martin, Die GmbH & Co. KG, 11. Aufl., München 2009; *Bartlsperger, Stefan/Boutonnet, Beatrix/Loipfinger, Stefan,* Geschlossene Immobilienfonds, 5. Aufl., Stuttgart 2007; *Brinkhaus, Josef/Scherer, Peter,* Gesetz über Kapitalanlagegesellschaften, Auslandsinvestment-Gesetz, München 2003; *Eisenhardt, Ullrich,* Gesellschaftsrecht, 13. Aufl., München 2007; *Emmerich, Volker/Habersack, Matthias,* Konzernrecht, 9. Aufl., München 2008; *Eschenbruch, Klaus/Windhorst, Heiko/Röwekamp, Hendrik/Vogt, Henrik,* Bauen und Finanzieren aus einer Hand, Köln 2004; *Fock, Till,* Gesetz über Unternehmensbeteiligungsgesellschaften, Wagniskapitalbeteiligungsgesetz (Kommentar), 2. Aufl., München 2009; *Helios, Marcus/Wewel, Uwe/Wiesbrock, Michael,* REIT-Gesetz, München 2008; *Hüffer, Uwe,* Aktiengesetz (Kommentar), 8. Aufl., München 2008; *Koller, Ingo/Roth, Wulf-Hennnig/Morck, Winfried,* Handelsgesetzbuch (Kommentar), 6. Aufl., München 2007; *Lüdicke, Jochen/Arndt, Jan-Holger,* Geschlossene Fonds, 4. Aufl., München 2007; *Meilicke, Wienand/Graf von Westphalen, Friedrich/Hoffmann, Jürgen/Lenz, Tobias/Wolff, Reinmar,* Partnerschaftsgesellschaftsgesetz, 2. Aufl., München 2006; *Müller, Welf/Hoffmann, Wolf-Dieter,* Beck'sches Handbuch der Personengesellschaften, 3. Aufl., München 2009; *Müller, Welf/Rödder, Thomas,* Beck'sches Handbuch der AG, 2. Aufl., München 2009; *Palandt, Otto,* Bürgerliches Gesetzbuch (Kommentar), 68. Aufl., München 2009; *Roth, Günter/Altmeppen, Holger,* Gesetz über die Gesellschaften mit beschränkter Haftung (Kommentar), 6. Aufl., München 2009; *Schäfer, Jürgen/Conzen, Georg,* Praxishandbuch Immobilien-Investitionen, München 2005; *Schmidt, Karsten,* Münchener Kommentar zum Handelsgesetzbuch, Band 1, 2. Aufl., München 2005; *Weber, Martin/Schäfer, Michael/Hausmann, Friedrich Ludwig,* Praxishandbuch Public Private Partnership, München 2005.

[130] Dazu § 3 Rdn. 30.
[131] BGH, WM 2004, 1529 – überschuldeter Mietgarant.
[132] Dazu § 7 Rdn. 24 ff.
[133] Dazu § 7 Rdn. 74 ff.
[134] BGH, ZIP 2005, 1361 – Fondsbeitritt und Rechtsberatung.
[135] BGHZ 159, 294 – Verbraucherkredit und Immobilienfonds.

§ 4 Grundstücksrecht

Der Immobilienverkehr ist untrennbar mit dem Begriff des Grundstücks verbunden. Dies ist zwingend, da es ein gesondertes Eigentum an einem Gebäude oder einer sonstigen fest mit dem Boden verbundenen Anlage im deutschen Recht nicht gibt. Im Immobilienverkehr wird nicht das Gebäude, sondern das Grundstück übertragen. 1

1. Grundstück

Beispielfall 8: Interessantes Bauland 2
Investor I interessiert sich für eine unbebaute innerstädtische Fläche, auf der er ein Bürogebäude errichten möchte. Er fragt sich, ob es sich um ein oder mehrere Grundstücke handelt und ob er an einen oder mehrere derzeitige Eigentümer herantreten muss.

Wer eine Fläche (mit oder ohne aufstehendem Gebäude) erwerben will, erwirbt in rechtlicher Hinsicht ein Grundstück. Dabei muss im Einzelfall festgestellt werden, welchen Umfang das Grundstück hat und ob es sich bei der Fläche um ein oder mehrere Grundstücke handelt. 3

Obwohl dem **Begriff des Grundstücks** eine zentrale Bedeutung im Immobilienverkehr zukommt, ist dieser Begriff im Gesetz nicht definiert. Gemeinhin wird unter einem Grundstück ein abgegrenzter Teil der Erdoberfläche verstanden, der im Bestandsverzeichnis eines Grundbuchblatts unter einer besonderen Nummer eingetragen ist.[1] Diese Definition wird erst verständlich, wenn der Zusammenhang zwischen Kataster und Grundbuch betrachtet wird, da der Grundstücksbegriff auf Festlegungen des Katasterwesens aufbaut. 4

1.1 Liegenschaftskataster

Das **Liegenschaftskataster** ist eine Einrichtung des staatlichen Vermessungs- und Katasterwesens. Im Kataster werden die tatsächlichen und beschreibenden Daten zu Grundstücken und Gebäuden flächendeckend und detailliert nachgewiesen. Es ist das amtliche Verzeichnis der gesamten Erdoberfläche des Staatsgebiets, aufgeteilt nach Gemarkungen, Fluren und Flurstücken. 5

Gemarkungen entsprechen in etwa Ortsteilen. Sie setzen sich zusammen aus mehreren **Fluren**, diese wiederum aus mehreren Flurstücken. Die kleinste selbstständige Buchungseinheit im Liegenschaftskataster ist das **Flurstück** als geometrisch durch Vermessung eindeutig abgegrenzter Teil der Erdoberfläche. Jedes Flurstück erhält im Liegenschaftskataster eine besondere Nummer. 6

Das Liegenschaftskataster besteht aus zwei Teilen, der Liegenschaftskarte und dem Liegenschaftsbuch. Die **Liegenschaftskarte** ist der darstellende Teil des Katasters. Sie besteht aus Flurkarten, in denen jedes Flurstück durch eine umschließende, in sich zurücklaufende Linie und die Angabe der Flurstücksnummer eindeutig gekennzeichnet ist. 7

---

[1] OLG Oldenburg, ZMR 1980, 63 – Grundstück im Rechtssinne.

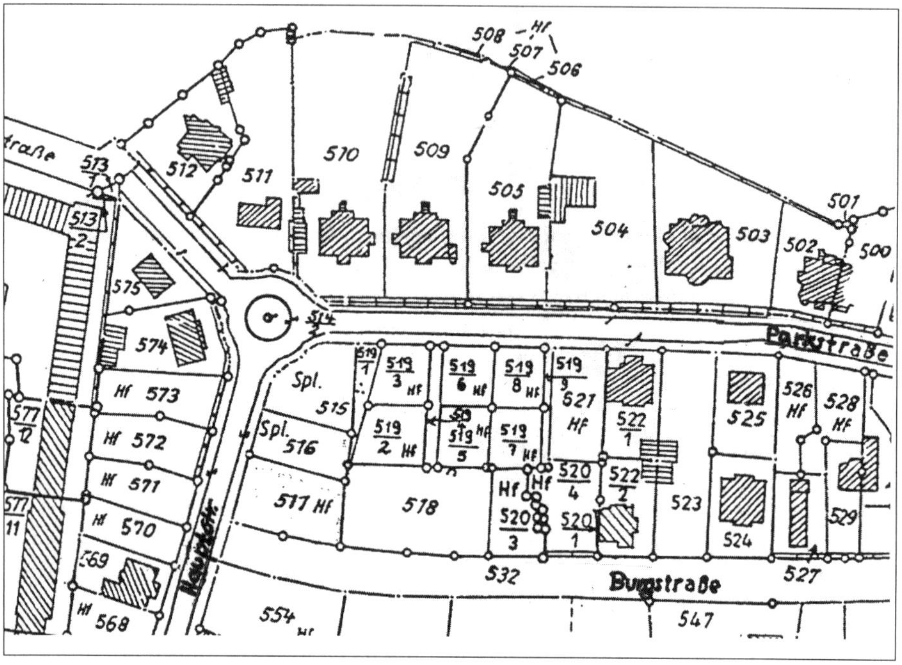

Abbildung 6: Liegenschaftskarte

8 Im dazugehörigen **Liegenschaftsbuch** – dem beschreibenden Teil des Katasters – sind zu jedem Flurstück die Sach- und Geometriedaten angegeben. Es besteht aus Eigentümerverzeichnis und Flurbuch. Im Eigentümerverzeichnis sind für jeden Eigentümer die ihm gehörenden Flurstücke einer Gemarkung aufgelistet. Das Flurbuch enthält in topografischer Ordnung die Angaben zur genauen Lage des Grundstücks, beschrieben nach Gemarkung, Flur- und Flurstücksnummer sowie postalischer Straßenangabe. Des Weiteren sind die Nutzungsart des Flurstücks und die Größe (in m²) angegeben.

9 Für die Flurstücke 516 und 517, die in der oben abgebildeten Liegenschaftskarte enthalten sind, sehen die Eintragungen im Liegenschaftsbuch beispielshalber wie folgt aus:

Gemarkung Neustadt

Bvnr	Art	Gmkg	Flr	Flurst-Nr.	Fläche
3	(N)	120501	2	516	621 m²
		Lage		Hauptstraße 12	
		Nutzung	21 – 420	Gebäude- und Freifläche	
		Gmkg	Flr	Flurst-Nr.	Fläche
		120501	2	517	934 m²
		Lage		Hauptstraße 14	
		Nutzung	21 – 420	Gebäude- und Freifläche	

Abbildung 7: Liegenschaftsbuch

10 Im **Beispielfall 8** interessiert sich Investor I für die Freifläche an der Hauptstraße Ecke Burgstraße. I kann dem Liegenschaftskataster entnehmen, dass es sich

um die Flurstücke 515, 516, 517 und 518 handelt. Hingegen weiß er noch nicht, ob diese Flurstücke ein oder mehrere Grundstücke im grundbuchlichen Sinn bilden.

1.2 Grundstück im grundbuchlichen Sinne

Das Flurstück im Sinne des Vermessungs- und Katasterwesens bildet entweder allein oder zusammen mit anderen Flurstücken das **Grundstück im grundbuchlichen Sinne.** Es gibt also kein Grundstück, das nur aus einem Teil eines Flurstücks oder Teilen mehrere Flurstücke besteht.[2] Es kann immer genau bezeichnet werden, welches oder welche Flurstücke das Grundstück bilden. Da allerdings ein Grundstück auch aus mehreren Flurstücken bestehen kann, sind Flurstück und Grundstück stets begrifflich genau zu trennen. 11

Ob ein Grundstück aus einem oder mehreren Flurstücken besteht und welche Flurstücke das Grundstück bilden, ergibt sich nicht aus dem Liegenschaftskataster, sondern aus dem **Bestandsverzeichnis des Grundbuchs.**[3] Dort finden sich die Flurstücksangaben des Katasters in Spalte 3 wieder. In Spalte 1 ist die dazugehörige laufende Nummer des Grundstücks angegeben. Jede laufende Nummer bezeichnet ein separates Grundstück. Sind zwei oder mehr Flurstücke unter einer laufenden Nummer angegeben, so bedeutet dies, dass sie ein einheitliches Grundstück bilden. Für den Beispielfall der Flurstücke 515, 516 und 517 sieht dies wie folgt aus: 12

Grundbuch von Neustadt

Blatt 1234

Bestandsverzeichnis Bogen 1

Lfd. Nr. der Grundstücke	Bisherige lfd. Nr. d. Grundstücke	Bezeichnung der Grundstücke und der mit dem Eigentum verbundenen Rechte			Größe m²
		Gemarkung		Wirtschaftsart und Lage	
		Flur	Flurstück		
1	2	3 a/b		3 c	4
1		2	515	Gebäude- und Freifläche, Hauptstraße 10	1125
2		2	516	Gebäude- und Freifläche, Hauptstraße 12	621
			517	Gebäude- und Freifläche, Hauptstraße 14	934

Bestand und Zuschreibungen		Abschreibungen	
Zur lfd. Nr. der Grundstücke		Zur lfd. Nr. der Grundstücke	
5	6	7	8
1,2	Nr. 1 von Neustadt Blatt 187, Nr. 2 von Neustadt Blatt 231 hier herüber tragen am 1.8.2002 Müller		

Abbildung 8: Bestandsverzeichnis des Grundbuchs

[2] BayObLGZ 1956, 470 – Flurstück.
[3] Dazu §4 Rdn. 106ff.

13 Die Bestimmung des Grundstücks im grundbuchlichen Sinne ist deshalb so wichtig, weil das **Grundstück die kleinste Einheit im Grundstücksverkehr** ist. Die Eigentumsübertragung bezieht sich immer auf mindestens ein Grundstück, niemals auf einzelne Flurstücke; diese sind nicht gesondert verkehrsfähig. Will der Eigentümer eines aus mehreren Flurstücken bestehenden Grundstücks nur eines der Flurstücke veräußern, so muss er das Grundstück zunächst teilen und damit mehrere grundbuchliche Grundstücke schaffen.[4]

14 Es handelt sich im Beispielfall 8 bei der Freifläche, für die sich I interessiert, um die Flurstücke 515, 516, 517 und 518. Dem Grundbuch ist zu entnehmen, dass das Flurstück 515 einerseits und die Flurstücke 516 und 517 andererseits jeweils ein einheitliches Grundstück bilden; sie sind im Bestandsverzeichnis unter je einer Nummer gebucht. Das weitere Flurstück 518 bildet ein separates, nur aus einem Flurstück bestehendes Grundstück, für das ein eigenes Grundbuchblatt angelegt ist. Insgesamt möchte I also drei Grundstücke erwerben.

1.3 Grundstücksveränderungen

15 Der Zuschnitt der Flurstücke und der Grundstücke kann Veränderungen unterliegen. Zu nennen sind die Zerlegung und Verschmelzung, die Vereinigung und Zuschreibung und die Teilung (Abschreibung).

16 Zerlegung und Verschmelzung sind rein katastermäßige Vorgänge. Die Katasterbehörde kann ein Flurstück in mehrere selbstständige Flurstücke aufteilen (**Zerlegung**), um tatsächlichen Veränderungen in der Bebauung und Nutzung der verschiedenen neuen Flurstücke Rechnung zu tragen. Um andererseits die Zahl der Flurstücke niedrig zu halten, kann die Katasterbehörde räumlich zusammenhängende und ohnehin ein Grundstück bildende Flurstücke zusammenfassen (**Verschmelzung**). Beide Vorgänge stehen im Ermessen der Katasterbehörde und bedürfen nicht der Zustimmung des Eigentümers. Auf das Grundstück im grundbuchlichen Sinne haben Zerlegung und Verschmelzung keine rechtlich relevanten Auswirkungen.[5]

17 Bei der **Vereinigung** von Grundstücken werden mehrere bislang selbstständige Grundstücke zu einem Grundstück im grundbuchlichen Sinne unter einer neuen Nummer zusammengefasst. Die vereinigten Grundstücke verlieren alle ihre Selbstständigkeit und werden zu Bestandteilen des neuen Grundstücks. Die bisherigen Belastungen bleiben auf den ursprünglichen Bestandteilen bestehen und werden nicht auf das Gesamtgrundstück erstreckt.[6]

18 Bei der **Zuschreibung** wird das Stammgrundstück vergrößert, indem ihm ein anderes, bislang selbstständiges Grundstück zugeschrieben wird. Im Unterschied zur Vereinigung erstrecken sich die bisher auf dem Stammgrundstück lastenden Grundpfandrechte (nicht aber die Belastungen aus Abt. II des Grundbuchs) nunmehr auch auf das zugeschriebene Grundstück.[7]

19 Bei der **Grundstücksteilung** werden aus einem Grundstück mehrere neue Grundstücke gebildet. Die Teilung wird vollzogen, indem eine Teilfläche des Grundstücks abgeschrieben und unter einer eigenen Nummer im Grundbuch eingetragen wird. Auch das verkleinerte Restgrundstück wird unter einer neuen Nummer gebucht. Es entstehen also zwei neue, rechtlich selbstständige Grundstücke. Die Belastungen des alten Grundstücks bestehen an beiden neuen Grundstücken fort.[8] Wird die abgetrennte Teilfläche auf einem anderen Grundbuchblatt eingetragen, handelt es sich um eine **Abschreibung**.

[4] Dazu § 4 Rdn. 19.
[5] BayObLG, MittBayNot 1980, 66 – Zerlegung und Verschmelzung.
[6] Vgl. BGH, WM 2006, 297 – Belastungen bei Vereinigung.
[7] BayObLG, DNotZ 1972, 350 – Zuschreibung.
[8] OLG Frankfurt, ZfIR 2000, 285 – Belastungen bei Teilung.

20 Der Eigentümer eines Grundstücks ist grundsätzlich berechtigt, die Teilung durchzuführen. Dies wird er insbesondere dann wollen, wenn eine Teilfläche des alten Grundstücks verkauft werden oder das Grundstück in mehrere Bauplätze parzelliert werden soll. Die Grundstücksteilung darf gemäß § 19 Abs. 2 BauGB nicht zu materiell baurechtswidrigen Zuständen führen. Dies muss der Grundstückseigentümer selbst prüfen, nachdem der Gesetzgeber die **Teilungsgenehmigung** grundsätzlich abgeschafft hat und sie nur noch ausnahmsweise in Gebieten mit Fremdenverkehrsfunktion und in Sanierungsgebieten erforderlich ist.

21 Wenn Investor I die drei Grundstücke erwirbt und ein Bürogebäude errichtet, das sich über die gesamte Fläche erstreckt, so sollte er die Vereinigung der Grundstücke zu einem einheitlichen Grundstück und die Verschmelzung der vier Flurstücke (515 bis 518) veranlassen. I gewinnt dadurch mehr Spielraum bei der baulichen Grundstücksausnutzung bezüglich der Geschoss- und Grundflächenzahl sowie den Grenzabständen und vermeidet die Eintragung wechselseitiger Dienstbarkeiten und Baulasten.[9]

1.4 Bestandteile und Zubehör

22 **Beispielfall 9:** Die Tankstelle
Auf einem Grundstück, das Investor I erwerben möchte, befindet sich eine Tankstelle. I fragt sich, ob und ggf. in welchem Umfang er diese Tankstelle automatisch miterwirbt, wenn er das Grundstück kauft.

23 Gemäß § 93 BGB können Bestandteile einer Sache, die voneinander nicht getrennt werden können, ohne dass der eine oder der andere zerstört oder in seinem Wert verändert wird (**wesentliche Bestandteile**), nicht Gegenstand besonderer Rechte sein. Es kann also insbesondere kein gesondertes Eigentum an wesentlichen Bestandteilen bestehen; der Eigentümer der Sache ist immer auch Eigentümer der wesentlichen Bestandteile.[10]

24 Zu den Sachen im Sinne des BGB gehören auch die Grundstücke. Speziell für diese bestimmt § 94 BGB, dass zu den **wesentlichen Bestandteilen eines Grundstücks** die mit dem Grund und Boden fest verbundenen Sachen, insbesondere Gebäude, gehören. Für die feste Verbindung mit dem Grund Boden genügt die Schwerkraft.[11] Zu den wesentlichen Bestandteilen eines Gebäudes wiederum gehören die zur Herstellung des Gebäudes eingefügten Sachen, ohne die das Gebäude nicht „fertig" wäre.[12] Über diese Kette sind sowohl die Gebäude als auch die zu seiner Herstellung eingefügten Sachen wesentliche Bestandteile des Grundstücks. Verkehrsfähig ist also nur das Grundstück; die auf ihm befindlichen Gebäude und sonstigen fest verbundenen Sachen wandern automatisch mit.

25 Eine **Ausnahme** regelt § 95 BGB: Sind Gebäude oder sonstige Sachen nur zu einem vorübergehenden Zweck fest mit Grund und Boden verbunden, so werden sie nicht zu wesentlichen Bestandteilen des Grundstücks; das selbe gilt für Sachen, die für einen vorübergehenden Zweck in ein Gebäude eingefügt sind. An diesen **Scheinbestandteilen** bleibt gesondertes Eigentum bestehen.[13] Sie sind gesondert verkehrsfähig; der Eigentümer

[9] Dazu § 9 Rdn. 118 ff. (Grenzabstände), § 4 Rdn. 64 ff. (Dienstbarkeiten) und § 4 Rdn. 83 ff. (Baulasten).
[10] BGH, NJW 1988, 2789 – kein gesondertes Eigentum an wesentlichen Bestandteilen.
[11] OLG Düsseldorf, BauR 1982, 164 – Fertiggarage.
[12] BGH, NJW 1984, 2277 – eingefügte Sache.
[13] BGH, NJW 1987, 774 – Erwerb von Scheinbestandteilen.

kann sie beispielsweise unabhängig vom Grundstück verkaufen. Wenn umgekehrt mit dem Grundstückseigentum auch das Eigentum an diesen Sachen übertragen werden soll, so muss dies gesondert geregelt werden. Wann ein Scheinbestandteil gegeben ist, muss im Einzelfall mit Blick auf den Zweck entschieden werden;[14] insbesondere bei Sachen, die ein Mieter oder Pächter eingefügt hat, ist regelmäßig von der von Anfang an geplanten späteren Trennung auszugehen.[15]

26 **Zubehör** sind gemäß § 97 BGB bewegliche Sachen, die zwar keine Bestandteile der Hauptsache sind, jedoch ihrem wirtschaftlichen Zweck dienen und mit ihr in einem dieser Bestimmung entsprechenden räumlichen Verhältnis stehen. Zubehör sind beispielsweise die Einrichtung eines Ladenlokals[16] oder einer Gastwirtschaft, Baumaterialien auf einem Baugrundstück[17] oder der Maschinenpark und das sonstige Inventar eines gewerblichen oder landwirtschaftlichen Betriebs (§ 98 BGB). Dieses Zubehör ist zwar – anders als wesentliche Bestandteile – rechtlich selbstständig, gilt jedoch als mit verkauft (§ 311 c BGB) und das Eigentum als mit übertragen (§ 926 Abs. 1 BGB). Dies bedeutet, dass auch Zubehör mit dem Grundstück mitwandert, wenn das Gegenteil nicht ausdrücklich geregelt wird. Angesichts dessen ist der Verkäufer gut beraten, das vorhandene Zubehör genau zu erfassen und entweder bei der Kaufpreisbildung zu berücksichtigen oder ausdrücklich vom Kauf auszunehmen.

27 Im **Beispielfall 9** wird I, wenn er das Grundstückseigentum erwirbt, auch Eigentümer des Tankstellengebäudes, da dieses mit dem Boden fest verbunden und somit ein wesentlicher Bestandteil des Grundstücks ist. Es handelt sich nicht um einen Scheinbestandteil, da Tankstellengebäude in der Regel nicht nur vorübergehend, sondern dauerhaft errichtet werden. Hingegen werden etwa freistehende oder am Gebäude befestigte Werbeschilder, die unternehmens- oder produktspezifisch sind, als Scheinbestandteile einzustufen sein. Das Inventar der Tankstelle einschließlich dem Warensortiment und dem Kraftstoffvorrat in den Tanks ist Zubehör, bei dem das Eigentum mit übertragen wird, wenn es vertraglich nicht anders geregelt wird.

2. Eigentum am Grundstück

28 Grundstückseigentum kann in unterschiedlichen Formen bestehen. Sind oder werden mehrere Personen Eigentümer eines Grundstücks, so bieten sich unterschiedliche Gestaltungsvarianten an.

29 **Beispielfall 10:** Die Aufteilung des Bürogebäudes
Investor I plant, ein von ihm zu errichtendes Bürogebäude nicht in seinem Bestand zu halten, sondern zu veräußern. Da er möglicherweise keinen Käufer für das Gesamtgebäude findet, fragt er nach Möglichkeiten, Teilflächen zu veräußern.

2.1 Alleineigentum

30 Gibt es nur einen Eigentümer, so hat dieser Alleineigentum an dem Grundstück. Der Eigentümer muss sich nicht mit anderen abstimmen. Er kann mit seinem Grundstück nach

[14] OLG Celle, ZMR 2007, 690 – Wochenendhaus.
[15] BGH, NJW 1996, 916 – Ladengeschäft; BGH, NJW 1984, 2878 – Wohnbaracke.
[16] BGH, NJW 1974, 269 – Baugeschäft.
[17] BGH, NJW 1972, 1187 – Baumaterial.

Belieben verfahren, solange er seine Nachbarn und die Allgemeinheit nicht über Gebühr stört.[18]

2.2 Miteigentum nach Bruchteilen

Das Eigentum an einem Grundstück kann mehreren Eigentümern in Form von **Miteigentum nach Bruchteilen** zustehen (§§ 741 ff. und 1008 ff. BGB). Im **Grundbuch** sind alle Miteigentümer mit ihrem jeweiligen Bruchteil eingetragen, also beispielsweise 31

1. A zu ¾
2. B zu ¼.

Das Miteigentum nach Bruchteilen ist **gesondert verkehrsfähig**, kann also vom Miteigentümer auf einen Dritten übertragen werden, der dadurch in die Bruchteilsgemeinschaft eintritt. Der Miteigentumsanteil kann grundsätzlich auch gesondert belastet werden.[19] Diese Möglichkeiten können durch Vertrag zwischen den Miteigentümern ausgeschlossen oder von der Zustimmung der übrigen Miteigentümer abhängig gemacht werden.[20] 32

Grundsätzlich kann jeder Miteigentümer die **Aufhebung der Bruchteilsgemeinschaft** zu jedem beliebigen Zeitpunkt verlangen. Dieses Recht kann durch Vereinbarung ausgeschlossen oder beschränkt werden.[21] Bei der gewerblichen Nutzung von Grundstücken sollte dies getan werden, da sonst jeder einzelne Miteigentümer durch sein Aufhebungsverlangen dem Zusammenwirken der gewerblich Tätigen die Grundlage entziehen könnte. 33

Die Aufteilung des Grundstücks in Miteigentum nach Bruchteilen wirkt nicht räumlich, sondern nur **ideell**. Jedem Miteigentümer steht die Nutzung des gesamten Grundstücks und nicht nur eines räumlich abgetrennten Bereichs zu. Die Miteigentümer können indes die **Benutzung regeln** und dabei die ausschließliche Nutzung bestimmter Grundstücksteile durch einzelne Miteigentümer festschreiben.[22] 34

Die Regelungen zur Verwaltung und Benutzung des Miteigentums und der Ausschluss des Rechts, die Aufhebung der Gemeinschaft zu verlangen, können **als Belastung im Grundbuch** eingetragen werden (§ 1010 BGB).[23] Dies ist empfehlenswert, denn nur in diesem Fall gelten sie auch für den Sondernachfolger eines Miteigentümers, also etwa den Erwerber eines Miteigentumsanteils. 35

Die Bruchteilsgemeinschaft kann sich im Falle einer geringen Zahl von Wohn- oder Geschäftseinheiten anbieten. Es wird damit eine der WEG ähnliche, jedoch rechtlich von ihr zu unterscheidende Situation geschaffen. Gegenüber dem WEG-Recht besteht der Vorteil, dass die Regeln zur Verwaltung ohne gesetzliche Vorgaben frei gestaltbar sind, also im Einzelfall entschieden werden kann, welcher Verwaltungsaufwand betrieben wird. Die Bruchteilsgemeinschaft kommt auch in Frage, wenn sich auf dem gemeinsam genutzten Grundstück keine gesonderten Wohnungs- oder Teileinheiten befinden, insbesondere bei Hof- und sonstigen Freiflächen. 36

Im **Beispielfall 10** könnte I Bruchteilseigentum bilden, indem er von seinem Eigentum jeweils einen Bruchteil abtrennt und als Miteigentumsanteil gesondert veräußert. Im Rahmen einer Benutzungsregelung müsste festgeschrieben werden, welcher Miteigentümer welche Teilfläche ausschließlich nutzen darf; die gemeinsame Verwaltung 37

[18] Zum Nachbarrecht siehe § 10.
[19] RGZ 57, 432 – Belastung des Miteigentumsanteils.
[20] Vgl. OLG Hamm, DNotZ 1973, 549 – Verfügungsbeschränkung.
[21] OLG Köln, RNotZ 2004, 148 – vereinbarter Ausschluss der Aufhebung.
[22] BGH, NJW 1966, 1707 – Benutzungsregelung.
[23] Vgl. OLG Hamm, DNotZ 1973, 546 – eingetragene Aufhebungsbeschränkung.

müsste ebenfalls geregelt werden. Das Bruchteilseigentum bietet sich allerdings nur an, wenn die Zahl der Miteigentümer sehr gering bleibt. Da I ein größeres Bürogebäude errichten und in Teileinheiten aufteilen möchte, sollte er nicht Bruchteilseigentum, sondern Teileigentum gemäß WEG bilden, da dort detailliertere Regelungen zur gemeinsamen Nutzung und Verwaltung des Gebäudes vom Gesetzgeber bereitgestellt werden.

2.3 Wohnungs- und Teileigentum

38 Für das Wohnungs- und Teileigentum gilt das Wohnungseigentumsgesetz (WEG). **Wohnungseigentum** ist das Sondereigentum an einer Wohnung („Eigentumswohnung") in Verbindung mit dem Miteigentumsanteil an dem gemeinschaftlichen Eigentum, zu dem es gehört. Für **Teileigentum** gilt im Prinzip das selbe, jedoch bezieht es sich auf nicht Wohnzwecken dienende Räume wie etwa Gewerberäume.

2.3.1 Eigentumsstruktur

39 Wie beim Miteigentum nach Bruchteilen ist jedem Wohnungs- bzw. Teileigentümer ein nach Bruchteilen definierter **Miteigentumsanteil** am Grundstück sowie allen Teilen, Anlagen und Einrichtungen des Gebäudes, die nicht im Sondereigentum oder im Eigentum eines Dritten stehen (**gemeinschaftliches Eigentum**), zugewiesen. Im Unterschied zum Miteigentum nach Bruchteilen ist indes jeder Miteigentumsanteil mit **Sondereigentum** an einer Wohnung oder an nicht zu Wohnzwecken dienenden Räumen verbunden. Eigentümer dieses räumlich abgegrenzten Sondereigentums ist nur der jeweilige Wohnungs- oder Teileigentümer; die anderen Mitglieder der Eigentümergemeinschaft sind daran nicht beteiligt. Die räumliche Aufteilung und (oftmals unklare und streitige[24]) Abgrenzung des Sonder- und Gemeinschaftseigentums wird im Grundsatz durch § 5 WEG bestimmt und regelmäßig in der von den Wohnungseigentümern zu vereinbarenden **Teilungserklärung** konkretisiert. An abgegrenzten[25] Teilen des Gemeinschaftseigentums (z.B. Stellplätzen oder Gartenbereichen) können **Sondernutzungsrechte** für einzelne Eigentümer bestellt werden, durch die die anderen Eigentümer von der Nutzung ausgeschlossen werden.

40 Das Sondereigentum und der Miteigentumsanteil am Gemeinschaftseigentum stehen immer im **Verbund** und können rechtlich nicht getrennte Wege gehen (§ 6 WEG). Der Miteigentumsanteil kann sich immer nur auf ein, nicht auf mehrere Grundstücke beziehen. Wohnungs- und Teileigentum sind **verkehrsfähig**, können also beispielshalber als solche verkauft werden. Wohnungs- und Teileigentum können auch gesondert belastet und beliehen werden.[26]

41 Im Grundbuch wird die Verkehrsfähigkeit dadurch unterstützt, dass für jede Wohnungs- und Teileigentumseinheit ein gesondertes Grundbuchblatt (**Wohnungsgrundbuchblatt**) angelegt wird, das im Aufbau dem üblichen Grundbuchblatt für Grundstücke[27] entspricht. Nach Anlegung der Wohnungsgrundbuchblätter wird für das Grundstück an sich kein Grundbuchblatt mehr geführt; das alte Grundbuchblatt des Grundstücks wird geschlossen.

---

[24] BayObLG, NZM 2004, 106 – Balkone; OLG Stuttgart, ZMR 2008, 243 – Thermostatventil.
[25] KG, KGR 2007, 937 – Bestimmtheit der Bezeichnung des Sondernutzungsrechts.
[26] BayObLGZ 1993, 297 – Belastung des Wohnungseigentums.
[27] Dazu § 4 Rdn. 106 ff.

Wohnungseigentum kann dadurch entstehen, dass die bisherigen **Miteigentümer** eines Grundstücks durch Vertrag das Miteigentum in Wohnungseigentum „umwandeln" (§ 3 WEG). Gibt es bislang nicht mehrere, sondern nur einen Grundstückseigentümer, so kann dieser **teilende Eigentümer** Wohnungseigentum bilden, indem er das Grundstück in Anteile aufteilt (§ 8 WEG); der teilende Eigentümer ist etwa der Bauträger, der das ihm allein gehörende Grundstück bebaut oder das aufstehende Gebäude saniert und dann einzelne Einheiten veräußert. In beiden Varianten ist die Teilung nur zulässig, wenn die Wohnungen oder sonstigen Räume in sich abgeschlossen sind. Dies ist durch eine **Abgeschlossenheitsbescheinigung** nachzuweisen, die die Baubehörde – oft (aber nicht notwendigerweise) im Zusammenhang mit einer Baugenehmigung – erteilt.[28] 42

2.3.2 Benutzung und Verwaltung des Eigentums

Aus § 14 WEG ergibt sich die Pflicht jedes einzelnen Wohnungseigentümers, sein **Sondereigentum in Stand zu halten** und von dem Gemeinschaftseigentum nur in einer für alle Mitglieder der Eigentümergemeinschaft verträglichen Weise Gebrauch zu machen. Darüber hinaus werden die grundlegenden Regeln der Eigentümergemeinschaft – beispielsweise Arten erlaubter und verbotener Nutzungen, konkrete Instandhaltungs- und Instandsetzungspflichten, Zahlungsverpflichtungen – in der von den Wohnungseigentümern zu vereinbarenden **Gemeinschaftsordnung** festgeschrieben. Eine Änderung der Gemeinschaftsordnung kann nicht mit Mehrheit, sondern nur einstimmig beschlossen werden.[29] Häufig wird die Gemeinschaftsordnung mit der Teilungserklärung in einer Urkunde zusammengefasst. 43

Die Verwaltung des Gemeinschaftseigentums obliegt gemäß § 20 WEG den Wohnungseigentümern. Jeder Eigentümer kann eine **ordnungsgemäße Verwaltung** verlangen. Dazu gehören unter anderem die Instandhaltung und Instandsetzung des Gemeinschaftseigentums, die Ansammlung einer Instandhaltungsrücklage und die Aufstellung eines Wirtschaftsplans. Die durch die ordnungsgemäße Verwaltung entstehenden Kosten werden durch **Beiträge** (Wohngeld) gedeckt, die jeder Eigentümer zu leisten hat. Die Quotelung entspricht in der Regel dem Verhältnis der Miteigentumsanteile, bei verbrauchsabhängigen Kosten wird der individuelle Verbrauch im Schlüssel berücksichtigt; andere Aufteilungen sind durch ausdrückliche Regelung möglich. 44

Die Eigentümer müssen einen **Verwalter** bestellen, der die Beschlüsse der Wohnungseigentümer durchführt, für die ordnungsgemäße Instandhaltung, Instandsetzung und Versicherung des Gemeinschaftseigentums sowie für die Ansammlung einer angemessenen Instandhaltungsrücklage sorgt, die gemeinschaftlichen Gelder einzieht und verwaltet, jährlich einen Wirtschaftsplan aufstellt, das vergangene Wirtschaftsjahr abrechnet und alle weiteren Verwaltungstätigkeiten als Vertreter der Eigentümer[30] wahrnimmt (§ 27 WEG). Während die Bestellung des Verwalters seine organschaftliche Stellung begründet, werden die Verwaltervergütung und weitere Punkte regelmäßig in einem gesonderten **Verwaltervertrag** zwischen Verwalter und Eigentümergemeinschaft geregelt. Für die Verwaltung des Sondereigentums ist der Verwalter nicht zuständig, sofern er hierzu nicht von einzelnen Eigentümern gesondert beauftragt ist. Der Verwalter haftet der Gemeinschaft der Wohnungseigentümer für Fehler; der Abschluss einer **Haftpflichtversicherung** ist im Interesse beider Parteien ratsam. 45

Die Wohnungseigentümer können einen aus drei Eigentümern bestehenden **Verwaltungsbeirat** wählen. Der Beirat unterstützt den Verwalter bei der Durchführung seiner 46

[28] BVerwG, DNotZ 1988, 702 – Abgeschlossenheitsbescheinigung.
[29] BayObLGZ 1974, 217 – Änderung der Gemeinschaftsordnung.
[30] BGH, NJW 1981, 282 – Verwalter als Eigentümervertreter.

Aufgaben. Er prüft Wirtschaftsplan, Jahresabrechnung, Rechnungslegungen und Kostenvoranschläge, bevor diese der Eigentümerversammlung zur Beschlussfassung vorgelegt werden.

47 Mindestens einmal im Jahr ist eine **Eigentümerversammlung** durchzuführen, in der über Jahresabrechnung und Wirtschaftsplan sowie über alle aktuell anstehenden Fragen zu entscheiden ist (§ 24 WEG). Für die **Beschlussfassung** ist grundsätzlich die Mehrheit der abgegebenen Stimmen (ohne Stimmenthaltungen[31]) erforderlich. Einige grundlegende Fragen können indes nur einstimmig beschlossen werden. Neben der Änderung von Teilungserklärung und Gemeinschaftsordnung zählt hierzu insbesondere die Beschlussfassung über die Vornahme von **baulichen Veränderungen** am Gemeinschaftseigentum (§ 22 WEG), die über die bloße Instandhaltung und Instandsetzung hinausgehen.[32] Bei baulichen Änderungen zum Zwecke der Modernisierung oder der Anpassung an den Stand der Technik genügt indes eine Mehrheit von drei Viertel aller stimmberechtigten Wohnungseigentümer und mehr als der Hälfte der Miteigentumsanteile.

48 Die Wohnungseigentümer haben die Möglichkeit, Beschlüsse innerhalb eines Monats gerichtlich **anzufechten**, wenn sie der Auffassung sind, dass sie nicht einer ordnungsgemäßen Verwaltung entsprechen. Beschlüsse können auch nichtig sein, etwa weil der Versammlung die Beschlusskompetenz fehlt; sie erwachsen im Gegensatz zu anfechtbaren Beschlüssen nicht in Bestandskraft.[33]

2.3.3 Gemeinschaft der Wohnungseigentümer

49 Gemäß § 10 Abs. 6 WEG ist die Gemeinschaft der Wohnungseigentümer **teilrechtsfähig**, soweit sie als solche am Rechtsverkehr nach außen teilnimmt. Die Gemeinschaft übt die gemeinschaftsbezogenen Rechte der Wohnungseigentümer aus und nimmt die gemeinschaftsbezogenen Pflichten wahr. Sie kann selbst Verträge schließen sowie klagen und verklagt werden. Das Verwaltungsvermögen gehört ihr.

50 Für Verbindlichkeiten der Gemeinschaft der Wohnungseigentümer haftet diese selbst (mit dem Verwaltungsvermögen). Daneben **haften** gemäß § 10 Abs. 8 WEG die einzelnen Wohnungseigentümer nach dem Verhältnis ihrer jeweiligen Miteigentumsanteile, also nicht gesamtschuldnerisch.

51 Aus § 27 Abs. 2 und 3 WEG ergibt sich, dass neben der Gemeinschaft der Wohnungseigentümer **die einzelnen Eigentümer in gesamtschuldnerischer Verbundenheit** Rechte und Pflichten wahrnehmen. Dies ist dann der Fall, wenn der Vorgang nicht gemeinschafts-, sondern grundstücksbezogen ist; die Zuordnung ist noch nicht vollständig gerichtlich geklärt.[34]

52 Investor I ist im **Beispielfall 10** zu empfehlen, Teileigentum zu bilden. Er kann dann die Teileigentumseinheiten gesondert veräußern. Gemeinsam genutzte Flächen (Eingangshalle, Aufzugsräume, Flure, Tiefgarage, Außenanlagen) werden als Gemeinschaftseigentum gekennzeichnet, ebenso die tragenden Gebäudeteile und die Außenhaut (Dach und Fassade).

---

[31] BGH, NJW 1989, 1090 – Stimmenmehrheit.
[32] BayObLG, WuM 1993, 79 – bauliche Veränderung.
[33] BGH, NJW 2000, 3500 – nichtiger WEG-Beschluss.
[34] BGH, BauR 2007, 1041 – WEG bei Gaslieferung; KG, ZMR 2008, 557 – WEG bei Wasserlieferung; KG, NJW-RR 2008, 966 – einzelne Eigentümer bei Frischwasserlieferung.

2.4 Rechtsträger des Eigentums

Bei jeder Form von Eigentum – Alleineigentum, Miteigentum nach Bruchteilen, Wohnungs- und Teileigentum – ist die Frage zu beantworten, wer Eigentümer sein kann: 53

Jede **natürliche Person**, also jeder Mensch, kann Eigentümer sein.

Juristische Personen können ebenfalls Grundstückseigentum inne haben. Zu den juristischen Personen des Privatrechts zählen die Kapitalgesellschaften, insbesondere die Gesellschaft mit beschränkter Haftung (GmbH) und die Aktiengesellschaft (AG),[35] die eingetragenen Genossenschaften und die eingetragenen Vereine. Juristische Personen des öffentlichen Rechts sind die Körperschaften, Anstalten und Stiftungen. Insbesondere die Gebietskörperschaften (Bund, Länder, Landkreise, Gemeinden) sind in weitem Umfang Grundstückseigentümer. 54

Neben den Kapitalgesellschaften, die schon aufgrund ihrer Eigenschaft als juristische Person Grundstückseigentümer sein können, kommen weitere Gesellschaftsformen in Betracht. Die **Offene Handelsgesellschaft** (OHG) kann gemäß § 124 HGB Grundstückseigentum besitzen, die **Kommanditgesellschaft** (KG) gemäß §§ 161, 124 HGB.[36] 55

Der **Gesellschaft bürgerlichen Rechts** (GbR)[37] wurde durch die jüngere Rechtsprechung ebenfalls Teilrechtsfähigkeit zuerkannt.[38] Dementsprechend ist die Gesellschaft als solche Eigentümerin des Grundstücks.[39] In grundbuchrechtlicher Hinsicht besteht jedoch die Besonderheit, dass nach der derzeit (noch) herrschenden Rechtsprechung die GbR als solche im Grundbuch nicht als Eigentümerin eingetragen werden kann.[40] Anders als etwa bei der OHG oder KG wird also nicht die GbR mit ihrer vollen Bezeichnung eingetragen, sondern es werden vielmehr sämtliche Gesellschafter angeführt. Die Eintragung lautet daher beispielsweise: 56

1. Peter Meier, geb. 15.1.1950, Berlin
2. Birgit Müller, geb. 23.7.1956, München
3. Friedrich Schulz, geb. 16.10.1948, Köln
– 1. bis 3. handelnd in GbR –

Entsprechend werden bei Eheleuten in Gütergemeinschaft die beiden Ehepartner mit dem Zusatz „*in Gütergemeinschaft*" eingetragen, bei Erbengemeinschaft alle Mitglieder mit dem Zusatz „*in Erbengemeinschaft*". 57

Wenn I im **Beispielfall 10** Teileigentum gemäß WEG gebildet hat, so kommen als Erwerber – also zukünftige Eigentümer – der Teileigentumseinheiten alle natürlichen Personen und auch alle Kapital- und Personenhandelsgesellschaften (GmbH, AG, OHG, KG) in Betracht. Eine Gesellschaft bürgerlichen Rechts – z.B. eine Anwaltssozietät oder Arztpraxisgemeinschaft – kann hingegen nicht als solche eine Teileigentumseinheit erwerben. Vielmehr sind die einzelnen Gesellschafter die zukünftigen Teileigentümer. 58

[35] Dazu § 3 Rdn. 65 ff. und Rdn. 80 ff.
[36] Dazu § 3 Rdn. 43 ff. und Rdn. 52 ff.
[37] Dazu § 3 Rdn. 23 ff.
[38] BGH, NJW 2001, 1056 – Teilrechtsfähigkeit der GbR.
[39] BGH, NJW 2006, 3716 – GbR als Grundstückseigentümerin.
[40] BayObLG, NJW 2003, 70 – keine Grundbuchfähigkeit der GbR; OLG Schleswig, NJW 2008, 306 – keine Grundbuchfähigkeit der GbR; anders OLG Stuttgart, NJW 2008, 304 – Grundbuchfähigkeit der GbR.

3. Erbbaurecht

59 Das Erbbaurecht ist das veräußerliche und vererbliche Recht des Erbbauberechtigten, auf oder unter der Oberfläche eines im Eigentum eines anderen – des Erbbaurechtsgebers – stehenden Grundstücks ein Bauwerk zu haben.

60 **Beispielfall 11:** Das Kirchengrundstück
Ein anderes Grundstück, das Investor I erwerben und bebauen möchte, gehört einer Kirchengemeinde. Diese ist nicht zum Verkauf, jedoch zur Einräumung eines Erbbaurechts bereit. I möchte wissen, welche Folgen das für ihn hat.

3.1 Inhalt des Erbbaurechts

61 Das Erbbaurecht ist nicht im BGB, sondern im **Erbbaurechtsgesetz** (ErbbauRG) geregelt. Es ermöglicht dem Erbbauberechtigten, ein **eigenes Gebäude** zu errichten und zu nutzen, ohne hierfür ein Grundstück erwerben zu müssen. Es muss kein Kapital für den Erwerb des Grundstücks aufgebracht, sondern lediglich der jährliche Erbbauzins für die Nutzung des Bodens geleistet werden. Unabhängig von Finanzierungsvorteilen wird die Form des Erbbaurechts auch dann gewählt, wenn der Grundstückseigentümer sein Eigentum nicht vollständig aufgeben will. Beispielsweise Kirchengemeinden folgen oftmals diesem Grundsatz.

62 Rechtstechnisch wird dieses Ziel erreicht, indem das Grundstück mit dem Erbbaurecht belastet wird. Errichtet der Erbbauberechtigte ein Gebäude auf dem belasteten Grundstück, so wird das **Gebäude** nicht wesentlicher Bestandteil des Grundstücks, sondern **wesentlicher Bestandteil des dem Erbbauberechtigten gebührenden Erbbaurechts.** Auch wenn das Bauwerk nicht die gesamte Grundstücksfläche in Anspruch nimmt, kann sich das Erbbaurecht auf die Gesamtfläche erstrecken, sofern das Bauwerk wirtschaftlich die Hauptsache bleibt.[41] Erbbaurechte an Gebäudeteilen, etwa einzelnen Wohnungen, sind unzulässig.

63 In Bezug auf das belastete Grundstück ist das Erbbaurecht als **beschränktes dingliches Recht** ausgestaltet; es wird in Abt. II des Grundbuchblatts des belasteten Grundstücks als Belastung eingetragen.[42] Gleichzeitig wird jedoch für das Erbbaurecht ein **gesondertes Erbbaugrundbuchblatt** angelegt, das in seinem Aufbau dem üblichen Grundbuchblatt entspricht: Im Bestandsverzeichnis steht das Erbbaurecht, der Erbbauberechtigte in Abt. I, die auf das Erbbaurecht bezogenen Belastungen und Verfügungsbeschränkungen in Abt. II und III.

64 Auf das Erbbaurecht finden die Regeln des BGB zum Grundstücksrecht entsprechende Anwendung. Das Erbbaurecht kann nicht nur veräußert, sondern auch beliehen werden. Damit erlangt es volle **Verkehrsfähigkeit** als grundstücksgleiches Recht.[43]

65 Das Erbbaurecht kann sich auf **jede Art von Bauwerk** beziehen, also nicht nur Wohn- und Geschäftshäuser, sondern auch Tiefgaragen, Verkehrsanlagen, Freizeitplätze, usw. Gleichgültig ist, ob das Bauwerk bereits besteht oder noch errichtet werden soll. In der Praxis wird allerdings meist ein Erbbaurecht für ein noch zu errichtendes Bauwerk bestellt, wobei es empfehlenswert ist, Art und Beschaffenheit des Bauwerks im Erbbaurechtsvertrag zu regeln.[44]

---

[41] BayObLG, NJW-RR 1991, 718 – Garage.
[42] BayObLGZ 1959, 520 – Erbbaurecht in Abt. II.
[43] BVerfG, ZfIR 1999, 113 – Erbbaurecht als grundstücksgleiches Recht.
[44] BGH, NJW 1994, 2024 – Bauwerk jeder Art.

Wenn I im **Beispielfall 11** ein Erbbaurecht erwirbt, so wird er nicht Grundstückseigentümer. Er hat jedoch das Recht, das Grundstück zu bebauen. I kann das Gebäude selbst nutzen oder vermieten. Will er es veräußern, so ist Gegenstand des Erwerbsvorgangs das Erbbaurecht. Dies ist auch für Teilflächen möglich; es entstehen dann Wohnungs- bzw. Teilerbbaurechte, für die das WEG entsprechend gilt (§ 30 WEG). 66

3.2 Pflichten des Erbbauberechtigten

Während der Laufzeit des Erbbaurechts erhält der Erbbaurechtsgeber vom Erbbauberechtigten den **Erbbauzins**. Seine Höhe ist vertraglich zu regeln;[45] in der Regel liegt er bei 4–5 % des Grundstückswerts pro Jahr. Bei langen Laufzeiten werden in der Praxis Wertsicherungsklauseln verwendet, nach denen der Erbbauzins entsprechend einem festzulegenden Index – beispielshalber dem Verbraucherpreisindex des Statistischen Bundesamts – steigt. Dient das Bauwerk Wohnzwecken, so gelten bestimmte Beschränkungen hinsichtlich des Anspruchs auf Erhöhung des Erbbauzinses. 67

Erbbaurechtsgeber und Erbbauberechtigter können vertraglich die grundstücksbezogenen Pflichten des Erbbauberechtigten festschreiben, etwa bezüglich der Instandhaltung und -setzung, der Lastentragung und der Versicherung. Sie können auch vereinbaren, dass der Erbbauberechtigte im Falle des Verstoßes gegen diese Pflichten das Erbbaurecht auf den Erbbaurechtsgeber übertragen muss (**Heimfall**). 68

3.3 Laufzeit und Ende des Erbbaurechts

Der Gesetzgeber hat keine Mindest- und Höchstlaufzeit für das Erbbaurecht vorgesehen. Theoretisch könnte das Erbbaurecht ohne **zeitliche Begrenzung** eingeräumt werden, doch macht dies wirtschaftlich kaum Sinn, da der Erbbaurechtsgeber dadurch seine Eigentümerstellung faktisch aufgäbe, ohne den vollen Gegenwert zu erhalten. In der Praxis werden die Erbbaurechte daher zeitlich begrenzt, oftmals auf 99 Jahre. 69

Nach **Ablauf** der zeitlichen Befristung erlischt das Erbbaurecht. Das Gebäude wird, da es nun ein Erbbaurecht nicht mehr gibt, wesentlicher Bestandteil des Grundstücks, der Erbbaurechtsgeber also Bauwerkseigentümer. Hierfür hat er dem Erbbauberechtigten eine **Entschädigung** zu leisten.[46] Der Grundstückseigentümer kann seine Verpflichtung zur Zahlung der Entschädigung dadurch abwenden, dass er das Erbbaurecht für die voraussichtliche Standdauer des Bauwerks verlängert. Lehnt der Erbbauberechtigte die Verlängerung ab, so erlischt der Anspruch auf Entschädigung. 70

Regelmäßig wird der Erbbauberechtigte ein Interesse daran haben, nach Zeitablauf das Grundstück zu erwerben, um das Eigentum an Grundstück und Gebäude bei sich zu vereinigen. Für diesen Fall können die Parteien ein **Ankaufsrecht des Erbbauberechtigten** im Erbbaurechtsvertrag vereinbaren. Das Erbbaurechtsgesetz selbst sieht das Ankaufsrecht nicht vor. 71

Im **Beispielfall 11** hat das Erbbaurecht für I den Vorteil, dass er nicht den Grundstückskaufpreis aufbringen muss, sondern stattdessen periodisch den Erbbauzins leistet. Im Falle einer Veräußerung des Erbbaurechts kann I diesen Vorteil an die Erwerber weitergeben, die ihrerseits zur Zahlung des Erbbauzinses verpflichtet werden. 72

---

[45] BGH, NJW 1995, 2780 – Bestimmbarkeit der Leistung.

[46] BGH, DB 1975, 685 – Entschädigung für Bauwerk.

Investor I bzw. seine Erwerber müssen indes bedenken, dass das Erbbaurecht nur die Nutzung auf Zeit gestattet. Sie sollten über die Vereinbarung eines Ankaufsrechts nach Ablauf des Erbbaurechts nachdenken. Ist die Kirchengemeinde als potenzieller Erbbaurechtsgeber hierzu nicht bereit, so ähnelt das Erbbaurecht einem langfristigen Mietvertrag; es sollte dann geprüft werden, ob dies gewollt ist.

4. Belastungen des Grundstücks

73 Grundstücke können in vielfältiger Weise belastet und so wirtschaftlich genutzt werden. Die verschiedenen Rechtsinstitute des BGB werden nachfolgend dargestellt. Die Ausführungen gelten gleichermaßen für Grundstücke, Miteigentum nach Bruchteilen, Wohnungs- und Teileigentum sowie das Erbbaurecht. Es besteht **Typenzwang**, d.h. der gesetzliche Katalog ist abschließend und die Parteien können keine neuen Belastungstypen kreieren.

74 Alle Belastungen (bis auf die öffentlich-rechtliche Baulast) haben gemeinsam, dass sie durch dingliche Einigung der Beteiligten und Eintragung in das Grundbuch des belasteten Grundstücks entstehen. Wie bei der Grundstücksübertragung ist eine notarielle Beurkundung erforderlich.[47] Die Belastung muss hinreichend präzise bestimmt sein;[48] gegebenenfalls kann ein Lageplan beigefügt werden.

4.1 Dienstbarkeit

75 **Beispielfall 12:** Tiefgarage und Heizzentrale
Investor I überlegt, auf den drei Grundstücken aus Beispielfall 8 jeweils ein Gebäude zu errichten und die Grundstücke dann einzeln zu veräußern. Es soll eine gemeinsame Tiefgarage geben, die sich über alle drei Grundstücke erstreckt. Alle Gebäude sollen von einer Heizzentrale mit Wärme versorgt werden, die sich auf einem der Grundstücke befinden soll. I möchte wissen, welche Regelungen zu treffen sind, damit auch nach getrennter Veräußerung der drei Grundstücke sichergestellt ist, dass alle zukünftigen Eigentümer die Tiefgarage uneingeschränkt nutzen können und stets mit Wärme versorgt werden.

76 Dienstbarkeiten gibt es in Form der Grunddienstbarkeit, der beschränkten persönlichen Dienstbarkeit und des Nießbrauchs. Alle Dienstbarkeiten haben gemeinsam, dass der Eigentümer eines Grundstücks zu Gunsten eines anderen **bestimmte Handlungen dulden oder unterlassen** muss und insoweit in der Ausübung seines Eigentumsrechts beschränkt ist. Im Unterschied zur Reallast[49] ist der Eigentümer des dienenden Grundstücks passiv.[50]

4.1.1 Grunddienstbarkeit

77 Im Falle der **Grunddienstbarkeit** (§ 1018 BGB) wird das dienende Grundstück zu Gunsten des Eigentümers des herrschenden Grundstücks in der Weise belastet, dass dieser das dienende Grundstück in einzelnen Beziehungen benutzen darf (Nutzungsdienstbarkeit) oder dass der Eigentümer des dienenden Grundstücks auf diesem Grundstück gewisse Handlungen

---

[47] Dazu § 5 Rdn. 7.
[48] OLG Koblenz, OLGR 2007, 565 – Bestimmtheit einer Grunddienstbarkeit.
[49] Dazu § 4 Rdn. 85 ff.
[50] BGH, NJW-RR 2003, 733 – kein aktives Tun bei Dienstbarkeit.

nicht vornehmen darf (Unterlassungsdienstbarkeit) oder dass er ein Recht nicht ausüben darf, das sich aus dem Eigentum an dem dienenden Grundstück dem anderen Grundstück gegenüber ergibt (Duldungsdienstbarkeit). Die Grunddienstbarkeit steht nicht einer konkreten Person, sondern dem **jeweiligen Eigentümer des herrschenden Grundstücks** zu.

Darf der Eigentümer des herrschenden Grundstücks das dienende Grundstück in einzelnen Beziehungen nutzen, so handelt es sich um eine **Nutzungsdienstbarkeit**. Hauptbeispiele sind 78

- das Betreten oder Befahren des dienenden Grundstücks zwecks Erreichen des herrschenden Grundstücks (Wegerecht);[51]
- Versorgungsleitungen durch das dienende Grundstück;[52]
- technische Anlagen auf dem dienenden Grundstück.[53]

Erstreckt sich eine gemeinsam genutzte Tiefgarage über mehrere Grundstücke, so müssen die Eigentümer sich **wechselseitige Dienstbarkeiten** zum Befahren des jeweils anderen Grundstücks und ggf. auch zur Nutzung als Kfz-Abstellplatz einräumen. 79

Durch **Unterlassungsdienstbarkeiten** können die Bebauung und Nutzung des dienenden Grundstücks eingeschränkt,[54] also etwa größere als gesetzlich vorgesehene Grenzabstände festgeschrieben oder die Gebäudegestaltung geregelt[55] werden. **Duldungsdienstbarkeiten** können sich auf vom herrschenden Grundstück ausgehende Immissionen[56] oder geringere als gesetzlich vorgesehene Abstandsflächen auf dem herrschenden Grundstück beziehen. 80

Bezüglich der Tiefgarage im **Beispielfall 12** muss sichergestellt werden, dass jeder der drei zukünftigen Eigentümer auch diejenigen Fahrschneisen befahren darf, die nicht auf seinem eigenen Grundstück liegen. Dies kann durch eine Nutzungsdienstbarkeit in Form eines Wegerechts, das das Begehen und Befahren des dienenden Grundstücks innerhalb der Tiefgarage gestattet, erreicht werden. Da sich die Tiefgarage über alle drei Grundstücke erstreckt, sind diese im Verhältnis zueinander sowohl herrschend als auch dienend. Es müssen also wechselseitige Dienstbarkeiten in der Form eingetragen werden, dass auf jedem Grundstück ein Wegerecht zu Gunsten der jeweils beiden anderen Grundstücke lastet. Soll es darüber hinaus jedem Eigentümer möglich sein, jeden beliebigen Tiefgaragenstellplatz zu nutzen, so muss auch dies durch wechselseitige Nutzungsdienstbarkeiten sichergestellt werden. 81

4.1.2 Beschränkte persönliche Dienstbarkeit

Auch bei der **beschränkten persönlichen Dienstbarkeit** (§ 1090 BGB) können Nutzungs-, Unterlassungs- und Duldungsdienstbarkeiten vereinbart werden. Im Unterschied zur Grunddienstbarkeit ist jedoch nicht der jeweilige Eigentümer des herrschenden Grundstücks der Berechtigte, sondern eine **konkret zu bezeichnende natürliche oder juristische Person**. Die beschränkte persönliche Dienstbarkeit ist nicht übertragbar. Beschränkte persönliche Dienstbarkeiten werden beispielshalber zu Gunsten von Energieversorgern eingetragen, die Anlagen (Fernleitungen, Masten, Transformatoren, usw.) auf dem Grundstück betreiben.[57] Sie werden auch zur Sicherung von Wettbewerbsbeschränkungen ein- 82

[51] BGH, NJW 1985, 385 – Wegerecht.
[52] BGH, NJW 1984, 2210 – Leitungsrecht.
[53] KG, NJW 1973, 1128 – Netzstation.
[54] BGH, NJW 2002, 1797 – Bebauungsbeschränkung.
[55] BGH, NJW 1965, 2398 – Villenstil.
[56] BayObLG, DNotZ 1991, 253 – Duldung von Einwirkungen.
[57] BGH, NJW 1979, 2393 – Gas- und Fernsprechleitungen.

gesetzt, etwa durch das Verbot, auf dem dienenden Grundstück bestimmte Waren ohne Zustimmung des Berechtigten zu vertreiben.[58] Der Berechtigte ist z.B. der Treibstoff- oder Bierlieferant, der die Zustimmung nur für seine eigenen Produkte erteilen wird („Tankstellendienstbarkeiten" und „Brauereidienstbarkeiten").

83 Im **Beispielfall 12** soll die Tiefgaragennutzung nicht nur den konkreten Erwerbern der Grundstücke zustehen, sondern jedem zukünftigen Eigentümer. Die Nutzungsrechte sollen im Falle der Weiterveräußerung nicht enden, sondern unverändert fortbestehen. Die Grundstücke sollten daher nicht mit beschränkten persönlichen Dienstbarkeiten, sondern mit Grunddienstbarkeiten belastet werden.

4.1.3 Nießbrauch

84 Der **Nießbrauch** gibt dem Nießbrauchberechtigten das Recht, die Nutzungen des Grundstücks zu ziehen (§ 1030 BGB). **Nutzungen** sind gemäß § 100 BGB die Früchte des Grundstücks und die Vorteile, welche der Grundstücksgebrauch gewährt, beispielsweise die Mieten.[59] Eine Beschränkung des Nießbrauchs auf einzelne Gebäudeteile, z.B. eine Wohnung, ist nicht möglich.[60] Der Nießbrauch hat in familiären Verhältnissen aus erbrechtlichen und steuerrechtlichen Gründen eine große praktische Bedeutung, weil er nicht mit einem Grundeigentumsübergang einhergeht.

4.2 Reallast

85 Ein Grundstück kann in der Weise belastet werden, dass an denjenigen, zu dessen Gunsten die Belastung erfolgt, **wiederkehrende Leistungen aus dem Grundstück** zu entrichten sind. Die Reallast kann zu Gunsten einer konkret benannten Person oder zu Gunsten des jeweiligen Eigentümers eines anderen Grundstücks bestellt werden (§ 1105 BGB).

86 Die wiederkehrende Leistung aus dem Grundstück kann eine **Geldleistung** (Zins) sein, aber auch eine **Dienstleistung** (Handlung) oder **Sachleistung** (Naturalien). Während bei der Dienstbarkeit der Eigentümer des dienenden Grundstücks zu einer Duldung oder Unterlassung verpflichtet ist, verpflichtet ihn die Reallast zu einem aktiven Tun.[61] In der Praxis spielen Reallasten einerseits in der Sonderform des Erbbauzinses[62] eine Rolle, andererseits bei der gemeinsamen Nutzung mehrerer Grundstücke durch Wohn- oder Betriebsanlagen.

87 Im **Beispielfall 12** sollen alle Grundstücke von einer Heizzentrale mit Wärme versorgt werden, die sich auf einem dieser Grundstücke befindet. Für die Eigentümer der beiden anderen Grundstücke ist es wichtig, dass der Eigentümer des Grundstücks mit der Heizzentrale dauerhaft zur Wärmeerzeugung und -lieferung verpflichtet ist. Dies kann durch eine Reallast, mit der das mit einer Heizzentrale ausgestattete Grundstück belastet wird, gesichert werden. Umgekehrt muss für den Eigentümer des Grundstücks mit Heizzentrale sichergestellt sein, dass die Eigentümer der beiden anderen Grundstücke die Wärme abnehmen. Dies kann durch die Belastung der

[58] BGH, NJW 1979, 2150 – Sicherungsdienstbarkeit; OLG München, NJW-RR 2005, 603 – exklusiver Wärmebezug.
[59] RGZ 124, 325 – Miete als Nutzung.
[60] BGH, MDR 2006, 1127 – keine Beschränkung des Nießbrauchs.
[61] BayObLGZ 1959, 301 – Reallast.
[62] Dazu § 4 Rdn. 67.

beiden Grundstücke mit Unterlassungsgrunddienstbarkeiten in der Form erreicht werden, dass den jeweiligen Eigentümern dieser Grundstücke untersagt ist, selbst auf ihren Grundstücken Wärme zu erzeugen oder ohne Zustimmung des Eigentümers des herrschenden Grundstücks (= Grundstück mit Heizzentrale) Wärme von Dritten zu beziehen. Die Zustimmung zum Wärmebezug wird der Eigentümer des Heizzentralengrundstücks dann nur hinsichtlich seiner eigenen Wärmelieferung erteilen.[63]

4.3 Vorkaufsrecht

Beispielfall 13: Das Vorkaufsrecht des D 88
Investor I hat erfahren, dass auf einem Grundstück ein Vorkaufsrecht zu Gunsten des Dritten D lastet. I möchte wissen, was dies bedeutet.

Das Vorkaufsrecht (§§ 463 ff. BGB) ist das Recht des Vorkaufsberechtigten, im Falle der 89
Veräußerung des Grundstücks dieses Grundstück **anstelle des Käufers zu erwerben**. Der Vorkaufsberechtigte tritt an die Stelle des Käufers und verdrängt diesen aus dem Vertrag. Er erwirbt das Grundstück zu den Bedingungen, die der Verkäufer mit dem Käufer vereinbart hat.

Der Vorkaufsberechtigte kann sein Vorkaufsrecht ausüben, sobald der Verpflichtete 90
(= Verkäufer) mit einem Dritten (= Käufer) den Grundstückskaufvertrag geschlossen hat.[64] Wenn der Verkäufer hingegen noch vor Abschluss des Kaufvertrags mit dem Dritten an den Vorkaufsberechtigten herantritt und ihm das Grundstück zum Kauf anbietet und dieser annimmt, so handelt es sich um einen normalen Kauf, nicht um einen Vorkauf.

Der Vorkaufsberechtigte übt sein Vorkaufsrecht durch **Erklärung** gegenüber dem 91
Verkäufer aus. Für die Ausübung des Vorkaufsrechts läuft eine **Frist** von zwei Monaten, gerechnet nach dem Empfang der Mitteilung über den zwischen dem Verkäufer und dem Käufer geschlossenen Kaufvertrag und dessen Inhalt.[65] Verkäufer und Käufer ist die unverzügliche Mitteilung an den Vorkaufsberechtigten dringend zu empfehlen, da erst hierdurch die 2-Monats-Frist in Gang gesetzt wird, nach deren Ablauf Klarheit über die Durchführbarkeit des Kaufvertrags besteht.

Gemäß § 1094 ff. BGB kann das Vorkaufsrecht **dinglich gesichert** werden. Dies erfolgt 92
durch Eintragung des Vorkaufsrechts als Belastung in Abt. II des Grundbuchs. Die dingliche Sicherung bewirkt, dass Dritte das Vorkaufsrecht gegen sich gelten lassen müssen. Wird das Grundstück unter Missachtung des Vorkaufsrechts an den Dritten verkauft, so kann dieser nicht einwenden, er habe keine Kenntnis von dem Vorkaufsrecht gehabt. Die Eintragung des Dritten als neuer Eigentümer ist gegenüber dem Vorkaufsberechtigten unwirksam; das Grundstück ist an den Vorkaufsberechtigten herauszugeben.[66]

Gemeinden steht ein **gesetzliches Vorkaufsrecht** zu (§§ 24 ff. BauGB). Im Rahmen 93
der notariellen Abwicklung des Kaufvertrags holt der Notar eine Bescheinigung der Gemeinde ein, dass diese ihr Vorkaufsrecht nicht ausüben will (**Negativattest**), um auf diese Weise die Vertragsabwicklung sicherzustellen.

Im **Beispielfall 13** muss Investor I damit rechnen, dass D von seinem Vorkaufsrecht 94
Gebrauch macht, sobald I mit dem Grundstückseigentümer den Kaufvertrag abge-

---

[63] Dazu § 4 Rdn. 82.
[64] BGH, WM 1970, 283 – Abschluss des Kaufvertrags.
[65] Vgl. BGHZ 23, 342 – Mitteilung an Vorkaufsberechtigten.
[66] BGH, NJW 1992, 236 – Herausgabeanspruch des Vorkaufsberechtigten.

schlossen hat. D würde dann anstelle des I in diesen Vertrag eintreten; I könnte das Grundstück nicht erwerben. D muss vom Grundstückseigentümer oder von I vom Abschluss des Kaufvertrags unterrichtet werden und hat dann zwei Monate Zeit zur Ausübung des Vorkaufsrechts. I sollte darauf achten, dass diese Mitteilung unverzüglich gemacht wird, da ansonsten die Frist nicht in Gang gesetzt wird und I dauerhaft mit der Unsicherheit leben müsste, ob D sein Vorkaufsrecht ausübt und dadurch I „aus dem Grundstück drängt".

4.4 Grundpfandrechte

95 Die gesetzlichen Grundpfandrechte sind die **Hypothek**, die **Grundschuld** und die **Rentenschuld**. Sie werden nicht in Abt. II, sondern Abt. III des Grundbuchs eingetragen.

96 In der Praxis dienen die Grundpfandrechte vor allem der **dinglichen Sicherung von Kredit- und sonstigen Geldforderungen**, wobei die Grundschuld das weitaus häufigste Grundpfandrecht ist.[67] Der dinglich gesicherte Gläubiger hat die Möglichkeit, sich wegen seiner Forderung durch Zwangsverwaltung oder Zwangsversteigerung aus dem Grundstück zu befriedigen.[68]

4.5 Baulasten

97 **Beispielfall 14:** Baulast für die Tiefgarage
Investor I fragt sich, ob er neben den in Beispielfall 12 beschriebenen Grunddienstbarkeiten auch Baulasten zur Absicherung der Tiefgaragennutzung erwirken soll.

98 Die **Baulast** ist keine dingliche Belastung des Zivilrechts, sondern ein öffentlich-rechtliches Institut, das in der jeweiligen Landesbauordnung geregelt ist. Nicht alle Bundesländer sehen Baulasten vor.

99 Durch die Baulast wird der Grundstückseigentümer gegenüber der Baubehörde zu einem auf ein Grundstück bezogenen Tun, Dulden oder Unterlassen verpflichtet. Ihrem Inhalt nach entspricht sie den Dienstbarkeiten des Privatrechts. Beispielsweise können Leitungs- und Wegerechte zu Gunsten des jeweiligen Grundstücknachbarn,[69] eines Versorgungsunternehmens oder der Feuerwehr als Baulast eingetragen werden. Durch Vereinigungsbaulasten wird (wie bei wechselseitigen Dienstbarkeiten) die grundstücksübergreifende Bebauung ermöglicht.[70] Im Unterschied zur Dienstbarkeit besteht die Verpflichtung gegenüber der Behörde und nicht gegenüber dem Begünstigten.

100 Die Baulasten werden in ein **Baulastenverzeichnis** eingetragen, das bei der Baubehörde geführt wird. Dieses Baulastenverzeichnis ist ein öffentliches Register, das für jedermann einsehbar ist.

101 In der Praxis werden oft Baulasten und Dienstbarkeiten mit gleichlautendem Inhalt **parallel vereinbart**. Dies ist dann sinnvoll, wenn einerseits der Begünstigte sich nicht auf die mittelbare Wirkung der Baulast verlassen, sondern sein Recht dinglich sichern will, andererseits die Baubehörde sich nicht mit dinglichen Sicherheiten begnügt, sondern Baulasten fordert, um die Baugenehmigung zu erteilen.

---

[67] Dazu § 7 Rdn. 52 ff.
[68] Dazu § 17 Rdn. 86 f.
[69] Vgl. BVerwG, ZfBR 2005, 191 – Wegerecht als Baulast.
[70] Vgl. BVerwG, BauR 2001, 914 – Vereinigungsbaulast.

Im **Beispielfall 14** ist die Eintragung von Baulasten zur Sicherung der Rechte der Grundstückseigentümer bezüglich der Nutzung der gesamten Tiefgarage nicht zwingend erforderlich. Die Eigentümer sind bereits über die wechselseitigen Dienstbarkeiten ausreichend gesichert; Baulasten gäben keine darüber hinausgehende Sicherheit. Regelmäßig wird indes die Behörde die Erteilung der Baugenehmigung für die Tiefgarage von der Eintragung wechselseitiger Baulasten abhängig machen. In diesem Fall wird I nicht umhin kommen, die Eintragung von Baulasten zu beantragen, die inhaltlich den bereits im Beispielfall 12 behandelten Grunddienstbarkeiten entsprechen. 102

5. Grundbuch

Das Grundbuch ist ein staatliches Register. Es enthält Angaben zu den Eigentümern, Be- 103
lastungen und Verfügungsbeschränkungen der Grundstücke, des Wohnungs- und Teileigentums und der Erbbaurechte. Zweck des Grundbuches ist es, die Rechtsverhältnisse an Grundstücken und grundstücksgleichen Rechten zu dokumentieren und damit eine Grundlage für den sicheren Rechtsverkehr zu schaffen.

Die Grundbücher werden von den Amtsgerichten geführt. Die zuständige Abteilung 104
des Amtsgerichts ist das **Grundbuchamt**.

Beispielfall 15: Grundbuchauszüge 105
Der Investor I kennt einen der Eigentümer der Grundstücke aus Beispielfall 8. Er möchte vom Grundbuchamt erfahren, wer die Eigentümer der anderen Grundstücke sind und welche Belastungen bestehen.

I hat von dem ihm bekannten Eigentümer E einen Grundbuchauszug erhalten. Er möchte wissen, welche Bedeutung die folgenden Eintragungen haben:

In Abt. I ist der Name von E eingetragen.

In Abt. II findet sich eine Eintragung aus dem Jahre 1925, wonach es der Reichsbahn gestattet ist, auf dem Grundstück eine Gleisanlage zu errichten und das Grundstück mit Schienenfahrzeugen zu befahren.

In Abt. III ist eine durchgestrichene Eintragung zu sehen, aus der sich eine Grundschuld über 500.000,00 € für eine Hypothekenbank ergibt. Eine weitere, nicht gestrichene Eintragung in Abt. III weist eine Grundschuld über 200.000,00 € zu Gunsten einer Sparkasse aus.

5.1 Aufbau des Grundbuchs

Das Grundbuch besteht aus mehreren Grundbuchblättern. Jedes Grundstück erhält grund- 106
sätzlich ein eigenes **Grundbuchblatt**. Besitzt ein Eigentümer allerdings mehrere Grundstücke, für die das selbe Grundbuchamt zuständig ist, so kann für diese Grundstücke ein gemeinschaftliches Grundbuchblatt geführt werden. In diesem Fall erhalten die Grundstücke im Bestandsverzeichnis eine durchlaufende Nummerierung mit jeweils gesonderter Nummer.[71]

---

[71] Dazu § 4 Rdn. 12.

Jedes Grundbuchblatt besteht aus fünf Teilen:

107 Die **Aufschrift** ist das Deckblatt. Dort sind Amtsgericht, Grundbuchbezirk, Nummer des Bandes und des Blattes sowie Schließungs- und andere Vermerke aufgeführt.

108 Im **Bestandsverzeichnis** ist angegeben, um welches Grundstück es sich handelt. Es finden sich die Katasterangaben (Gemarkung, Flur und Flurstück), die Wirtschaftsart und die postalische Anschrift sowie die Größe des Grundstücks. Im Bestandsverzeichnis sind auch Bestand, Zuschreibungen und Abschreibungen eingetragen. Aus diesen Angaben ist die Historie des Grundstücks ersichtlich.[72]

109 In der **Ersten Abteilung** wird der Eigentümer des Grundstücks eingetragen. Angegeben werden Name und Wohnort, bei Unternehmen die Firma und der Sitz. Zu jeder Eigentümerangabe ist in einer weiteren Spalte die laufende Grundstücksnummer im Bestandsverzeichnis angegeben, um die Zuordnung zu ermöglichen, wenn mehrere Grundstücke auf dem selben Grundbuchblatt geführt werden.

Grundbuch von Neustadt

Blatt 1234

Erste Abteilung

Bogen 1

Lfd. Nr. der Eintragungen	Eigentümer	Lfd. Nr. der Grundstücke im Bestandsverzeichnis	Grundlage der Eintragung
1	2	3	4
1	Peter Mustermann geb. 4.8.1961, Köln	1, 2	Auflassung vom 22.6.2002; eingetragen am 29.9.2002 Müller

Abbildung 9: Abt. I des Grundbuch

110 In der **Zweiten Abteilung** werden die Lasten und Beschränkungen (jedoch ohne Grundpfandrechte) des Grundstücks eingetragen. Dies sind z.B. Eigentumsverschaffungsvormerkungen, Dienstbarkeiten und Reallasten, Zwangsverwaltungs- und Zwangsversteigerungsvermerke. In Spalte 3 der Zweiten Abteilung wird die Last oder Beschränkung bezeichnet, in Spalte 5 werden Veränderungen eingetragen und in Spalte 7 Löschungen.

111 In der **Dritten Abteilung** sind die Grundpfandrechte eingetragen. Ihr Betrag wird in Spalte 3 angegeben. In Spalte 4 finden sich die Angaben zur Art der Belastung (Hypothek, Grund- oder Rentenschuld), zum Gläubiger und ggf. zur Verzinsung und zur Vollstreckbarkeit. Veränderungen werden in Spalte 7 eingetragen, Löschungen in Spalte 10.

112 Eintragungen, die nicht mehr gültig sind, weil sie der Veränderung oder Löschung unterzogen wurden, werden auf dem Grundbuchblatt nicht entfernt, sondern **gestrichen**. Diese unter- oder durchgestrichenen, jedoch weiterhin vorhandenen Eintragungen geben Auskunft über die Grundstückssituation in der Vergangenheit. Für die gegenwärtigen Lage sind jedoch nur die nicht gestrichenen Eintragungen maßgeblich.

113 Für jedes Grundbuchblatt wird eine **Grundakte** geführt. In der Grundakte werden die Urkunden aufbewahrt, auf die eine Eintragung sich gründet oder Bezug nimmt. Der Inhalt von Dienstbarkeiten wird beispielsweise oft im Grundbuchblatt nur stichwortartig unter Bezugnahme auf die Urkunde angegeben, die sich in der Grundakte findet. In dieser Akte sind auch alle Dokumente und der gesamte Schriftverkehr zu dem Grundbuchblatt in der Reihenfolge des Eingangs enthalten.

[72] Dazu § 4 Rdn. 12.

Grundbuch von Neustadt

Blatt 1234

Zweite Abteilung

Bogen 1

Lfd. Nr. der Eintragungen	Lfd. Nr. der betroffenen Grundstücke im Bestandsverzeichnis	Lasten und Beschränkungen
1	2	3
1	1, 2	Auflassungsvormerkung für Peter Mustermann, geb. 04.08.1961; gemäß Bewilligung vom 22.06.2002 (UR-Nr. 314, Notar Meyer) eingetragen am 01.08.2002 Müller
2	1	Grunddienstbarkeit (Überbauungsrecht) für den jeweiligen Eigentümer des Grundstücks Neustadt Flur 2 Flurstück 519/1 (Neustadt Blatt 753); gemäß Bewilligung vom 13.07.2003 (UR-Nr. 203, Notar Kuhn) eingetragen am 07.10.2003 Schulz

Veränderungen		Löschungen	
Lfd. Nr. der Spalte 1		Lfd. Nr. der Spalte 1	
4	5	6	7
		1	Gelöscht am 29.09.2002 Müller

Abbildung 10: Abt. II des Grundbuchs

Grundbuch von Neustadt

Blatt 1234

Dritte Abteilung

Bogen 1

Lfd. Nr. der Eintragungen	Lfd. Nr. der belasteten Grundstücke im Bestandsverzeichnis	Betrag	Hypotheken, Grundschulden, Rentenschulden
1	2	3	4
1	2	100.000,00 €	Grundschuld zu einhunderttausend Euro mit 15% Zinsen für Deutsche Hypothekenbank AG, Frankfurt a. M., vollstreckbar nach § 800 ZPO; gemäß Bewilligung vom 22.06.2002 (UR-Nr. 315, Notar Meyer) eingetragen am 01.08.2002 Müller

Veränderungen			Löschungen		
Lfd. Nr. der Spalte 1	Betrag		Lfd. Nr. der Spalte 1	Betrag	
5	6	7	5	9	10

Abbildung 11: Abt. III des Grundbuchs

114 Im **Beispielfall 15** kann Investor I den Grundbucheintragungen entnehmen, dass E in Abt. I eingetragen, also Eigentümer des Grundstücks ist. In Abt. II ist eine Dienstbarkeit zu Gunsten der Reichsbahn zu sehen. Da die Eintragung nicht gestrichen ist, ist sie gültig; E sollte auf die Löschung der Eintragung hinwirken (dazu sogleich). Die in Abt. III eingetragene Grundschuld für die Hypothekenbank ist gestrichen, also gelöscht; sie ist für I ohne Bedeutung. Hingegen ist die Eintragung der Grundschuld für die Sparkasse gültig.

5.2 Beschränkte Öffentlichkeit des Grundbuchs

115 Das Grundbuch ist zwar ein öffentliches Register, doch kann nicht jedermann es einsehen. Vielmehr ist ein berechtigtes Interesse an der **Grundbucheinsicht** erforderlich.

116 Das **berechtigte Interesse** kann rechtlicher, aber auch wirtschaftlicher oder wissenschaftlicher Natur sein. Ein berechtigtes Interesse hat beispielshalber, wer

- selbst als Eigentümer oder Gläubiger eines Rechts eingetragen ist;
- mit dem Eigentümer in konkreten Verhandlungen steht (Kauf, Darlehen, Vermietung) – nicht jedoch der potenzielle Kaufinteressent, der den Namen des Grundstückseigentümers erst erfahren will;[73]
- als Gläubiger des Eigentümers die Zwangsvollstreckung in das Grundstück betreiben will;
- als Gläubiger des Eigentümers vor Durchführung des gerichtlichen Hauptsacheverfahrens feststellen will, ob Grundeigentum vorhanden ist, in das ggf. vollstreckt werden kann;[74]
- als Auftragnehmer eine Sicherungshypothek gemäß § 648 BGB[75] oder eine entsprechende Vormerkung erwirken will.

117 Im **Beispielfall 15** muss Investor I damit rechnen, dass das Grundbuchamt die Einsicht in die Grundbücher der zwei ihm unbekannten Eigentümer verweigert, weil I kein berechtigtes Interesse hat, wenn er die Eigentümer der beiden Grundstücke überhaupt erst erfahren will. I wird auf andere Weise versuchen müssen, die beiden Eigentümer zu ermitteln, um mit ihnen in Kontakt treten zu können.

5.3 Grundbuchverfahren

118 Das in der Grundbuchordnung (GBO) geregelte Grundbuchverfahren wird durch zwei Grundsätze geprägt, nämlich Antrags- und Bewilligungsgrundsatz.

119 Gemäß dem in § 13 GBO geregelten **Antragsgrundsatz** setzt jede Eintragung einen Antrag voraus.[76] Das Grundbuchamt wird grundsätzlich nicht von Amts wegen tätig. Antragsberechtigt ist sowohl derjenige, zu dessen Gunsten die Eintragung erfolgen soll, als auch derjenige, dessen im Grundbuch eingetragenes Recht von der Eintragung betroffen wird.[77] Soll beispielsweise der Grundstückskäufer als neuer Eigentümer in Abt. I eingetragen werden, so ist sowohl der Käufer als auch der Verkäufer antragsberechtigt.

---

[73] BayObLG, RPfleger 1984, 351 – Kaufinteressent.
[74] OLG Zweibrücken, NJW 1989, 531 – Schadensersatzanspruch.
[75] Dazu § 12 Rdn. 174.
[76] OLG Hamm, RPfleger 1992, 474 – Antrag als Verfahrenshandlung.
[77] OLG Hamm, RPfleger 1990, 157 – Antragsberechtigung.

Der in § 19 GBO festgeschriebene **Bewilligungsgrundsatz** besagt, dass die beantragte Eintragung nur erfolgt, wenn derjenige sie bewilligt, dessen Recht von ihr betroffen wird. Auf diese Weise ist ausgeschlossen, dass eine Eintragung auf Antrag des durch sie Begünstigten gegen den Willen des von ihr Betroffenen vorgenommen wird und im Anschluss die Beteiligten über die Richtigkeit der Eintragung streiten. Die **Bewilligung** ist eine verfahrensrechtliche Erklärung des Betroffenen.[78] Sie ist in jedem Fall erforderlich, auch wenn das Verhältnis der Beteiligten konfliktgeladen ist, z.B. bei Eintragung einer Zwangshypothek. Der Betroffene kann auf Abgabe der Bewilligung verklagt werden; das rechtskräftige Urteil ersetzt die Erklärung (§ 894 ZPO).[79] 120

Wenn im **Beispielfall 15** E das Grundstück an I verkauft, muss I die Eigentumsumschreibung beantragen und E sie bewilligen, damit das Grundbuchamt sie vollzieht. 121

Sind die Beziehungen der Beteiligten vertraglicher und einvernehmlicher Natur, so können in der Praxis Antrag und Bewilligung **schon im Vertrag** erklärt werden. Beispielsweise lautet eine typische Klausel in Grundstückskaufverträgen: 122

Die Parteien beantragen und bewilligen die Umschreibung des Eigentums.

Antrags- und Bewilligungsgrundsatz gelten **für jede Veränderung des Grundbuchinhalts**, also nicht nur für die Eintragung von Rechten, sondern auch für deren Änderung oder Löschung.[80] Soll beispielsweise eine Grundschuld gelöscht werden, so können der Eigentümer als Begünstigter (sein Eigentum ist nun nicht mehr belastet) und der Grundschuldgläubiger als Betroffener (sein Recht erlischt) den Antrag stellen; der Gläubiger muss die Löschung bewilligen (**Löschungsbewilligung**). 123

Im **Beispielfall 15** muss die Sparkasse die Löschung ihrer Grundschuld bewilligen. Den Löschungsantrag kann die Sparkasse oder E stellen. 124

Existiert der im Grundbuch eingetragene Betroffene nicht mehr, so muss sein **Rechtsnachfolger** die Bewilligung erklären. Oftmals ist es praktisch schwierig, diesen Rechtsnachfolger festzustellen, insbesondere bei sehr alten Grundbucheintragungen. Dennoch ist es erforderlich, da das Grundbuchamt die Grundbuchänderungen nicht vornehmen wird, wenn ihm nicht sowohl die Bewilligung als auch der Nachweis der Rechtsnachfolge vorgelegt werden. 125

Im **Beispielfall 15** wird das Grundbuchamt die Dienstbarkeit zu Gunsten der Reichsbahn nur löschen, wenn ihm Antrag und Bewilligung vorliegen. Da die Reichsbahn als Unternehmen nicht mehr existiert, muss I den Rechtsnachfolger – die Deutsche Bahn AG – ermitteln, dem Grundbuchamt die Rechtsnachfolge durch einen Handelsregisterauszug oder andere Dokumente nachweisen und die Bewilligung der Deutschen Bahn AG vorlegen. 126

5.4 Rang

Die verschiedenen auf einem Grundbuchblatt eingetragenen Rechte stehen zueinander in einem **Rangverhältnis**. Stehen zwei Rechte im Widerstreit, d.h. können nicht beide Rechte in vollem Umfang realisiert werden, so geht das vorrangige Recht vor; das nachrangige Recht wird nur realisiert, soweit dies danach noch möglich ist. 127

---

[78] BayObLG, RPfleger 1993, 189 – Bewilligung als Verfahrenshandlung.
[79] BayObLG, RPfleger 1983, 390 – Verurteilung zur Bewilligung.
[80] BayObLG, RPfleger 1987, 101 – Löschungsbewilligung.

128 Das Rangverhältnis gilt zunächst **innerhalb der jeweiligen Abteilung** des Grundbuchs. Zum Beispiel geht eine erstrangig eingetragene Grundschuld den nachrangig eingetragenen Grundpfandrechten vor. Im Falle der Zwangsvollstreckung werden die Grundpfandrechtsgläubiger in dieser Rangreihenfolge befriedigt; reicht der Erlös nicht zur Befriedigung aller Gläubiger, so gehen die nachrangigen Gläubiger leer aus. Der Rang ist daher für die wirtschaftliche Werthaltigkeit der Sicherheit von entscheidender Bedeutung.

129 Das Rangprinzip gilt jedoch auch **abteilungsübergreifend**. Ist etwa die Eintragung eines Nießbrauchs in Abt. II vorrangig gegenüber der Eintragung eines neuen Eigentümers in Abt. I, so muss der neue Eigentümer den Nießbrauch gegen sich gelten lassen; er wird Eigentümer des mit einem Nießbrauch belasteten Grundstücks. Geht der Zwangsversteigerungsvermerk in Abt. II der Eigentumsverschaffungsvormerkung vor, so hat die spätere Umschreibung des Eigentums in Abt. I keinen Einfluss auf das Zwangsversteigerungsverfahren.[81] Ist umgekehrt eine Eigentumsverschaffungsvormerkung zu Gunsten eines Erwerbers in Abt. II vorrangig gegenüber einer Zwangshypothek zu Gunsten eines Gläubigers des alten Eigentümers in Abt. III, so ist die Zwangshypothek gegenüber dem Erwerber unwirksam.

130 Der Rang der Rechte bestimmt sich innerhalb einer Abteilung nach der **Reihenfolge** der Eintragungen, abteilungsübergreifend nach dem **Zeitpunkt** ihrer Eintragung. Das ältere Recht geht dem jüngeren Recht vor. Werden verschiedene Rechte am selben Tag eingetragen, so sind sie gleichrangig. Abweichendes kann beantragt und bewilligt werden; es ist dann im Grundbuch anzugeben.[82]

131 Möglich sind der **Rangtausch** und der **Rangrücktritt** (§ 880 BGB); auch hier sind Antrag und Bewilligung erforderlich.[83] Auf diese Weise wird das Rangsystem beweglich. Wirtschaftlich ist dies von Bedeutung, da beispielsweise eine Verbesserung des Rangs des eigenen Rechts „gekauft" werden kann.

132 Im **Beispielfall 15** ist die Grundschuld der Sparkasse erstrangig in Abt. III eingetragen. Wenn I den Grundstückserwerb fremdfinanzieren will, wird er bedenken müssen, dass eine Grundschuld seines Kreditgebers nur zweitrangig eingetragen werden könnte, was der Kreditgeber in der Regel nicht als ausreichende Sicherheit akzeptiert, wenn der Nominalbetrag der erstrangigen Grundschuld bereits einen wesentlichen Teil des Grundstücksverkehrswerts ausmacht. I kann dieses Problem lösen, indem er die noch offene Forderung der Sparkasse aus dem Kaufpreis befriedigt und im Gegenzug von der Sparkasse die Bewilligung der Löschung ihrer Grundschuld erhält. Denkbar wäre auch, dass die Sparkasse mit ihrer Grundschuld an den zweiten Rang zurücktritt und hierfür ein „Risikoentgelt" erhält, doch ist dies in der Praxis selten.

5.5 Vormerkung

133 Der Begünstigte eines einzutragenden Rechts hat die Möglichkeit, sich den Rang durch Eintragung einer Vormerkung zu sichern. Ihre Eintragung ist kurzfristig möglich, so dass der zu diesem Zeitpunkt verfügbare Rang – die rangbereite Stelle – gesichert werden kann. Dies ist besonders dann wichtig, wenn die Eintragung des eigentlichen Rechts einige Zeit dauert, weil erst weitere Voraussetzungen erfüllt sein müssen. Durch die Vormerkung wird der Rang gewahrt, weil das einzutragende Recht den selben Rang bekommt wie

[81] BGH, NJW 2007, 2993 – Zwangsversteigerung und Umschreibung.
[82] BayObLG, RPfleger 1993, 13 – Vereinbarung abweichender Rangfolge.
[83] Vgl. BayObLG, MittBayNot 1989, 310 – Bewilligung der Rangänderung.

die Vormerkung;[84] die Vormerkung ist also ein **Rang wahrender Platzhalter** für das noch einzutragende Recht. Werden nach der Vormerkung Rechte Dritter eingetragen, so sind diese gegenüber dem vormerkungsberechtigten Käufer unwirksam und er kann ihre Löschung verlangen (§ 883 BGB).[85]

134 Hauptanwendungsfall ist die **Eigentumsverschaffungsvormerkung.**[86] Sie wird auf Antrag und Bewilligung von Verkäufer und Käufer eines Grundstücks in Abt. II des Grundbuchs eingetragen. Antrag und Bewilligung werden regelmäßig in den notariellen Kaufvertrag aufgenommen, so dass die Eintragung der Vormerkung unmittelbar nach Vertragsschluss durch den Notar veranlasst werden kann.

135 Durch Vormerkung kann nicht nur der Rang des Eigentums gesichert werden, sondern **jedes im Grundbuch einzutragende Recht**. In der Praxis wird etwa der Rang von einzutragenden Zwangs- oder Bauhandwerkersicherungshypotheken[87] durch Vormerkung gesichert.[88] Die erforderliche Bewilligung des Grundstückseigentümers, die dieser häufig nicht freiwillig abgeben wird, ist kurzfristig im Wege der einstweiligen gerichtlichen Verfügung erreichbar.[89]

136 Wenn I das Grundstück von E erwirbt, so sollte er darauf bestehen, dass zu seinen Gunsten umgehend nach Abschluss des Grundstückskaufvertrags eine Eigentumsverschaffungsvormerkung eingetragen wird. Auf diese Weise ist er sicher, dass spätere Änderungen des Grundbuchs, insbesondere Belastungen des Grundstücks, ihm gegenüber unwirksam sind, er das Eigentum an dem Grundstück also mit nicht mehr als den Belastungen erhält, die er zum Zeitpunkt des Kaufvertragsabschlusses dem Grundbuch entnehmen kann.

5.6 Inhaltliche Richtigkeit und guter Glaube

137 Aufgrund des strengen Grundbuchverfahrens ist die Fehleranfälligkeit relativ gering. Dennoch sind **Fehler** des Grundbuchamts bei der Vornahme von Eintragungen nicht auszuschließen. Unabhängig davon kann das Grundbuch auch durch Ursachen außerhalb des Verantwortungsbereichs des Grundbuchamts fehlerhaft sein, beispielsweise wenn ein Grundstückskäufer als neuer Eigentümer eingetragen ist, obwohl die zum Eigentumsübergang ebenfalls erforderliche Auflassung[90] unwirksam ist; die Wirksamkeit dieses Rechtsgeschäfts kann und muss das Grundbuchamt nicht prüfen.[91] Oft sind Grundbucheintragungen zunächst richtig, werden jedoch dann aufgrund von Rechtsänderungen außerhalb des Grundbuchs unrichtig. Das wichtigste Beispiel ist der Erbfall: Der Erblasser ist weiterhin als Eigentümer eingetragen, obwohl der Erbe mit dem Tod des Erblassers Eigentümer wird.

138 Im Falle des unrichtigen Grundbuchs ist eine **Grundbuchberichtigung** gemäß § 894 BGB durchzuführen. Wenn die Unrichtigkeit mit Urkunden[92] nachgewiesen werden kann, ist die Bewilligung des Betroffenen nicht erforderlich, andernfalls muss sie dem Grundbuch-

---

[84] Vgl. OLG Naumburg, NJW-RR 2000, 1185 – Rangwirkung der Vormerkung.
[85] Vgl. OLG Dresden, NZM 1999, 632 – Sicherungswirkung der Vormerkung.
[86] Auch bezeichnet als Auflassungs-, Eigentumsübertragungs- oder Eigentumsumschreibungsvormerkung.
[87] Dazu § 12 Rdn. 174.
[88] OLG Hamm, BauR 1999, 407 – Vormerkung für Bauhandwerkersicherungshypothek.
[89] Dazu § 17 Rdn. 74 ff.
[90] Dazu § 5 Rdn. 10.
[91] OLG Karlsruhe, RPfleger 1994, 248 – keine materielle Prüfpflicht.
[92] OLG Hamm, RPfleger 1984, 312 – Nachweis durch Urkunden.

amt vorgelegt werden. Der Betroffene ist allerdings zur Abgabe der Bewilligung gegenüber dem Begünstigten verpflichtet;[93] dies kann gerichtlich durchgesetzt werden. Eine Berichtigung von Amts wegen führt das Grundbuchamt grundsätzlich nicht durch.

139 Im **Beispielfall 15** ist das Grundbuch unrichtig, weil eine Grunddienstbarkeit für die Reichsbahn eingetragen ist, obwohl dieses Unternehmen nicht mehr existiert und Berechtigter die Deutsche Bahn AG ist. Die Deutsche Bahn AG könnte die Berichtigung des Grundbuchs beantragen. In der Praxis wird sie das nicht tun, wenn sie auf ihre Rechte aus der Dienstbarkeit keinen Wert legt, etwa weil sich Planungen zur Errichtung einer Eisenbahnstrecke über das Grundstück seit langem erledigt haben.

140 Aus dem Vorstehenden ergibt sich, dass unrichtige Grundbucheintragungen grundsätzlich nicht korrigiert werden, wenn nicht ein entsprechender Antrag gestellt wird. Diese Situation würde grundsätzlich die **Verlässlichkeit des Grundbuchs** und damit seine Funktion als öffentliches Register beeinträchtigen. Um diesen Effekt zu vermeiden, ist in § 891 BGB die (widerlegliche[94]) **Vermutung der Richtigkeit des Grundbuchs** festgeschrieben: Ist im Grundbuch für jemanden ein Recht eingetragen, so wird vermutet, dass ihm das Recht zustehe. Ist ein Recht gelöscht, so wird vermutet, dass das Recht nicht bestehe.

141 Darüber hinaus statuiert § 892 BGB den **öffentlichen Glauben des Grundbuchs**. Für denjenigen, der das Eigentum an einem Grundstück oder ein sonstiges im Grundbuch eingetragenes Recht erwirbt, gilt der Inhalt des Grundbuch als richtig, wenn nicht ein Widerspruch gegen die Richtigkeit im Grundbuch eingetragen oder die Unrichtigkeit dem Erwerber bekannt ist. Der Erwerber kann sich auf die Richtigkeit des Grundbuchs verlassen und erwirbt gutgläubig; das von ihm getätigte Rechtsgeschäft ist wirksam.[95]

142 Angenommen, im **Beispielfall 15** wäre der im Grundbuch eingetragene E tatsächlich nicht Eigentümer, so könnte I dennoch gutgläubig von E das Grundstück erwerben. I könnte sich auf die Grundbucheintragungen berufen, wenn ihm nicht anderweitig die Unrichtigkeit bekannt sein sollte. Der wahre Eigentümer müsste den Grundstückseigentumserwerb durch I gegen sich gelten lassen.

Literatur zur Vertiefung

Ahrens, Claus, Dingliche Nutzungsrechte, Berlin 2004, *Bärmann, Johannes/Merle, Werner/Pick, Eckhart,* Wohnungseigentumsgesetz (Kommentar), 10. Aufl., München 2008; *Becker, Matthias/Kümmel, Egbert/Ott, Andreas,* Wohnungseigentum, Köln 2003; *Böttcher, Roland,* Praktische Fragen des Erbbaurechts, 5. Aufl., Köln 2006; *Demharter, Johann,* Grundbuchordnung, 26. Aufl., München 2008; *Gerhardt, Walter,* Immobiliarsachenrecht, 5. Aufl., München 2001; *Schöner, Hartmut/Stöber, Kurt,* Grundbuchrecht, 14. Aufl., München 2008; *Palandt, Otto,* Bürgerliches Gesetzbuch (Kommentar), 68. Aufl., München 2009; *Rebmann, Kurt/Säcker, Franz Jürgen/Rixecker, Roland,* Münchener Kommentar zum BGB, 4. Aufl., München 2004; *Schreiber, Klaus,* Immobilienrecht, 2. A., Berlin 2005, *von Oefele, Helmut/Winkler, Karl,* Handbuch des Erbbaurechts, 4. Aufl., München 2007; *Weirich, Hans-Armin,* Grundstücksrecht, 3. Aufl., München 2006.

[93] Vgl. BGH, NJW 1996, 1890 – Bewilligungspflicht des Betroffenen.
[94] BGH, NJW 1980, 1047 – Widerlegung der Vermutung.
[95] BGH, WM 1967, 512 – gutgläubiger Erwerb.

§ 5 Erwerb und Veräußerung von Immobilien

Es ist ein wesentliches Charakteristikum des Immobilienmarkts, dass das Eigentum an Grundstücken übertragen werden kann, also verkehrsfähig ist. Andernfalls könnten Grundstücke nur durch Vermietung u.ä. genutzt werden. Die Dynamik des Markts entsteht indes erst dadurch, dass ein Investor ein ihm noch nicht gehörendes, jedoch geeignet erscheinendes Grundstück erwirbt, darauf ein Neu- oder Umbauvorhaben verwirklicht und dann den dadurch geschaffenen Mehrwert des Grundstücks nicht nur durch Vermietung, sondern alternativ auch durch Veräußerung abschöpfen kann. 1

Im Zuge der Durchführung eines Vorhabens wird das Eigentum an dem Grundstück möglicherweise **zweimal übertragen**, zu Beginn vom Grundstücksveräußerer auf den Investor und am Ende vom Investor auf den Erwerber. Für beide Grundstücksübertragungsvorgänge gelten grundsätzlich die selben, nachstehend behandelten Regeln. 2

Für den Erwerb von Miteigentum nach Bruchteilen, Wohnungs- und Teileigentum und Erbbaurechten gelten keine anderen Regeln als für den Grundstücksverkehr. 3

1. Verpflichtungs- und Verfügungsgeschäft

Grundstücke können aus unterschiedlichen Gründen übertragen werden. Am häufigsten ist die Übertragung aufgrund eines Grundstückskaufvertrags, es gibt aber auch zahlreiche andere Rechtsgeschäfte mit Grundstücksübertragungen. Die Grundstruktur der Übertragung ist immer gleich: Es muss zwischen **Verpflichtungs- und Verfügungsgeschäft** – auch bezeichnet als Grundgeschäft und dingliches Rechtsgeschäft – unterschieden werden. 4

Beispielfall 16: Zweimaliger Grundstücksverkauf? 5
Investor I will mit Eigentümer E einen Grundstückskaufvertrag schließen. Er meint, dass er schon dadurch zum Grundstückseigentümer wird. E verneint dies und behauptet sogar, er könne das Grundstück danach an den Dritten D verkaufen, wenn der ihm einen besseren Kaufpreis biete, und dann dem D das Grundstückseigentum übertragen. Wer hat Recht?

Durch das **Verpflichtungsgeschäft** verpflichten sich die Parteien, diejenigen Erklärungen (im Rahmen des Verfügungsgeschäfts) abzugeben, die zur Eigentumsübertragung erforderlich sind. Im Falle der Übertragung des Eigentums an einem Grundstück wird das Verpflichtungsgeschäft oftmals ein Kaufvertrag sein. Es kann jedoch auch ein Schenkungsvertrag, ein Tauschvertrag, ein Erbteilungsvertrag, ein Treuhandvertrag u.ä. vorliegen. Entscheidend ist, dass sich der bisherige Grundstückseigentümer in dem Vertrag verpflichtet, das Eigentum auf den neuen Eigentümer zu übertragen. In Erfüllung dieser Verpflichtung werden die Parteien die Auflassung erklären und die Umschreibung beantragen und bewilligen. 6

Das Verpflichtungsgeschäft muss notariell beurkundet werden (§ 311 b BGB). Die **Beurkundungspflicht** erstreckt sich auf alle Regelungen, die die Parteien im Zusammenhang mit einer Übertragung des Grundstückseigentums treffen.[1] Dies gilt auch für Vorverträge, 7

[1] BGH, BauR 2008, 881 – Umfang der Beurkundungspflicht.

die die Verpflichtung zum Abschluss z.B. eines Kaufvertrags enthalten,[2] oder für Verträge mit Ankaufsrechten.[3] Bei zusammengesetzten Verträgen oder **Vertragspaketen** müssen alle Teile beurkundet werden, wenn sie eine Einheit bilden, also miteinander stehen und fallen sollen.[4] Schließen die Parteien beispielsweise einen Mietvertrag, wonach der Grundstücksverkäufer das Grundstück vom Käufer anmietet („Sale and lease back"[5]), und würden sie diesen Mietvertrag nicht ohne den Grundstückskaufvertrag schließen, so muss auch der Mietvertrag beurkundet werden. Wird dies nicht beachtet, so ist das gesamte Rechtsgeschäft – also sowohl Miet- als auch Grundstückskaufvertrag – formunwirksam. Gemäß § 311 b Abs. 1 Satz 2 BGB wird der Formmangel durch Auflassung und Eintragung geheilt.

8 Das **Verfügungsgeschäft** besteht aus **Einigung** und **Eintragung** (§ 873). Dies gilt nicht nur für die Übertragung des Eigentums, sondern auch für die Belastung des Grundstücks mit einem Recht (Dienstbarkeiten, Reallasten, Grundpfandrechte, usw.) und die Übertragung eines solchen Rechts. Das Eigentum geht erst über, die Belastung entsteht erst oder ist erst übertragen, wenn die Parteien die Einigung erklärt haben und das Recht im Grundbuch eingetragen ist.

9 Die **Grundbucheintragung** ist bereits oben behandelt; sie setzt insbesondere den Antrag einer der Parteien und die Bewilligung des Betroffenen voraus.[6] Von diesen Erklärungen zu trennen ist die **Einigung.**[7] Sie ist ein dinglicher Vertrag, in dem die Parteien übereinstimmend erklären, dass sie sich einig sind, dass die angestrebte Rechtsfolge (Übergang des Eigentums, Belastung des Grundstücks, Übertragung der Belastung) eintreten soll. Grundsätzlich besteht für die Einigung keine Formvorschrift (zur Ausnahme bei der Eigentumsübertragung sogleich). Es ist indes empfehlenswert, die Einigung notariell zu beurkunden oder in schriftlicher Form dem Grundbuchamt vorzulegen, da erst dadurch die Beteiligten in der Phase bis zur Eintragung an die Einigung gebunden sind, es sich also nicht mehr anders überlegen können.[8]

10 Im Falle der Übertragung des Eigentums wird die Einigung **Auflassung** genannt. Für sie sieht § 925 BGB das Formerfordernis vor, dass sie bei gleichzeitiger Anwesenheit beider Teile vor einem Notar oder einer anderen zuständigen Stelle erklärt werden muss. Eine typische Auflassung lautet etwa:

Verkäufer und Käufer sind sich einig, dass das Eigentum an dem Kaufgegenstand (dem Grundstück) *auf den Käufer übergeht.*

11 Bei Grundstückskaufverträgen wird die Auflassung oft schon in die Kaufvertragsurkunde aufgenommen. Alternativ können die Parteien die Auflassung auch erst später erklären, wenn die Voraussetzungen für die Eigentumsumschreibung (insb. die Kaufpreiszahlung) vorliegen. Um hierfür nicht einen weiteren Notartermin durchführen zu müssen, werden Notariatsangestellte im Kaufvertrag bevollmächtigt, die Auflassung im Namen von Verkäufer und Käufer zu erklären, sobald die Voraussetzungen gegeben sind; dies ist rechtlich zulässig, da die persönliche Anwesenheit nicht vorgeschrieben ist.[9] Die Aufnahme der Erklärungen in den Kaufvertrag hat für die Parteien insbesondere den Vorteil geringerer Notarkosten, da die Gebühren für die spätere gesonderte Beurkundung nicht anfallen. Um

---

[2] BGH, NJW 1986, 1983 – Vorvertrag.

[3] OLG Stuttgart, OLGR 2007, 881 – Mietvertrag mit Ankaufsrecht.

[4] BGH, NJW 1988, 132 – Treuhandvertrag; OLG Braunschweig, BauR 2007, 2067 – Bauvertrag.

[5] Dazu § 13 Rdn. 101.

[6] Dazu § 4 Rdn. 118 ff.

[7] BayObLG, NJW-RR 1993, 283 – Eintragungsbewilligung als verfahrensrechtliche Erklärung.

[8] OLG München, DNotZ 1966, 283 – Bindung an Einigung.

[9] BGH, ZfIR 1998, 207 – Vertretung bei Auflassung.

zu verhindern, dass der Notar Auflassung und Umschreibung vorzeitig veranlasst, wird er angewiesen, die Umschreibung erst dann zu beantragen, wenn die Kaufpreiszahlung erfolgt oder gesichert ist (**Vorlagesperre**).

Aufgrund des **Abstraktionsprinzips** sind Verpflichtungs- und Verfügungsgeschäft gedanklich strikt zu trennen. Die Wirksamkeit des einen Geschäfts wird von der Wirksamkeit des anderen nicht berührt. Nur wenn sich der Unwirksamkeitsgrund bei gesonderter Betrachtung auf beiden Ebenen auswirkt (z.B. Geschäftsunfähigkeit, fehlerhafte Vertretung, Verstoß gegen ein gesetzliches Verbot), so sind auch beide Geschäfte unwirksam. Diese gedankliche Trennung ist auch dann erforderlich, wenn die Erklärungen des Verpflichtungs- und des Verfügungsgeschäfts zeitgleich und möglicherweise sogar in einer einheitlichen Urkunde (z.B. einem Grundstückskaufvertrag) abgegeben werden.[10] 12

Die Erklärungen der Parteien zur Übertragung des Grundstückseigentums sind in folgender Abbildung zusammengefasst: 13

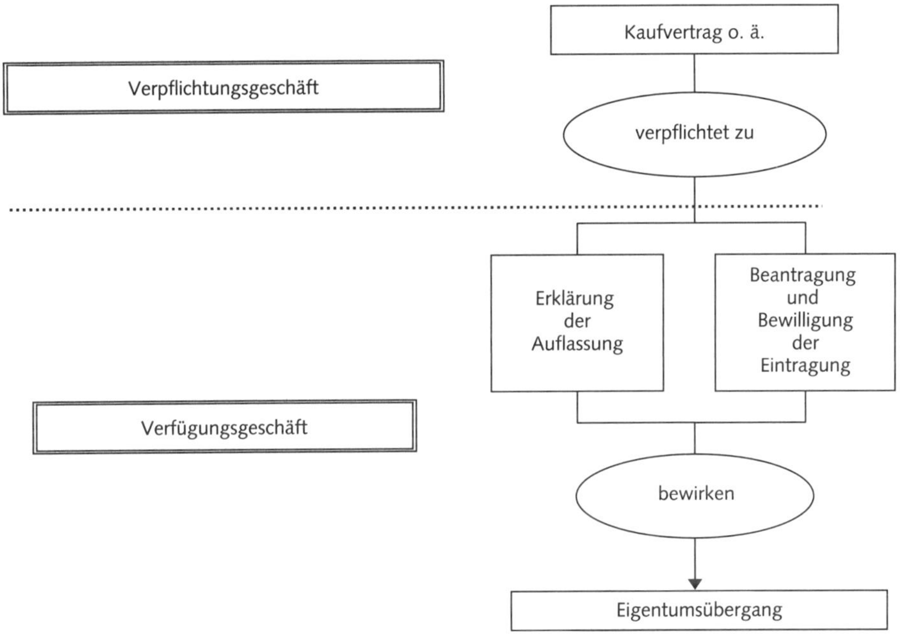

Abbildung 12: Verpflichtungs- und Verfügungsgeschäft

Im **Beispielfall 16** wird das Eigentum noch nicht durch Abschluss des Grundstückskaufvertrags auf I übergehen, sondern erst, wenn E und I die Auflassung erklärt haben und I im Grundbuch als neuer Eigentümer eingetragen ist. Möglicherweise ist die Auflassung schon in der Kaufvertragsurkunde enthalten; auch dann wird I aber erst Eigentümer, wenn das Grundbuch umgeschrieben ist. 14

Solange E noch Eigentümer ist, kann er theoretisch einen weiteren Kaufvertrag mit D abschließen, sich also auch diesem gegenüber zur Eigentumsverschaffung verpflichten. Wenn tatsächlich D als Eigentümer des Grundstücks im Grundbuch eingetragen und somit neuer Eigentümer wird, so muss I dies hinnehmen und kann lediglich Schadensersatz von E wegen Nichterfüllung des zwischen E und I geschlossenen Kaufvertrags verlangen.

[10] BGH, ZfIR 2005, 288 – Veräußerung an Minderjährigen.

Dieses Risiko kann I vermeiden, wenn er die Eintragung einer Eigentumsverschaffungsvormerkung zu seinen Gunsten erwirkt, deren Eintragung der Notar unmittelbar nach Abschluss des Vertrags veranlassen wird. Die spätere Eintragung des Dritten als Eigentümer ist dann I gegenüber unwirksam; I könnte die Löschung verlangen. In der Praxis wird der Dritte, wenn er die Eigentumsverschaffungsvormerkung zu Gunsten des I zur Kenntnis nimmt, ohnehin von seinen Kaufabsichten Abstand nehmen.

2. Grundstückskauf

15 Durch den – notariell zu beurkundenden[11] – Grundstückskaufvertrag verpflichtet sich der Verkäufer, dem Käufer das Eigentum an dem Grundstück zu verschaffen, und der Käufer, dem Verkäufer den vereinbarten Kaufpreis zu zahlen. Neben diesen Hauptpflichten können die Parteien im Rahmen des gesetzlich Zulässigen aufgrund ihrer Vertragsfreiheit jede weitere von ihnen gewünschte Regelung treffen. In der notariellen Praxis haben sich eine Reihe von **Kernregelungen** als zweckmäßig herausgestellt.

16 **Beispielfall 17:** Der Grundstückskaufvertrag
Investor I hat sich entschlossen, ein Grundstück von Eigentümer E zu erwerben. Er möchte wissen, welche Punkte er im Kaufvertrag regeln sollte. Das Grundstück ist mit einem Gebäude bebaut, das I abreißen und an seiner Stelle ein neues Bürogebäude errichten möchte. Es ist mit den Grundschulden belastet, die in Beispielfall 15 dargestellt sind.

2.1 Vertragsparteien

17 Zu Beginn der notariellen Urkunde wird festgehalten, welche (natürlichen) **Personen** vor dem Notar erschienen sind. Wenn diese Personen nicht für sich selbst handeln, sondern eine andere natürliche Person oder auch eine Handelsgesellschaft oder eine Körperschaft (Gemeinde, Kirche, usw.) vertreten, so wird auch dies festgehalten. **Vollmachten** und beglaubigte Handelsregisterauszüge werden dem Vertrag beigefügt. Alternativ kann der Notar sich durch Einsicht in das Handelsregister von der Vertretungsberechtigung des Erschienenen – beispielsweise des Geschäftsführers einer GmbH – überzeugen.

18 Der vor dem Notar Erschienene kann auch als **vollmachtloser Vertreter** handeln. Dies wird entsprechend in der Vertragsurkunde festgehalten. Für denjenigen, in dessen Namen die Erklärungen abgegeben wurden, werden die Vertragsregelungen erst bindend, wenn er sie **genehmigt**.

19 Hiervon zu unterscheiden ist der **Gremienvorbehalt**, der in den Vertrag aufgenommen wird, wenn der Erschienene zwar zur Abgabe der Erklärungen bevollmächtigt ist, der Vertrag jedoch von der nachfolgenden Zustimmung eines Gremiums, etwa eines Aufsichtsrats, abhängen soll. In diesem Fall wird vertraglich geregelt, dass die Wirksamkeit des Vertrags unter die aufschiebende Bedingung dieser Zustimmung gestellt wird, die gegenüber dem Vertragspartner oder dem Notar zu erklären ist.

[11] Dazu § 5 Rdn. 7.

2.2 Kaufgegenstand

Essentieller Bestandteil des Kaufvertrags ist die **Beschreibung des Kaufgegenstands,** also des Grundstücks. Das Grundstück wird mit seinen Lage- und Grundbuchdaten genau beschrieben. Der Inhalt des Grundbuchblatts wird wiedergegeben. 20

Es ist auch möglich, eine **noch zu vermessende Teilfläche** eines Grundstücks zu veräußern.[12] Die katastermäßige Zerlegung und die grundbuchliche Grundstücksteilung[13] werden erst im Nachgang durchgeführt. Da der Kaufgegenstand jedoch schon im Grundstückskaufvertrag eindeutig beschrieben werden muss, ist dem Vertrag ein Plan beizufügen, aus dem sich die Teilfläche räumlich in eindeutiger Weise durch zeichnerische Darstellung ergibt. Die so bezeichnete Teilfläche wird verkauft, auch wenn sich bei der späteren Vermessung herausstellen sollte, dass sie flächenmäßig größer oder kleiner ist als von den Parteien angenommen. Es ist üblich, für den Fall der Flächenabweichung eine **Kaufpreisanpassungsklausel** vorzusehen. 21

Der Notar wird er den Kaufgegenstand mit genauer grundbuchlicher Bezeichnung beschreiben und die sich aus dem Grundbuch ergebenden Belastungen wiedergeben. 22

2.3 Hauptleistungspflichten und ihre Abwicklung

Während die Grundstruktur des Leistungsaustauschs einfach ist – Grundstückseigentum gegen Kaufpreiszahlung –, bedarf es einigen Aufwands, für beide Parteien sicherzustellen, dass sie im Falle ihrer Leistung auch die Gegenleistung erhalten. Wenn Dritte, etwa die kaufpreisfinanzierende Bank, hinzutreten, wird die Situation noch komplexer. 23

2.3.1 Hauptpflicht des Verkäufers: Eigentumsverschaffung

Die Hauptpflicht des Verkäufers besteht darin, dem Käufer das **Grundstückseigentum zu verschaffen.**[14] Diese Pflicht wird im Vertrag entweder ausdrücklich genannt oder es wird formuliert, dass der Verkäufer den Kaufgegenstand an den Käufer *„verkauft"*. Aufgrund der Eigentumsverschaffungspflicht muss der Verkäufer alle (grundbuchlichen) Hindernisse beseitigen, die der Umschreibung entgegenstehen, soweit dies erforderlich und ihm zumutbar ist.[15] 24

Übernimmt der Verkäufer darüber hinaus die Verpflichtung, auf dem Grundstück umfassende Bauarbeiten – bis hin zur vollständigen Errichtung eines noch herzustellenden Bauwerks – durchzuführen, so handelt es sich nicht um einen Kauf-, sondern um einen Bauträgervertrag.[16] Ein Kaufvertrag liegt demgegenüber dann vor, wenn der Verkäufer eine **Bauverpflichtung hinsichtlich untergeordneter Leistungen** übernimmt. Beispiele sind Mängelbeseitigungsarbeiten oder Ausbauleistungen, die bei der vorangehenden Bauerrichtung zurückgestellt werden, um sie später gemäß den konkreten Wünschen des Erwerbers durchführen zu können. In diesen Fällen ist es wichtig, dass im Kaufvertrag Art und Umfang der Bauleistung sowie der Ausführungstermin geregelt werden. Die Parteien können auch vereinbaren, dass ein zu definierender Teil des Kaufpreises erst nach Fertigstellung der Bauleistungen oder nur gegen Sicherheitsleistung gezahlt wird. 25

[12] BGH, NJW 2000, 504 – Erwerb künftiger Sachen.
[13] Dazu § 4 Rdn. 16 und 19.
[14] BGH, NJW 1969, 837 – Verschaffungspflicht des Verkäufers.
[15] BGH, NJW 2007, 3777 – Eigentumsumschreibung.
[16] Dazu § 5 Rdn. 92ff.

26 Im Kaufvertrag ist zu regeln, dass E das Grundstück an I verkauft. Da I das Grundstück selbst mit einem Bürogebäude bebauen will, gibt es keine Bauverpflichtungen des E, die zu regeln wären.

2.3.2 Lastenfreistellung

27 Der Verkäufer ist grundsätzlich verpflichtet, das Grundstück frei von Belastungen zu übertragen, die der Käufer nicht akzeptiert. Ist das Grundstück belastet, muss der Käufer also prüfen, welche Belastungen er zu übernehmen bereit ist. Dabei ist zu beachten, dass die Übernahme einiger Belastungen – insbesondere Dienstbarkeiten – **faktisch zwingend** ist, weil der Begünstigte etwa auf ein nachbarliches Wege- oder Leitungsrecht nicht verzichten kann.

28 Eine zweite Gruppe von Belastungen – insbesondere der Nießbrauch und die Reallast – führen zu **kalkulierbaren Kosten**; sie sind entweder zu übernehmen oder dem Begünstigten „abzukaufen", indem ein Teil des Kaufpreises an ihn fließt.

29 Die **Grundpfandrechte** wird der Käufer hingegen nicht übernehmen wollen. Bei der Fremdfinanzierung steht dem bereits entgegen, dass der Kreditgeber eine erstrangige Grundschuld als Sicherheit verlangen wird, der Käufer also einen freien ersten Rang benötigt. Hiervon unabhängig bestünde bei der Übernahme einer (Alt-) Grundschuld die Gefahr, dass der Grundpfandrechtsgläubiger in das Grundstück des Käufers vollstreckt, wenn der Verkäufer seine Verpflichtungen gegenüber diesem Gläubiger nicht erfüllt. Da der Käufer keinen Einfluss darauf hat, ob der Verkäufer seinen Verpflichtungen gegenüber dem Grundpfandrechtsgläubiger nachkommt, ist dies ein unkalkulierbares Risiko. In der Praxis wird daher der Grundpfandrechtsgläubiger aus dem Kaufpreis befriedigt und bewilligt im Gegenzug die Löschung der Grundschuld.

30 Bei der praktischen Durchführung stellt sich das Problem, dass der Käufer den Kaufpreis erst zahlen möchte, wenn er sicher ist, dass die Grundpfandrechtsgläubiger und gegebenenfalls weitere Begünstigte nicht zu übernehmender Belastungen die Löschung ihres Rechts bewilligen, aber umgekehrt die Begünstigten die Löschungsbewilligung erst abgeben wollen, wenn sichergestellt ist, dass der Käufer den Kaufpreis zahlt und sie daraus befriedigt werden. Dieses Problem wird in der Praxis durch eine **Zug-um-Zug-Abwicklung** gelöst: Der Notar nimmt die Löschungsbewilligungen in treuhänderische Verwahrung und reicht sie beim Grundbuchamt erst ein, wenn die Begünstigten ihm den Erhalt der Zahlung bestätigt haben. Hat der Notar alle erforderlichen Löschungsbewilligungen erhalten, so teilt er es dem Käufer mit, der daraufhin (gegebenenfalls nach Vorliegen auch der weiteren Fälligkeitsvoraussetzungen) den Kaufpreis unmittelbar an die Begünstigten oder an den Verkäufer zahlt, der einen Teil des Kaufpreises weiterleitet.

31 I wird die Grundschuld der Sparkasse (siehe **Beispielfall 15**) nicht übernehmen wollen. Es ist daher vertraglich zu regeln, dass das noch offene Darlehen der Sparkasse aus dem Kaufpreis getilgt wird, damit die Sparkasse im Gegenzug die Löschung der Grundschuld bewilligt. Der Notar ist im Kaufvertrag anzuweisen, von der Sparkasse die Löschungsbewilligung einzuholen und sie in treuhänderische Verwahrung zu nehmen, bis die Sparkasse den ihr zustehenden Teil des Kaufpreises erhalten hat.

2.3.3 Hauptpflicht des Käufers: Kaufpreiszahlung

Den Hauptpflichten des Verkäufers steht die Hauptpflicht des Käufers zur **Zahlung des Kaufpreises** gegenüber. Es ist Sache der Parteien, den Kaufpreis auszuhandeln. Eine sittenwidrige Überhöhung wird nur in krassen Ausnahmefällen anzunehmen sein.[17] 32

Die Höhe des Kaufpreises muss im Vertrag bestimmt oder zumindest eindeutig bestimmbar sein.[18] Gegebenenfalls ist anzugeben, ob Umsatzsteuer anfällt[19] und ob es sich dann um einen Netto- oder Bruttokaufpreis handelt. Da in der Praxis der Finanzbehörden nur Gebäude, nicht aber der Grund und Boden an Wert verlieren und daher eine steuerliche Abschreibung sich nur auf den Gebäudewert beziehen kann, ist es sinnvoll, im Kaufvertrag die Aufteilung des Kaufpreises auf Gebäude und Grund und Boden anzugeben. Die Finanzbehörden werden die Aufteilung dann anerkennen, wenn sie angemessen erscheint.[20] 33

Neben der Höhe des Kaufpreises ist auch die **Kaufpreisfälligkeit** zu regeln. Dabei ist zu beachten, dass der Käufer bei sofortiger Zahlung Gefahr liefe, dass die (lastenfreie) Eigentumsübertragung letztlich scheitert, er jedoch den Kaufpreis schon gezahlt hat und ihn nun vom Verkäufer zurückverlangen muss. Um dies zu verhindern, sind im Kaufvertrag die vor Kaufpreiszahlung zu erfüllenden Voraussetzungen im Einzelnen aufzuzählen und die Fälligkeit der Zahlung davon abhängig zu machen. Welche Fälligkeitsvoraussetzungen definiert werden sollten, hängt vom Einzelfall ab. In der Regel gehören dazu die Sicherstellung der Eintragung der Eigentumsverschaffungsvormerkung, das Vorliegen des gemeindlichen Negativattests[21] und (wenn das Grundstück belastet ist) die Erklärungen zur Lastenfreistellung. 34

Alternativ zu dieser Regelungstechnik können die Parteien regeln, dass der Käufer den Kaufpreis unmittelbar nach Vertragsschluss auf ein **Notaranderkonto** einzahlt. Der Notar verwaltet das Geld treuhänderisch und zahlt es an den Verkäufer erst dann aus, wenn die – vertraglich zu definierenden – Voraussetzungen vorliegen.[22] Hierdurch ist für den Verkäufer sichergestellt, dass er den Kaufpreis erhalten wird, für den Käufer, dass dies nicht vor Eintritt der Fälligkeitsvoraussetzungen geschehen wird. Die Abwicklung über ein Notaranderkonto verursacht allerdings zusätzliche Kosten und ist nach dem Berufsrecht der Notare nicht ohne weiteres möglich, so dass sie nur im begründeten Einzelfall in Frage kommen kann. 35

Der von I zu entrichtende Kaufpreis ist vertraglich festzuschreiben. Ebenso ist die Kaufpreisfälligkeit zu regeln, wobei I darauf achten sollte, dass er erst dann zur Zahlung verpflichtet ist, wenn der Notar die Sicherstellung der Eintragung einer Eigentumsverschaffungsvormerkung zu Gunsten des I, den Erhalt des Negativattests der Gemeinde und die Lastenfreistellung der Sparkasse bestätigt hat. 36

2.3.4 Kaufpreisfinanzierung unter Mitwirkung des Verkäufers

Wenn der Käufer den Kaufpreis **fremdfinanziert**, wird der Kreditgeber die Eintragung einer erstrangigen Grundschuld verlangen und die Auszahlung des Darlehens davon abhängig machen. Erst nach Grundschuldeintragung erhält der Käufer die Mittel zur Kaufpreiszah- 37

---

[17] OLG Dresden, MDR 2007, 1147 – keine Sittenwidrigkeit bei Verkehrswertüberschreitung um 80%.

[18] BGH, NJW 1997, 2671 – Bestimmbarkeit des Kaufpreises.

[19] Dazu § 8 Rdn. 55 ff.

[20] Zur Bewertung von Grundstücken § 6 Rdn. 12 ff.

[21] Dazu § 4 Rdn. 93.

[22] BGH, NJW 1983, 1605 – Notar als Treuhänder.

lung, die ihrerseits Voraussetzung dafür ist, dass der Verkäufer die Eigentumsumschreibung bewilligen wird. Die Grundschuld muss also zu einem Zeitpunkt eingetragen werden, zu dem noch der Verkäufer als Eigentümer eingetragen ist. Der Verkäufer ist Betroffener der Grundschuldeintragung und muss sie bewilligen.[23]

38 In der Notariatspraxis ist ein Modell entwickelt worden, bei dem der Verkäufer die Bewilligung im Kaufvertrag erklärt, jedoch gleichzeitig weitestgehend sichergestellt ist, dass die Grundschuld wieder gelöscht wird, falls es nicht zur Eigentumsumschreibung kommen sollte. Zu diesem Zweck wird der Grundschuldgläubiger verpflichtet, die Löschung zu bewilligen, wenn ihm der ausgezahlte Darlehensbetrag zurückgezahlt wird. Des Weiteren ist es üblich, Zweck und Umfang der Grundschuld im Kaufvertrag genau zu definieren. Da durch diese kaufvertraglichen Regelungen der Grundschuldgläubiger verpflichtet wird, obwohl er nicht unmittelbar am Kaufvertrag beteiligt ist, werden die Regelungen erst wirksam, wenn er sie bestätigt hat.

39 Die eigentliche Grundschuldbestellung geschieht durch Einigung und Eintragung. Der Verkäufer als Eigentümer des zu belastenden Grundstücks muss die Eintragungsbewilligung erteilen. Dies kann er entweder selbst tun oder den Käufer zur Abgabe der Erklärung bevollmächtigen. Diese **Belastungsvollmacht** ist in der Praxis anzutreffen.

40 Wenn I im **Beispielfall 17** den Grundstückserwerb fremdfinanziert, wird der Kreditgeber die Eintragung einer Grundschuld zu seinen Gunsten verlangen und davon die Auszahlung des Kredits abhängig machen. Da zum Zeitpunkt der Grundschuldeintragung E noch der im Grundbuch eingetragene Eigentümer ist, muss er die Grundschuldeintragung bewilligen. Wenn noch nicht feststeht, ob, in welchem Umfang und mit wem I einen Darlehensvertrag abschließen wird, kann E dem I eine Belastungsvollmacht erteilen.

2.3.5 Sicherheiten

41 Die vorstehend behandelten Sicherungsmechanismen der Zug-um-Zug-Abwicklung stellen sicher, dass keine Partei vorleistet, dann die Gegenleistung nicht erhält und ihre Leistung zurückfordern muss. Sie sind aber keine Garantie dafür, dass beide Seiten ihre Leistung erbringen. Bleibt die Leistung einer Partei aus, ist die Folge, dass der Vertrag **stecken bleibt**.

42 Das Rücktrittsrecht[24] bietet eine Lösung, die jedoch nicht auf die weitere Durchführung, sondern auf die Rückabwicklung des Vertrags gerichtet ist. Wollen die Parteien sicherstellen, dass der Vertrag auch bei Ausfall einer Seite weiter durchgeführt wird, so bietet sich die Verpflichtung der Parteien zur Stellung von **Sicherheiten** an. Grundidee ist, dass der Sicherungsgeber an Stelle der ausgefallenen Partei leistet.

43 Das Gesetz sieht keine bestimmten Sicherheiten vor. In der Praxis bieten sich Bürgschaften, Patronatserklärungen und andere Sicherungsformen an.[25]

2.4 Besitzübergang und Nutzen-/Lastenwechsel

44 Der **Besitz** ist die tatsächliche Sachherrschaft (§ 854 BGB). Er ist streng vom Eigentum zu unterscheiden; der Besitzer ist nicht notwendig Eigentümer, der Eigentümer nicht notwendig Besitzer des Grundstücks. In der Praxis wird der Zeitpunkt des Besitzübergangs vor

[23] Dazu § 4 Rdn. 120.
[24] Dazu § 5 Rdn. 81 ff.
[25] Dazu § 7 Rdn. 47 ff.

denjenigen des Eigentumswechsels gelegt, da kein Grund besteht, die Bearbeitung durch das Grundbuchamt abzuwarten, wenn die Durchführung des Vertrags durch die entsprechenden Grundbuchanträge und das Vorliegen der weiteren Voraussetzungen gesichert ist. Es bietet sich an, den Besitzübergang zeitlich an die Kaufpreiszahlung zu knüpfen.

Es sollte vertraglich geregelt werden, dass mit dem Besitz auch Nutzungen und Lasten 45
auf den Käufer übergehen. Zu den **Nutzungen** zählt, dass der Käufer das Grundstück in eigene Herrschaft nehmen und selbst nutzen darf. Darüber hinaus stehen die Erträge des Grundstücks, insbesondere bei Vermietung,[26] ab dem Zeitpunkt des Nutzen-/Lastenwechsels dem Käufer zu. Zu beachten ist allerdings, dass dadurch kein unmittelbares Rechtsverhältnis zwischen Käufer und Mieter entsteht; gemäß § 566 BGB tritt der Käufer erst mit der Umschreibung im Grundbuch in den Mietvertrag ein.[27] Bis dahin hat er aufgrund des Nutzen-/Lastenwechsels lediglich im Verhältnis zum Verkäufer einen Anspruch auf Auszahlung der von diesem vereinnahmten **Mieten**. Diese Übergangssituation kann vermieden werden, wenn im Kaufvertrag eine Abtretung der Mietzinsansprüche vom Verkäufer an den Käufer vereinbart wird. Dann ist der Käufer aus abgetretenem Recht Gläubiger der Mietforderungen und der Mieter ist zur Zahlung an ihn verpflichtet. Damit der Käufer auch die weiteren Vermieterrechte gegenüber dem Mieter ausüben kann, sollte der Verkäufer ihm eine entsprechende Vollmacht erteilen. Alternativ kann der Käufer mit dem Verkäufer den sofortigen Eintritt in den Mietvertrag vereinbaren; hier ist allerdings die Zustimmung des Mieters erforderlich.

Die **Lasten** sind insbesondere die laufenden Steuern und öffentlichen Abgaben, beispiels- 46
weise für die Versorgung mit Wasser und Energie und die Straßenreinigung. Sinnvoll ist, dass mit dem Nutzen-/Lastenwechsel auch die **Verkehrssicherungspflicht** auf den Käufer übergeht; dies ist gesondert ausdrücklich zu regeln.

Auch hinsichtlich der **Erschließungskosten** (Beiträge für Straßenanlagen und Abgaben 47
für Anschlüsse an Ver- und Entsorgungsanlagen) sowie der erforderlichen Versicherungen ist es sinnvoll, die Zäsur auf den Zeitpunkt des Besitzübergangs zu legen.

Ist das Grundstück mit einem Gebäude bebaut, so ist die **Dokumentation**, die zum 48
Betrieb des Gebäudes benötigt wird (Betriebsanleitungen, Handbücher, Unterlagen zu bestehenden Verträgen mit Versorgern, usw.), vom Verkäufer an den Käufer zum Zeitpunkt des Nutzen-/Lastenwechsels herauszugeben.

E und I sollten im Kaufvertrag regeln, dass Besitz, Nutzen und Lasten des Grund- 49
stücks mit der Zahlung des vollständigen Kaufpreises auf I übergehen.

2.5 Mängelansprüche des Käufers

Die Mängelansprüche des Käufers sind gesetzlich in §§ 434 ff. BGB geregelt. Vertraglich 50
können die Parteien die Haftung des Verkäufers erweitern, beschränken oder ausschließen.

Beispielfall 18: Gravierende Grundstücksmängel 51
Investor I hat von Eigentümer E das Grundstück erworben. I möchte das aufstehende Bestandsgebäude abreißen und ein neues Bürogebäude errichten. Nach Vertragsschluss erkennt I mehrere Probleme:
– Das Bestandsgebäude ist an Mieter M vermietet;

[26] BGH, NJW 2002, 60 – gezogene Miete als Nutzung.
[27] BGH, NJW 2003, 2158 – Mietvertragseintritt bei Vollendung des Eigentumsübergangs.

– die Baubehörde erteilt die Auskunft, dass zwar grundsätzlich eine Bebauung möglich ist, aber Bürogebäude planungsrechtlich unzulässig sind;
– der Boden weist Verunreinigungen durch eine frühere betriebliche Nutzung auf.
I möchte wissen, ob er wegen dieser Probleme gegen E vorgehen kann und welche Ansprüche ihm zustehen.

2.5.1 Begriff des Mangels

52 Mängelansprüche bestehen, wenn das Grundstück mit Rechts- oder Sachmängeln behaftet ist.

53 Das Grundstück hat gemäß § 435 BGB einen **Rechtsmangel**, wenn Dritte ein Recht an dem Grundstück gegen den Käufer geltend machen können, obwohl dieser es nicht im Kaufvertrag übernommen hat. **Rechte Dritter** sind sowohl die in Abt. II und III des Grundbuchs eingetragenen Belastungen als auch schuldrechtliche Ansprüche, insbesondere das Nutzungsrecht aufgrund eines Miet- oder Pachtvertrags.[28] Ein Rechtsmangel besteht auch dann, wenn im Grundbuch ein Recht eingetragen ist, das nicht besteht.

54 Im **Beispielfall 18** handelt es sich bei der Vermietung des Gebäudes an M um einen Rechtsmangel, denn M hat an dem Grundstück ein vertragliches Nutzungsrecht, das I gegen sich gelten lassen muss („Kauf bricht nicht Miete"; §§ 566, 578 BGB). Solange das Mietverhältnis läuft, kann I das Gebäude nicht ohne Zustimmung des M abreißen.

55 Das Grundstück – einschließlich der aufstehenden Gebäude und sonstigen wesentlichen Bestandteile – muss im Zeitpunkt des Gefahrübergangs (dies ist in der Regel der Besitzwechsel) frei von **Sachmängeln** sein. Wann dies der Fall ist, wird vom Gesetzgeber in § 434 BGB mehrstufig definiert:

56 Zunächst ist zu fragen, ob die Parteien eine **Beschaffenheit vereinbart** haben. Dies kann eine Vereinbarung zum Zustand des Grundstücks und/oder des Gebäudes, zur Gebäudefläche, zur Nutzbarkeit des Grundstücks oder zum erzielbaren Ertrag sein.

57 Haben die Parteien keine ausdrückliche Regelung zur Beschaffenheit des Grundstücks getroffen, so ist zu prüfen, ob sie eine **bestimmte Verwendung des Grundstücks** im Vertrag vorausgesetzt haben, beispielsweise eine Nutzung für Wohn- oder bestimmte gewerbliche Zwecke.

58 Lässt sich dem Kaufvertrag weder eine konkrete Beschaffenheitsvereinbarung noch eine bestimmte Verwendung des Grundstücks entnehmen, so ist die **gewöhnliche Verwendung** und die **übliche Beschaffenheit** der Maßstab. Hier wird nicht auf vertraglich festgeschriebene, sondern auf durchschnittliche und zu erwartende Eigenschaften abgestellt.

59 Das Grundstück ist mangelhaft, wenn es den vorstehend beschriebenen Anforderungen nicht genügt, also **das Ist vom Soll abweicht**. Mängel sind beispielshalber
- die fehlende Bebaubarkeit des Grundstücks;[29]
- eine fehlende Baugenehmigung (unabhängig von der Genehmigungsfähigkeit);[30]
- eine zu geringe Fläche des Grundstücks oder des Gebäudes;[31]
- Bodenverunreinigungen des Grundstücks (schädliche Bodenveränderungen sowie Altlasten gemäß § 2 Bundes-Bodenschutzgesetz);[32]

[28] BGH, NJW 1991, 2700 – Vermietung als Rechtsmangel.
[29] BGHZ 117, 159 – fehlende Bebaubarkeit.
[30] OLG Hamm, BauR 2008, 1468 – fehlende Baugenehmigung.
[31] BGH, NJW 1991, 912 – zu geringe Wohnfläche.
[32] BGH, NJW 1995, 1549 – Altlasten.

- störende Immissionen;[33]
- bauliche Mängel des aufstehenden Gebäudes.[34]

Das Grundstück im **Beispielfall 18** kann aus planungsrechtlichen Gründen nicht mit einem Bürogebäude bebaut werden. Dies ist nur dann ein Sachmangel, wenn I und E entweder ausdrücklich diese Bebaubarkeit vereinbart oder sie zumindest im Vertrag vorausgesetzt haben, beispielsweise durch Erwähnung der Bauabsichten des I im Vertragstext. Schweigt der Vertrag, so liegt kein Sachmangel vor, da das Grundstück grundsätzlich bebaubar (und sogar mit einem Bestandsgebäude bebaut) ist und nur die besondere Nutzungsart Bürogebäude ausscheidet. Für die gewöhnliche Verwendung ist das Grundstück somit geeignet. I ist also zu empfehlen, im Kaufvertrag seine Nutzungsabsicht festzuschreiben. 60

Hingegen ist die Bodenverunreinigung in Form einer Altlast ein Sachmangel, auch wenn der Vertrag dazu schweigt. Bodenverunreinigungen schränken die gewöhnliche Verwendung des Grundstücks ein und entsprechen nicht der üblichen Beschaffenheit. 61

2.5.2 Mängelansprüche

Liegt ein Sach- oder Rechtsmangel vor, so bestimmen sich die Rechtsfolgen nach § 437 BGB. 62
In dieser Norm ist der **Katalog der Mängelansprüche** enthalten. Grundsätzlich hat der Käufer die Wahl zwischen den verschiedenen Ansprüchen, er muss jedoch dem Verkäufer zunächst die Nacherfüllungsmöglichkeit geben.

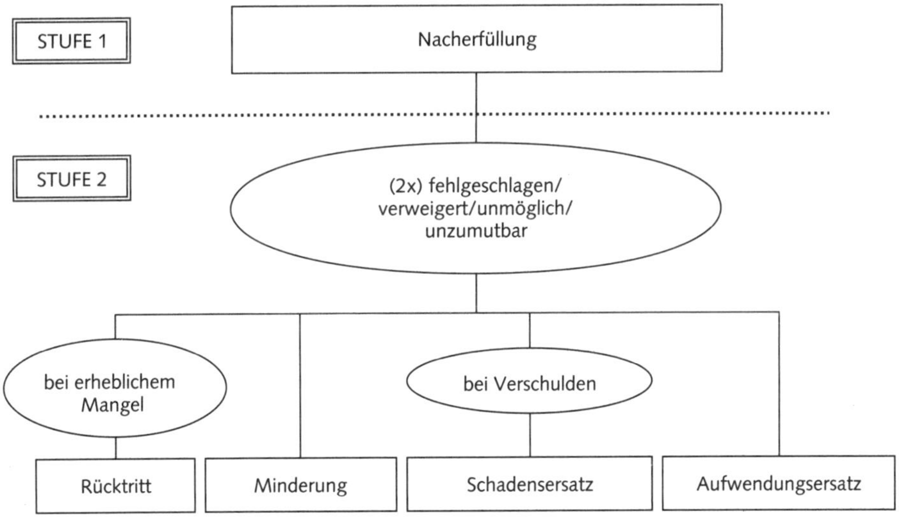

Abbildung 13: Mängelansprüche des Käufers

Der Käufer kann die **Nacherfüllung** verlangen. Dies ist grundsätzlich die erste Stufe 63
der Mängelansprüche, denn der Verkäufer hat ein Nacherfüllungsrecht, bevor der Käufer weitere Mängelansprüche geltend machen kann. Die Nacherfüllung besteht nach Wahl des Käufers in der Beseitigung des Mangels oder der Lieferung einer mangelfreien Sache durch den Verkäufer; bei Grundstücksverkäufen wird allerdings die Lieferung eines Ersatzgrund-

[33] BGH, NJW-RR 1988, 10 – Geruch; OLG Köln, NJW-RR 1995, 531 – Lärm.
[34] OLG Hamm, NJW-RR 2000,651 – defekte Heizung.

stücks in der Regel nicht in Frage kommen. Der Verkäufer muss den Mangel auf seine Kosten[35] beseitigen, wobei er über die Art und Weise der Beseitigung entscheiden kann. Ist die Mängelbeseitigung unmöglich (z.B. bei fehlender Bebaubarkeit aus öffentlich-rechtlichen Gründen), so ist der Verkäufer nicht zur Mängelbeseitigung verpflichtet, da niemand etwas Unmögliches leisten muss. Ist die Beseitigung zwar nicht unmöglich, jedoch mit unverhältnismäßigen Kosten verbunden (z.B. aufwändige Baumaßnahmen bei zu geringer Gebäudefläche), so kann der Verkäufer die Nacherfüllung verweigern.

64 Unterstellt, dass Investor I wegen aller drei Mängel aus **Beispielfall 18** Mängelansprüche gegen E zustehen, muss I dem E zunächst die Nacherfüllungsmöglichkeit geben. Den Mangel des Mietrechts des M kann E durch eine Vereinbarung mit M zur Beendigung des Mietverhältnisses beseitigen, die Bodenverunreinigungen durch deren Entfernung. Hingegen ist die Beseitigung des Mangels der fehlenden Bebaubarkeit mit einem Bürogebäude unmöglich, da E die planungsrechtliche Situation in der Regel nicht ändern kann.

65 Ist die Mängelbeseitigung unmöglich, wird sie vom Verkäufer wegen Unverhältnismäßigkeit verweigert oder ist sie dem Käufer unzumutbar, so stehen dem Käufer **die weiteren Mängelansprüche** des Rücktritts, der Minderung, des Schadensersatzes und des Aufwendungsersatzes zur Auswahl. Das selbe gilt, wenn der Verkäufer zwei Mal vergeblich versucht hat, den Mangel zu beseitigen. Nach dem erfolglosen zweiten Versuch gilt die Nachbesserung als fehlgeschlagen; weitere Möglichkeiten muss der Käufer dem Verkäufer nicht einräumen.

66 Der Käufer kann vom Vertrag **zurücktreten.**[36] Voraussetzung ist allerdings, dass der Mangel erheblich ist, es sich also nicht um Bagatellmängel handelt.[37]

67 Der Käufer kann die **Minderung** des Kaufpreises wählen. Die Folge ist eine Herabsetzung des Kaufpreises in dem Verhältnis, in welchem zur Zeit des Vertragsschlusses der Wert im mangelfreien Zustand zu dem wirklichen Wert gestanden hat. Dies ist gegebenenfalls durch Schätzung zu ermitteln.

68 Der Käufer kann vom Verkäufer **Schadensersatz** wegen des Mangels verlangen. Voraussetzung ist, dass der Verkäufer den Mangel zu vertreten, also vorsätzlich oder fahrlässig verschuldet hat. Zu ersetzen sind der Mangelschaden, der Mangelfolgeschaden und der Verspätungsschaden. Der Käufer kann das Grundstück entgegennehmen und als „kleinen Schadensersatz" den Minderwert und die ggf. sonst entstandenen Schäden ersetzt verlangen[38] oder als „großen Schadensersatz" die Übertragung des Grundstücks ablehnen und den Ersatz sämtlicher durch die Nichterfüllung entstandener Schäden begehren.[39]

69 Schließlich kann der Käufer **Ersatz vergeblicher Aufwendungen** verlangen. Während der Schadensersatzanspruch darauf gerichtet ist, den Käufer so zu stellen, wie wenn mangelfrei erfüllt worden wäre, wird der Käufer beim Aufwendungsersatzanspruch so behandelt, als wäre der Vertrag nie geschlossen worden. Ersetzt werden tatsächliche Aufwendungen (z.B. Vertrags- und Reisekosten), soweit sie sich wegen des Mangels als nutzlos herausgestellt haben.

70 Übernimmt der Verkäufer für die Beschaffenheit des Grundstücks und/oder seiner Bestandteile eine **Garantie** (§ 443 BGB), so haftet er verschuldensunabhängig. Er ist also auch dann zum Schadensersatz verpflichtet, wenn ihn an dem Mangel kein Verschulden trifft. Auf die weiteren Mängelansprüche wirkt sich die Garantie nicht aus, da diese ohnehin

---

[35] BGH, NJW 1996, 389 – Mängelbeseitigungskosten.
[36] Dazu § 5 Rdn. 84 ff.
[37] KG, MDR 2007, 1412 – Schattierung an Küchenfront.
[38] BGH, NJW-RR 2002, 1593 – kleiner Schadensersatz.
[39] BGH, NJW 1999, 3625 – großer Schadensersatz.

verschuldensunabhängig bestehen. Die Garantie kann ausdrücklich oder konkludent[40] gegeben werden, der Wille muss aber deutlich zum Ausdruck kommen. Aus Verkäufersicht sollten Formulierungen in Richtung einer unbedingten Einstandspflicht und der Begriff „Garantie“ vermieden werden.

Bei der **Wahl zwischen den verschiedenen Mängelansprüchen** sollte der Käufer zunächst entscheiden, ob er das Grundstück übernehmen will. Will er das Grundstück, so kommen die Minderung und der „kleine Schadensersatz“ in Frage. In der Regel ist die Wahl des Schadensersatzes wirtschaftlich günstiger, da dieser über den Ersatz des merkantilen Minderwerts hinaus etwaige weitere Schäden umfasst. Wenn der Käufer das Grundstück nicht will, sind der „große Schadensersatz“ und der Rücktritt die Mängelansprüche der Wahl; diese beiden Rechte können auch nebeneinander geltend gemacht werden (§ 325 BGB). 71

Im **Beispielfall 18** wird I kein Interesse daran haben, das Grundstück zu erhalten, schon weil er das von ihm geplante Bürogebäude dort nicht verwirklichen kann. I sollte daher den „großen Schadensersatz“ geltend machen. Er kann dann die Rückabwicklung des Kaufvertrags und den Ersatz seiner weiteren Schäden verlangen. 72

Die Mängelansprüche kann der Käufer nicht geltend machen, wenn er den Mangel bei Vertragsschluss **kennt oder grob fahrlässig nicht kennt**. Bei grob fahrlässiger Unkenntnis gilt dies aber nicht, wenn der Verkäufer den Mangel arglistig verschwiegen oder eine Garantie abgegeben hat (§ 442 BGB). Bei im Grundbuch eingetragenen Rechten schadet dem Käufer seine Kenntnis nicht, wenn der Verkäufer sich verpflichtet hat, für die Löschung eines vom Käufer nicht übernommenen Rechts eines Dritten zu sorgen, dies jedoch scheitert, weil der Dritte zur Abgabe der Löschungsbewilligung nicht bereit ist. 73

Mängelansprüche des Käufers kommen auch dann nicht in Frage, wenn die Parteien einen **Haftungsausschluss** (§ 444 BGB) vereinbart haben. Ein solcher Ausschluss der Mängelansprüche ist zulässig, wenn der Verkäufer den Mangel nicht arglistig verschwiegen[41] oder eine Garantie abgegeben hat. Bei Grundstücken mit Bestandsgebäuden, die nicht erst seit kurzem fertig gestellt sind, ist der Haftungsausschluss üblich und auch als Allgemeine Geschäftsbedingung zulässig.[42] Hingegen sind formularmäßige Haftungsausschlüsse bei Neubauten AGB-widrig.[43] 74

Im **Beispielfall 18** ist in Betracht zu ziehen, dass I wegen grob fahrlässiger Unkenntnis keine Mängelansprüche wegen der Vermietung an M hat, da bei einer Besichtigung des Grundstücks die Nutzung durch einen Dritten grundsätzlich ohne weiteres erkennbar gewesen sein dürfte. I hätte den Sachverhalt vor Vertragsschluss aufklären und ggf. Absprachen zur Beendigung des Mietverhältnisses mit M treffen müssen. 75

Bezüglich der planungsrechtlichen Unmöglichkeit und der Bodenverunreinigung kann E hingegen keine grob fahrlässige Unkenntnis des I einwenden, da diese Probleme weder offensichtlich waren noch I eine Untersuchungspflicht vor Vertragsschluss hatte.

2.5.3 Verjährung der Mängelansprüche

Die **Regelverjährung** gemäß § 195 BGB beträgt drei Jahre, beginnend mit dem Schluss des Jahres, in dem der Anspruch entstanden ist und der Gläubiger Kenntnis erlangt oder grob 76

[40] OLG Hamburg, OLGR 2005, 226 – konkludente Garantie.
[41] OLG Frankfurt, OLGR 2005, 774 – verschwiegene Parkplatzmängel.
[42] BGH, NJW 1986, 2824 – Haftungsausschluss bei Altbauten.
[43] BGH, NJW 1984, 2094 – Haftungsausschluss bei Neubauten.

fahrlässig nicht erlangt hat. Ohne Kenntnis des Gläubigers tritt die Verjährung nach zehn Jahren ein; für Schadensersatzansprüche gelten Besonderheiten. Rechtskräftig titulierte Forderungen verjähren in dreißig Jahren.

77 Für die kaufrechtlichen Mängelansprüche gelten nicht diese allgemeinen Fristen. Vielmehr sind die Verjährungsfristen bei Mängeln der Kaufsache in § 438 BGB gestaffelt geregelt:

Hat das aufstehende **Bauwerk** einen Sachmangel, so verjähren Ansprüche in fünf Jahren, gerechnet ab Besitzübergang. Hingegen gilt bei **unbebauten Grundstücken** und bei **Mängeln an Grund und Boden** (z.B. Altlasten) eine Zweijahresfrist. Ist mitverkauftes **Zubehör**[44] mangelbehaftet, so gilt ebenfalls eine Verjährungsfrist von zwei Jahren.

78 Liegt ein **Rechtsmangel** vor, weil im Grundbuch ein Recht eines Dritten eingetragen ist, das der Käufer nicht übernommen hat, so beträgt die Verjährungsfrist dreißig Jahre ab Übergabe des Grundstücks. Das selbe gilt, wenn ein Dritter ein dingliches Recht besitzt, aufgrund dessen er die Herausgabe des Grundstücks verlangen kann. Bei anderen Rechtsmängeln (beispielsweise wegen Vermietung an den Dritten) gilt hingegen die Verjährungsfrist von zwei Jahren.

79 Die drohende Verjährung kann durch **verjährungshemmende Maßnahmen** abgewendet werden. In Frage kommen gerichtliche Schritte wie Klage, Mahnbescheid und selbstständiges Beweisverfahren, aber auch außergerichtliche Maßnahmen, etwa Einredeverzichtserklärungen oder Verhandlungen.[45]

2.6 Rücktritt vom Kaufvertrag

80 **Beispielfall 19:** Der säumige Käufer
Investor I hat auf dem von E erworbenen Grundstück ein Bürogebäude errichtet und das Grundstück danach an den Käufer K veräußert. Nachdem für K eine Eigentumsverschaffungsvormerkung eingetragen ist und auch die weiteren Fälligkeitsvoraussetzungen vorliegen, wird K zur Zahlung des Kaufpreises aufgefordert. K zahlt nicht. Was kann I tun?

81 Der Verkäufer oder Käufer kann vom Grundstückskaufvertrag zurücktreten, wenn der Rücktritt vertraglich vereinbart ist und die vereinbarten Voraussetzungen eingetreten sind oder die Voraussetzungen des gesetzlichen Rücktrittsrechts vorliegen. Dieser Schritt sollte indes stets sorgfältig bedacht werden, da Erfüllungsansprüche durch den Rücktritt unumkehrbar untergehen.

82 **Vertraglich** können die Parteien das **Rücktrittsrecht** der einen oder anderen Seite für jeden von ihnen für regelungsbedürftig gehaltenen Fall festschreiben. Häufig anzutreffen ist die Regelung, dass der Verkäufer zum Rücktritt berechtigt ist, wenn der Käufer den Kaufpreis nicht bei Fälligkeit zuzüglich einer zu setzenden angemessenen Nachfrist (z.B. vier Wochen) zahlt. Auf diese Weise ist sichergestellt, dass im Falle des Zahlungsausfalls des Käufers der Vertrag nicht stecken bleibt, sondern der Verkäufer von seinen Verpflichtungen befreit wird und das Grundstück anderweitig verwerten kann.

83 Unabhängig von etwaigen vertraglichen Regelungen gibt es das **gesetzliche Rücktrittsrecht**. Eine Vertragspartei ist gemäß § 323 BGB zum Rücktritt berechtigt, wenn die andere Partei eine fällige Leistung nicht oder nicht vertragsgemäß erbringt und eine

[44] Dazu § 4 Rdn. 26.
[45] Dazu § 17.

angemessene Nachfrist verstrichen ist.[46] Liegt ein Mangel vor, so gilt das Rücktrittsrecht über die Verweisung im Mängelrecht.[47]

Liegen die vertraglich vereinbarten oder die gesetzlichen Voraussetzungen vor, so kann die zum Rücktritt berechtigte Partei ihren Rücktritt **durch Erklärung** gegenüber der anderen Partei ausüben. Wird das Rücktrittsrecht ausgeübt, so wird der Vertrag **rückabgewickelt**. Beide Seiten haben die bereits empfangenen Leistungen zurückzugewähren (§ 346 Abs. 1 BGB). Der Verkäufer muss also den Kaufpreis, soweit er ihn bereits vom Käufer erhalten hat, an diesen zurückzahlen. Die Pflichten des Käufers hängen davon ab, wie weit der Vertrag zum Rücktrittszeitpunkt schon durchgeführt war: Ist das Grundstückseigentum schon auf den Käufer übergegangen, so muss er es dem Verkäufer rückübertragen. Fand der Rücktritt vor dem Eigentumsübergang statt, so muss der Käufer diejenigen Erklärungen abgeben, die zur Herstellung des vorherigen Grundbuchzustands erforderlich sind; zu denken ist insbesondere an die Löschungsbewilligung des Käufers bezüglich einer bereits eingetragenen Eigentumsverschaffungsvormerkung. Hat der Besitzübergang bereits stattgefunden, so muss der Käufer den Besitz an dem Grundstück auf den Käufer rückübertragen. 84

Im Falle des Rücktritts sind auch die gezogenen **Nutzungen** herauszugeben. Nutzungen des Grundstücks können insbesondere vom Käufer vereinnahmte Mieten sein, Nutzungen des Kaufpreises seine Verzinsung oder ersparte Schuldzinsen.[48] Andererseits sind die **notwendigen Verwendungen** zu ersetzen.[49] Insbesondere hat der Verkäufer dem Käufer die von diesem getragenen Grundstückslasten (Steuern und Abgaben) zu erstatten. 85

Schäden, die eine Partei im Zusammenhang mit dem nun nicht durchgeführten Vertrag erleidet (z.B. nutzlose Aufwendungen für Notar und Makler oder entgangene Steuervorteile), spielen bei der Rückabwicklung keine Rolle. In Frage kommt jedoch ein gemäß § 325 BGB neben dem Rücktrittsrecht stehender Schadensersatzanspruch. 86

Im **Beispielfall 19** wird, wenn K nicht zahlt, der Vertrag nicht weiter abgewickelt, insbesondere das Eigentum nicht umgeschrieben. Der Vertrag bleibt stecken. Besteht keine Hoffnung auf Zahlung des K, so sollte I vom Kaufvertrag zurücktreten, wenn dies vertraglich vorgesehen ist; die dort ggf. geregelten Schritte muss er beachten. Unabhängig hiervon steht I ein gesetzliches Rücktrittsrecht zu, wenn K trotz angemessener Nachfrist nicht zahlt, also seine Leistung nicht erbringt. Erklärt I den Rücktritt, so ist der Kaufvertrag rückabzuwickeln. Dies betrifft im Wesentlichen die Eigentumsverschaffungsvormerkung, deren Löschung K nun bewilligen muss. Weitere gegenseitige Leistungen dürften in diesem Abwicklungsstadium noch nicht erbracht worden sein. 87

Die Pflicht zur Rückabwicklung betrifft **nicht Dritte**. Vor allem Grundpfandrechtsgläubiger müssen nicht an einer Herstellung der vorherigen rechtlichen Situation mitwirken. Haben ehemalige **Gläubiger** des Verkäufers die Löschung der zu ihren Gunsten eingetragenen Grundpfandrechte bewilligt und im Gegenzug einen Teil des Kaufpreises erhalten, so bleibt es dabei. Übt der Käufer den Rücktritt aus, so ist diese Situation für ihn ein Risiko: Obwohl tatsächlich ein Teil des von ihm gezahlten Kaufpreises an die Gläubiger des Verkäufers geflossen ist, kann er nur den Verkäufer auf Rückzahlung des (gesamten) Kaufpreises in Anspruch nehmen. Ob der Verkäufer diese Verpflichtung erfüllen kann, kann im Einzelfall ungewiss sein. 88

---

[46] OLG Düsseldorf, NJW-RR 1992, 951 – Rücktritt nach angemessener Nachfrist.
[47] Dazu § 5 Rdn. 66.
[48] BGH, NJW 1998, 2354 – Schuldzinsen.
[49] BGH, NJW 1980, 833 – Verwendungsersatz.

2.7 Kaufoption

89 Bei der Kaufoption erhält der Käufer die Möglichkeit, über den Kauf des Grundstücks zu bereits fest definierten Bedingungen innerhalb eines bestimmten Zeitraums **frei zu entscheiden**. Der Verkäufer ist zum Verkauf zu diesen Bedingungen verpflichtet, wenn die Entscheidung des Käufers fristgerecht positiv ausfällt. Der Verkäufer bindet sich also, der Käufer hingegen nicht.

90 Rechtstechnisch kann diese Situation auf zwei Wegen erreicht werden: Entweder wird der Kaufvertrag mit den Erklärungen beider Parteien vollständig beurkundet, jedoch unter die **aufschiebende Bedingung** gestellt, dass der Käufer die Option ausübt. Alternativ können die Parteien sich auf die Regelungen des Verkaufs einigen, die in einem beurkundeten **Angebot** des Verkäufers festgeschrieben werden; der Käufer erhält die Möglichkeit, innerhalb einer bestimmten Frist dieses Angebot anzunehmen.

91 Übt der Käufer sein **Optionsrecht** durch Ziehen der Option bzw. durch Erklärung der Angebotsannahme aus, so kommt der Vertrag mit den bereits geregelten Bedingungen zustande. Lässt der Käufer die Frist verstreichen, so kommt es nicht zu einem wirksamen Kaufvertrag.[50]

3. Bauträger

92 Wer sich im Rahmen einer Grundstücksveräußerung gegenüber dem Erwerber verpflichtet, auf dem zu übertragenden Grundstück Baumaßnahmen durchzuführen, ist **Bauträger**. Die Baumaßnahme kann sowohl in der Errichtung eines Gebäudes als auch in dem Umbau und der Modernisierung von Altbauten bestehen.

93 In öffentlich-rechtlicher Hinsicht benötigt der Bauträger eine **Gewerbeerlaubnis** gemäß § 34 c der Gewerbeordnung. Dies berührt allerdings nicht sein Rechtsverhältnis zum Erwerber.

94 **Beispielfall 20:** Der Bauträgervertrag
Investor I beabsichtigt, ein Grundstück mit einem Bürogebäude zu bebauen und an Erwerber K weiterzuveräußern. I und K wollen den Vertrag schließen, noch bevor das Gebäude fertig gestellt ist. K möchte das Gebäude nach seinen Vorstellungen gestaltet wissen und aus Budget- und Steuergründen den vollständigen Kaufpreis sofort nach Vertragsschluss zahlen. Mit welchen vertraglichen Regelungen sind diese Vorstellungen umzusetzen?

3.1 Bauträgervertrag

95 Das Verhältnis von Bauträger und Erwerber wird durch den – notariell zu beurkundenden – **Bauträgervertrag** bestimmt. Der Bauträgervertrag ist ein typengemischter Vertrag, der sich aus Elementen des Kaufrechts und des Werkvertragsrechts zusammensetzt.[51] Er muss insgesamt notariell beurkundet werden.[52] Hinsichtlich der **Pflicht zur Übertragung des Grundstückseigentums** und der entsprechenden dinglichen Durchführung bestehen keine

---

[50] BGH, NJW-RR 1989, 198 – Kaufoption.
[51] BGH, BauR 1984, 634 – Bauträgervertrag als gemischter Vertrag.
[52] Dazu § 5 Rdn. 7.

Besonderheiten gegenüber dem Grundstückskaufvertrag. Hinzu tritt die **werkvertragliche Verpflichtung** des Bauträgers, das Bauvorhaben durchzuführen.

Die Bauverpflichtung des Bauträgers muss im Vertrag ausdrücklich geregelt werden. Es 96
ist genau zu beschreiben, welche Bauleistung auszuführen ist. Die Praxis bedient sich hierfür der **Baubeschreibung**; dies ist ein gesondertes Dokument, das dem Bauträgervertrag als Anlage beigefügt, also ebenfalls beurkundet[53] wird. In der Baubeschreibung wird das Bauvorhaben gewerkeweise beschrieben, der Umfang der Arbeiten und der Standard der Ausführung festgelegt. Die in der Praxis anzutreffenden allgemeinen Formulierungen (z.B. „gehobener Standard") bergen erhebliches Streitpotential, so dass auf eine möglichst präzise Baubeschreibung einschließlich der genauen Definition der Ausführungsqualität (ggf. mit Produktbezeichnung) geachtet werden sollte. Setzt der Bauträger im Vertrieb **Prospekte** ein, so kann sich auch daraus der geschuldete Leistungsumfang ergeben, gerade wenn er über die Baubeschreibung hinaus geht;[54] ein leichtfertiger Umgang mit Prospektangaben ist daher schädlich.

Im Bauträgervertrag können die Parteien vom BGB **abweichende Vereinbarungen** 97
treffen; bei Formularverträgen sind die AGB-Grenzen[55] zu beachten. Dies kann insbesondere bezüglich des Verfahrens bei zusätzlichen und geänderten Leistungen, Fertigstellungsterminen und Vertragsstrafen sinnvoll sein; insoweit bestehen keine Besonderheiten gegenüber dem Bauvertrag. Die Geltung der VOB/B kann nicht umfassend, sondern allenfalls beschränkt auf die reine Bauleistung vereinbart werden.[56]

3.2 Leistung und Vergütung

Nach den Regelungen des BGB würde der Bauträger den auf die Bauleistung entfallenden 98
Anteil der Vergütung erst nach Abnahme erhalten (§ 641 BGB). Dies ist nicht zweckmäßig, da der Bauträger das Bauvorhaben komplett vorfinanzieren müsste. Es ist daher in der Praxis das Bestreben der Bauträger, den gesamten oder einen möglichst großen Anteil der Vergütung möglichst früh zu erhalten. Für den Erwerber ist dies allerdings riskant, da er bei frühzeitiger Zahlung im Falle der verspäteten oder mangelhaften Bauleistung des Bauträgers kein Druckmittel mehr hat, gegebenenfalls Zahlungen zurückfordern muss und dabei das Insolvenzrisiko des Bauträgers trägt. Zur Auflösung dieses Interessenkonflikts könnten zwar grundsätzlich die Abschlagszahlungsregelungen des § 632a BGB herangezogen werden, doch berücksichtigen diese nicht hinreichend die Besonderheiten des Bauträgergeschäfts. Daher gibt die **Makler- und Bauträgerverordnung** (MaBV) in § 3 eine spezifische stufenweise Abfolge vor:

Grundvoraussetzung jeglicher Zahlungsverpflichtung ist, dass 99

- der Bauträgervertrag rechtswirksam ist und ggf. erforderliche Genehmigungen vorliegen;
- zu Gunsten des Erwerbers eine Eigentumsverschaffungsvormerkung eingetragen ist;
- hinsichtlich aller nicht zu übernehmenden Grundpfandrechte die Lastenfreistellung gesichert ist;[57]
- die Baugenehmigung erteilt ist oder, falls eine Baugenehmigung nicht erforderlich ist, eine Bestätigung vorliegt, dass mit dem Bauvorhaben begonnen werden darf.

---

[53] BGH, IBR 2005, 207 – Beurkundungspflicht für Baubeschreibung.

[54] BGH, NZBau 2008, 113 – Leistungsumfang gemäß Prospekt.

[55] Dazu § 2 Rdn. 37 ff.

[56] OLG Bamberg, NJW-RR 1999, 962 – Nichtanwendbarkeit der VOB/B bei auch geschuldeter Planungsleistung.

[57] Vgl. KG, ZIP 2003, 1881 – Lastenfreistellung.

100 Solange nicht sämtliche der vorgenannten Grundvoraussetzungen vorliegen, ist der Erwerber nicht zur Zahlung verpflichtet. Liegen sie vor, so entsteht die Zahlungsverpflichtung **stufenweise** gemäß Baufortschritt; die einzelnen Bautenstände und die darauf entfallenden Prozentsätze der Vergütung sind in § 3 Abs. 2 MaBV definiert. Die letzte Rate wird mit „vollständiger Fertigstellung" fällig, diese liegt bei Beseitigung der bei Abnahme zu Protokoll gerügten Mängel vor.[58]

101 Der Bauträger hat gemäß § 7 MaBV die Möglichkeit, die Vergütung ganz oder anteilig schon vor Eintritt der jeweiligen Fälligkeit entgegenzunehmen, wenn er eine **Bürgschaft** für alle etwaigen Ansprüche des Erwerbers auf Rückgewähr oder Auszahlung stellt;[59] dies muss allerdings schon im Bauträgervertrag festgeschrieben werden. Der Bürgschaftsbetrag muss mindestens demjenigen Vergütungsanteil entsprechen, der vor Eintritt der Fälligkeitsvoraussetzungen des § 3 MaBV geleistet werden soll. Die Bürgschaft bleibt in voller Höhe bis zur vollständigen Fertigstellung bestehen. Sie wird nicht entsprechend dem Baufortschritt frei; der Erwerber ist nicht zur anteiligen Bürgschaftsreduzierung verpflichtet.[60] Die Bürgschaft sichert die Rückgewähransprüche des Erwerbers[61] sowie die Mängelansprüche wegen vor oder (spätestens) bei Abnahme gerügter Mängel,[62] aber keine Ansprüche des Erwerbers auf Ersatz entgangener Steuervorteile oder Nutzungen, die durch Überschreitung der Bauzeit entstanden sind.[63] Der Bauträger muss die Bürgschaftsurkunde dem Erwerber aushändigen; die Vereinbarung der Verwahrung beim Notar ist unwirksam.[64]

102 Die Regelungen der MaBV sind **grundsätzlich zwingend**; abweichende Vereinbarungen sind unwirksam und führen dazu, dass der Bauträger keinen Zahlungsanspruch vor Abnahme hat (auch nicht nach § 3 MaBV oder § 632a BGB).[65] Ist allerdings der Erwerber eine juristische Person des öffentlichen Rechts oder ein öffentlich-rechtliches Sondervermögen oder ein in das Handelsregister oder das Genossenschaftsregister eingetragener Kaufmann (einschließlich Handelsgesellschaften),[66] so kann er auf die Anwendung der Fälligkeitsregelungen der MaBV verzichten. Der Verzicht muss schriftlich in gesonderter Urkunde erklärt werden. Er ist also notariell zu beurkunden und kann nicht in den Bauträgervertrag aufgenommen werden.

3.3 Abnahme und Mängel

103 Die Bauleistung muss vom Erwerber abgenommen werden; im Bauträgervertrag ist daher eine gesonderte Regelung zur **Abnahme** erforderlich.[67] Besitzt der Erwerber nicht selbst die notwendige Fachkunde, so sollte er sich bei der Prüfung der Mangelfreiheit der abzunehmenden Bauleistung durch einen Fachmann (Bausachverständiger oder Architekt) unterstützen lassen.

104 Bei der Regelung der **Mängelansprüche** ist zu beachten, dass kauf- und werkvertragliche Ansprüche nebeneinander bestehen. Die kaufrechtlichen Mängelansprüche gelten für Mängel des Grundstücks, also des Grund und Bodens, sowie der vorhandenen Bausubs-

---

[58] OLG Hamm, IBR 2008, 273 – vollständige Fertigstellung.
[59] OVG Bremen, NJW-RR 1987, 600 – Bürgschaft für alle Ansprüche.
[60] BGH, NJW-RR 2003, 1171 – keine Reduzierung der MaBV-Bürgschaft.
[61] BGH, NJW 2008, 1729 – Rückgewähranspruch und MaBV-Bürgschaft.
[62] BGH, NJW 2002, 2563 – MaBV-Bürgschaft I.
[63] BGH, NJW-RR 2003, 959 – MaBV-Bürgschaft II.
[64] BGH, NJW 2007, 1360 – Urkundenverwahrung beim Notar.
[65] BGH, NJW 2007, 1947 – nichtige Zahlungsvereinbarung.
[66] Dazu § 3 Rdn. 5 ff.
[67] Dazu § 12 Rdn. 84 ff.

tanz, soweit diese durch die Baumaßnahme nicht berührt wird. Demgegenüber gelten für Mängel der Bauleistung einschließlich Mängeln an der durch die Bauleistung berührten Altbausubstanz (beispielsweise bei Trockenlegung vorhandenen Mauerwerks) die werkvertraglichen Regelungen.[68] Wenn die Bauleistung nach Umfang und Bedeutung Neubauarbeiten vergleichbar ist, haftet der Bauträger auch für die nicht unmittelbar berührte Altbausubstanz.[69]

Ein **Haftungsausschluss** ist hinsichtlich der vorhandenen Bausubstanz üblich. Bezüglich der zu erbringenden Bauleistung ist er hingegen nicht nur als Allgemeine Geschäftsbedingung, sondern auch individualvertraglich unwirksam, wenn der Erwerber nicht nachweislich über die einschneidenden Rechtsfolgen eingehend belehrt wurde.[70] 105

Der Bauträger hat seinerseits Mängelansprüche gegenüber denjenigen, die er mit der Planung und Errichtung des Bauvorhabens beauftragt hat. Er sollte darauf achten, dass diese Ansprüche möglichst nicht früher verjähren als die gegen ihn gerichteten Mängelansprüche des Erwerbers, da er sonst die Möglichkeit des **Regresses** verliert. Für den Erwerber nachteilig sind Regelungen, wonach der Bauträger ihm seine Mängelansprüche gegenüber den mit dem Bau beauftragten Unternehmen abtritt und gleichzeitig seine eigene Mängelhaftung ausschließt oder zumindest den Erwerber verpflichtet, vorrangig die Unternehmen in Anspruch zu nehmen. Der Erwerber ist dann gezwungen, sich mit Dritten auseinander zu setzen, ohne auf das Vertragsverhältnis mit diesen Einfluss zu haben. Formularmäßig sind solche Regelungen unwirksam.[71] 106

Besonderheiten bestehen, wenn der Bauträger **Wohnungseigentum gemäß WEG** gebildet hat.[72] Grundsätzlich kann jeder einzelne Erwerber wegen Mängeln an seinem Sondereigentum oder am Gemeinschaftseigentum den Bauträger in Anspruch nehmen. Die Wohnungseigentümergemeinschaft kann indes durch Beschluss die Verfolgung der Mängelansprüche an sich ziehen und ist dann allein zuständig; dies gilt bei Mängeln am Gemeinschaftseigentum stets, bei Sondereigentum nur bei Bestehen eines engen Zusammenhangs mit der Verwaltung des Gemeinschaftseigentums.[73] 107

Im **Beispielfall 20** wollen I und K einen Vertrag über die Eigentumsverschaffung an einem noch zu bebauenden Grundstück schließen. Dies ist ein Bauträgervertrag. In die Baubeschreibung sind die Wünsche und Vorstellungen von K aufzunehmen. I und K können auch regeln, dass K später Änderungswünsche hinsichtlich der Bauausführung vorbringen darf und in welcher Weise der Kaufpreis dann angepasst wird (z.B. dem I entstehende Mehrkosten + Zuschlag für Eigenaufwand und Gewinn des I). 108

Der Bauträgervertrag unterliegt den Regeln der MaBV. Die vollständige Kaufpreiszahlung noch vor Fertigstellung des Gebäudes ist danach grundsätzlich möglich, jedoch muss I eine Bürgschaft gemäß § 7 MaBV stellen. Wenn I und K in das Handelsregister eingetragene Kaufleute sind, so können sie auf diese Fälligkeitsregelungen der MaBV in gesonderter notarieller Urkunde verzichten. K sollte indes den Kaufpreis nicht ohne jede Sicherheit von I sofort in voller Höhe zahlen, sondern den durch Abbedingung der MaBV gewonnenen Spielraum nutzen, um Art, Umfang und Dauer der von I zu stellenden Sicherheit mit I zu verhandeln.

[68] BGH, NJW 1973, 1235 – Mängelansprüche beim Bauträgervertrag.
[69] BGH, BGH-Rep. 2005, 560 – umfassende Sanierung.
[70] BGH, NJW-RR 2007, 895 – individualvertraglicher Haftungsausschluss.
[71] BGH, NZBau 2002, 495 – Subsidiaritätsklausel.
[72] Dazu § 4 Rdn. 38ff.
[73] BGH, NJW 2007, 1952 – Mängelverfolgung durch WEG.

4. Makler

109 **Beispielfall 21:** Doppelte Maklerprovision?
Investor I hat ein Wohnhaus errichtet. Zum Vertrieb des Objekts hat er den Makler M eingeschaltet. Auf eine von M geschaltete Zeitungsannonce, die keine Aussage zur Provision enthält, meldet sich der Kaufinteressent K. M informiert K über das Objekt und stellt den Kontakt zu I her. Nachdem ein Kaufvertrag zwischen I und K zustande gekommen ist, verlangt M eine Maklerprovision sowohl von I als auch von K. Zu Recht?

110 Will ein Eigentümer sein Grundstück veräußern, so kommt die Einschaltung eines **Maklers** in Betracht. Gleiches gilt, wenn das Grundstück nicht veräußert, sondern ganz oder teilweise vermietet werden soll. Der Makler unterstützt den Vertrieb des Grundstücks, indem er es bewirbt und potenzielle Vertragspartner anspricht.

111 Der Maklervertrag ist in §§ 652 ff. BGB nur rudimentär bezüglich der Maklerprovision und in §§ 93 ff. HGB für den Handelsmakler geregelt. Weitere Regeln sind der Rechtsprechung zu entnehmen. In jedem Fall ist es empfehlenswert, die Rechte und Pflichten der Parteien in einem **schriftlichen Maklervertrag** festzuhalten.

4.1 Nachweis- und Vermittlungsmakler

112 Die Besonderheit des Maklervertrags liegt darin, dass der Makler nicht aufwandsbezogen vergütet wird, sondern im Erfolgsfall eine **Provision** erhält, die anteilig vom Kaufpreis berechnet wird. Im Falle des **Nachweismaklers** wird die Provision fällig, wenn der Makler seinem Auftraggeber die Gelegenheit zum Abschluss eines Vertrags nachgewiesen hat (in der Regel durch Benennung des potenziellen Vertragspartners), der Auftraggeber aufgrund dieser Mitteilung in konkrete Verhandlungen über den angestrebten Hauptvertrag eintreten kann (Ursächlichkeit des Nachweises[74]) und dieser Vertrag – gegebenenfalls auch erst nach längerer Zeit[75] – zum Abschluss gelangt.[76] Der **Vermittlungsmakler** beschränkt sich nicht auf den Gelegenheitsnachweis, sondern vermittelt den Abschluss des Hauptvertrags, in dem er bewusst und aktiv auf die Willensentscheidung des potenziellen Vertragspartners zum Abschluss des gewünschten Hauptvertrags einwirkt.[77] Ob der Makler zum Nachweis oder zur Vermittlung verpflichtet ist, hängt von der Vereinbarung mit seinem Auftraggeber ab. Bei beiden Vertragstypen ist der Makler nicht verpflichtet, die Angaben der Parteien zu prüfen; er schuldet keine eigenen Ermittlungen.[78]

113 In beiden Varianten wird die Provision erst **fällig**, wenn der Hauptvertrag abgeschlossen ist. Der Auftraggeber ist nicht verpflichtet, einen Hauptvertrag abzuschließen; er ist in seiner Entschließungsfreiheit nicht beschränkt. Ist der Hauptvertrag von Anfang unwirksam, gibt es keinen Anspruch auf Provision; hingegen berühren nachträgliche Umstände wie Rücktritt und Kündigung den Provisionsanspruch nicht.[79]

---

[74] OLG Bamberg, BauR 2007, 160 – Ursächlichkeit des Nachweismaklers.
[75] BGH, NJW 2006, 3062 – Abschluss nach 19 Monaten.
[76] BGH, NJW 1999, 1255 – Nachweismakler.
[77] OLG Schleswig, NJW 2007, 1982 – Vermittlungsmakler.
[78] BGH, NJW-RR 2007, 711 – keine Prüfungspflicht des Maklers.
[79] BGH, NJW 2001, 966 – Rücktritt und Provision.

4.2 Maklerdienstvertrag und Alleinauftrag

Der Makler ist nicht verpflichtet, Tätigkeiten zu entfalten, um den Gelegenheitsnachweis oder die Vertragsvermittlung zu ermöglichen. Die einzige Folge seiner Untätigkeit ist, dass seine Provision nicht fällig werden kann, was der Makler im Einzelfall möglicherweise etwa wegen Arbeitsüberlastung hinnehmen wird. 114

Der Auftraggeber wird hingegen wollen, dass der Makler den Grundstücksvertrieb **aktiv betreibt**. Dies kann nur durch eine entsprechende vertragliche Regelung sichergestellt werden. Es handelt sich dann um einen Maklerdienstvertrag.[80] Von diesem Vertragstyp geht die Rechtsprechung auch ohne entsprechende ausdrückliche Regelung dann aus, wenn der Grundstückseigentümer dem Makler einen **Alleinauftrag** erteilt, also keine weiteren Makler einschaltet. 115

Darüber hinaus übernehmen es Makler in der Praxis, das gesamte Marketing für das Objekt zu konzipieren, den Mieterausbau zu planen und die Vertragsverhandlungen vorzubereiten und zu begleiten. Der Leistungsumfang ist mangels gesetzlichen Modells konkret vertraglich zu regeln. 116

4.3 Käufer-/Mietermakler

Grundsätzlich kann auch ein **Kauf- bzw. Mietinteressent** einen Makler beauftragen. Für das Zustandekommen des Maklervertrags bestehen keine besonderen Formvorschriften. In der Praxis ist es sowohl regional unterschiedlich als auch von den jeweils bestehenden Marktverhältnissen abhängig, ob der Makler im Falle des Vertragsschlusses die Provision vom Verkäufer bzw. Vermieter oder vom Käufer bzw. Mieter erhält. Der Makler kann auch dann mit dem Kauf- bzw. Mietinteressenten ein Vertragsverhältnis begründen, wenn er bereits für den Verkäufer bzw. Vermieter tätig ist. 117

Ein Vertrag kommt schon dadurch zustande, dass der Interessent ein Exposé oder einen Objektnachweis entgegennimmt und dabei aufgrund eines Provisionsverlangens des Maklers weiß oder wissen muss, dass der Makler von ihm eine Provision beanspruchen wird.[81] Will der Interessent diese Rechtsfolge ausschließen, so muss er bei Inanspruchnahme der Dienste des Maklers der Provisionspflicht als solcher ausdrücklich widersprechen.[82] Fehlt hingegen der Provisionshinweis, so kommt allein durch die Entgegennahme eines Exposés (oder dessen Aufruf im Internet[83]) kein Maklervertrag zustande. 118

Im **Beispielfall 21** verlangt M zu Recht Provision von I. Dies gilt ohnehin, wenn I und M einen schriftlichen Maklervertrag geschlossen haben, aus dem sich die Provisionspflicht ergibt. Aber auch ohne schriftlichen Vertrag ist hiervon auszugehen, da sich aus dem Verhalten des I – Übergabe von Objektunterlagen an M und Aufforderung zur Suche potenzieller Käufer – klar ergibt, dass I den M mit Maklerdiensten beauftragt hat. Hingegen ist zwischen M und K kein Maklervertrag zustande gekommen, K schuldet also keine Provision. M hat bei der Kontaktaufnahme mit K durch die Annonce nicht eindeutig zum Ausdruck gebracht, dass er von K Provision verlangen werde. 119

[80] BGH, NJW-RR 1999, 1499 – Maklerdienstvertrag.
[81] BGH, BauR 2007, 442 – konkludenter Abschluss des Maklervertrages.
[82] BGH, NJW 2002, 1945 – Provisionsverlangen.
[83] LG Hamburg, WE 2008 186 – Internetexposé.

Literatur zur Vertiefung

Basty, Gregor, Der Bauträgervertrag, 6. Aufl., Köln u.a. 2008; *Grziwotz, Herbert/Koeble, Wolfgang,* Handbuch Bauträgerrecht, München 2004; *Hansen, Ewald/Nitschke, Volker/Brock, Harald,* Bauträgerrecht, Neuwied 2006, *Ibold, Hans Christian,* Maklerrecht, 2. Aufl., Berlin 2009, *Mäschle, Walter,* Maklerrecht, 2. Aufl., München 2002; *Pause, Hans-Egon,* Bauträgerkauf und Baumodelle, 4. Aufl., München 2004; *Säcker, Franz Jürgen/Rixecker, Roland,* Münchener Kommentar zum BGB, 5. Aufl., München 2008; *Sailer, Erwin/Kippes, Stephan/Rehkugler, Heinz,* Handbuch für Immobilienmakler und Immobilienberater, München 2003; *Waldner, Wolfram,* Praktische Fragen des Grundstückskaufvertrags, München 2002; *Weirich, Hans-Armin,* Grundstücksrecht, 3. Aufl., München 2006.

§ 6 Bewertung von Immobilien

Die Bewertung von Immobilien wirft verschiedene Fragen auf. Sie ist zentrales Kriterium für die Ankaufentscheidung, für die Finanzierung von Grundstücksgeschäften sowie für steuerliche und bilanzielle Vorgänge. 1

Welchen Wert hat indessen eine Immobilie? Einmal kann es insoweit um subjektive Komponenten gehen, etwa Lage, architektonische Qualität und Nutzungsflexibilität. Zum anderen gelten für die Immobilienwertermittlung bestimmte objektive gesetzliche Rahmenbedingungen. 2

Beispielfall 22: Wertgutachten 3
Der Investor I erwägt den Ankauf eines mit einer Eigentumswohnungsanlage bebauten Grundstücks. I überlegt deshalb, den Sachverständigen S mit der Erstellung eines Wertgutachtens zu beauftragen. Alternativ überlegt I, eine sog. Due Diligence durchführen zu lassen.

1. Due Diligence

Die Due Diligence ist ein vielfach praktiziertes, gesetzlich aber nicht normiertes Verfahren zur Ermittlung des Werts von Immobilien. Darunter wird die umfassende **rechtliche, technische und wirtschaftliche Prüfung** und Bewertung von Immobilien verstanden. 4

Die Durchführung einer Due Diligence wird seit längerem als **Dienstleistung** von entsprechend qualifizierten Unternehmen angeboten. Grundlage der Due Diligence ist ein entsprechender Vertrag. Neben der Bezeichnung der Leistungen des Dienstleisters, den Ausführungsfristen und der Vergütung ist die Haftung zu präzisieren; wird etwa eine Ankaufentscheidung maßgeblich auf die Due Diligence gestützt, muss der Dienstleister naturgemäß einen wesentlichen Teil der Verantwortung mit übernehmen.[1] 5

Sinnvoll sein kann eine Due Diligence **für beide Vertragspartner**. Für den Verkäufer ist eine vorab durchgeführte Untersuchung Basis für die Festlegung der eigenen Verhandlungsposition und eventuell – bei Offenlegung – auch Vermarktungsargument. Für den Käufer ergibt die unabhängige Einschätzung der Immobilie eine Orientierung und zugleich ein Hilfsmittel für die Entscheidungen der zuständigen Gremien. 6

Due Diligences werden nahezu immer in einem sehr engen Zeitrahmen abgewickelt. Es haben sich daher als Basis für derartige Verfahren einige **standardisierte Prüfungsschemata** entwickelt, die auch dazu beitragen können, die Vergleichbarkeit mehrerer in Betracht gezogener Objekte herzustellen. 7

Ohne Anspruch auf Vollständigkeit kann etwa der rechtliche Teil einer Due Diligence nach folgenden **Aspekten** gegliedert werden: 8

[1] BGH, NJW-RR 2002, 1528 – Käuferschutz bei Wertgutachten.

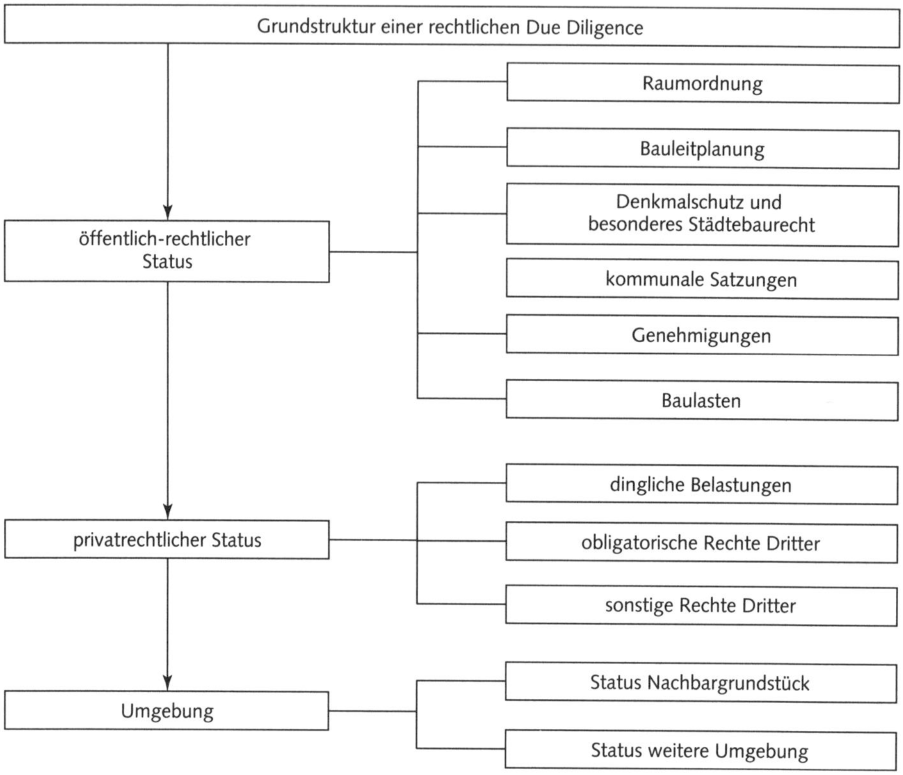

Abbildung 14: Struktur rechtliche Due Diligence

9 Die vorstehende Gliederung ist verfeinerungsbedürftig und in einer dem Einzelfall angemessenen Form auszufüllen. Im Bereich der Bauleitplanung ist etwa fraglich, welche Festsetzungen zur Art und zum Maß der baulichen Nutzung ein vorhandener Bebauungsplan vorsieht und welche Nutzungsreserven nach dem geltenden Baurecht unter Berücksichtigung einer schon existierenden Bebauung mithin bestehen. Was den privatrechtlichen Status betrifft, geht es nicht nur um wertrelevante eingetragene Grundpfandrechte, Dienstbarkeiten, Miet- und Pachtverträge, sondern auch um nachbarschaftliche Vereinbarungen und Verträge mit Ver- und Entsorgungsträgern. Die Analyse derartiger Rahmenbedingungen kann bei größeren Immobilien mit beträchtlichem Aufwand verbunden sein; sie stellt aber sicher, dass im Nachhinein keine „Überraschungen" auftreten.

10 Für den technischen und den wirtschaftlichen Teil der Due Diligence lassen sich ähnliche Strukturen aufzeigen. Insgesamt sollte die Due Diligence zu einem möglichst klaren **Ergebnis** kommen; dieses Ergebnis kann im Idealfall darin bestehen, dass die Rendite, die der Investor mit der Immobilie erwirtschaften kann, wenigstens annähernd beziffert wird.

11 Der Investor I wird im **Beispielfall 22** im Zweifel einer spezifischen Due Diligence den Vorzug vor einer förmlichen Wertermittlung nach den gesetzlichen Vorschriften geben. Für die Due Diligence spricht, dass I die zu untersuchenden Fragen selbst formulieren kann. Auch lässt sich die Wertermittlung bei Bedarf in die Due Diligence integrieren.

2. Formalisierte Wertermittlung

Ein einheitliches System für die Immobilienwertermittlung hat der Gesetzgeber bisher nicht 12
festgelegt. Welche Vorschriften anzuwenden sind, hängt von dem Kontext ab, in dem die Wertermittlung durchgeführt wird.

Im **Überblick** lassen sich die zentralen Wertermittlungsvarianten wie folgt darstellen: 13

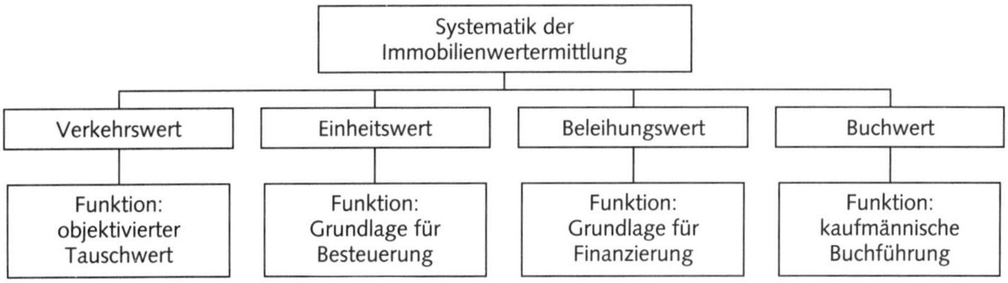

Abbildung 15: Wertermittlungsverfahren im Immobilienbereich

2.1 Verkehrswert

Was es mit dem Verkehrswert eines Grundstücks auf sich hat, ergibt sich aus § 194 des 14
Baugesetzbuchs (BauGB). Danach wird der Verkehrswert durch den Preis bestimmt, der in den Zeitpunkt, auf den sich die Ermittlung bezieht, im gewöhnlichen Geschäftsverkehr nach den rechtlichen Gegebenheiten und tatsächlichen Eigenschaften, der sonstigen Beschaffenheit und der Lage des Grundstücks oder des sonstigen Gegenstands der Wertermittlung ohne Rücksicht auf ungewöhnliche oder persönliche Verhältnisse zu erzielen wäre.

Allgemein wird der Verkehrswert einer Immobilie mit dem **objektivierten Tausch-** 15
wert gleichgesetzt. Der Verkehrswert soll demjenigen Preis entsprechen, der in dem fraglichen Stichtag bei einen freihändigen Verkauf erzielt werden könnte.

Nach dem Modell des BauGB wird der Verkehrswert durch den **Gutachterausschuss** 16
festgestellt. Nach § 193 BauGB hat der Gutachterausschuss etwa Verkehrswertgutachten im Hinblick auf Enteignungsentschädigungen zu erstatten.[2] Die Gutachten sind regelmäßig nicht bindend, wenn die Parteien nichts anderes vereinbart haben.

Das Wertermittlungsverfahren richtet sich nach der Wertermittlungsverordnung 17
(WertV) und den zugehörigen **Wertermittlungsrichtlinien**. Nach § 7 WertV sind zu unterscheiden

- das Vergleichswertverfahren,
- das Ertragswertverfahren und
- das Sachwertverfahren.

Alle vorgenannten Verfahren können alternativ durchgeführt werden. Es gibt keinen 18
zwingenden Vorrang eines einzelnen Verfahrenstyps; allerdings dürfen tatsächlich erzielte Vergleichspreise nicht vollständig ignoriert werden.[3]

Im Bereich des **Vergleichswertverfahrens** (§§ 13 und 14 WertV) werden die Kaufpreise 19
geeigneter Vergleichsgrundstücke gegenübergestellt.[4] Dabei soll nach Möglichkeit auf die

[2] Vgl. OLG Naumburg, OLGR 2004, 316 – Gutachterausschuss.
[3] BGH, NJW 2004, 2671 – Eigentumswohnung; BGH, WM 1991, 1525 – Vergleichspreise.
[4] Vgl. BGH, NJW-RR 2003, 374 – Vergleichswertverfahren.

Kaufpreissammlung (§ 195 BauGB) zurückgegriffen werden. Die Kaufpreissammlung hat der Gutachterausschuss zu führen.

20 Entscheidendes Instrument der Verkehrswertermittlung sind **Bodenrichtwerte** nach § 196 BauGB. Bodenrichtwerte sind durchschnittliche Lagewerte für den Boden unter Berücksichtigung des unterschiedlichen Entwicklungszustands, mindestens jedoch für erschließungsbeitragspflichtiges oder erschließungsbeitragsfreies Bauland.[5] Bodenrichtwerte werden kontinuierlich überprüft und fortentwickelt. Sie werden veröffentlicht, nach § 196 Abs. 3 Satz 2 BauGB kann jedermann von der zuständigen Geschäftsstelle des Gutachterausschusses Auskunft über die Bodenrichtwerte verlangen.

21 Neben dem Vergleichswertverfahren bietet sich das **Ertragswertverfahren** an (§§ 15 bis 20 WertV). In diesem Verfahren wird der Wert der baulichen Anlagen, insbesondere der Wert von Gebäuden, getrennt von dem Bodenwert auf der Basis des Ertrags ermittelt (Gebäudeertragswert). Der Ertragswert des Grundstücks errechnet sich als Summe aus Bodenwert und Gebäudeertragswert; der Bodenwert wird dabei mithilfe des Vergleichswertverfahrens festgestellt.

22 Das **Sachwertverfahren** dient der Ermittlung des Werts baulicher Anlagen auf der Grundlage von Herstellungskosten. Der Bodenwert wird wiederum im Vergleichswertverfahren berechnet, in der Addition ergeben Bodenwert und Wert der baulichen Anlagen den Sachwert des Grundstücks.

23 Mit der Verkehrswertermittlung können neben dem Gutachterausschuss auch geeignete **öffentlich bestellte und vereidigte Sachverständige** beauftragt werden.[6] Die Vergütung variiert nach dem Schwierigkeitsgrad der Bewertung.[7] Bei Erstellung eines falschen Gutachtens haftet der Sachverständige auf Schadensersatz, wenn und soweit die Vertragsparteien keine abweichende Vereinbarung, etwa in Form einer Haftungsbeschränkung oder eines Haftungsausschlusses, getroffen haben.[8]

24 Mit einer Novellierung der WertV soll in naher Zukunft insbesondere die Volatilität der Immobilienmärkte besser berücksichtigt werden. Auch für die Bewertungsverfahren werden verschiedene Änderungen diskutiert.

25 Die Verkehrswertermittlung ist im **Beispielfall 22** diejenige formalisierte Wertermittlung, anhand derer der Investor I am ehesten objektiven Aufschluss über die Immobilie gewinnen kann. Der Immobilienkäufer wird allerdings tendenziell bemüht sein, zu einem „günstigen" Preis unterhalb des Verkehrswerts zu kommen.

2.2 Einheitswert

26 Einem anderen Zweck dient die Ermittlung des Einheitswerts. Der Einheitswert ist die finanzbehördliche Bewertung des Grundvermögens nach dem Bewertungsgesetz (BewG) für Zwecke der Besteuerung. Insbesondere kommt es bei der Erhebung der Grundsteuer auf die Ermittlung des Einheitswerts an.[9]

27 Einheitswerte werden nach § 21 BewG prinzipiell in Zeitabständen von je 6 Jahren durch behördlichen Bescheid allgemein festgestellt (Hauptfeststellung) und anschließend fortgeschrieben. Bis in die jüngste Vergangenheit erfolgte die Hauptfeststellung für Grundbesitz

[5] BVerwG, NVwZ-RR 1997, 155 – sanierungsrechtlicher Ausgleichsbetrag.
[6] BGH, NJW-RR 2001, 732 – Referenzcharakter der WertV.
[7] OLG Hamm, NJW-RR 1989, 1297 – mehrere Gebäude.
[8] Vgl. OLG Stuttgart, IBR 1999, 23 – Haftungsausschluss und Angstklausel.
[9] Dazu § 8 Rdn. 52.

in den alten Bundesländern zum 1.1.1964, in den neuen Bundesländern zum 1.1.1935. In Rechtsprechung und Literatur war umstritten, ob eine Besteuerung anhand veralteter Wertansätze im Vergleich mit der Besteuerung anderer Vermögensarten, etwa von Wertpapieren, dem verfassungsrechtlichen Gleichheitsgrundsatz genügt;[10] mit Wirkung ab 2009 hat der Gesetzgeber daher insbesondere für die Berechnung der Erbschaftsteuer neue, an die WertV angelehnte Bewertungsvorschriften eingeführt, die die vormaligen Privilegien weitgehend beseitigen (§§ 157 ff. BewG).

Die **Bewertung** von Grundvermögen richtet sich im Übrigen nach den §§ 68 ff. BewG. 28
Danach ist zwischen unbebauten und bebauten Grundstücken zu differenzieren. Die Bewertung unbebauter Grundstücke hängt vom „gemeinen Wert" nach § 9 BewG ab,[11] die Bewertung bebauter Grundstücke, etwa Mietwohngrundstücke oder Geschäftsgrundstücke ist primär im Wege des Ertragswertverfahrens (§§ 78 ff. BewG), hilfsweise im Wege des Sachwertverfahrens (§§ 83 ff. BewG) durchzuführen.[12] Die Vorschriften in den §§ 78 ff. BewG zum Ertragswertverfahren decken sich allerdings nicht in jeder Hinsicht mit den Parallelvorschriften für die Verkehrswertermittlung in der WertV. Gleiches gilt für die Bestimmungen zum Sachwertverfahren in den §§ 83 ff. BewG und den §§ 21 ff. WertV.

Der Einheitswert ist danach vornehmlich eine **steuerrechtliche Sonderkonstruktion.** 29
Bei fehlerhaften Festsetzungen ist der Einspruch nach der AO zulässig.[13]

Im **Beispielfall 22** muss I im Hinblick auf einen eventuellen Erwerb der Immobilie die Einheitswertfestsetzung des Finanzamts nachvollziehen. Er kann dann prüfen, welche Wertansätze insoweit gewählt worden sind und welche steuerliche Konsequenzen sich ergeben. 30

2.3 Beleihungswert

Der Beleihungswert einer Immobilie ist von Interesse, wenn eine Kreditfinanzierung be- 31
absichtigt ist. Eine **Begriffsdefinition** findet sich in § 7 Abs. 7 des Bausparkassengesetzes (BausparkassenG). Dort ist statuiert, dass der bei der Beleihung angenommene Wert einer Immobilie keinesfalls den Verkaufs- und Verkehrswert übersteigen darf. Entscheidend ist der Ertrag, der mit der Immobilie bei ordnungsgemäßer Bewirtschaftung nachhaltig erzielt werden kann.

Die Einzelheiten sind in behördlich genehmigten **Beleihungsrichtlinien** der einzel- 32
nen Finanzierungsinstitute geregelt. Auch die Beleihungsrichtlinien sehen, ähnlich der WertV und dem BewG, verschiedene Wertermittlungsverfahren vor. Es wird anhand der Beleihungswertermittlung die **Beleihungsgrenze** abgesteckt. Je nach Finanzierungsart und Absicherungsbedingungen kann Kredit nur in Höhe eines Teils des Beleihungswerts eingeräumt werden.

Bei der Beleihungswertermittlung sind **Index- und Abschlagsverfahren** gebräuchlich, 33
so dass für die bank- oder sparkassenintern beauftragten Wertermittler oder den hinzugezogenen externen Sachverständigen erhebliche Einschätzungsspielräume bestehen. In diesem Kontext werden von vornherein pauschale Sicherheitsabschläge vorgenommen, wegen Baumängeln oder hohen Gebäudealters können weitere Abschläge angezeigt sein.

---

[10] Vgl. BVerfGE 93, 165 – Erbschaftssteuer.
[11] Vgl. BFHE 213, 387 – Bodenrichtwert und Bedarfsbewertung.
[12] Vgl. BFHE 202, 376 – Grundstück mit Hochregallager.
[13] Vgl. FG Nürnberg, StE 2002, 384 – Gegengutachten.

34 Insgesamt lässt sich der Beleihungswert als ein **um Sicherheitsabschläge reduzierter Verkehrswert** betrachten. Die Finanzierungspolitik der Kreditinstitute wird teilweise recht restriktiv gehandhabt; die Perspektive ist gänzlich anders als bei der Verkehrswert- und Einheitswertermittlung.

35 Will der Investor I im **Beispielfall 22** Einfluss auf die Ermittlung des Beleihungswerts der Immobilie nehmen, kann er von sich aus mithilfe eines Sachverständigen entsprechende Berechnungen vorbereiten und der Bank zur Verfügung stellen. Beurteilt die Bank die Immobilie autonom und – aus Sicht des I – unter Wert, kann daran die Finanzierung scheitern. Wegen der Vertragsfreiheit kann I die Bank nicht zur Finanzierung seines Vorhabens in bestimmter Höhe zwingen.[14] Umgekehrt kann I die Bank auch nicht an einer überhöhten Beleihungswertermittlung festhalten und Schadensersatzansprüche geltend machen, wenn sich später erweist, dass Wertannahmen, die der Finanzierung zugrunde gelegt worden sind, zu optimistisch waren. Eine Haftung der Bank kommt hier allenfalls ausnahmsweise einmal aus einem eigenständigen Beratungsvertrag in Frage.[15]

2.4 Buchwert

36 Der Buchwert hat als vierte wichtige Wertermittlungskategorie vorrangig handels- und gesellschaftsrechtliche sowie steuerrechtliche Relevanz. Buchwert ist derjenige Wert, mit dem zum Betriebsvermögen zählende Vermögensgegenstände und Verbindlichkeiten in der **Bilanz** eines Unternehmens ausgewiesen sind.

37 Soweit **kaufmännische Buchführungspflichten** bestehen,[16] ist die entsprechende Prüfung eine Standardaufgabe, die prinzipiell mit oder ohne Hinzuziehung externer Gutachter erledigt werden kann. Bei Kapitalanlagegesellschaften ist ein konkretes Bewertungsprozedere vorgeschrieben.[17]

38 Bei der Bezifferung des Buchwerts können **Abschreibungen** in Ansatz gebracht werden. Der Buchwert besagt deshalb nicht unbedingt etwas über den aktuellen Wert einer Immobilie. Zwar kann der Buchwert mit dem wirklichen Wert übereinstimmen, wenn die Abschreibung des Objekts der tatsächlichen Wertminderung entspricht. Sind die Abschreibungen dagegen höher, ist der Buchwert niedriger als der tatsächliche Wert; in der Konsequenz ergeben sich stille Rücklagen, die einer Ertragsbesteuerung unterliegen können.[18]

39 Ist der Buchwert höher als der tatsächliche Wert, können daraus ebenfalls bilanz- und steuerrechtliche Schwierigkeiten erwachsen. Dann hat das Unternehmen über die Bilanz fälschlicherweise den Eindruck vermittelt, die Immobilie sei wertvoller als dies real der Fall ist. Es sind nach Erkennen des Sachverhalts entsprechende Korrekturen vorzunehmen.[19]

40 Die Wertermittlung für bilanzielle Zwecke hat sich in jüngster Vergangenheit in vielen Fällen als rechtliches „Dunkelfeld" erwiesen. Während sich verantwortliche Organe verschiedener großer Aktiengesellschaften dem Vorwurf der **Bilanzfälschung** wegen

[14] Dazu § 2 Rdn. 22.
[15] BGH, ZfIR 2004, 465 – Beleihungswertgutachten.
[16] Dazu § 3 Rdn. 16.
[17] Dazu § 3 Rdn. 132.
[18] BFHE 196, 59 – Betriebsgrundstück.
[19] Vgl. BFHE 202, 256 – Auffüllrecht als Rücklage.

unzutreffender Immobilienwertermittlung ausgesetzt sahen, wird andernorts versucht, ein Immobilienoutsorcing zu betreiben, um Bewertungsnotwendigkeiten von vornherein zu entgehen.

Im **Beispielfall 22** wird I bei einem Ankauf der Immobilie für sein Betriebsvermögen mit Blick auf seine Bilanz eine Bewertung vornehmen müssen. Dabei muss er die gebotene kaufmännische Sorgfalt anwenden; zur Vermeidung von Haftungsrisiken ist im Zweifel die Einholung eines Gutachtens sinnvoll. 41

Literatur zur Vertiefung

Balensiefen, Gotthold/Bönker, Christian/Geiger, Norbert/Schaller, Wolfgang, Rechtshandbuch für die Immobilienpraxis, München 2009; *Gottschalk, Götz-Joachim*, Immobilienwertermittlung, 2. Aufl., München 2003; *Kleiber, Wolfgang/Simon, Jürgen/Weyers, Gustav*, Verkehrswertermittlung von Grundstücken, 5. Aufl., Köln 2007; *Kreutziger, Stephan/Lindberg, Klaus/Schaffner, Margit*, Bewertungsgesetz (Kommentar), München 2002.

§ 7 Finanzierung von Immobiliengeschäften

Wer ein Immobiliengeschäft tätigen will, benötigt Kapital. In diesem Zusammenhang bieten sich mehrere Einlage- und Beschaffungsvarianten an. Je nach der gewählten Variante ist auch die Frage nach eventuell erforderlichen Sicherheiten zu beantworten. 1

1. Kapitalbeschaffung

Nicht jeder Investor verfügt über hinreichende Eigenmittel, um Projekte vollständig selbst zu finanzieren. Eine Beschaffung von Fremdkapital kann auch aus steuerlichen Gründen und unter Gesichtspunkten der Risikostreuung sinnvoll sein. 2

Liegen die entsprechenden Voraussetzungen vor, können Fördermittel und Subventionen einen weiteren Anreiz für eine Immobilieninvestition bieten. Werden Fördermittel und Subventionen in Anspruch genommen, ergeben sich daraus rechtliche Restriktionen. 3

Beispielfall 23: Mischfinanzierung 4
Der Investor I will in einem städtebaulichen Sanierungsgebiet ein altes Wasserwerk zu einer Veranstaltungshalle umbauen. I will einerseits Eigenmittel einbringen, andererseits eine Bankfinanzierung hinzunehmen. Die Eigenmittel sollen von I selbst und von Kommanditisten, die I für die avisierte Projektgesellschaft gewinnen will, beigesteuert werden. Ein Teil der Mittel soll über vergünstigte Mittel der Kreditanstalt für Wiederaufbau beschafft werden. Außerdem hofft I auf ein angekündigtes Förderprogramm des Bundes.

1.1 Eigenkapital

Der Einsatz von Eigenkapital dient der Generierung von Gewinnen. Beim Einzelunternehmen und bei Personengesellschaften handelt es sich um die Beiträge des Inhabers und der Gesellschafter in Form der geleisteten **Einlagen.**[1] Bei Kapitalgesellschaften leisten die Gesellschafter oder Aktionäre ebenfalls Einlagen; diese Einlagen bilden das Vermögen mit dem die Kapitalgesellschaft nach außen hin agieren kann (§ 272 HGB).[2] 5

Zur Sicherung des Eigenkapitals gibt es verschiedene gesellschaftsrechtliche Ge- und Verbotsvorschriften, etwa im Hinblick auf die Zulässigkeit von Gewinnausschüttungen an Anteilseigner.[3] Mit einer **Kapitalerhöhung** wird im Bereich von Kapitalgesellschaften frisches Geld beschafft.[4] Analog dazu können der Inhaber eines Einzelunternehmens oder die Gesellschafter von Personengesellschaften ihre Einlagen erhöhen, wenn Liquidität benötigt wird.[5] 6

---

[1] Dazu § 3 Rdn. 32.
[2] Dazu § 3 Rdn. 67 und 83.
[3] Vgl. BGH, NJW 2002, 3774 – Verrechnung Einlageverpflichtung.
[4] Dazu § 3 Rdn. 69 und 85.
[5] Dazu § 3 Rdn. 32.

7 Gelegentlich ist trotz dieser einfachen Grundregeln ein Missverhältnis zwischen dem (noch) vorhandenen Eigenkapital und dem Investitionsvolumen bei Immobiliengeschäften zu beobachten. Ein solches Missverhältnis ist nicht nur deswegen kritisch, weil bei einer Aushöhlung der Eigenkapitaldecke des Unternehmens zwangsläufig eine existenzielle Gefährdung des Fortbestands des Unternehmens eintritt.[6] Eine ausreichende Eigenkapitalbasis soll nach dem Abkommen „Basel II" mittel- und langfristig auch in noch stärkerem Maße als bisher in die Prüfung bei der Gewährung von Fremdkapital einbezogen werden.

8 Die Tendenz geht nach dem Abkommen „Basel II" zu Risikoklassifizierungen im Wege von **Ratings**. Ratings können sich zunächst auf die Kreditwürdigkeit von Immobilienunternehmen beziehen. Es soll jedoch mittelbar auch bewirkt werden, dass die finanzierenden Kreditinstitute ausgereichte Kredite ihrerseits mit hinreichenden Eigenkapitalquoten unterlegen können.[7] Je nach Rating und Eigenkapitalverhältnissen können die Kreditkonditionen danach erheblich variieren.

9 Im **Beispielfall 23** kann I über eine KG-Konstruktion Eigenkapital in das Projekt einbringen. Ein gewisser Grundstock wird unabdingbar sein, um den verbleibenden Teil der Finanzierung über Bank- und KfW-Mittel sowie möglicherweise Subventionen zu bewerkstelligen.

1.2 Fremdkapital

10 Fremdkapital kann insbesondere über eine Darlehensfinanzierung beschafft werden. Der Fremdkapitalgeber ist – anders als derjenige, der Eigenkapital eingebracht hat – typischerweise **nicht am Gewinn beteiligt**. Er haftet nicht gegenüber Dritten und hat in Bezug auf die Verwendung des Kapitals keine originären Entscheidungsbefugnisse. Der Fremdkapitalgeber erhält vielmehr eine feste Vergütung für die Kapitalüberlassung, unabhängig vom Erfolg des mit dem Kapital getätigten Geschäfts.

1.2.1 Darlehensfinanzierung

11 Seit der Schuldrechtsmodernisierung unterscheidet das BGB zwischen dem Gelddarlehen (§§ 488 ff. BGB) und dem Sachdarlehen (§§ 607 ff. BGB). Hauptanwendungsfall des Darlehens ist das **Gelddarlehen**.

12 Eine Sonderform des Gelddarlehens ist das **Verbraucherdarlehen** nach den §§ 491 ff. BGB. Dieses Darlehen gewährt ein Unternehmer einem Verbraucher. **Verbraucher** sind nach § 13 BGB natürliche Personen, die Darlehensverträge zu einem Zweck schließen, der weder ihrer gewerblichen noch ihrer selbstständigen beruflichen Tätigkeit zuzurechnen ist.[8]

13 Das **Annuitätendarlehen** impliziert einen Kapitaldienst in Form einer fixen Rate (Annuität). Die Rate besteht aus Zins und Tilgung, wobei der Tilgungsanteil während der Laufzeit der Rückzahlung des Darlehens kontinuierlich zunimmt.

14 Beim **Ratendarlehen** wird dagegen von vornherein eine feste Tilgung vereinbart, dadurch ändern sich auch die Zinszahlungen. Vergleichbare Effekte ergeben sich, wenn eine komplette Tilgungsaussetzung vereinbart wird, wie sie in Kombination mit abgetretenen Ansprüchen aus Kapitallebensversicherungen verbreitet ist. Diese Variante wird als **endfälliges Darlehen** bezeichnet.

---

[6] Vgl. BGH, NZG 2005, 179 – Eigenkapitalsicherung.
[7] Vgl. BFHE 208, 116 – Auslandskredit.
[8] BGH, ZIP 2004, 1647 – GmbH-GF als Verbraucher.

Für eine **Zwischenfinanzierung** bietet sich insbesondere der **Kontokorrentkredit** an. Er bietet einen „Rahmen" bis zu einer maximalen Kreditsumme; es können dabei Anpassungen an das marktübliche Zinsniveau festgelegt werden. 15

Darlehen sind typischerweise längerfristig angelegte Dauerschuldverhältnisse. Darlehensforderungen jeder Art können unbeschadet dessen von den Gläubigern **abgetreten** werden. Ein Verstoß gegen das Bankgeheimnis oder gegen Datenschutzrecht dürfte darin nicht zu sehen sein.[9] Gleichwohl ist der Verkauf von Kreditportfolien umstritten, weil der Wechsel des Vertragspartners für den Schuldner mit Nachteilen verbunden sein kann; für das Verbraucherdarlehen hat der Gesetzgeber deswegen 2008 einige Schutzvorschriften eingeführt. 16

1.1.2 Inhalt des Darlehensvertrages

Kernbestandteile des Gelddarlehensvertrags sind Regelungen über die Darlehenssumme, ihre Auszahlung, die erforderlichen Sicherheiten, die Laufzeit des Darlehens, die Darlehenszinsen sowie weitere Gebühren und Nebenkosten. Außerdem können Regelungen getroffen werden über eine – ausnahmsweise – Erfolgsbeteiligung des Darlehensgebers (partiarisches Darstellen) und die (vorzeitige) Kündigung des Darlehens und die Rückerstattungsmodalitäten.[10] 17

Vereinbart werden können **feste** oder **variable Zinssätze**. Je länger die Laufzeit des Darlehens ist, desto höher ist der Risikoaufschlag, wenn ein fester Zinssatz gewünscht wird. 18

Mithilfe von **Zinssicherungsinstrumenten** (auch: Zinsderivate) können sich die Beteiligten bei der Fremdkapitalbeschaffung flexibel auf mögliche Zinsänderungen einstellen. Übergreifender Gedanke ist, den Darlehenszins unabhängig von dem Darlehen den jeweiligen Marktkonditionen anzupassen. Typische **Beispiele** für Zinsderivate sind SWAPs und CAPs.[11] 19

Neben den Zinsen erheben Kreditinstitute für die Darlehensgewährung ein **einmaliges Entgelt**, dessen Höhe Verhandlungssache ist. Gleiches gilt für Margenaufschläge, die teilweise als Bestandteil der laufenden Entgelte verlangt werden.[12] 20

Besonders im Bankenverkehr wird vornehmlich mit Formulardarlehensverträgen gearbeitet, weswegen die Vorschriften der §§ 305 ff. BGB über die Kontrolle und die Wirksamkeit **Allgemeiner Geschäftsbedingungen** erhebliche Bedeutung haben.[13] In der Rechtsprechung sind in der Vergangenheit eine Vielzahl von Klauseln aus Darlehensverträgen, die den Darlehensgeber einseitig und unbillig bevorzugen, als unzulässig und damit unwirksam verworfen worden.[14] 21

Ein für einen festen Zeitraum vereinbarter Darlehensvertrag kann vom Darlehensnehmer unter den Voraussetzungen des § 489 BGB, etwa bei einer besonders günstigen Verkaufsgelegenheit,[15] ordentlich **gekündigt** werden. Das Kündigungsrecht kann nicht durch Vertrag ausgeschlossen werden. 22

Ob und inwieweit bei einer vorzeitigen Kündigung eine **Vorfälligkeitsentschädigung** anfällt – heute in § 490 Abs. 2 Satz 3 BGB geregelt –, hängt von den Umständen des Einzelfalls ab.[16] Ein vorab vereinbartes **Disagio** (Betrag, um den das zur Verfügung gestellte 23

---

[9] BGH, ZfIR 2007, 308 – Verkauf von Immobiliendarlehen.
[10] Vgl. BGH, WM 1997, 1658 – Auszahlung an Dritte.
[11] BFHE 202, 368 – Steuern und SWAPs; FG Münster, EFG 2004, 1202 – Steuern und CAPs.
[12] KG, WM 1984, 430 – Bearbeitungsgebühr.
[13] Dazu § 2 Rdn. 37 ff.
[14] Vgl. OLG Köln, ZIP 2000, 2159 – freies Kündigungsrecht der Bank.
[15] BGH, NJW 1997, 2877 – vorzeitige Kündigung Darlehen.
[16] Vgl. OLG Schleswig, WM 2004, 1477 – Vorfälligkeitsentschädigung und AGB.

Geld geringer ist als der Nennbetrag des Darlehens und als der Rückerstattungsanspruch) kann bei Kündigung anteilig zurückgefordert werden.[17]

24 Besonderheiten können sich sodann bei **verbundenen Geschäften** ergeben. Zwei Geschäfte sind speziell dann miteinander verbunden, wenn ein Verbraucherdarlehensvertrag zur Finanzierung eines Vertrags zum Erwerb eines Grundstücks oder eines Fondsanteils dient und beide Verträge eine **wirtschaftliche Einheit** bilden (§ 358 BGB). Die wirtschaftliche Einheit ist dann gegeben, wenn der Darlehensgeber (in der Regel eine Bank) selbst das Grundstück oder das grundstücksgleiche Recht verschafft oder wenn er nicht nur das Darlehen zur Verfügung stellt, sondern darüber hinaus mit dem Veräußerer zusammenwirkt, sich dessen Veräußerungsinteressen zu Eigen macht oder dessen Funktionen etwa bei der Werbung übernimmt. Eine solche Verwobenheit kann es in der Praxis zum Beispiel beim Fondsvertrieb geben.[18]

25 Der Verbraucher hat bei verbundenen Geschäften ein **Widerrufsrecht**, das sich nicht nur auf den eigentlichen Vertrag, sondern auch auf den verbundenen Vertrag, etwa einen Grundstücks- oder Fondsanteilskaufvertrag erstreckt. Der Veräußerer muss darauf achten, dass in beiden Verträgen **ordnungsgemäße Belehrungen** vorhanden sind.

26 Wird das Widerrufsrecht ausgeübt, erfolgt eine **Rückabwicklung** der geschlossenen Verträge. Im Falle des kreditfinanzierten Beitritts zu einem geschlossenen Immobilienfonds muss der Anleger dabei lediglich seinen (eventuell wertlosen) Fondsanteil Zug um Zug gegen Rückzahlung der geleisteten Zins- und Tilgungsraten abzüglich vereinnahmter Erträgnisse an die Bank abtreten; eine Rückzahlung der Darlehensvaluta schuldet er nicht.[19]

27 Unbeschadet des zuvor zum Verbraucherdarlehen Gesagten bleibt es vor allem auf dem Gebiet der Finanzierung gewerblicher Immobiliengeschäfte auch weiterhin bei dem Grundsatz, dass Darlehensvertrag und Kaufvertrag rechtlich **voneinander unabhängig** sind. Leistungsstörungen im Bereich des Kaufvertrags, etwa Mängelansprüche des Käufers gegen den Verkäufer oder der unwirksame Fondsbeitritt eines Anlegers, ändern daher nichts an den Verpflichtungen zur Rückzahlung und Verzinsung des Darlehens.[20] Andererseits werden in der Rechtsprechung zunehmend vorvertragliche Aufklärungs- und Hinweispflichten finanzierender Banken diskutiert, deren Verletzung Schadensersatzansprüche der Darlehensnehmer auslösen kann.[21]

28 Die Konditionen für die Bankfinanzierung kann der Investor I im **Beispielfall 23** frei aushandeln. Dies betrifft Darlehenshöhe, Zinsen, Nebenforderungen und Sicherheiten gleichermaßen. I tut gut daran, mehrere alternative Finanzierungsangebote einzuholen. Die Angebote sind zudem in der kurzfristigen und der langfristigen Perspektive miteinander zu vergleichen.

1.3 Sonstige Finanzierungsinstrumente

29 Kapitalbeteiligungsgeschäfte außerhalb des überkommenen Börsen- und Bankgeschäfts werden inzwischen zunehmend mit dem Oberbegriff **Private Equity** bezeichnet. Systematisch handelt es sich dabei um eine neuartige Form der Eigenkapitalbeschaffung.

30 Unterfall von Private Equity ist nach dem gängigen Begriffsverständnis der Bereich des **Venture Capitals**, also der – risikobehafteten – Finanzierung junger Wagnisunternehmen.

[17] Vgl. BGH, NJW 1996, 3337 – Disagio.
[18] Vgl. BGH, ZfIR 2007, 615 – Fondsfinanzierung und Innenprovision.
[19] BGH, NJW 2004, 2731 – Rückabwicklung bei verbundenen Geschäften.
[20] BGH, NJW 2003, 422 – Schrottimmobilie.
[21] BGH, ZfIR 2007, 183 – Haftung der finanzierenden Bank.

Ähnlich angelegt sind **Buy-out-Finanzierungen**. Sie werden im Unterschied zum Venture Capital bei etablierten Unternehmen praktiziert.

Mit dem Gesetz über Unternehmensbeteiligungsgesellschaften (UBGG) und dem Gesetz zur Förderung von Wagniskapitalbeteiligungen (WKBG) sind jenseits der Vorschriften des InvG[22] inzwischen vielfältige weitere Finanzierungsvarianten zugelassen. Auf Grundlage des UBGG und des WKBG bilden sich – teilweise initiiert von Einzelpersonen und gleichsam zwischen geldgebenden Investoren und geldsuchenden Unternehmen angesiedelt – Kapitalsammelstellen, die als AG, als GmbH oder als KG organisiert sein können. Diese Unternehmensbeteiligungsgesellschaften unterliegen nicht den Bindungen des Investmentrechts; es gilt, vorbehaltlich einiger steuer- und aufsichtsrechtlicher Besonderheiten, vielmehr das allgemeine Gesellschaftsrecht. 31

Eine Mischform von Eigenkapital und Fremdkapital ist demgegenüber **Mezzanine-Kapital**. Mezzanine-Kapital wird auf Basis von Vereinbarungen gewährt, die neben festen Verzinsungen zusätzlich Gewinnbeteiligungen für den Kapitalgeber vorsehen. 32

Mezzanine-Kapital wird zumeist von Banken und Immobilienfonds bereitgestellt. Die Kombination aus **fester Verzinsung** und **Gewinnbeteiligung** lässt sich in diesem Zusammenhang unter anderem über eine Beteiligung als stiller Gesellschafter oder über ein Darlehen in Verbindung mit einer Erfolgsbeteiligung (partiarisches Darlehen) erreichen.[23] 33

Insbesondere Private Equity ist für Unternehmen neben Mezzanine-Kapital eine weitere Alternative zur Finanzierung über Bankkredite. Ebenso wie das Mezzanine-Kapital wird diese Variante im Allgemeinen nur bei größeren Unternehmen und Projekten sinnvoll sein. 34

Für den Investor I wird Mezzanine-Kapital angesichts eines überschaubaren Investitionsvolumens nur begrenzt interessant sein. Im Zuge eines differenzierten Finanzierungskonzepts kann diese Option aber durchaus erwogen werden. Private Equity ist weniger als Projekt-, sondern mehr als mittel- und langfristiges Unternehmensfinanzierungsmodell von Interesse. Einige spektakuläre Übernahmen von Immobiliengesellschaften durch Private Equity-Fonds in der jüngsten Vergangenheit haben dies gezeigt. 35

1.4 Fördermittel und Subventionen

Fördermittel und Subventionen können eine weitere Komponente für eine externe Kapitalbeschaffung sein. Gemeinsam ist solchen Zuwendungen, dass es sich um **öffentliche Finanzierungshilfen** handelt. Derartige Finanzierungshilfen sind eine potenzielle Ergänzung steuerlicher Vergünstigungen, die bei Immobiliengeschäften in Anspruch genommen werden können. 36

In Betracht kommen insbesondere Zuwendungen aus dem EU- und dem Bundeshaushalt, aus den Länderhaushalten und aus Mitteln der Kreditanstalt für Wiederaufbau (KfW). Für welche Arten von Vorhaben, unter welchen Voraussetzungen und in welcher Rechtsform Zuwendungen gewährt werden, hängt von den aktuellen politischen Prioritäten und den jeweils einschlägigen Programmen ab. Anknüpfungspunkte können Verbesserungen im Wohnungsbau und in der regionalen Wirtschaftsstruktur sowie der Mittelstandsförderung sein, weiterhin Maßnahmen, die dem Umweltschutz dienen. Aktuelle Beispiele sind auf EU-Ebene die Zuwendungen des Europäischen Fonds für Regionale Entwicklung (EFRE), 37

[22] Dazu § 3 Rdn. 128.
[23] Dazu § 3 Rdn. 29 und § 7 Rdn. 17.

auf nationaler Ebene die insbesondere auf kommunale Investitionen und energetische Sanierungen ausgerichteten Konjunkturpakete 2008/2009 des Bundes und das auf Maßnahmen in den neuen Bundesländern zugeschnittene Investitionszulagengesetz.

38 Öffentliche Finanzierungshilfen können im Rechtssinne zunächst **verlorene Zuschüsse** sein. In diesem Fall findet keine Rückzahlung statt.[24]

39 Eine zweite, wesentlich verbreitetere Form öffentlicher Zuwendungen sind **Darlehen**. Hier besteht die Besonderheit in subventionierten Zins- und Tilgungsbedingungen, die unterhalb der sonst gängigen Marktkonditionen liegen. Zudem können vielfach nachrangige Sicherheiten vereinbart werden.[25]

40 Eine dritte Form öffentlicher Finanzierungshilfen sind **Bürgschaften**, die von staatlicher Seite für die Rückzahlung anderweitig aufgenommener Darlehen gewährt werden. Im internationalen Verkehr übernimmt derartige Bürgschaften etwa die Euler HERMES Kreditversicherungs-AG; auf nationaler Ebene werden gelegentlich Landesbürgschaften für größere Projekte in strukturschwachen Regionen übernommen.[26]

41 Fördermittel werden gemeinhin auf **Antrag** gewährt, dem Antrag sind unter Berücksichtigung eventuell vorhandener Fördermittelrichtlinien spezifische Nachweisunterlagen beizufügen. Der öffentlichen Finanzierungshilfe geht sodann ein individuelles **Verwaltungsverfahren** voraus, wenn die entsprechende Zahlung nicht, etwa durch einen Kaufpreisnachlass, im Zuge eines privatrechtlichen Vertrages gewährt wird.[27] Dabei besteht regelmäßig kein Rechtsanspruch auf die Finanzierungshilfe, ein solcher Anspruch kann sich auch unter Gleichbehandlungsgesichtspunkten nur ganz ausnahmsweise einmal ergeben.[28]

42 Bei Vorliegen der Voraussetzungen wird, soweit keine privatrechtliche Gestaltung erfolgt, ein **Zuwendungsbescheid** in Form eines Verwaltungsakts erlassen. Der Zuwendungsbescheid ist Rechtsgrund für die Gewährung der Finanzierungshilfe.

43 Nach dem Zuwendungsbescheid ist eine Zweckbindung der Finanzierungshilfe zu beachten. Der Empfänger der Fördermittel kann nach VOB/A und GWB zur Anwendung des öffentlichen Vergaberechts verpflichtet sein.[29] Eine **Rückforderung** des geleisteten Betrags ist bei zweckwidriger Verwendung der Mittel möglich. Es ergeht dann ein Rückforderungsbescheid, der verwaltungsgerichtlich angefochten werden kann.[30] Bei privatrechtlicher Gestaltung muss der Fördermittelgeber seine Rückzahlungsansprüche im ordentlichen Rechtsweg geltend machen.

44 Öffentliche Finanzierungshilfen jeder Art müssen sich an den Anforderungen des **EU-Beihilferechts** messen lassen. Im Einzelfall kann hier ein weiteres Genehmigungsverfahren erforderlich sein. Die Finanzierungshilfen nach nationalem Recht dürfen nicht zu einer ungerechtfertigten Privilegierung einzelner Beteiligter gegenüber Unternehmen aus anderen EU-Mitgliedstaaten führen.[31]

45 Nachdem der öffentliche Wohnungsbau an Bedeutung verloren hat, ist ein wichtiges Feld für öffentliche Finanzierungshilfen weitestgehend weggefallen. Impulse für die Konjunktur und den Umweltschutz werden aber in wirtschaftlich schwierigen Zeiten verstärkt gesetzt. Durch das Nebeneinander von Steuervergünstigungen und öffentlichen Finanzierungshilfen kann es im Einzelfall extrem schwierig sein, die diesbezüglichen wirtschaftlichen Eckpunkte eines Immobiliengeschäfts zuverlässig einzuschätzen.

---

[24] BGH, NJW 2000, 1261 – Baukostenzuschuss und Baugeldsicherung.
[25] BGHZ 52, 155 – öffentliches Darlehen.
[26] BGH, ZIP 1996, 2299 – HERMES-Bürgschaft.
[27] Vgl. BGH, ZfIR 2006, 682 – Preisnachlass bei Wohnbaugrundstück.
[28] Vgl. BVerwG, NVwZ 2003, 1384 – Subvention und Gleichbehandlung.
[29] Vgl. EuGH, NZBau 2001, 512 – Erschließungsvertrag.
[30] Vgl. OVG Bautzen, SächsVBl. 2004, 157 – Zuwendungen für Denkmalschutz.
[31] Vgl. EuGHE I 1992, 5279 – Steuerprivileg.

Im **Beispielfall 23** kann der Investor I bei Vorliegen der entsprechenden Voraussetzungen Fördermittel der KfW beantragen. Weiter kann I für seinen konkreten Fall einschlägige öffentliche Finanzierungshilfen prüfen; nimmt er aber in größerem Umfang derartige Mittel in Anspruch, gilt eine strenge Zweckbindung, I muss die ordnungsgemäße Verwendung der Gelder dokumentieren und nachweisen. Die Flexibilität ist auch wegen einer denkbaren Verpflichtung zur Anwendung des öffentlichen Vergaberechts eingeschränkt. Deswegen kann eine Privatfinanzierung von Vorteil sein. 46

2. Sicherheiten

Bei Immobiliengeschäften kommt es immer wieder vor, dass Beteiligte die ihnen obliegenden Verpflichtungen nicht ordnungsgemäß erfüllen. Um wirtschaftliche Gefahren, die daraus resultieren, auszuschließen oder wenigstens zu begrenzen, bietet es sich an, Sicherheiten zu stellen. 47

Regelmäßig müssen Sicherheiten **vertraglich vereinbart** werden. Nur ausnahmsweise kann, insbesondere bei Bauverträgen,[32] kraft Gesetzes Sicherheit verlangt werden. 48

Je nach dem Sicherungsbedürfnis können verschiedene Formen von Sicherheiten gewählt werden. Im **Überblick** sehen die wichtigsten Sicherungsvarianten wie folgt aus: 49

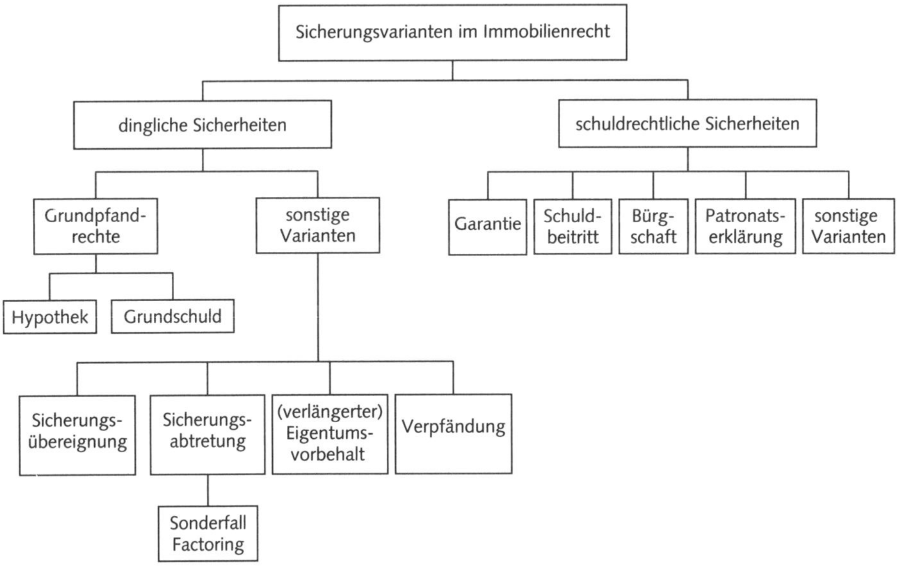

Abbildung 16: Sicherungsvarianten im Immobilienrecht

Beispielfall 24: Hinreichend abgesichert? 50
Die Bank B 1 verlangt von dem Investor I, der eine Kreditfinanzierung für den Ankauf eines Grundstücks und die Errichtung eines Wohnparks benötigt, eine Ab-

[32] Dazu § 12 Rdn. 172 f.

sicherung durch Grundschuld. Nach dem Erwerb des Grundstücks beauftragt I das Bauunternehmen U 1 mit dem Rohbau der geplanten Doppelhäuser und das Unternehmen U 2 mit der Lieferung und dem Einbau der Fenster. U 1 hat I eine Patronatserklärung seiner Muttergesellschaft als Erfüllungssicherheit gestellt. U 2 will die Fenster nur unter Eigentumsvorbehalt liefern und weist zudem darauf hin, dass es alle Werklohnforderungen aus dem laufenden Geschäftsbetrieb zur Sicherung der eigenen Kreditlinie an die Bank B 2 abgetreten habe.

2.1 Dingliche Sicherheiten

51 Durch dingliche Sicherheiten wird gewährleistet, dass der Sicherungsnehmer eine von schuldrechtlichen Zusagen unabhängige eigenständige Rechtsposition erwirbt. Eine solche Rechtsposition erlaubt dem Sicherungsnehmer den direkten Zugriff auf den Gegenstand der Sicherheit. Sie kann speziell im Insolvenzfalle von Vorteil sein. In Betracht kommen Grundpfandrechte und einige andere Sicherungsvarianten.

2.1.1 Hypothek und Grundschuld

52 Grundpfandrechte sind typische Belastungen, die in Abt. III des Grundbuchs eingetragen werden.[33] Wegen einiger rechtlicher Besonderheiten hat sich die Grundschuld als Standardsicherheit gegenüber der Hypothek durchgesetzt.

53 Die Hypothek ist ein **akzessorisches** Sicherungsmittel. Ihr rechtliches Schicksal ist unauflöslich mit der gesicherten Forderung, regelmäßig einem gewährten Darlehen, verknüpft. Der Forderungsinhaber kann die Hypothek nicht unabhängig von der Forderung verwerten; mit der Übertragung der Forderung geht automatisch auch die Hypothek auf den neuen Forderungsinhaber über.

54 Die Akzessorietätsmerkmale der Hypothek sind im Einzelnen in den §§ 1113 ff. BGB geregelt. Begründet wird die Hypothek danach durch **Einigung** und **Eintragung** in das Grundbuch (§ 873 BGB). Insoweit entspricht die Rechtslage dem Erwerb und der Veräußerung von Grundstücken.[34]

55 Der wirtschaftliche Wert der Hypothek hängt von ihrem **Rang** ab. Auch hier kann auf die Ausführungen zum Grundstücksrecht Bezug genommen werden.[35]

56 Die Hypothek sichert das Recht, wegen der zugrunde liegenden Forderung Zahlung eines Geldbetrags aus einem Grundstück zu verlangen. In diesem Zusammenhang kann sich die Hypothek nach den §§ 1120 ff. BGB auf Erzeugnisse, Bestandteile und Zubehör des Grundstücks sowie auf Miet- und Pachtzinsforderungen erstrecken (**Haftungsverband**).[36]

57 Es gibt zudem noch Sonderformen von Hypotheken. Gegenstand der **Gesamthypothek** sind mehrere Grundstücke, die dem Gläubiger gleichrangig nebeneinander haften.[37] Die **Sicherungshypothek** nach den §§ 1180 ff. BGB ist insbesondere bei der Sicherung von Bauhandwerkerforderungen nach § 648 BGB gebräuchlich,[38] wegen ihrer rechtlichen Merkmale aber als Kreditsicherung nicht geeignet. Wenn – etwa im Hinblick auf die Höhe

[33] Dazu § 4 Rdn. 95.
[34] Dazu § 5 Rdn. 7 ff.
[35] Dazu § 4 Rdn. 127 ff.
[36] Vgl. BGH, WM 2005, 1371 – Mietzins und Haftungsverband.
[37] BGH, NJW 2000, 1861 – Gesamthypothek.
[38] Dazu § 12 Rdn. 174.

eines gewährten Darlehens – ein maximal an den Gläubiger zu zahlender Betrag festgelegt werden soll, wird eine **Höchstbetragshypothek** eingetragen.[39]

Die **Verwertung** der Hypothek erfolgt durch Zwangsvollstreckung. Bei Grundstücken können nach Maßgabe des Vollstreckungsrechts die Zwangsversteigerung und die Zwangsverwaltung angeordnet werden.[40] 58

Anders als die Hypothek ist die in den §§ 1191 ff. BGB geregelte **Grundschuld** keine akzessorische Sicherheit. Zwar wird auch eine Grundschuld nur im Hinblick auf eine Geldforderung eingetragen. Verfügbarkeit und Bestand der Grundschuld sind aber nicht existenziell mit einer Forderung verbunden. Deswegen kann auch der Grundstückseigentümer selbst eine **Eigentümergrundschuld** an seinem Grundstück bestellen und im Anschluss über Grundpfandrecht oder Grundstück separat verfügen.[41] 59

Bei Grundschulden wird eine detaillierte **Sicherungsvereinbarung** getroffen. Dies ist ein schuldrechtlicher Vertrag, der näher bestimmt, welchen Zweck die Grundschuld hat, wie die Grundschuld verwertet werden darf und unter welchen Voraussetzungen die Löschung vollzogen werden darf.[42] Seit 2008 ist durch § 1192 Abs. 1 a BGB geklärt, dass der Grundstückseigentümer auch im Falle einer Abtretung der Grundschuld Rechte aus der Sicherungsvereinbarung dem Erwerber entgegensetzen kann; der Kreditnehmer ist daher auch in dieser Hinsicht beim Verkauf von Darlehen und Sicherheiten geschützt. 60

Zahlt der Eigentümer auf die Grundschuld, erwirbt er sie als Eigentümergrundschuld.[43] Im Übrigen erfolgt die **Verwertung** der Grundschuld bei Eintritt des Sicherungsfalls durch Zwangsvollstreckung in das Grundstück.[44] Dabei spielt der Rang der Grundschuld eine entscheidende Rolle.[45] Bei Erlöschen der Grundschuld durch Zwangsversteigerung setzt sich der Anspruch des Grundstückseigentümers auf Rückgewähr der Grundschuld an dem auf die Grundschuld entfallenden Versteigerungserlös fort.[46] 61

Ähnlich wie bei der Hypothek gibt es verschiedene **Sonderformen** von Grundschulden. Auf die Grundschuld sind die Vorschriften über die Hypothek anwendbar, soweit sich aus der Unabhängigkeit von Grundschuld und gesicherter Forderung nichts anderes ergibt. 62

Durch die Grundschuld wird die Bank B 1 im **Beispielfall 24** abgesichert. Zwischen B 1 und dem Investor I ist eine entsprechende Sicherungsvereinbarung zu schließen. Wenn es sich um einen Formulartext handelt, können einzelne Klauseln unter AGB-rechtlichen Gesichtspunkten problematisch sein.[47] 63

2.1.2 Sonstige Sicherungsinstrumente

Neben oder anstelle von Grundpfandrechten sind noch einige andere dingliche Sicherungsvarianten zulässig. Bei beweglichen Sachen, etwa Warenlagern, kann eine **Sicherungsübereignung** nach § 930 BGB erfolgen.[48] Bei Grundstücken ist diese Sicherungsform unüblich; sie entspricht systematisch der Sicherungshypothek. 64

---

[39] Vgl. BayObLG, NJW-RR 1989, 1467 – Höchstbetragshypothek.
[40] Dazu § 17 Rdn. 87 ff.
[41] BGH, NJW 1988, 1026 – Eigentümergrundschuld.
[42] BGH, NJW 2004, 158 – Sicherungsvereinbarung Grundschuld.
[43] BGH, NJW-RR 2003, 11 – Zahlung auf Grundschuld.
[44] Dazu § 17 Rdn. 87 ff.
[45] BGH, ZfIR 2006, 27 – Gläubigerinnenausgleich nach Rang.
[46] BGH, ZfIR 2002, 411 – Rückgewähr bei Zwangsversteigerung.
[47] BGH, NJW 2002, 2710 – Erweiterung Sicherungszweck.
[48] BGH, NJW 1992, 1161 – Sicherungsübereignung Warenlager.

65 Bei Forderungen kann insbesondere eine **Sicherungsabtretung** vereinbart werden. Die Sicherungsabtretung bedeutet, dass die Forderung als Sicherheit für eine andere Forderung an einen Dritten übertragen wird; gleichzeitig sieht die Sicherungsvereinbarung zumeist vor, dass der ursprüngliche Forderungsinhaber unverändert zum Einzug der Forderung im Rahmen seines üblichen Geschäftsbetriebs berechtigt ist.[49]

66 Eine erweiterte Form der Forderungsabtretung ist die **Globalzession**. Die Globalzession erstreckt sich nicht auf eine einzelne Forderung, sondern vielmehr auf sämtliche Forderungen, die der Forderungsinhaber beispielsweise aufgrund seiner gewerblichen Tätigkeit erwirbt.[50] Auch Globalzessionen gehen gemeinhin mit Rückermächtigungen zur Einziehung der Forderungen einher.

67 Als **Factoring** wird der Forderungsverkauf gegen eine festgelegte Zahlung bezeichnet. Vom unechten Factoring wird gesprochen, wenn der Abtretende weiterhin das Risiko des Forderungsausfalls trägt. Dann handelt es sich wirtschaftlich um ein Kreditgeschäft.[51]

68 Aus Forderungsabtretungen können sich im Einzelfall schwierige **Zuordnungsprobleme** ergeben. Der Zessionar (derjenige, an den die Forderung abgetreten wird) muss sorgfältig prüfen, ob und inwieweit es sinnvoll ist, dass der Zedent (derjenige, der die Forderung abtritt) Rechte an ihn überträgt. Keinesfalls darf die Rechtsübertragung zu einer Haftungsbefreiung zu Gunsten des Zedenten führen, namentlich in der Weise, dass der Zessionar aufgrund der Abtretung auf die Geltendmachung von Forderungen gegenüber Dritten verwiesen wird und nicht mehr auf den Zedenten zugreifen kann.[52] Ein weiterer Aspekt besteht darin, dass bei Abtretung von Forderungen akzessorische Sicherheiten, insbesondere Hypotheken und Bürgschaften, nach § 401 BGB mit übergehen; auch dieses Ergebnis kann unter Umständen unerwünscht sein.[53] Schließlich können vertragliche oder gesetzliche **Abtretungsverbote** zu beachten sein.[54]

69 Parallelen mit der Sicherungsabtretung weist der **Eigentumsvorbehalt** auf. Eigentumsvorbehalte sind im Bau- und Handwerksbereich verbreitet. Mit dem Eigentumsvorbehalt soll die dingliche Rechtsänderung, also der Übergang des Eigentums an einer veräußerten Sache auf den Erwerber, von der Erbringung der vereinbarten Gegenleistung, typischerweise der Kaufpreiszahlung abhängig gemacht werden.[55] Ein Eigentumsvorbehalt beim Grundstückskauf ist wegen § 925 Abs. 2 BGB ausgeschlossen.

70 Eine Unterform ist der **verlängerte Eigentumsvorbehalt**. Der verlängerte Eigentumsvorbehalt kollidiert vielfach mit Sicherungsabtretungen. Er dient dazu, dem Materiallieferanten, angesichts eines Eigentumswechsels wegen Verbindung, Vermischung oder Verarbeitung nach den §§ 946 ff. BGB, als Kompensation zumindest diejenigen Ansprüche zu sichern, die der Leistungsempfänger, etwa das Unternehmen, das das Material einbaut, gegen Dritte erwirbt. Der verlängerte Eigentumsvorbehalt hat Vorrang gegenüber der Globalzession zugunsten einer Bank.[56]

71 Eine letzte dingliche Sicherungsvariante ist die **Verpfändung**. Verpfändet werden können namentlich Wertpapiere und Gesellschaftsbeteiligungen.[57] Die Verpfändung bedarf – wie die Grundschuld oder die Sicherungsabtretung – einer Sicherungsvereinbarung.

---

[49] Vgl. BGH, NJW-RR 1995, 1369 – Sicherungsabtretung.
[50] BGH, NJW-RR 2003, 1691 – Globalzession.
[51] BGH, NJW 1982, 164 – unechtes Factoring.
[52] Vgl. BGH, NJW 1993, 1579 – Abtretung Versicherungsanspruch.
[53] Vgl. BGH, NJW 2003, 3461 – Abtretung künftige Bürgschaft.
[54] BGH, NJW-RR 2000, 1220 – Zustimmungspflicht bei Abtretung.
[55] Vgl. BGH, NJW-RR 1986, 1378 – EV-Abwehrklausel.
[56] BGH, NJW 1999, 940 – dingliche Teilverzichtsklausel.
[57] OLG Düsseldorf, NJW-RR 2004, 1111 – Verpfändung GbR-Anteil.

Ein gesetzliches Pfandrecht ist das Vermieterpfandrecht an den eingebrachten Sachen des Mieters nach den §§ 562 ff. BGB.[58]

Im **Beispielfall 24** ist der Investor I mit einem Eigentumsvorbehalt und einer Globalzession seitens des U 2 konfrontiert. Der Eigentumsvorbehalt sollte in den Vertragsverhandlungen erörtert werden, bleibt aber im Ergebnis wirkungslos, soweit die Fenster mit Einbau kraft Gesetzes Eigentum des I werden (§ 946 BGB). Geboten ist angesichts der Globalzession aber eine ausdrückliche Bestätigung des U 2, dass dieser der „richtige" Gläubiger und Einziehungsberechtigte in Bezug auf den Werklohn ist; andernfalls läuft I Gefahr, dass Zahlungen an U 2 als den falschen Gläubiger geleistet werden. 72

2.2 Schuldrechtliche Sicherungsvarianten

Die Palette der schuldrechtlichen Sicherungsvarianten ist vielfältig. Die Sicherungsmodalitäten variieren je nach dem konkret eingesetzten Instrument erheblich. 73

2.2.1 Garantie

Eine Garantie ist ein vielfältig einsetzbares Sicherungsinstrument. Typisches Merkmal der Garantie ist die **verschuldensunabhängige Haftung** des Garantiegebers.[59] 74

Die **unselbstständige Garantie** setzt einen bereits bestehenden Anspruch voraus. Für den Fall der nicht ordnungsgemäßen Erfüllung regelt sie sekundäre Rechtsfolgen, die insbesondere die Mängelrechte des Gläubigers erweitern. So kann der Schuldner nach § 443 BGB beim Kauf eine Beschaffenheits- und Haltbarkeitsgarantie übernehmen, die gegenüber § 437 BGB für den Käufer Vorteile mit sich bringt.[60] 75

Dagegen begründet die **selbstständige Garantie** einen eigenen Anspruch gegen den Garantiegeber. Je nach Ausgestaltung der Garantie kann der Garantiegeber neben dem eigentlichen Schuldner haften;[61] Garantiegeber und Schuldner können jedoch auch miteinander identisch sein.[62] 76

Typisches Beispiel für eine selbstständige Garantie ist die **Mietgarantie**. Mittels einer Mietgarantie sagt in der Regel ein Dritter dem Vermieter zu, dass dieser über einen bestimmten Zeitraum mit einer Immobilie Mindestmieteinnahmen erzielen und der Dritte für diese Einnahmen verschuldensunabhängig einstehen wird. Es sind unterschiedliche Formen von Mietgarantien realisierbar; teilweise werden Mietgarantien mit Erstvermietungsvereinbarungen kombiniert.[63] 77

Die wirtschaftlichen **Risiken**, die mit der Übernahme von Garantien einhergehen, sind sorgfältig zu prüfen.[64] Für den Garantienehmer ist dabei die Solvenz des Garantiegebers von herausragender Bedeutung. Bestehen Bedenken, ob der Garantiegeber die Ansprüche aus der Garantie erfüllen kann, sind alternative oder zusätzliche Sicherungsinstrumente wie Bankbürgschaften in Erwägung zu ziehen. 78

Für den Garantiegeber kann sich die Garantie, etwa bei dauerhafter Zahlungsunfähigkeit des Hauptschuldners, faktisch als Erfüllungsverpflichtung auswirken. Wird die Garantie zu 79

---

[58] BGH, NJW 1986, 2426 – Vermieterpfandrecht.
[59] BGH, ZfBR 2000, 98 – Garantie des Werkunternehmers.
[60] OLG Celle, IBR 2004, 399 – Haus „massiv gebaut".
[61] BGHZ 145, 286 – Bankgarantie.
[62] Vgl. OLG Düsseldorf, NJW-RR 1997, 1410 – Baukostengarantie.
[63] Vgl. BGH, NJW 2003, 2235 – Mietgarantie und Vermietungsgarantie.
[64] Vgl. BGH, NJW-RR 2004, 873 – Kündigungsrecht bei befristeter Garantie.

Gunsten eines Dritten abgegeben, ist klärungsbedürftig, inwieweit **Rückgriffsansprüche** und -chancen im Hinblick auf den Hauptschuldner bestehen.

80 Im **Beispielfall 24** könnte der Investor I eine Vermarktung des Wohnparks dadurch befördern, dass er Mietgarantien für die geplanten Wohnobjekte anbietet. Auf diese Weise kann I das Interesse von Kapitalanlegern wecken; andererseits geht I mit den Garantien langfristige Verpflichtungen ein.

2.2.2 Schuldbeitritt

81 Der Schuldbeitritt ist von der **befreienden Schuldübernahme** nach § 414 BGB abzugrenzen. Beim Schuldbeitritt wird der ursprüngliche Schuldner gegenüber dem Gläubiger nicht von seiner Verpflichtung frei. Es haften vielmehr der vormalige Schuldner und der Beitretende fortan als Gesamtschuldner nebeneinander.[65] Für die Übernahme einer Schuld durch einen Dritten ist im Unterschied dazu stets die Zustimmung/Genehmigung des Gläubigers erforderlich.[66]

82 Der Schuldbeitritt kann eine Alternative zur Bürgschaft sein. Er ist – im Unterschied zur Bürgschaft (§ 766 BGB) – **formfrei**, es sei denn, es ist, wie beim Schuldbeitritt eines Verbrauchers zu einem Kreditvertrag (§ 492 BGB), gesetzlich etwas anderes bestimmt.

83 Die Rechtsprechung stellt beim Schuldbeitritt auf ein eigenes wirtschaftlichen Interesse des Beitretenden an der Erfüllung der Verbindlichkeit ab. Ein solches Interesse wird aber bei Immobiliengeschäften nur ausnahmsweise anzunehmen sein. Im Zweifel sind „Mithaftungserklärungen" daher als Bürgschaft auszulegen.[67]

84 Gegenüber dem Unternehmen U 1, das im **Beispielfall 24** von dem Investor I als Äquivalent zu der von ihm selbst gestellten Vertragserfüllungssicherheit in Form eines Patronates eine Sicherheit nach § 648 a BGB verlangen kann, reicht der Schuldbeitritt eines Dritten nicht ohne weiteres aus. Nach § 648 a Abs. 2 BGB kommen lediglich die in den §§ 232 ff. BGB aufgeführten Sicherheiten sowie Garantien und sonstige Zahlungsversprechen eines deutschen Kreditinstituts oder Kreditversicherers in Betracht.

2.2.3 Bürgschaft

85 Die Bürgschaft ist das in der Praxis am häufigsten verwendete schuldrechtliche Sicherungsinstrument. Bürgschaften dienen vor allem der Sicherung von Geldforderungen im Zusammenhang mit Darlehens-, Kauf-, Miet- und Bauverträgen. Die rechtlichen Rahmenbedingungen ergeben sich aus den §§ 765 ff. BGB. **Tauglicher Bürge** ist danach jede rechtsfähige natürliche oder juristische Person. Ein Sitz oder eine Niederlassung des Bürgen im Inland ist nicht unbedingt notwendig.[68]

86 Zu unterscheiden sind sodann **zwei Rechtsverhältnisse**, nämlich
- das Innenverhältnis zwischen dem eigentlichen Schuldner, auch: Hauptschuldner, und dem Bürgen, sowie
- das Außenverhältnis zwischen dem Bürgen und dem Gläubiger.

---

[65] BGH, NJW 1996, 249 – Schuldbeitritt.
[66] BGH, NJW-RR 1996, 141 – Schuldübernahme.
[67] BGH, NJW 1986, 580 – Schuldbeitritt oder Bürgschaft.
[68] Vgl. OLG Düsseldorf, ZIP 1995, 1667 – EU-Bürge.

Wie die Hypothek ist auch die Bürgschaft eine **akzessorische Sicherheit**. Sie setzt eine (fort-) bestehende Hauptforderung voraus. Diese Hauptforderung muss in der Bürgschaftsurkunde ebenso wie die Beteiligten präzise bezeichnet werden.[69] Der Bürge haftet nicht ohne weiteres für Veränderungen hinsichtlich der Hauptforderung, die allein zwischen Hauptschuldner und Gläubiger vereinbart worden sind.[70] 87

Der genaue **Bürgschaftstext** kann vertraglich zwischen den Beteiligten abgestimmt werden. Häufig wird mit formularmäßigen Regelungen und Vordrucken gearbeitet, die im Rechtssinne Allgemeine Geschäftsbedingungen darstellen und deshalb einer besonderen Inhaltskontrolle unterliegen können. Nachdem die Rechtsprechung in den letzten Jahren eine Reihe von Bürgschaftsklauseln als unangemessene und mithin unwirksame Benachteiligung des Vertragspartners gewertet hat, ist jeweils zu kontrollieren, ob der Bürgschaftstext einwandfrei und für den konkret interessierenden Sachverhalt einschlägig ist.[71] 88

Wer eine Bürgschaft zu stellen hat, schließt in den meisten Fällen zunächst mit einer Bank oder Versicherung einen **Geschäftsbesorgungsvertrag**, der die Übernahme der aus der Bürgschaft resultierenden Verpflichtungen, die Erteilung der Bürgschaftsurkunde, die Kosten und eventuell verlangte weitere Sicherheiten zum Gegenstand hat. Die laufzeitabhängigen Gebühren für die Erteilung von Bürgschaften werden als **Avalzinsen** bezeichnet, großen Unternehmen wird von Banken auf Basis globaler Vereinbarungen ein flexibel einsetzbarer Avalrahmen zu festgelegten Standardkonditionen eingeräumt.[72] Die Höhe der Avalzinsen richtet sich nach den Umständen des Einzelfalls und bewegt sich ungefähr in einer Größenordnung von 1 % der Bürgschaftssumme pro Jahr. 89

Neben den Avalzinsen ist für den Schuldner, der die Bürgschaft zu stellen hat, von Interesse, welche **Rückgriffsrechte** der Bürge für den Fall verlangt, dass aus der Bürgschaft Zahlung geleistet werden muss. In diesem Fall erwirbt der Bürge zwar nach § 774 BGB die zugrunde liegende Hauptforderung; da die Werthaltigkeit dieser Hauptforderung aber fraglich sein kann, wird der Schuldner auch den Rückgriff des Bürgen absichern müssen. Derartige Rückgriffsrechte können die Hinterlegung von Geldbeträgen, Forderungsabtretungen, Grundpfandrechte oder Rückbürgschaften Dritter sein.[73] 90

In Anspruch genommen wird die Bürgschaft durch Vorlage der Bürgschaftsurkunde und Geltendmachung des Bürgschaftsanspruchs. Ein besonders liquides Sicherungsmittel ist insoweit die **Bürgschaft auf erstes Anfordern**. Bei dieser inzwischen zunehmend kritisch beurteilten Bürgschaftsform ist der Bürge mit Einwendungen auf einen Rückforderungsprozess verwiesen, wenn nicht ein Rechtsmissbrauch offenkundig ist.[74] Bei einer einfachen Bürgschaft kann der Bürge hingegen alle Einwendungen geltend machen, die der Hauptschuldner hat, also etwa die Aufrechnung mit offenen Zahlungsansprüchen. 91

Häufig verwendete **Sonderformen** der Bürgschaft sind Sicherheiten nach § 648 a BGB[75], die MaBV-Bürgschaft[76] und Mietbürgschaften.[77] Für Form und Inhalt derartiger Bürgschaften gibt es einige spezielle gesetzliche Bestimmungen. 92

Mit **Konzernbürgschaften** sichert zumeist das beherrschende Unternehmen Verpflichtungen seiner Tochter.[78] Aus der Sicht des Gläubigers kann sich daraus ein Interessenkon- 93

[69] BGHZ 132, 119 – Form der Bürgschaftsurkunde.
[70] BGH, WM 1997, 625 – belastende Nebenabrede.
[71] Dazu § 12 Rdn. 163 ff.
[72] Vgl. BGH, NJW-RR 2000, 1717 – Avalkreditvertrag.
[73] BGH, NJW 1989, 1484 – Rückbürgschaft.
[74] BGH, NJW 2003, 2231 – Bürgschaft auf erstes Anfordern.
[75] Dazu § 12 Rdn. 173.
[76] Dazu § 5 Rdn. 101.
[77] BGHZ 107, 210 – Mietbürgschaft.
[78] Dazu § 3 Rdn. 81.

flikt ergeben; typischerweise wird sich der Konzern gerade im Streitfall der Rechtsauffassung seiner Tochter anschließen und deshalb mit einiger Wahrscheinlichkeit die Zahlung aus der Bürgschaft verweigern.

94 Schließlich verdient als standardisiertes Sicherungsinstrument die **Prozessbürgschaft** Erwähnung. Sie kann vom Gläubiger je nach dem zugrunde liegenden Titel als Voraussetzung für die Zwangsvollstreckung in das Vermögen des Schuldners vor Eintritt der Rechtskraft der zugrunde liegenden gerichtlichen Entscheidung zu stellen sein.[79]

95 Im **Beispielfall 24** hat U 1 dem Investor I als Erfüllungssicherheit „nur" eine Patronatserklärung gestellt. Als für den I rechtlich günstigere Alternative hätte sich eine Konzernbürgschaft angeboten; bei Gestellung einer solchen Sicherheit hätten sich die Parteien an den §§ 765 ff. BGB orientieren können.

2.2.4 Patronatserklärung

96 Eine Alternative zur Bürgschaft kann die Patronatserklärung sein. Patronatserklärungen werden – ähnlich wie Konzernbürgschaften – vielfach von Muttergesellschaften zu Gunsten ihrer Töchter abgegeben. Gesetzliche Regelungen zur Patronatserklärung existieren nicht.

97 Unterschieden werden **weiche** und **harte Patronatserklärungen**. Es ist im Wege der Auslegung festzustellen, welchen Inhalt die jeweilige Erklärung hat.[80] Während die weiche Patronatserklärung im Allgemeinen den Charakter einer unverbindlichen Absichtsbekundung hat, begründet die harte Patronatserklärung eine gesamtschuldnerische Haftung des Erklärenden gegenüber dem Begünstigten. Eine harte Patronatserklärung ist etwa dann anzunehmen, wenn der Erklärende einschränkungslos zusagt, dafür Sorge zu tragen, dass der Hauptschuldner jederzeit in der Lage ist, alle ihm obliegenden Verpflichtungen aufgrund eines namentlich bezeichneten Vertragsverhältnisses vollumfänglich zu erfüllen.

98 Welche Abreden im **Innenverhältnis** zwischen dem Patron und dem Hauptschuldner getroffen werden, ist gesondert zu prüfen. Bürgschaftsrecht gilt hier nicht. Es sind auch nicht unbedingt Avalzinsen zu zahlen. Angesichts der fehlenden gesetzlichen Rahmenbedingungen können bei der Verwertung von Patronatserklärungen unter Umständen Rechtsunsicherheiten auftreten.[81]

99 Eine Patronatserklärung ist im **Beispielfall 24** gegenüber I ein vertretbares Sicherungsmittel. Generell konzentrieren sich Patronatserklärungen auf Geschäfte größerer Unternehmen; im Zweifel verdient aber eine Bürgschaft den Vorzug.

2.2.5 Sonstige Sicherungsinstrumente

100 Als sonstiges schuldrechtliches Sicherungsinstrument ist einmal die **Hinterlegung** zu nennen. Sie vollzieht sich nach den §§ 232 f. BGB in Verbindung mit der Hinterlegungsordnung (HintO). Hinterlegt werden können Geld oder Wertpapiere; das Prozedere nach der HintO ist aber recht kompliziert.

101 Die Hinterlegung als Sicherheit ist von der Hinterlegung nach den §§ 372 ff. BGB abzugrenzen. Diese ist Erfüllungssurrogat und etwa bei Annahmeverzug des Gläubigers

---

[79] BGH, NJW-RR 2004, 1128 – Prozessbürgschaft.
[80] BGHZ 117, 227 – Patronatserklärung.
[81] Vgl. KG, WM 2002, 1190 – Sicherung künftiger Forderungen.

zulässig.[82] Alternativ bietet sich eine Hinterlegung beim Notar an, wie sie bei der Zahlung über ein Notaranderkonto erfolgt. Diese Zahlung hat (noch) keine Erfüllungswirkung.[83]

Nach den §§ 321 ff. AktG kann schließlich eine Aktiengesellschaft verpflichtet sein, Verluste eines anderen Unternehmens, mit dem ein **Gewinnabführungsvertrag** besteht,[84] gegenüber Dritten unmittelbar auszugleichen. Aus dieser Verpflichtung ergibt sich ein Anspruch der Gläubiger des Unternehmens gegen die Aktiengesellschaft auf Ausgleich von Forderungen, die das Unternehmen nicht erfüllen kann. 102

Es handelt sich um ein zusätzliches gesetzliches Sicherungsinstrument, dass insbesondere im Insolvenzfall Anwendung finden kann. Wie bei der Patronatserklärung kann ein Nachteil aus gesellschaftsrechtlichen Verflechtungen zwischen Sicherungsgeber und Hauptschuldner entstehen, zumal tendenziell Muttergesellschaft und beherrschendes Unternehmen im Sinne des Aktienrechts bemüht sein werden, Verluste im Bereich ihrer Beteiligungen zu minimieren.[85] 103

Der Investor I wird im **Beispielfall 24** die Hinterlegung oder eine Haftung nach dem AktG als Sicherheiten nur ausnahmsweise prüfen. Beide Instrumente bewirken wegen ihrer rechtlichen Spezifika keinen hinreichend effizienten Gläubigerschutz. 104

Literatur zur Vertiefung

Boos, Karl-Heinz/Fischer, Reinfrid/Schulte-Mattler, Hermann, Kreditwesengesetz (Kommentar), 3. Aufl., München 2008; *Jaletzke, Peter/Veranneman, Matthias,* Finanzmarktstabilisierungsgesetz, München 2009; *Jesch, Thomas/Schilder, Axel/Striegel, Andreas,* Rechtshandbuch Immobilien-Investitionen, München 2009; *Palandt, Otto,* Bürgerliches Gesetzbuch (Kommentar), 68. Aufl., München 2009; *Schäfer, Jürgen/Conzen, Georg,* Praxishandbuch Immobilien-Investitionen, München 2005; *Schimansky, Herbert/Bunte, Hermann-Josef/Lwowski, Hans-Jürgen,* Bankrechts-Handbuch, 3 Bände, 3. Aufl., München 2007; *Schulte, Karl-Werner,* Immobilienökonomie, Band I,: Betriebswirtschaftliche Grundlagen, 4. Aufl., München 2008; *Siebel, Ulf/Röver, Jan Hendrik/Knütel, Christian,* Rechtshandbuch Projektfinanzierung und PPP; 2. Aufl., München 2008; *Weise, Stefan,* Beck'sches Formularbuch Immobilienrecht, München 2001.

---

[82] BGH, NJW 2001, 231 – Ungewissheit über Gläubiger.
[83] BGH, NJW 1998, 2134 – Hinterlegung beim Notar.
[84] Dazu § 3 Rdn. 81.
[85] Vgl. LG Berlin, NZBau 2000, 201 – Durchgriffshaftung.

§ 8 Immobiliensteuerrecht

Das deutsche Immobiliensteuerrecht ist äußerst kompliziert. Der Anwender muss zunächst ein gewisses Grundvokabular beherrschen. Sodann geht es um eine Vielzahl von Steuerarten, die in unterschiedlichen Gesetzen geregelt ist. 1

Details in Bezug auf die einzelnen Steuerarten lassen sich lediglich im Wege der vertieften Prüfung der Steuergesetze, der dazu vorliegenden Verwaltungsvorschriften und Arbeitshilfen, der Rechtsprechung der Finanzgerichte sowie der Kommentarliteratur beurteilen. Im internationalen Rechtsverkehr können sich aus Doppelbesteuerungsabkommen weitere Komplikationen ergeben.[1] Ziel der folgenden Darstellung ist es daher, neben dem Grundvokabular die wesentlichen Merkmale der wichtigsten nationalen Steuerarten aufzuzeigen. 2

1. Grundbegriffe des Steuer- und Abgabenrechts

Beispielfall 25: Einkommensteuerbescheid 3
Der Investor I hat einen denkmalgeschützten Altbau saniert. Als I seine Einkommensteuererklärung abgibt, entsteht Streit mit dem Finanzamt über das Verhältnis von steuerlich beachtlichen Sanierungskosten für die Altbausubstanz und steuerlich unerheblichem Neuherstellungsaufwand für den erstmaligen Ausbau des Dachgeschosses.

Grundgesetz des Steuerrechts ist die **Abgabenordnung (AO)**. § 3 Abs. 1 AO definiert **Steuern** als Geldleistungen, die keine Gegenleistung für eine besondere Leistung darstellen und von einem öffentlich-rechtlichen Gemeinwesen zur Erzielung von Einnahmen allen auferlegt werden, bei denen der Tatbestand zutrifft, an den das Gesetz die Leistungspflicht knüpft. 4

Steuern sind abzugrenzen von Gebühren und Beiträgen. **Gebühren** sind gesetzlich festgelegte Entgelte für die Inanspruchnahme der öffentlichen Verwaltung in einem bestimmten Einzelfall. So fallen etwa bei Einholung einer Baugenehmigung Gebühren nach Maßgabe der jeweiligen Gebührenordnung an.[2] 5

Beiträge korrespondieren mit der Beteiligung der Interessenten an den Kosten einer öffentlichen Einrichtung. So liegen die Dinge z.B. bei Erschließungsbeiträgen.[3] 6

Während bei Gebühren das **Äquivalenzprinzip** gilt und Abgabe sowie Gegenleistung einander wirtschaftlich gleichstehen müssen,[4] genügt für die Beitragserhebung der abstrakte Vorteil, der einem bestimmten Personenkreis aus der sachlichen Zweckbestimmung der öffentlichen Einrichtung erwächst. Grundstücksbezogene Beiträge werden typischerweise auf den Nutzer umgelegt, etwa indem der Bauträger Erschließungskosten in seine Verkaufspreise einkalkuliert.[5] 7

---

[1] Vgl. § 2 Rdn. 48.
[2] Vgl. BVerwG, ZfBR 2002, 267 – 3-fache Gebühr bei Schwarzbau.
[3] Vgl. BVerwG, NVwZ 2004, 1118 – Erschließungsbeitrag.
[4] Vgl. OVG Münster, NVwZ-RR 2004, 819 – Gebühren für Bauüberwachung.
[5] Dazu § 5 Rdn. 98 ff.

8 Ganz überwiegend ist das Steuer- und Abgabenrecht **Bundesrecht**. Lediglich Gebühren und Beiträge werden vielfach nach dem Landes- und Kommunalrecht erhoben,[6] Steuern sind Sache des Bundes. Dies besagt jedoch noch nichts darüber, wem das Steueraufkommen im Ergebnis zusteht. Insoweit findet zwischen Bund, Ländern und Gemeinden ein – gelegentlich umstrittener – Finanzausgleich statt. Außerdem können die einzelnen Steuergesetze Mitwirkungsbefugnisse von Ländern und Gemeinden vorsehen; so werden etwa die Hebesätze für die Gewerbesteuer und die Grundsteuer von den Gemeinden festgelegt.[7]

9 Die AO enthält insbesondere das **Steuerschuldrecht**. Hier geht es um die Steuerpflicht und um die Haftung; daneben ist definiert, unter welchen Voraussetzungen etwa Steuervergünstigungen wegen Verfolgung gemeinnütziger Zwecke in Anspruch genommen werden können.[8]

10 Eine allgemeine Beratungspflicht der Finanzbehörden in Steuersachen besteht nicht, dies ist Sache von Steuerberatern.[9] Bei Zweifeln über die Reichweite steuerlicher Regelungen kann der Steuerschuldner aber in einem laufenden Verfahren nach § 89 AO eine **Auskunft** oder – eventuell auch verfahrensunabhängig – eine **Zusage** des Finanzamts einholen. Bei der späteren Steuerfestsetzung ist das Finanzamt dann an verbindliche Erklärungen gebunden; deswegen üben die Finanzbehörden ihr Ermessen in diesem Zusammenhang recht restriktiv aus.[10]

11 Im **Steuerverfahren** besteht nach den §§ 93 ff. AO eine weitreichende Offenlegungspflicht der Beteiligten. Damit verknüpft ist der Tatbestand der **Steuerhinterziehung** nach § 370 AO. Mit Freiheitsstrafe bis zu 5 Jahren oder mit Geldstrafe kann bestraft werden, wer über steuerlich erhebliche Tatsachen unrichtige oder unvollständige Angaben macht, die Finanzbehörden pflichtwidrig über steuerlich erhebliche Tatsachen in Unkenntnis lässt und dadurch Steuern verkürzt oder für sich oder einen anderen nicht gerechtfertigte Steuervorteile erlangt. Bereits der Versuch der Steuerhinterziehung ist strafbar; in besonders schweren Fällen kann eine Freiheitsstrafe bis zu 10 Jahren verhängt werden. Verträge können jedoch trotz Straftat rechtswirksam sein, daraus können sich für die Beteiligten weitere Probleme ergeben.[11]

12 Um eine reibungslose und vollständige Durchführung der Besteuerung zu gewährleisten, regeln die §§ 134 ff. AO diverse Anzeigeerfordernisse, Mitwirkungspflichten und die Modalitäten der Steuerfestsetzung. Nach § 155 AO werden Steuern durch **Steuerbescheid** festgesetzt. Steuerbescheide sind Kraft Gesetzes sofort vollziehbar, ein möglicher Einspruch hat also keine aufschiebende Wirkung. Der Steuerpflichtige kann lediglich ausnahmsweise bei der Finanzbehörde nach § 361 AO Aussetzung der Vollziehung beantragen.[12]

13 Der Steuerbescheid ist auch Titel für die **Verwaltungsvollstreckung**. Welche Vollstreckungsmaßnahmen gegen säumige Schuldner ergriffen werden können, ergibt sich aus den §§ 249 ff. AO. Im Insolvenzverfahren sind Steuerverbindlichkeiten privilegiert zu behandeln.[13] Bei Uneinbringlichkeit kann eine Niederschlagung nach § 261 AO erfolgen, ohne dass der Schuldner deswegen gegenüber der Finanzbehörde von seinen Verbindlichkeiten frei wird.[14]

---

[6] Vgl. OVG Koblenz, KStZ 2004, 155 – Straßenreinigungsgebühren.
[7] Dazu § 8 Rdn. 42 und 52.
[8] Vgl. OFD Hannover, BB 2001, 1724 – Denkmalpflege.
[9] BFH/NV 2002, 1293 – keine Beratungspflicht der Finanzbehörden.
[10] Vgl. BFH, BStBl. 1990, 274 – verbindliche Zusage.
[11] BGH, ZIP 2001, 202 – Bauen ohne Rechnung; BGH, NJW-RR 2002, 1527 – Grundstückskauf mit Falschangaben.
[12] Vgl. OVG Weimar, NVwZ-RR 2004, 206 – Gewerbesteuerbescheid.
[13] Dazu § 16 Rdn. 10.
[14] Vgl. BFH/NV 1999, 285 – Niederschlagung als Behördeninternum.

Nach billigem Ermessen können die Finanzbehörden Zahlungsaufschub durch **Stundung** gewähren oder bei verzögerter Zahlung **Säumniszuschläge** erheben. Eine Stundung wird nur auf Antrag gewährt, für die Erhebung von Säumniszuschlägen bedarf es keiner Mahnung.[15] 14

Für den unternehmerischen Bereich ist vielfach das Verfahren zur **gesonderten Feststellung** von Besteuerungsgrundlagen nach den §§ 179ff. AO zu beachten. Gegenstand dieses Verfahrens sind 15

- die Einheitswerte nach Maßgabe des Bewertungsgesetzes (BewG), die für die Grundsteuer maßgeblich sind,[16]
- die in § 180 Abs. 1 Nr. 2 AO aufgeführten Einkünfte, speziell von Personengesellschaften.

Die Besteuerung in derartigen Fällen erfolgt in mehreren Schritten. So haben etwa die Gesellschafter von Personengesellschaften auf der Grundlage der gesonderten Feststellung nach den §§ 179ff. AO im Nachgang jeweils eigene Einkommensteuererklärungen abzugeben. An die Feststellung des Einheitswerts schließt sich der Grundsteuerbescheid an. 16

Im Steuerrecht besteht eine strenge Gesetzesbindung. Ein **Vergleich** zwischen dem Steuerpflichtigen und den Finanzbehörden ist bei Auseinandersetzungen nur eingeschränkt möglich, weil die Erfordernisse der Gesetzmäßigkeit und der Gleichmäßigkeit der Besteuerung entgegenstehen. Zulässig und bindend soll aber eine „tatsächliche Verständigung" mit einem vertretungsbefugten Finanzbeamten über schwierig zu ermittelnde Sachverhalte sein.[17] 17

Im **Beispielfall 25** wird I den Finanzbehörden alle Einzelheiten des Geschäfts offen legen müssen. Das Verhältnis von Neuherstellungs- und Sanierungskosten setzt die Denkmalschutzbehörde fest. I muss den entsprechenden Verwaltungsakt erforderlichenfalls mit Widerspruch angreifen. Unbeschadet dessen ist der Einkommensteuerbescheid kraft Gesetzes sofort vollziehbar; einen Zahlungsaufschub und eine inhaltliche Korrektur der Festsetzungen kann I deshalb erst im Rechtsbehelfs- oder Klageverfahren erreichen.[18] 18

2. Einzelne Steuerarten

Bei Immobiliengeschäften sind verschiedene Steuerarten zu beachten. Die **Steuerarten** lassen sich in die auf der nächsten Seite dargestellten Kategorien unterteilen. 19

Beispielfall 26: Share Deal und Asset Deal 20
Der Investor I, eine GmbH, erwägt, ein Grundstück, das mit einem kombinierten Wohn- und Geschäftshaus bebaut und komplett vermietet ist, anzukaufen. I wird von dem Verkäufer V alternativ angeboten, entweder Anteile der als GmbH & Co. KG organisierten Objektgesellschaft O zu erwerben oder unmittelbar einen Eigentumsübergang von O auf I zu vereinbaren.

[15] Vgl. BFH, BStBl. 1991, 906 – Säumniszuschlag.
[16] Dazu § 6 Rdn. 26 und 8 Rdn. 52.
[17] BFH, BStBl. 2001, 714 – Vergleich im Steuerrecht.
[18] Vgl. BFH, BStBl. II 2003, 916 – Tiefgarage als Teil eines Denkmals; BFH, BStBl. II 2005, 171 – Herstellungskosten und Sanierungsmaßnahme.

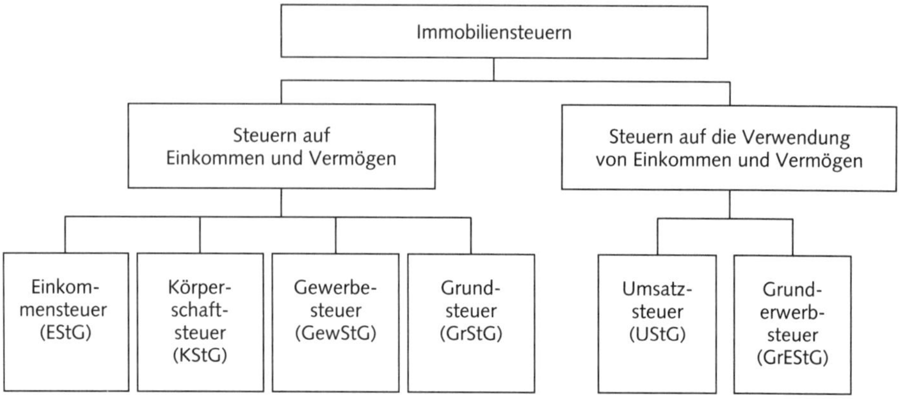

Abbildung 17: Immobiliensteuern

2.1 Einkommensteuer

21 Die Einkommensteuer ist im Einkommensteuergesetz (EStG) und der darauf beruhenden Einkommensteuer-Durchführungsverordnung (EStDV) geregelt. **Einkommensteuerpflichtig** sind natürliche Personen mit Wohnsitz und ständigem Aufenthalt in Deutschland.

22 Auch die Gesellschafter von Personengesellschaften unterliegen der Einkommensteuer. Insoweit erfolgt eine gesonderte und einheitliche Gewinnfeststellung nach den §§ 179 und 180 Abgabenordnung (AO). Das Ergebnis der Gesellschaft wird sodann nach Maßgabe der gesellschaftsvertraglichen Vereinbarungen den Gesellschaftern zugerechnet.[19]

23 Das EStG differenziert zwischen **sieben Einkunftsarten**. Als Gewinn werden die Einkünfte aus Land- und Forstwirtschaft, aus Gewerbebetrieb und als selbstständiger Arbeit erfasst. Überschusseinkunftsarten sind Einkünfte aus nichtselbstständiger Arbeit, aus Kapitalvermögen, aus Vermietung und Verpachtung sowie sonstige Einkünfte. Sonderregelungen für die einzelnen Einkunftsarten enthalten die §§ 13 ff. EStG.

24 Der **Gewinn** wird bei zur kaufmännischen Buchführung verpflichteten Unternehmen[20] nach § 4 Abs. 1 und 3 EStG durch einen Betriebsvermögensvergleich (= Bilanz) ermittelt. Dabei wird das Betriebsvermögen am Schluss des Wirtschaftsjahres dem Betriebsvermögen am Schluss des vorangegangenen Wirtschaftsjahres gegenübergestellt. Besteht keine kaufmännische Buchführungspflicht und wird auch nicht freiwillig bilanziert – dies kann etwa Freiberufler und Gesellschaften bürgerlichen Rechts betreffen –, ist eine Einnahmen-/Überschussrechnung angezeigt; dabei wird als Gewinn der Überschuss der Betriebseinnahmen über die Betriebsausgaben angesetzt.

25 Maßgeblich kommt es bei der Gewinnermittlung darauf an, welche Vermögensgegenstände zum **Betriebsvermögen** und welche zum **Privatvermögen** der Beteiligten zählen.[21] Außerdem sind nach § 4 Abs. 1 Satz 8 EStG die Vorschriften über die Betriebsausgaben, über die Bewertung und über die Absetzung für Abnutzung oder Substanzverringerung zu befolgen.

---

[19] Dazu § 3 Rdn. 32 und 47.
[20] Dazu § 3 Rdn. 16.
[21] BFH/NV 2003, 1424 – gewillkürtes Betriebsvermögen.

Das Spektrum der durch den Betrieb des Unternehmens veranlassten **Betriebsausgaben** wird in der Rechtsprechung laufend fortentwickelt.[22] Zuletzt hat der Gesetzgeber mit § 4 h EStG eine sog. Zinsschranke eingeführt, die den Betriebsausgabenabzug speziell bei Zinsaufwendungen begrenzt. Für die **Bewertung** ist § 6 EStG entscheidende Norm. Die Bewertung dient der wirtschaftlichen Erfassung des Betriebsvermögens. Wichtigstes Kriterium sind dabei – wie bei der Bilanzierung nach Handelsrecht[23] – die **Anschaffungs- und Herstellungskosten** der in Rede stehenden Wirtschaftsgüter. Auch hierzu gibt es umfangreiche Kasuistik.[24] 26

Die **Absetzung für Abnutzung oder Substanzverringerung** nach § 7 EStG – auch als AfA abgekürzt – beruht auf dem Gedanken, dass Wirtschaftsgüter, die für die Erzielung von Einkünften verwendet oder genutzt werden, nach und nach ihren Wert verlieren. Es kann daher in dem jeweils gesetzlich festgelegten Zeitraum sukzessive ein Teil der Anschaffungs- und Herstellungskosten in Abzug gebracht werden. 27

Grund und Boden unterliegen keinem Wertverzehr, insoweit scheidet eine AfA daher aus.[25] Für **Gebäude** gibt es detaillierte Sonderregelungen; je nach den politischen Prioritäten werden vom Gesetzgeber zudem Möglichkeiten der erhöhten Absetzung in den §§ 7 a ff. EStG vorgesehen, etwa für Baudenkmale.[26] Fraglich kann überdies sein, welche Aufwendungen – abweichend von der Wertverzehrthese – einen Sofortabzug rechtfertigen.[27] 28

Anders ist die Systematik bei **Überschusseinkunftsarten**. Hier geht es nach § 2 Abs. 2 Nr. 2 EStG bei der Besteuerung um einen eventuellen Überschuss der Einnahmen über die **Werbungskosten**. Der Begriff der Einnahmen ist in § 8 EStG geregelt, dazu können neben Zahlungen auch andere vermögenswerte Vorteile zählen. Was unter dem Begriff Werbungskosten zu verstehen ist, ergibt sich aus den §§ 9 und 9 a StG. Typische Werbungskosten sind Finanzierungszinsen und Grundsteuern.[28] 29

Das **zu versteuernde Einkommen** errechnet sich nach dem EStG in mehreren Schritten. Fraglich ist auf der ersten Stufe insbesondere, welche Einkünfte der Steuerpflichtige erzielt hat. In diesem Zusammenhang können auf einer zweiten Stufe Gewinne und anderweitig erzielte Verluste nach Maßgabe des EStG miteinander verrechnet werden. Der Gesetzgeber hat allerdings in jüngster Vergangenheit die Möglichkeiten der **Verlustverrechnung** in mehrfacher Hinsicht eingeschränkt. Die Einzelheiten ergeben sich insbesondere aus den §§ 15 a und b EStG. Kein Verlustabzug soll ferner nach ständiger Verwaltungspraxis möglich sein, wenn es bei wertender Betrachtung der Finanzbehörden an der Gewinnerzielungsabsicht fehlt.[29] 30

Eine neue Form der Einkommenbesteuerung „auf dem Umweg“ ist die **Bauabzugsteuer** nach den §§ 48 ff. EStG. Der Steuerabzug beträgt 15 % der Gegenleistung des die Bauleistung erbringenden Unternehmens. Der entsprechende Teilbetrag ist vom Leistungs- 31

[22] Vgl. BFH, BStBl. II 1995, 207 – Grundsteuer für Betriebsgrundstück; BFH, BStBl. II 1994, 323 – betriebliche Rechtsverfolgungskosten.

[23] Dazu § 3 Rdn. 16.

[24] Vgl. BFH, BStBl. II 1995, 895 – Vermittlungsprovision als Anschaffungskosten; BFH, BStBl. II 2004, 872 – Grundstücksräumungsaufwand als Herstellungskosten.

[25] Vgl. BFH, BStBl. II 2001, 183 – Kaufpreisaufteilung.

[26] BFH, BStBl. 1997, 176 – begünstigte Denkmalschutzmaßnahmen.

[27] BFH, BStBl. II 2002, 100 – geringwertiges Wirtschaftsgut.

[28] BFH, BStBl. II 1999, 678 – Zinsen bei Mischnutzung Eigentumswohnung.

[29] BFH, BStBl. II 1996, 219 – Verlustzuweisung; vgl. BFH, ZfIR 2008, 148 – Einkünfteerzielungsabsicht bei Vermietung.

empfänger unmittelbar an das Finanzamt abzuführen.[30] Eine Ausnahme gilt lediglich, wenn und soweit der Leistungsempfänger eine **Freistellungsbescheinigung** vorgelegt hat.[31]

32 Wird ein eventuell gebotener Steuerabzug nicht vorgenommen, haftet der Leistungsempfänger dem Finanzamt unmittelbar. Im Übrigen rechnet das Finanzamt den Abrechnungsbetrag auf die von dem Leistenden zu zahlende Steuer an. Die Bauabzugsteuer ist mithin im Ergebnis keine zusätzliche Steuer, sondern stellt lediglich sicher, dass die sonstigen Steuerverpflichtungen von den am Immobiliengeschäft beteiligten Unternehmen ordnungsgemäß erfüllt werden.

33 Das EStG hat spätestens mit der Einführung der Bauabzugsteuer eine Komplexität erreicht, die die Rechtsanwendung massiv erschwert. Trotz der auf den ersten Blick recht einfachen Ermittlung des Einkommensteuertarifs (§ 32 a EStG) und der für Einzelunternehmen und Personengesellschaften interessanten Variante der Thesaurierungsbegünstigung nach § 34 a EStG (Sondersteuersatz für einbehaltene Gewinne) sind gesicherte Einschätzungen der bei einem konkreten Immobiliengeschäft anfallenden Steuern vor allem wegen erheblicher Spielräume bei der Anwendung in Betracht kommender Abzugspositionen und zahlreicher Ausnahmetatbestände kaum möglich. Daran hat sich auch durch die Unternehmensteuerreform 2008 nichts geändert. Mehr denn je ist deshalb eine grundlegende Reform des Einkommensteuerrechts wünschenswert.

34 Im **Beispielfall 26** unterliegt der Investor I als GmbH nicht der Einkommen-, sondern der Körperschaftssteuer. Anders ist dies bei der als GmbH & Co. KG organisierten Objektgesellschaft O, die wiederum aus einer GmbH und mehreren anderen Gesellschaftern besteht. Die Gesellschafter der O erzielen Einkünfte im Sinne des EStG, soweit sie natürliche Personen sind; die Komplementär-GmbH ist somit wie der Investor I zu behandeln. Jede teilrechtsfähige Einheit ist steuerlich gesondert zu erfassen.

2.2 Körperschaftsteuer

35 Die Körperschaftsteuer ist im Körperschaftsteuergesetz (KStG) geregelt. Die Körperschaftsteuer wird als die **Einkommensteuer der Kapitalgesellschaften** bezeichnet. Sie gilt insbesondere bei Aktiengesellschaften (AG) und Gesellschaften mit beschränkter Haftung (GmbH).

36 Eine Reihe von Unternehmen und Körperschaften ist nach § 5 KStG von der Körperschaftsteuer **befreit**. Dies betrifft etwa bestimmte Banken und Wohnungsbaugenossenschaften.[32]

37 Die Abgrenzung der Körperschaftsteuer zum EStG regelt § 3 Nr. 40 EStG. Danach gilt das **Teileinkünfteverfahren**, durch das eine Doppelbesteuerung von Kapitalgesellschaften und ihren Gesellschaftern vermieden werden soll. Bei den Kapitalgesellschaften erfolgt eine Definitivbesteuerung zu einem fixen Satz von derzeit 15% unabhängig von den Ausschüttungen. Natürliche Personen und Personengesellschaften versteuern ihre Beteiligungseinkünfte im Betriebsvermögen dagegen nur noch zu 60%; Entsprechendes gilt für die Gewinne aus der Veräußerung privater Beteiligungen.[33]

---

[30] Vgl. OLGR Karlsruhe 2004, 148 – vorfällige Abführung.
[31] Vgl. BFH/NV 2003, 166 – Freistellungsbescheinigung.
[32] Vgl. BFH, BStBl. II 2000, 325 – Bürgschaftsbank.
[33] Vgl. BFH/NV 2003, 618 – Besteuerung von Veräußerungsgewinnen.

Eine weitere wichtige **Privilegierung von Kapitalgesellschaften**, die an anderen Körperschaften beteiligt sind, enthält § 8 b KStG. Danach sind Gewinnausschüttungen von Kapitalgesellschaft zu Kapitalgesellschaft und Gewinne aus Anteilsveräußerungen regelmäßig steuerfrei.[34] 38

Die Reform der Unternehmensteuern im Jahre 2008 hat an dieser vielschichtigen Rechtslage und der Differenzierung zwischen Kapitalgesellschaften, Personengesellschaften und Einzelunternehmen grundsätzlich nichts geändert. Zunehmend sind hier EU-Vorschriften von Bedeutung.[35] 39

Im **Beispielfall 26** unterliegen der Investor I und die Komplementär-GmbH der Objektgesellschaft O der Körperschaftsteuer. Die Gesellschafter von I und O haben daher ihre Einkünfte im Zusammenhang mit dem avisierten Geschäft nach dem Teileinkünfteverfahren zu versteuern, soweit kein Privilegierungstatbestand des § 8 b KStG eingreift. 40

2.3 Gewerbesteuer

Die Gewerbesteuer ist eine **kommunale Steuer**. Die Modalitäten der Erhebung der Gewerbesteuer sind im Gewerbesteuergesetz (GewStG) geregelt. 41

Die Kommunen setzen für die Gewerbesteuer jeweils eigene **Hebesätze** fest. Dabei gibt es regional erhebliche Unterschiede.[36] 42

Errechnet wird die Gewerbesteuer nicht allein anhand der tatsächlichen Einkünfte des Steuerpflichtigen, sondern anhand des nach dem EStG zu ermittelnden Gewinns aus dem Gewerbebetrieb (§ 7 GewStG) unter Berücksichtigung der Hinzurechnungen nach § 8 GewStG und der Kürzungen nach § 9 GewStG. Speziell die Voraussetzungen des § 9 GewStG können bei Immobiliengeschäften durchaus einmal gegeben sein.[37] 43

Im nächsten Schritt wird ein **Steuermessbetrag**, differenziert nach Kapitalgesellschaften sowie natürlichen Personen oder Personengesellschaften, ermittelt. Bei natürlichen Personen und Personengesellschaften gibt es einen Freibetrag, nach § 10 a GewStG ist eine Verrechnung gewerbesteuerlicher Verluste mit zukünftigen positiven Gewerbeerträgen zulässig.[38] 44

Gewerbesteuerpflichtig sind inländische Einzelgewerbetreibende sowie Personen- und Kapitalgesellschaften, soweit sie Einkünfte aus Gewerbebetrieb erzielen.[39] Mit § 2 a GewStG wurde klargestellt, dass Bau-ARGEn nicht der Gewerbesteuer unterliegen. Von der Gewerbesteuer **befreit** sind ferner unter anderem bestimmte Banken und Unternehmensbeteiligungsgesellschaften (§ 3 GewStG). 45

Wegen des Begriffs **Gewerbebetrieb** verweist § 2 GewStG auf das EStG; einschlägig ist insbesondere § 15 EStG. Die Qualifikation als Gewerbebetrieb kann im Einzelfall problematisch sein. Zu vermeiden gilt es aus steuerlicher Sicht vielfach, dass Personengesellschaften, die originär auf die Erzielung von Einkünften aus Vermietung und Verpachtung ausgerichtet sind, von einer partiellen gewerblichen Tätigkeit infiziert und nach § 15 Abs. 3 Satz 1 Nr. 1 EStG in vollem Umfang als Gewerbebetrieb behandelt werden.[40] Eine zweite 46

---

[34] Vgl. BFH/NV 2000, 1430 – Anteilsübertragung.
[35] Vgl. BFHE 207, 152 – Körperschaftsteuer und EU-Recht.
[36] BFHE 151, 285 – Hebesatzermessen der Gemeinde.
[37] BFHE 150, 59 – Veräußerungsgewinn aus Grundstücksverkauf.
[38] Vgl. BFHE 1998, 743 – Gewerbesteuerbefreiung bei Betriebsaufspaltung.
[39] Vgl. BFHE 143, 280 – Vermögensverwaltung und Gewerbebetrieb.
[40] BFH, BStBl. II 1997, 202 – Abfärbetheorie.

Variante ist die sog. Zebra-Gesellschaft nach § 15 Abs. 3 Satz 1 Nr. 2 EStG, die durch eine optimale Gestaltung der gesellschaftsrechtlichen Beteiligungsverhältnisse vermieden werden kann.[41]

47 Das Verhältnis der Gewerbesteuer zur Einkommensteuer richtet sich nach § 35 EStG. Leitgedanke ist, dass eine **Doppelbelastung mit Einkommen- und Gewerbesteuer** vermieden werden soll. Im Einzelfall kann es im Grenzbereich zwischen diesen beiden Steuerarten indessen zu schwierigen Abgrenzungsproblemen kommen.[42] Entsprechendes gilt für den Grenzbereich von Körperschaft- und Gewerbesteuer.

48 Die Gewerbesteuer wurde in der Vergangenheit vielfach als nicht mehr zeitgemäß angesehen.[43] Im Zuge der Unternehmensteuerreform 2008 wurde das GewStG aber erhalten und in Teilbereichen, etwa bei den Hinzurechnungen nach § 8 GewStG, erheblich verändert; welche wirtschaftlichen Effekte sich daraus ergeben, wird sich in den nächsten Jahren zeigen.

49 Ob und inwieweit die Gewerbesteuer im **Beispielfall 26** eingreift, hängt davon ab, welche Einkünfte aus Gewerbebetrieb von den Beteiligten erzielt werden. Bei einer nachhaltigen Tätigkeit im Immobilienbereich werden die Beteiligten mit großer Wahrscheinlichkeit der Gewerbesteuer unterliegen;[44] eine andere Frage ist, wie sich dies auf die Einkommen- und Körperschaftssteuer auswirkt.

2.4 Grundsteuer

50 Auch die Grundsteuer ist eine **kommunale Steuer**. Die Grundsteuer ist im Grundsteuergesetz (GrStG) geregelt.

51 Von der Grundsteuer **befreit** sind nach den §§ 3 und 4 GrStG etwa öffentlich-rechtliche Körperschaften.[45] Bei wesentlicher Ertragsminderung, etwa durch Leerstand, kann auch von anderen Unternehmen ein (teilweiser) Erlass nach § 33 GrStG beantragt werden.[46]

52 Besteuert wird der Grundbesitz im Sinne des Bewertungsgesetzes (BewG).[47] Die **Festsetzung** der Grundsteuer erfolgt jährlich auf Basis des von der Kommune vorgegebenen Hebesatzes. Es sind quartalsweise Vorauszahlungen zu leisten. Der Grundstückserwerber haftet nach § 11 GrStG für Grundsteuerrückstände; da die Haftung gegenüber dem Finanzamt nicht ausgeschlossen werden kann, werden kaufvertraglich vielfach interne Freistellungsregelungen getroffen und manchmal sogar besichert.

53 Die Grundsteuer kann auf Nutzer **umgelegt** werden, um für den Eigentümer Kostenneutralität herzustellen. So geschieht dies in den meisten Mietverträgen.[48]

54 Im **Beispielfall 26** muss vom Eigentümer Grundsteuer auf Basis des ermittelten Einheitswerts gezahlt werden. Die Beteiligten müssen sich wegen etwaiger Rückstände abstimmen; soweit eine Umlage der Steuer auf Dritte erfolgen kann, wird die Grundsteuer wirtschaftlich für das Geschäft von nachrangiger Bedeutung sein.

---

[41] BFH, BStBl. II 2003, 167 – Zebra-Gesellschaft.
[42] Vgl. BFH, BStBl. II 2004, 754 – Verhältnis Gewerbesteuer – Einkommensteuer.
[43] Vgl. BFHE 203, 169 – Verfassungs- und Europarechtskonformität der Gewerbesteuer.
[44] BFHE 185, 242 – Bauträger.
[45] Vgl. BFHE 201, 315 – Klinik; BFHE 136, 424 – fließendes Gewässer.
[46] Vgl. BFHE 159, 354 – Erlass der Grundsteuer.
[47] Dazu § 6 Rdn. 26 ff.
[48] Vgl. OLG Karlsruhe, NJW 1981, 1051 – Umlage Grundsteuer.

2.5 Umsatzsteuer

Die Umsatzsteuer ist im Umsatzsteuergesetz (UStG) geregelt. Das UStG wird ergänzt durch die Umsatzsteuer-Durchführungsverordnung (UStDV) und die Umsatzsteuer-Richtlinien des Bundesministeriums für Finanzen (UStR). 55

Der Umsatzsteuer unterliegen nach § 1 Abs. 1 Nr. 1 Satz 1 UStG Lieferungen und sonstige Leistungen, die ein Unternehmer im Inland gegen Entgelt im Rahmen seines Unternehmens ausführt. **Unternehmer** ist nach § 2 Abs. 1 Satz 1 UStG, wer eine gewerbliche oder berufliche Tätigkeit selbstständig ausübt. Gewerblich oder beruflich im Sinne des UStG ist jede nachhaltige Tätigkeit zur Erzielung von Einnahmen, auch wenn die Absicht, Gewinn zu erzielen, fehlt oder eine Personvereinigung nur gegenüber ihren Mitgliedern tätig wird.[49] Es kann sich dabei um kaufmännische oder nichtkaufmännische Einzelunternehmen handeln sowie um Personen- oder Kapitalgesellschaften. 56

Die Begriffe der **Lieferung** und der **Leistung** konkretisiert § 3 UStG. Für die Lieferung ist die Verschaffung der Verfügungsmacht maßgeblich. Ob und inwieweit diese Voraussetzungen etwa beim Immobilien-Leasing vorliegen, ist bisher noch nicht vollständig geklärt.[50] Werklieferungen wie die Errichtung von Bauwerken sind nach § 3 Abs. 4 UStG dem Umsatzsteuerrecht unterstellt;[51] auch Architekten- und Ingenieurleistungen sind umsatzsteuerpflichtig.[52] Keine Umsatzsteuer fällt dagegen – mangels Leistungsaustausches – bei Schadensersatzzahlungen an.[53] 57

Eine Besonderheit ist die **umsatzsteuerliche Organschaft** nach § 2 Abs. 2 Nr. 2 UStG. Danach ist keine Unternehmereigenschaft im Sinne des Umsatzsteuerrechts gegeben, wenn eine juristische Person finanziell, wirtschaftlich oder organisatorisch in das Unternehmen eines anderen Unternehmens („Organträgers") eingegliedert ist. Personengesellschaften sind niemals als umsatzsteuerliche Organe zu behandeln. Typischer Fall der umsatzsteuerlichen Organschaft ist es, wenn eine GmbH finanziell, wirtschaftlich und organisatorisch Teil eines anderen Unternehmens ist; tätigt die GmbH dann Umsätze, werden diese Umsätze umsatzsteuerlich der übergeordneten Gesellschaft, dem „Organträger" zugerechnet.[54] 58

Die Umsätze im Rahmen einer **Geschäftsveräußerung** an einen anderen Unternehmer für dessen Unternehmen unterliegen nach § 1 Abs. 1 a UStG ebenfalls nicht der Umsatzsteuer.[55] Hier besteht das zusätzliche Problem darin, dass der erwerbende Unternehmer an die Stelle des Veräußerers tritt und deshalb gegenüber dem Finanzamt an Rechtshandlungen des Veräußerers gebunden ist.[56] 59

Die §§ 4 ff. UStG enthalten eine Reihe von **Steuerbefreiungen und Steuervergütungen** für im Einzelnen spezifizierte Sachverhalte. Immobilienrechtlich relevant ist dabei insbesondere, dass 60

– nach § 4 Nr. 8 f. UStG Umsätze und die Vermittlung der Umsätze von Anteilen an Gesellschaften und anderen Vereinigungen,

---

[49] BFH, UR 1996, 126 – Unternehmerbegriff.

[50] Vgl. BFH, BStBl. II 1996, 114 – Umsatzsteuer bei Immobilien-Leasing.

[51] Vgl. BGH, ZfIR 2008, 724 – Umsatzsteuer bei Bauzeitverlängerung; BGH, NZBau 2008, 247 – Umsatzsteuer bei Kündigung.

[52] Vgl. BGH, NJW 1999, 3261 – erbrachte und nicht erbrachte Leistungen; BFH, BStBl. II 1994, 589 – Vertragsstrafe.

[53] Vgl. BFHE 193, 165 – Gebäuderestwertentschädigung; BGH, DStR 2002, 129 – Umsatzsteuer als Teil des Schadensersatzes.

[54] BFHE 202, 79 – umsatzsteuerliche Organschaft.

[55] Vgl. BFH, ZfIR 2008, 145 – Vorsteuerkorrektur.

[56] Vgl. BFHE 208, 491 – Veräußerung Betriebsgrundstück; FG Hamburg, EFG 2003, 267 – Ein-Objekt-Gesellschaft.

- nach § 4 Nr. 9 a UStG Umsätze, die unter das Grunderwerbsteuergesetz fallen,
- nach § 4 Nr. 12 a UStG die Vermietung und Verpachtung von Grundstücken,
- nach § 4 Nr. 12 b UStG die Überlassung von Grundstücken und Grundstücksteilen zur Nutzung aufgrund eines auf Übertragung des Eigentums gerichteten Vertrags oder Vorvertrags,
- nach § 4 Nr. 12 c UStG die Bestellung, die Übertragung und die Überlassung der Ausübung von dinglichen Nutzungsrechten an Grundstücken,
- nach § 4 Nr. 13 UStG die Leistungen, die WEG-Gemeinschaften an die Wohnungseigentümer und Teileigentümer erbringen, soweit die Leistungen in der Überlassung des gemeinschaftlichen Eigentums zum Gebrauch, seiner Instandhaltung, Instandsetzung und sonstigen Verwaltung sowie der Lieferung von Wärme u.ä. Gegenständen bestehen,

steuerfrei sind.

61 Die Steuerbefreiungen nach § 4 UStG sind in Verbindung mit der Möglichkeit des **Vorsteuerabzugs** nach § 15 UStG zu sehen. Der Vorsteuerabzug beruht auf der Prämisse, dass der Unternehmer Vorumsätze tätigen muss, um seine Leistung erbringen zu können. Für die Vorumsätze erhält der Unternehmer Rechnungen von Lieferanten (Vorunternehmern), die Umsatzsteueranteile ausweisen (Vorsteuer). Indem der Unternehmer dann gegenüber dem Verbraucher für seine eigenen Leistungen Umsatzsteuer berechnet, gleichzeitig aber gegenüber der Finanzbehörde bereits entrichtete Vorsteuer in Abzug bringt, entgeht der Unternehmer der Steuerpflicht.

62 Ist der Abnehmer kein Verbraucher, sondern als Unternehmer seinerseits nach § 15 UStG zum Vorsteuerabzug berechtigt, kann er gegenüber der Finanzbehörde ebenfalls Umsatzsteueranteile wegen Erbringung von Leistungen für sein Unternehmen steuermindernd ansetzen, ist die Umsatzsteuer also für ihn aufkommensneutral. Der letzte Unternehmer innerhalb der Unternehmerkette, der an den Endverbraucher liefert oder leistet, vereinnahmt von diesem die volle Umsatzsteuer. Eine Vorsteuerabzugsberechtigung des Verbrauchers besteht nicht; wirtschaftlich trägt daher im Ergebnis dieser die Umsatzsteuer.

63 In den in § 4 UStG geregelten Fällen ist dem leistenden Unternehmer regelmäßig nicht bekannt, ob der Abnehmer die empfangene Leistung im unternehmerischen oder nicht unternehmerischen Bereich verwendet. Deswegen erfolgt insoweit eine Privilegierung. Parallel dazu wird jedoch durch § 15 Abs. 2 Satz 1 Nr. 1 UStG der Vorsteuerabzug ausgeschlossen.

64 Nach § 9 UStG kann der Unternehmer ganz oder teilweise auf eine ihm nach § 4 EStG eventuell zustehende Steuerbefreiung verzichten, um die Möglichkeit des Vorsteuerabzugs zu reaktivieren.[57] Dies wird als **Option zur Umsatzsteuer** bezeichnet. Zur Option berechtigt sind alle Unternehmer. Die Leistung muss überdies an einen anderen Unternehmer für dessen Unternehmen ausgeführt werden. Ob und unter welchen Voraussetzungen die Zuordnung zum Unternehmen erfolgen kann, ist noch nicht vollständig geklärt. Besonders bei der Vermietung von Immobilien sind vertragliche Vorkehrungen sinnvoll, die die Verwendung der Mietsache für steuerschädliche, weil den Vorsteuerabzug des Vermieters, etwa wegen entstandener Baukosten, ausschließende Zwecke unterbinden und/oder eventuelle Ausgleichsansprüche regeln.[58]

65 Die **Optionsausübung** muss bei Umsätzen, die unter das Grunderwerbsteuergesetz fallen, nunmehr ausdrücklich im Notarvertrag erklärt werden. Im übrigen erfolgt sie durch offene Ausweisung der Steuer gegenüber dem Leistungsempfänger oder indem der Unternehmer die Leistung tatsächlich der Versteuerung unterwirft.[59] Auf die Steuerfreiheit kann

[57] Vgl. BFH BStBl. II 1997, 98 – Teil-Option.
[58] Vgl. BFHE 203, 200 – Ausschluss der Option.
[59] BFH, DStR 2001, 788 – Option zur Umsatzsteuer.

schon vor Ausführung einer Leistung verzichtet werden, die Optionsausübung ist jedenfalls bis zur Bestandskraft der Steuerfestsetzung zulässig. Konsequenz ist, dass der Leistende die mit dem jeweiligen Umsatz zusammenhängenden Vorsteuern abziehen und die anteilige Umsatzsteuer bei der Abrechnung gegenüber dem Leistungsempfänger ausweisen darf.

Der Steuersatz beträgt nach § 12 Abs. 1 UStG derzeit 19%, soweit nicht ausnahms- 66
weise ein Ermäßigungstatbestand eingreift. **Bemessungsgrundlage** der Umsatzsteuer ist nach § 10 UStG das vereinbarte Entgelt. Nicht zum vereinbarten Entgelt gehört beim Grundstückskauf – entgegen der vormaligen Praxis – die Grunderwerbsteuer.[60] Bei der Steuerberechnung nach vereinbartem Entgelt (§ 16 Abs. 1 UStG – Soll-Versteuerung) kommt es primär auf die Rechnungsstellung und nicht auf den – manchmal wegen eines Schuldnerverzugs ausbleibenden – Zahlungseingang an. Alternative ist die unter bestimmten Voraussetzungen zulässige Steuerberechnung nach vereinnahmtem Entgelt (§ 20 UStG – Ist-Versteuerung).

Steuerschuldner ist im Normalfall der leistende Unternehmer. Eine wichtige Neue- 67
rung stellt in diesem Zusammenhang § 13b Abs. 1 Satz 2 Nr. 3 und 4 UStG dar. Danach ist in einigen, im Immobilienbereich wiederholt vorkommenden Fällen neuerdings nicht mehr der Leistende, sondern der Leistungsempfänger Steuerschuldner.[61] Die Umsatzsteuer entsteht insoweit bereits mit Ausstellung der Rechnung, spätestens jedoch mit Ablauf des der Ausführung der Leistung folgenden Kalendermonats

- bei Umsätzen, die unter das Grunderwerbsteuergesetz fallen,[62]
- bei Werklieferungen und sonstigen Leistungen, die der Herstellung, Instandsetzung, Instandhaltung, Änderung oder Beseitigung von Bauwerken dienen, mit Ausnahme von Planungs- und Überwachungsleistungen.

Nach § 13b Abs. 2 Satz 1 und 2 UStG schuldet der Leistungsempfänger bei Umsätzen, 68
die unter das Grunderwerbsteuergesetz fallen, insbesondere bei Grundstückskäufen, die Umsatzsteuer, wenn er ein Unternehmer oder eine juristische Person des öffentlichen Rechts ist. Bei Bauleistungen nach § 13 b Abs. 1 Satz 1 Nr. 4 Satz 1 UStG schuldet der Leistungsempfänger die Steuer, wenn er ein Unternehmer ist, der selbst derartige Leistungen ausführt. Dies kann z.B. den Nachunternehmer eines Bau-Generalunternehmers betreffen. Kein Unternehmer in dem vorgenannten Sinne soll dagegen ein reiner Bauträger sein, der keine eigenen Bau- und Planungsleistungen erbringt; der Bau-Generalunternehmer muss dem Bauträger daher für Werkleistungen Umsatzsteuer in Rechnung stellen und die dafür anteilig vereinbarten Entgelte ebenso abführen wie die Umsatzsteuer in Bezug auf Nachunternehmerleistungen.

Analog zur **Bauabzugsteuer** nach den §§ 48ff. EStG[63] sollen durch den neugefassten 69
§ 13 b UStG Steuerausfälle verhindert werden. Insgesamt hat das Umsatzsteuerrecht damit jedoch eine Komplexität erreicht, die schwerlich zu überbieten ist. EU-Recht wirkt sich immer mehr auf die nationale Gesetzgebung und Rechtsprechung aus; zahlreiche neue Vorschriften des UStG über den innergemeinschaftlichen Erwerb belegen dies. Der Verwaltungsaufwand für betroffene Unternehmen ist enorm.

Im **Beispielfall 26** ist der Grundstückskauf als Asset Deal nach § 4 Nr. 9a UStG 70
prinzipiell umsatzsteuerfrei, weil er der Grunderwerbsteuer unterliegt. Durch eine Option zur Umsatzsteuer nach § 9 UStG im notariellen Grundstückskaufvertrag kann der Verkäufer die Umsatzsteuerpflicht aber reaktivieren. Es muss dann sichergestellt

[60] Vgl. BFH/NV 2006, 1233 – Grunderwerbsteuer und Umsatzsteuer.
[61] Vgl. BFH/NV 2002, 78 – EU-Recht und Steuerschuldner.
[62] Dazu § 8 Rdn. 71 ff.
[63] Dazu § 8 Rdn. 31.

sein, dass die Immobilie für das Unternehmen des Käufers und nicht zu den Vorsteuerabzug ausschließenden Zwecken verwendet wird, etwa durch Weitervermietung an Unternehmer mit steuerfreien Umsätzen wie Ärzte, Banken und Versicherungen. Nach § 13 b UStG ist bei Grundstückskäufen der Leistungsempfänger, also der Käufer, Umsatzsteuerschuldner. Der Verkäufer hat demnach bei der Rechnungsstellung keine Umsatzsteuer auszuweisen.

Beim Share Deal ist die Rechtslage differenziert zu betrachten: Auch ein Anteilskauf kann unter das Grunderwerbsteuergesetz fallen, wenn er bei wirtschaftlicher Betrachtung einem Grundstückskauf entspricht;[64] dann greift § 13 b UStG ein. Ist das Grunderwerbsteuergesetz nicht anwendbar, können zwar, je nach den Umständen, eine Steuerbefreiung nach § 4 Nr. 8 f. UStG mit Optionsmöglichkeit nach § 9 UStG bestehen. Dann ist aber § 13 b UStG nicht einschlägig.[65]

2.6 Grunderwerbsteuer

71 Die Erhebung der Grunderwerbsteuer richtet sich nach dem Grunderwerbsteuergesetz (GrEStG). Die Grunderwerbsteuer wird als **Sonderumsatzsteuer** bezeichnet. Das UStG knüpft an diese Beurteilung an, indem Umsätze, die unter das GrEStG fallen, nach § 4 Nr. 9 a UStG umsatzsteuerfrei gestellt werden.[66]

72 Der Grunderwerbsteuer unterliegen die in § 1 GrEStG aufgeführten **Erwerbsvorgänge**, namentlich der Abschluss eines Kaufvertrags über ein inländisches Grundstück.[67] Bei Unternehmensveräußerungen und Geschäftsanteilskaufverträgen kommt es darauf an, inwieweit ein Eigentümerwechsel im wirtschaftlichen Sinne stattfindet.[68] Für Grundstücke im Vermögen einer Personengesellschaft bestimmt § 1 Abs. 2 a GrEStG, dass Grunderwerbsteuer zu zahlen ist, wenn sich innerhalb von 5 Jahren der Gesellschaftsbestand so ändert, dass mindestens 95 % der Anteile am Gesellschaftsvermögen auf neue Gesellschafter übergehen; wird diese Grenze nicht erreicht, ist der **Share Deal** grunderwerbsteuerfrei.[69]

73 Eine vergleichbare 95 %-Grenze regelt § 1 Abs. 3 GrEStG auch für sonstige Gesellschaften. Dies betrifft insbesondere den Erwerb von Anteilen an GmbH und AG.[70] Ein derartiger Anteilserwerb ist vielfach die wirtschaftliche Alternative zum **Asset Deal**, also dem unmittelbaren Immobilienerwerb durch Abschluss eines Grundstückskaufvertrags mit dem Eigentümer.[71]

74 Die §§ 3 ff. GrEStG enthalten einige wenige **Steuervergünstigungen**. Privilegiert sein können etwa Immobiliengeschäfte zwischen juristischen Personen des öffentlichen Rechts nach Maßgabe von § 4 GrEStG.[72]

75 **Bemessungsgrundlage** für die Grunderwerbsteuer ist nach § 8 Abs. 1 GrEStG der Wert der Gegenleistung. Dies ist grundsätzlich der Kaufpreis. Hilfsweise kann eine Wert-

---

[64] Dazu § 8 Rdn. 72.

[65] Vgl. BFH/NV 1988, 196 – Ausschluss des Vorsteuerabzuges bei Publikumsgesellschaft; BFH, BStBl. II 1997, 705 – Unternehmenseinbringung.

[66] Dazu § 8 Rdn. 60.

[67] Vgl. auch BFH, ZfIR 2007, 360 – Abtretung Kaufangebot.

[68] Vgl. BFH, ZfIR 2007, 245 – Leasingvertrag mit Ankaufsrecht; BFHE 178, 231 – wirtschaftlicher Grundstückseigentümer.

[69] BFH/NV 2001, 1672 – Steuerfälle und Grundstückszahl.

[70] Vgl. BFH, ZfIR 2006, 215 – Verschmelzung und Grunderwerbsteuer; BFHE 178, 468 – Anteilserwerb und Grunderwerbsteuer.

[71] Dazu § 4 Rdn. 3 ff.

[72] Vgl. BFHE 161, 175 – eingeschränkte Steuerbefreiung nach altem Recht.

ermittlung nach § 8 Abs. 2 GrEStG i.V. mit dem Bewertungsgesetz (BewG) vorgenommen werden.[73]

Die Steuer kann der Höhe nach wegen Art. 105 Abs. 2 a GG künftig von den Ländern bestimmt werden. Sie beträgt nach § 11 Abs. 1 GrEStG derzeit 3,5 % (in Berlin 4,5 %) der **Bemessungsgrundlage**. Bei einem Grundstückskauf ist dies der vereinbarte Kaufpreis, auch wenn er deutlich unter oder über dem Verkehrswert des Grundstücks liegt.[74] Ob Erschließungskosten in die Bemessungsgrundlage einfließen, richtet sich nach den Umständen des Einzelfalls.[75] Nur wenn in Wahrheit kein Kaufpreis, sondern etwa eine symbolische Gegenleistung vereinbart wird, kann nach § 8 GrEStG eine objektive Wertermittlung nach dem BewG als Grundlage für die Steuerbemessung durchgeführt werden.[76] 76

Steuerschuldner ist primär der Erwerber, nach § 13 Nr. 1 GrEStG können aber auch andere an dem Erwerbsvorgang beteiligte Personen, etwa der Verkäufer in Anspruch genommen werden. Es besteht eine gesamtschuldnerische Haftung, deswegen sind kaufvertragliche Regelungen zur Verteilung und Absicherung der Zahlungsverpflichtungen in Bezug auf die Grunderwerbsteuer unbedingt empfehlenswert.[77] 77

Unter den Voraussetzungen des § 16 GrEStG kann die Steuerfestsetzung **rückgängig gemacht** werden. Dies kann etwa bei einem kurzfristigen Rücktritt vom Vertrag oder einem Rückerwerb in Betracht kommen.[78] 78

Die Finanzbehörde setzt die Grunderwerbsteuer typischerweise fest, nachdem sie von einem Grundstückskauf erfahren hat. Der Notar ist gesetzlich verpflichtet, eine entsprechende Anzeige zu machen. Für die **Fälligkeit** der Steuer genügt, vorbehaltlich der Ausnahmen nach § 14 GrEStG regelmäßig der Kaufvertragsabschluss, auf die Eigentumsumschreibung kommt es nicht an.[79] Bei Geschäften, die von Bedingungen oder Genehmigungen abhängig sind, entsteht die Steuer nach § 14 GrEStG erst mit Bedingungseintritt oder Genehmigungserteilung. 79

Hinsichtlich der Grunderwerbsteuer ergeben sich im **Beispielfall 26** keine besonderen Komplikationen. Besteuert wird der vereinbarte Kaufpreis. Dies hat in der Vergangenheit gelegentlich dazu geführt, dass die Parteien mit dem Ziel einer Steuerersparnis im Kaufvertrag unwahre Angaben machten; ein solcher Vorgang ist strafrechtlich erheblich. 80

Grunderwerbsteuer kann von dem Investor I bei Einhaltung der entsprechenden Voraussetzungen durch einen Share Deal vermieden werden. Dann muss I jedoch akzeptieren, dass er über mehrere Jahre hinweg gesellschaftsrechtlich mit den Anteilseignern der Objektgesellschaft verbunden ist.

Literatur zur Vertiefung

Boruttau, Ernst Paul, Grunderwerbsteuergesetz, 16. Aufl., München 2007; *Bunjes, Johann/Geist, Reinhold,* Umsatzsteuergesetz (Kommentar), 9. Aufl., München 2009; *Gehre, Horst/von Borstel, Rainer,* Steuerberatungsgesetz, 5. Aufl., München 2005; *Glanegger, Peter/Güroff, Georg,* Gewerbesteuergesetz (Kommentar), 7. Aufl., München 2009; *Jakob, Wolfgang,* Umsatzsteuer, 4. Aufl., München 2009; *Klein, Franz,* Abgabenordnung (Kommentar), 9. Aufl., München 2006; *Pahlke, Armin/Franz, Willy,*

[73] Dazu § 6 Rdn. 26.
[74] BFH/NV 1997, 613 – verdeckte Gewinnausschüttung an Gesellschafter.
[75] BFH, ZfIR 2008, 339 – Verkauf unerschlossenes Grundstück.
[76] Vgl. BFHE 176, 456 – Kaufpreis von einem Euro.
[77] Vgl. BFHE 189, 550 – Kreis der Haftenden.
[78] Vgl. BFH, ZfIR 2008, 307 – Kaufvertragsaufhebung.
[79] Vgl. BFH/NV 1997, 697 – noch zu vermessende Fläche.

Grunderwerbsteuergesetz (Kommentar), 3. Aufl., München 2005; *Schmidt, Ludwig,* Einkommensteuergesetz (Kommentar), 27. Aufl., München 2008; *Streck, Michael,* Körperschaftssteuergesetz (Kommentar), 7. Aufl., München 2008; *Tipke, Klaus/Lang, Joachim,* Steuerrecht, 19. Aufl., Berlin 2008; *Troll, Max/Eisele, Dirk,* Grundsteuergesetz, 9. Aufl., München 2006; *Vogel, Klaus/Lehner, Moris,* Doppelbesteuerungsabkommen, 5. Aufl., München 2008; *Weber-Grellet, Heinrich,* Europäisches Steuerrecht, München 2005.

§ 9 Schaffung von Baurecht

1 Für die wirtschaftliche Nutzung einer Immobilie muss im Zuge der Projektentwicklung Baurecht geschaffen werden. Bei der erstmaligen Bebauung ist dies evident, aber auch bei Umbauten und Umnutzungen sind entsprechende Überlegungen anzustellen.

1. Baugenehmigung

2 **Beispielfall 27:** Laser-Projektionsanlage
Auf dem Grundstück des I soll eine Laser-Projektionsanlage aufgestellt werden. Ziel ist es, von einem Flachdach aus Werbebilder und -filme auf die Brandwand des Nachbargebäudes zu projizieren.

3 Wer ein Bauvorhaben plant, benötigt dafür üblicherweise eine **Baugenehmigung.** Die Baugenehmigung wird von der Bauaufsichtsbehörde erteilt. Die Bauaufsichtsbehörde ist in den Flächenstaaten verwaltungsorganisatorisch auf der Ebene des Kreises oder der Stadt angesiedelt.

4 Das Baugenehmigungsverfahren und die Aufgaben der Bauaufsichtsbehörden sind in den **Landesbauordnungen** geregelt. Es kann also landesspezifische Unterschiede geben.

5 Die Landesbauordnungen listen auf, welche Vorhaben **genehmigungsbedürftig** sind. Genehmigungsbedürftig können nicht nur Neubauten, sondern darüber hinaus auch Umbauten, Nutzungsänderungen und Abbrucharbeiten sein.[1] Wenn eine Genehmigungspflicht besteht, arbeitet die Bauaufsichtsbehörde, unbeschadet der Besonderheiten nach den jeweiligen Landesbauordnungen, ein Regel-Prüfprogramm ab. Gefragt wird konkret, ob dem Vorhaben öffentlich-rechtliche Vorschriften entgegenstehen.

6 Neben der „klassischen“ Baugenehmigung ermöglichen es die Landesbauordnungen regelmäßig, **Teilbaugenehmigungen** für einzelne, sukzessive zu realisierende Abschnitte eines Vorhabens oder **Vorbescheide** zu bestimmten Teilaspekten, insbesondere zur planungsrechtlichen Zulässigkeit von Vorhaben, einzuholen.[2]

7 Ergänzend zur oder statt der Baugenehmigung können für ein Bauvorhaben noch **andere Genehmigungen** nach Spezialgesetzen notwendig sein. So erfordert etwa eine Grundwasserabsenkung bei Baugrubenarbeiten eine wasserrechtliche Erlaubnis. Für die Nutzung von Gehwegen als Baustelleneinrichtungsfläche ist eine straßenrechtliche Sondernutzungserlaubnis zu beschaffen. Bei Großbauvorhaben insbesondere im Infrastrukturbereich kann im Einzelfall eine Planfeststellung angezeigt sein, die an die Stelle der Baugenehmigung tritt.[3] Da nach § 4 Nr. 1 VOB/B der Bauherr im Verhältnis zum Bauunternehmer für derartige Genehmigungen einzustehen hat, müssen die Verfahren jeweils frühzeitig eingeleitet werden; andernfalls drohen Bauablaufstörungen.[4]

8 In den Bauordnungen wird das **Baugenehmigungsverfahren** näher beschrieben. Dazu eine Übersicht, die die einzelnen Schritte des Verfahrens darstellt:

---

[1] BVerwG, NVwZ-RR 1997, 519 – Umnutzung Lager – Aufenthaltsraum.
[2] OVG Münster, BauR 2002, 932 – Bauvorbescheid.
[3] Vgl. BVerwGE 115, 158 – Abfertigungsanlagen Flughafen.
[4] Dazu § 12 Rdn. 64 ff.

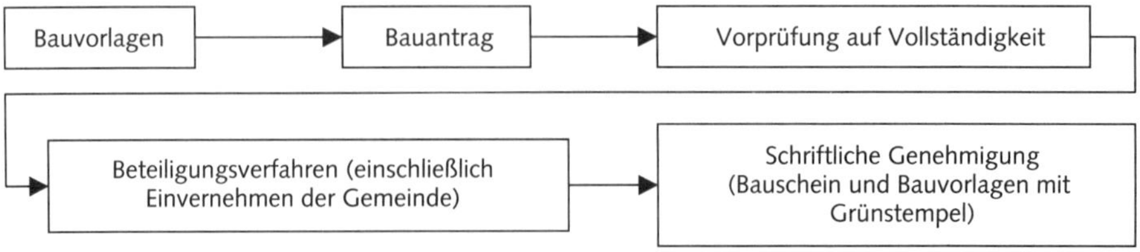

Abbildung 18: Ablauf des Baugenehmigungsverfahrens

9 **Bauanträge** dürfen nur von Bauvorlageberechtigten eingereicht werden. Der Bauherr muss deswegen grundsätzlich einen Architekten einschalten, der eine Genehmigungsplanung erstellt. Dadurch entstehen Kosten; für die Vergütung des Architekten gilt das zwingende Honorarrecht der HOAI.[5]

10 In **Bauvorlageverordnungen** ist landesspezifisch aufgeführt, welche Bauantragsunterlagen notwendig sind. Dennoch kommt es häufig vor, dass die Bauaufsichtsbehörden Bauanträge als unvollständig ansehen und Unterlagen nachfordern. Wird auf ein entsprechendes Begehren nicht rechtzeitig reagiert, läuft der Bauherr Gefahr, dass der Bauantrag abgelehnt wird.[6]

11 Im Unterschied zur Bauleitplanung erfolgt im Baugenehmigungsverfahren nur eine eingeschränkte **Behörden- und Öffentlichkeitsbeteiligung.** Die Bauaufsichtsbehörde holt Stellungnahmen derjenigen Behörden ein, deren Aufgabenbereich durch das Vorhaben berührt wird. Nach § 36 BauGB ist in der Regel-Konstellation, also wenn die Bauaufsicht beim Kreis angesiedelt ist, das Einvernehmen der Gemeinde einzuholen, auf deren Gebiet das Baugrundstück liegt.[7] Bauaufsicht und Gemeinde können zu Bauvorhaben unterschiedliche Positionen vertreten.[8] Der Bauherr muss auf beiden Ebenen Überzeugungsarbeit leisten, wenn er den für die Baugenehmigung notwendigen Konsens herstellen will; gegen den Willen der Gemeinde darf die Bauaufsicht keine Baugenehmigung erteilen, soweit nach § 36 BauGB das Einvernehmen erforderlich ist.[9] Bei rechtswidrig verweigertem Einvernehmen können Schadensersatzansprüche geltend gemacht werden.[10]

12 Eine obligatorische Beteiligung aller **Nachbarn** ist nach der Landesbauordnung nicht vorgeschrieben. Zumeist muss nur eine Benachrichtigung derjenigen Angrenzer erfolgen, die etwa durch Befreiungen oder andere Abweichungen in ihren Rechten berührt sein könnten. Eine förmliche Zustellung der Baugenehmigung an Nachbarn erfolgt in der Praxis nur selten; dadurch entstehen Rechtsunsicherheiten in Bezug auf den Lauf der maßgeblichen Widerspruchsfrist.[11] Hier kann der Bauherr gemeinsam mit der Bauaufsicht überlegen, wo Konflikten von vornherein durch Abschluss von Nachbarschaftsvereinbarungen entgegengewirkt wird[12] oder – notfalls – durch gezielte Einbeziehung „kritischer" Nachbarn zeitnah eine definitive Klärung des Baurechts im Widerspruchs- oder Gerichtsverfahren angezeigt erscheint.

[5] Dazu § 11 Rdn. 50 ff.
[6] OVG Münster, NWVBl. 1994, 417 – unvollständige Bauvorlagen.
[7] Vgl. BVerwGE 121, 339 – Identität Gemeinde – Bauaufsicht.
[8] BVerwG, BauR 1999, 1281 – Gemeindeklage wegen fehlenden Einvernehmens.
[9] BVerwG, BauR 2008, 1844 – Schutzfunktion des Einvernehmens.
[10] Vgl. OLG Jena, OLG-Report 2008, 494 – Schadensersatzpflicht wegen verweigerten Einvernehmens.
[11] Dazu § 17 Rdn. 108 f.
[12] Dazu § 10 Rdn. 31 ff.

Die Baugenehmigung wird in schriftlicher Form mit **Rechtsbehelfsbelehrung** erteilt. 13
Eine Begründung erfolgt nur, wenn die Baugenehmigung ganz oder teilweise abgelehnt wird.

Fast alle Baugenehmigungen enthalten vielerlei **Nebenbestimmungen.** Die Neben- 14
bestimmungen beruhen auf den fachlichen Anforderungen der Behörden, die sich im Genehmigungsverfahren mit dem Vorhaben beschäftigt haben. Verbreitet sind etwa Auflagen zur Sicherung der Erschließung durch Bestellung von Baulasten oder zum Umwelt- und Immissionsschutz, zum Denkmalschutz und zum Brandschutz.[13]

Für ein Baugenehmigungsverfahren wird, je nach den Umständen, im Allgemeinen 15
ein Zeitraum von **mindestens ca. 3 Monaten,** gerechnet ab Einreichung des Bauantrags, einzukalkulieren sein. Es hat sich bewährt, mit den zuständigen Behörden bereits vor Einreichung des Bauantrags vorbereitende Gespräche zu führen. Auf das Beteiligungsverfahren nach Einreichung des Bauantrags hat der Bauherr nur begrenzten Einfluss. Eine Beschleunigung kann aber gelegentlich dadurch bewirkt werden, dass der Bauherr in Abstimmung mit der Bauaufsicht auch unmittelbare Gespräche mit den im Beteiligungsverfahren anzuhörenden Fachbehörden und der Gemeinde führt.

Im Bauordnungsrecht gibt es seit einiger Zeit eine Tendenz zur **Deregulierung.** Für 16
verschiedene Vorhaben können vereinfachte Genehmigungsverfahren mit einem eingeschränkten Prüfungsumfang durchgeführt werden. Zudem sind einige Vorhaben gänzlich genehmigungsfrei gestellt; diese Vorhaben sind der Bauaufsichtsbehörde aber anzuzeigen. Die Tendenz zur Deregulierung führt zur Verlagerung der haftungsrechtlichen Verantwortlichkeit von der Bauaufsicht auf den Architekten;[14] sie ist daher für den Bauherrn mit Gefahren verbunden.

Die Konzentration des Prüfprogramms auf **öffentlich-rechtliche Vorschriften** zeigt 17
zum einen, dass privatrechtliche Aspekte wie etwa die Eigentums- und Nutzungsverhältnisse für das Baugenehmigungsverfahren keine Rolle spielen.[15] Zum anderen signalisiert die öffentlich-rechtliche Ausrichtung des Baugenehmigungsverfahrens den reduzierten Gestaltungs- und Verhandlungsspielraum der Beteiligten. Anders als beim Abschluss etwa von Architekten- und Bauverträgen ist im Baugenehmigungsverfahren ein recht enges „Korsett" von Vorschriften zu beachten.

Welche öffentlich-rechtlichen Vorschriften muss ein zur Genehmigung gestelltes Vor- 18
haben im Einzelnen erfüllen? Die **Prüfungssystematik** verdeutlicht die nachfolgende Ablichtung:

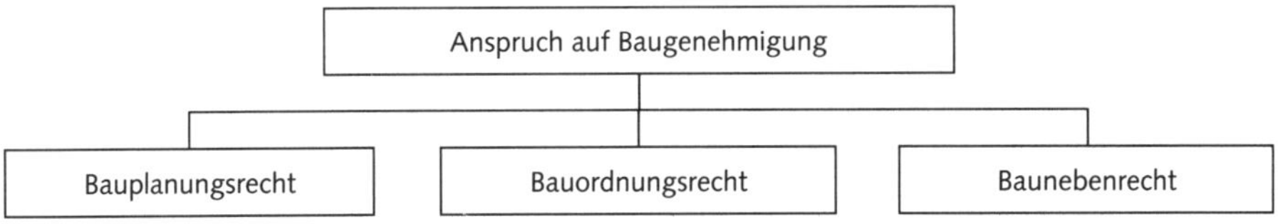

Abbildung 19: Voraussetzungen der Baugenehmigung

Im **Beispielfall 27** geht es um eine genehmigungsbedürftige Werbeanlage. Diese 19
muss den maßgeblichen Vorschriften der Bauordnung entsprechen und darf insbesondere keine Gefahren für den Straßenverkehr auslösen.[16]

---

[13] OVG Bautzen, SächsVBl. 1998, 29 – Abstecken und Einmessen.
[14] BGH, NZBau 2002, 41 – Architektenhaftung für genehmigungsfähige Planung.
[15] BVerwG, NVwZ 1999, 413 – Erbbaurecht.
[16] Vgl. OVG Lüneburg, BauR 2000, 1179 – Projektionsanlage.

2. Bauplanungsrecht

20 Eine Baugenehmigung darf nur erteilt werden, wenn ein Vorhaben den bauplanungsrechtlichen Vorschriften des **Baugesetzbuchs (BauGB)** entspricht. Im Unterschied zu den Landesbauordnungen enthält das BauGB bundeseinheitliche Regelungen.

21 **Beispielfall 28:** Lebensmittelmarkt und Bauplanungsrecht
Der Investor I plant einen Lebensmittelmarkt mit ca. 1.200 m^2 Verkaufsfläche in städtischer Lage. Dass für das Bauvorhaben eine Baugenehmigung erforderlich ist, weiß I. Unklar ist ihm allerdings, unter welchen Voraussetzungen die Baugenehmigung erteilt wird. I möchte wissen, welche Unterlagen oder Nachweise er im Genehmigungsverfahren beizubringen hat und wie die Genehmigungschancen stehen.

2.1 Grundstruktur des Bauplanungsrechts

22 Wie das BauGB gegliedert ist, lässt sich der nachstehenden, auf die wesentlichen Inhalte beschränkten Übersicht entnehmen:

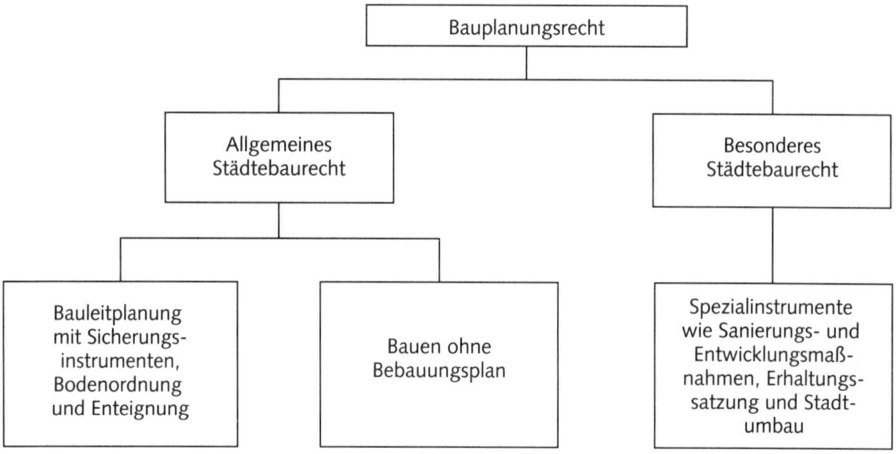

Abbildung 20: Grundstruktur des Bauplanungsrechts

23 „Herzstück" des BauGB sind die Vorschriften über die **Bauleitplanung.** Leitvorstellung ist, dass im Wege der Bauleitplanung von den Gemeinden eine nachhaltige städtebauliche Entwicklung auf geordnetem Wege vorbereitet wird. Die Bauleitplanung ist dann Grundlage für die Erteilung von Baugenehmigungen, die jeweils an den zuvor aufgestellten Plänen zu messen sind.

24 Das BauGB lässt insbesondere mit den §§ 34 und 35 BauGB in nicht unerheblichem Umfange auch das **Bauen ohne Bebauungsplan** zu. Um hier einen „Wildwuchs" zu vermeiden, hat der Gesetzgeber allerdings differenzierte Zulässigkeitskriterien formuliert. Da die Gemeinden teilweise das zeitaufwändige und risikoanfällige Bauleitplanverfahren scheuen, hat das Bauen ohne Bebauungsplan vor allem bei Vorhaben in städtischer Lage große Bedeutung.

Mit den §§ 136ff. BauGB hat der Gesetzgeber den Gemeinden ein ergänzendes Spezialinstrumentarium für planungsrechtliche Sondersituationen zur Verfügung gestellt. Das **Besondere Städtebaurecht** ermöglicht etwa städtebauliche Sanierungs- und Entwicklungsmaßnahmen, den Erlass von Erhaltungssatzungen sowie neuerdings Maßnahmen des Stadtumbaus und der Sozialen Stadt. Mit der Anwendung der Instrumente des Besonderen Städtebaurechts gehen für die Betroffenen im Vergleich zum Allgemeinen Städtebaurecht zusätzliche Restriktionen einher. 25

Im **Beispielfall 28** folgt aus dem Vorstehenden für den Investor I, dass vorrangig zu kontrollieren ist, ob und welche Rahmenbedingungen nach der Bauleitplanung der Gemeinde für den Lebensmittelmarkt bestehen. I muss sich weiter fragen, ob für das Vorhaben ein Bebauungsplan aufgestellt werden muss oder ein Bauen ohne Bebauungsplan zulässig ist. Von Interesse ist für I schließlich, ob die Gemeinde von Instrumenten des Besonderen Städtebaurechts Gebrauch gemacht hat. 26

2.2 Bebauungsplan vorhanden oder erforderlich

Die rechtsverbindlichen Festsetzungen für die städtebauliche Ordnung enthält der Bebauungsplan. Gibt es für das Baugrundstück bereits einen Bebauungsplan, richtet sich das Baurecht danach; „passt" der Bebauungsplan nicht, muss er geändert werden. Gibt es noch keinen Bebauungsplan, kann die (erstmalige) Aufstellung geboten sein. 27

2.2.1 Begriff des Bebauungsplans

Der Bebauungsplan ist nicht mit einem Architektenplan gleichzusetzen. Er setzt sich aus einer **Zeichnung und textlichen Angaben** zusammen. 28

Die Zeichnung dient unter anderem dazu, den räumlichen Geltungsbereich des Bebauungsplans abzugrenzen. In der **Planzeichenverordnung (PlanzV)** ist eine Vielzahl von gängigen Planzeichen aufgeführt, die Gemeinde kann aber im Einzelfall auch hinreichend präzisierte andere Zeichen verwenden.[17] Hilfreich ist dabei naturgemäß eine Legende, an der sich der Rechtsanwender orientieren kann. 29

Die textlichen Festsetzungen des Bebauungsplans können auf der Zeichnung oder in einem gesonderten Dokument vermerkt werden. Die wichtigsten Festsetzungen sind diejenigen zum Art und Maß der baulichen Nutzung. Die Festsetzungsmöglichkeiten ergeben sich insoweit aus der **Baunutzungsverordnung (BauNVO).** Aus dem BauGB, der PlanzV und der BauNVO kann entnommen werden, wie weit das „Festsetzungsfindungsrecht" der Gemeinde reicht.[18] In dem Rahmen des § 9 BauGB kann die Gemeinde durch die zugelassenen Festsetzungen neben Städtebau- auch etwa Verkehrs- und Umweltpolitik betreiben;[19] zu einer nur bauverhindernden Negativplanung ohne aktives Konzept ist sie dagegen nicht berechtigt.[20] 30

Als **Art** der baulichen Nutzung kann die Gemeinde zum Beispiel ein Allgemeines Wohngebiet (WA), ein Kerngebiet (MK) oder – bei atypischen Nutzungen – ein Sondergebiet (SO) festsetzen. Als **Maß** der baulichen Nutzung kommen vor allem Fest- 31

[17] BVerwG, NVwZ 1994, 684 – diffuse Linien.
[18] BVerwG, ZfBR 1995, 143 – Zwei-Wohnungs-Klausel.
[19] BVerwGE 108, 248 – Verkehrspolitik durch Bebauungsplan.
[20] BVerwG, ZfBR 2007, 273 – Negativplanung.

setzungen zur Geschoss- und Grundfläche in Betracht. Die Geschossflächenzahl (GFZ) und die Grundflächenzahl (GRZ) sind maßgebliche Kennziffern, die die bauliche Ausnutzbarkeit eines Grundstücks prägen und daher auch für die Wertermittlung von Interesse sind. Der festgesetzte Gebietstyp begründet einen gerichtlich durchsetzbaren Gebietserhaltungsanspruch; gebietsfremde Nutzungen können im Klagewege verhindert werden.[21]

32 Abhängig von den Festsetzungsinhalten unterscheidet § 30 BauGB **qualifizierte** (Absatz 1) und **einfache** (Absatz 3) **Bebauungspläne**. Will die Gemeinde nicht das volle Regelungsprogramm eines qualifizierten Bebauungsplans ausschöpfen, kann sie nach § 9 Abs. 2 a BauGB zur Erhaltung und Entwicklung zentraler Versorgungsbereiche mit einfachen Bebauungsplänen Einfluss auf die Bebauung nehmen, insbesondere die Ansiedelung von Einzelhandelsbetrieben steuern.

33 Bereits die BauNVO ermächtigt die Gemeinde, mit dem Bebauungsplan ein komplexes Regelungssystem in Kraft zu setzen, das von vornherein individuelle **Abweichungen** von festgelegten Regeltatbeständen erlaubt. So können in einem WA nach § 4 Abs. 3 Nr. 5 BauNVO Tankstellen ausnahmsweise genehmigt werden, es sei denn, die Gemeinde setzt diesen gesetzlich angelegten Mechanismus durch eine Feinsteuerung nach § 1 Abs. 4 bis 10 BauNVO ausdrücklich außer Kraft.[22]

34 Ein Unterfall des herkömmlichen Bebauungsplans ist der **vorhabenbezogene Bebauungsplan** nach § 12 BauGB. Seiner äußeren Gestalt nach ist der vorhabenbezogene Bebauungsplan zwar weitgehend mit den herkömmlichen Bebauungsplan identisch. Er ist jedoch nach Maßgabe eines Vorhaben- und Erschließungsplans auf ein besonderes Vorhaben zugeschnitten;[23] ferner verpflichtet sich der Vorhabenträger in einem separat abzuschließenden Durchführungsvertrag, das Vorhaben innerhalb einer bestimmten Frist zu realisieren sowie die Planungs- und Erschließungskosten ganz oder teilweise zu tragen.

35 Wegen dieser Spezifikation nimmt der vorhabenbezogene Bebauungsplan dem Investor einige Flexibilität. Nach § 12 Abs. 6 Satz 1 BauGB soll die Gemeinde den Bebauungsplan aufheben, wenn das Vorhaben nicht fristgerecht ausgeführt wird. Viele Gemeinden bestehen sogar auf Vertragsstrafenregelungen, so dass der Investor nicht mehr frei entscheiden kann, ob und wann er baut.

36 Der herkömmliche wie der vorhabenbezogene Bebauungsplan werden durch eine **Begründung** ergänzt. Die Begründung muss die Ziele, Zwecke und wesentlichen Auswirkungen des Bebauungsplans darlegen. Gesonderter Teil der Begründung ist der Umweltbericht, der das Ergebnis der im Aufstellungsverfahren erforderlichen Umweltprüfung dokumentiert. In Kurzform sind die entscheidenden Punkte überdies in einer zusammenfassenden Erklärung nach § 10 Abs. 4 BauGB zu erläutern.

37 Der Bebauungsplan ist mit Begründung und zusammenfassender Erklärung **zu jedermanns Einsicht** bereit zu halten. Der Investor kann sich also bei der Gemeinde ohne weiteres einen Eindruck von dem Inhalt einer für ihn relevanten Planung verschaffen. Unter Umständen lassen sich Zweifelsfragen zu Festsetzungen durch Zuhilfenahme der Begründung aufklären.

38 Die Gemeinde kann eine laufende Bebauungsplanung durch Einsatz zusätzlicher Instrumente absichern. Während der Aufstellung von Bebauungsplänen kann die Gemeinde durch eine **Veränderungssperre** oder die **Zurückstellung von Baugesuchen**

[21] BVerwG, ZfBR 2000, 423 – Diskothek im Industriegebiet.

[22] BVerwG, ZfBR 2008, 799- Ausschluss von Vergnügungsstätten; VGH Kassel, BauR 2000, 873 – Vollgeschoss und GFZ.

[23] BVerwG, NVwZ 2004, 229 – Baugebietsfestsetzung und Vorhabenbezug.

planungswidrige Vorhaben verhindern.[24] Das BauGB räumt der Gemeinde zudem ein allgemeines **Vorkaufsrecht** an Grundstücken im Plangebiet ein.[25] Durch Erlass einer entsprechenden Satzung kann die Gemeinde ihre Handlungsbefugnisse sogar noch ausdehnen. Bevor ein Grundstückskaufvertrag vollzogen werden kann, muss dann ein Negativattest vorgelegt werden, aus dem sich ergibt, dass die Gemeinde die Immobilie nicht erwerben will.[26]

Der Bebauungsplan kann auch Grundlage **bodenordnender Maßnahmen,** insbesondere einer Umlegung oder einer **Enteignung** sein. Vor allem die Voraussetzungen und Rechtsfolgen der Enteignung sind in den §§ 93 ff. BauGB detailliert geregelt. Eine Enteignung ist nach Art. 14 Abs. 3 GG nur aus Gründen des Allgemeinwohls gegen Entschädigung möglich.[27] Aufgrund des BauGB ist die Wertermittlungsverordnung (WertV) erlassen worden, die für den Grundstücksverkehr wirtschaftliche Leitlinien formuliert.[28] 39

Im **Beispielfall 28** geht es um einen großflächigen Einzelhandelsbetrieb, der nach § 11 Abs. 3 BauNVO außer in Kerngebieten (MK) regelmäßig nur in eigens festgesetzten Sondergebieten zulässig ist.[29] Besteht eine anderweitige Bauleitplanung, ist etwa ein Mischgebiet (MI) ausgewiesen, muss diese entsprechend geändert werden. Dabei hängt es von der Flexibilität des Investors I ab, ob sich dieser auf ein Verfahren nach § 12 BauGB einlässt und im Zuge der Aufstellung eines vorhabenbezogenen Bebauungsplanes eine Bauverpflichtung übernimmt. 40

2.2.2 Bebauungsplan im Planungssystem

Der Bebauungsplan ist einerseits als **verbindlicher Bauleitplan** zentrales Handlungsinstrument der Gemeinde. Die räumliche Planung auf der Grundlage des Raumordnungsgesetzes des Bundes (ROG) und der Landesplanungsgesetze hat aber andererseits gemeindeübergreifenden Charakter. Aus Festlegungen der räumlichen Gesamtplanung oder der Fachplanung können sich deswegen auch für den Investor Bindungen ergeben, die die Gemeinde selbst bei grundsätzlicher Bereitschaft zur Aufstellung eines Bebauungsplans nicht überwinden kann. 41

Die nachfolgende Übersicht ordnet den wichtigsten Planungsinstrumenten die jeweils betroffenen räumlichen Bereiche zu: 42

Planungsinstrument	Räumlicher Geltungsbereich
(Bundes-)Raumordnung	Bundesgebiet
Landesplanung	Landesgebiet
Regionalplan	Region
Flächennutzungsplan	gesamtes Gemeindegebiet
Bebauungsplan	Teile des Gemeindegebietes

Abbildung 21: Systematik der räumlichen Planung

[24] BVerwG, ZfBR 2004, 460 – Veränderungssperre.
[25] Dazu § 4 Rdn. 88.
[26] Vgl. BGH, NVwZ 1995, 101 – Frist für Vorkaufsrecht.
[27] Dazu § 2 Rdn. 3 f.
[28] Dazu § 6 Rdn. 14 ff.
[29] BVerwG, ZfBR 2006, 247 – 800 qm-Verkaufsfläche.

43 Prinzipiell ist die gemeindliche Befugnis, Bauleitpläne in eigener Regie aufzustellen, durch Art. 28 Abs. 2 GG verfassungsrechtlich abgesichert.[30] Diese **Planungshoheit** hat mehrere Aspekte: Auf die Aufstellung von Bauleitplänen besteht zunächst kein Rechtsanspruch; ein solcher Rechtsanspruch kann nach § 1 Abs. 3 Satz 2 BauGB auch nicht durch einen Vertrag wirksam begründet werden.

44 Gemeinden nutzen diese Komponente der Planungshoheit in der Praxis fantasievoll. Speziell der **städtebauliche Vertrag** nach § 11 BauGB hat in erster Linie dort Bedeutung, wo Gemeinden ihre Bereitschaft, einen Bebauungsplan aufzustellen, an vertragliche Zusagen des Investors knüpfen, die Ausarbeitung der städtebaulichen Planung einschließlich erforderlicher gutachterlicher Untersuchungen, die Kosten von Erschließungs- und Umlegungs- sowie naturschutzrechtlichen Ausgleichs- und Ersatzmaßnahmen zu übernehmen. Eine solche Praxis ist nach der höchstrichterlichen Rechtsprechung zulässig, soweit von der Gemeinde keine unangemessenen oder mit der Planung nicht in ursächlichem Zusammenhang stehenden Forderungen aufgestellt werden;[31] umgekehrt hat der Investor keinerlei Ansprüche, etwa auf Schadenersatz, gegen die Gemeinde, wenn diese sich, aus welchen Gründen auch immer, entschließt, einen anfänglich avisierten Bebauungsplan nicht in Kraft zu setzen.[32]

45 Die zweite Komponente der Planungshoheit besteht in der Einbindung der gemeindlichen Planung in die **Raumordnung und Landesplanung**. Nach § 1 Abs. 4 BauGB sind die Bauleitpläne den Zielen der Raumordnung anzupassen. Auch hat die Gemeinde ihre Bauleitpläne nach § 2 Abs. 2 BauGB mit den Bauleitplänen benachbarter Gemeinden abzustimmen.

46 **Ziele der Raumordnung** können der Aufstellung oder dem Inkrafttreten eines Bebauungsplans durchaus entgegenstehen.[33] Während das ROG des Bundes noch relativ globale Vorgaben macht, sind in den Landesentwicklungsprogrammen, die auf Basis der Landesplanungsgesetze aufgestellt werden, etwa für großflächige Einzelhandelsbetriebe teilweise detaillierte Einschränkungen vorgesehen. Diese Einschränkungen können zur Folge haben, dass die Ansiedlung großflächiger Einzelhandelsbetriebe „auf der grünen Wiese" oder in kleineren Gemeinde ausscheidet.[34]

47 In **Regionalplänen** können z.B. Flächen ausgewiesen werden, die von einer Bebauung freizuhalten sind. Auch können Nutzungen wie Windenergieanlagen gegen den Willen der betroffenen Gemeinden bestimmten Bereichen zugewiesen werden.[35]

48 Gerechtfertigt wird dieses System durch das **Gegenstromprinzip.** Die Gemeinden werden bei der Aufstellung von Plänen nach Raumordnungs- und Landesplanungsrecht beteiligt. Soweit die übergemeindlichen Pläne nach dem Beteiligungsverfahren Rechtskraft erlangen, muss die Gemeinde ihre Bauleitplanung mithin in dem vorgegebenen Rahmen gestalten.

49 Für das gesamte Gemeindegebiet ist unter Beachtung der Landes- und Regionalplanung ein **Flächennutzungsplan** aufzustellen.[36] Im Flächennutzungsplan ist die sich aus der beabsichtigten städtebaulichen Entwicklung ergebende Art der Bodennutzung lediglich in den Grundzügen darzustellen. Der Flächennutzungsplan darf dennoch in seinen praktischen Auswirkungen nicht unterschätzt werden. Bebauungspläne sind nach § 8 Abs. 2 Satz 1 BauGB aus dem Flächennutzungsplan zu entwickeln. Der Bebauungsplan

---

[30] BVerwG, NVwZ 2003, 1263 – Landesmesse Stuttgart.

[31] BVerwGE 124, 385 – Verwaltungskosten; BVerwG, NVwZ 2000, 1285 – Koppelungsverbot.

[32] BGH, ZfBR 2006, 671- Verschulden bei Vertragsschluss; OLG Frankfurt, IBR 1998, 399 – Amtshaftung und Bebauungsplan.

[33] BVerwG, NVwZ 2007, 953 – Zielanpassung nach Bebauungsplanbeschluss.

[34] OVG Münster, UPR 2004, 150 – Sortimentsbeschränkungen.

[35] BVerwG, UPR 2004, 148 – Windenergieanlagen.

[36] Vgl. BVerwG, BauR 2006, 1087 – Flächennutzungsplan und Raumordnung.

muss deshalb in seinen zentralen Grundaussagen dem Flächennutzungsplan entsprechen.[37] Wird eine Planung in Aussicht genommen, die von den Grundaussagen des Flächennutzungsplans abweicht, muss bei der Aufstellung des Bebauungsplans auch der Flächennutzungsplan geändert werden.

Beeinflusst werden kann ein Bebauungsplan nicht zuletzt durch **Fachpläne.** Klassisches 50
Beispiel sind Planfeststellungen im Sinne von § 38 BauGB,[38] ferner naturschutzrechtliche Schutzgebietsverordnungen. Derartige fachgesetzliche Sonderregelungen hat der Bebauungsplan zu respektieren. Eine der Fachplanung widersprechende Bebauungsplanung kommt allenfalls dann in Frage, wenn nach dem Fachplanungsrecht Abweichungen zulässig sind, wenn also etwa für eine avisierte Bebauung eine Ausnahme von der naturschutzrechtlichen Verordnung gewährt werden kann.[39]

Besonders problematisch ist die Rechtslage, wenn der Bebauungsplan Gebiete berührt, 51
die als **Vogelschutzgebiet** oder als sogenannte **FFH-Gebiete** ausgewiesen sind oder ausgewiesen werden müssen. Aufgrund einschlägiger EG-Richtlinien genießen solche Gebiete einen herausragenden Schutz. Eine dem zuwiderlaufende Bebauung wird oftmals nicht möglich sein.[40]

Im **Beispielfall 28** hat der Investor I keinen Rechtsanspruch auf Aufstellung 52
eines auf sein Vorhaben zugeschnittenen Bebauungsplans. Er wird sich daher mit der Gemeinde arrangieren und eventuell im Rahmen eines städtebaulichen Vertrags Zusagen im Hinblick auf Erschließungs- und Ausgleichsmaßnahmen sowie Folgekosten machen müssen, wenn er Baurecht schaffen will. Selbst bei Kooperationsbereitschaft der Gemeinde können jedoch übergeordnete Belange der Raumordnung oder der Fachplanung Bebauungsplanfestsetzungen nach § 11 Abs. 3 BauNVO entgegenstehen. Solchen Aspekten wird in der Praxis unter anderem durch verbindliche Sortimentsbeschränkungen bei Einzelhandelsbetrieben Rechnung getragen.[41]

2.2.3 Aufstellungsverfahren

Bei der Aufstellung eines Bebauungsplans ist ein mehrstufiges Verfahren mit den nachste- 53
hend skizzierten Schritten zu durchlaufen:

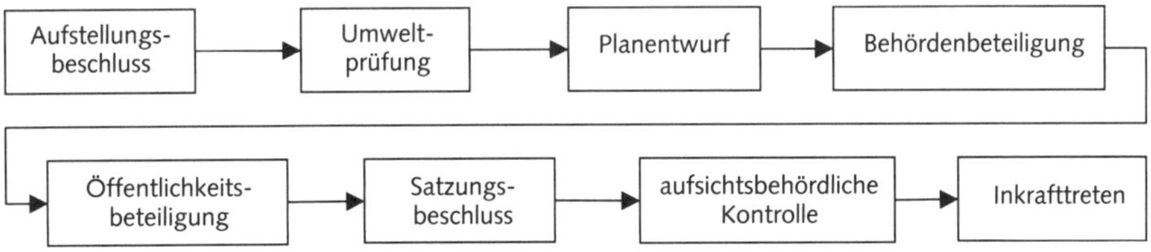

Abbildung 22: Aufstellungsverfahren Bebauungsplan

Bestandteile des Verfahrens zur Aufstellung eines Bebauungsplans sind die Öffentlichkeits- 54
und die Behördenbeteiligung nach den §§ 3 bis 4 a BauGB. Als Teil der Öffentlichkeits-

[37] BVerwG, BauR 2003, 838 – Wald.
[38] BVerwG, ZfBR 2007, 271 – Hubschrauberlandeplatz.
[39] BVerwG, ZfBR 2004, 380 – Bebauungsplan und Schutzgebiet.
[40] BVerwG, BauR 2004, 957 – potenzielles FFH-Gebiet.
[41] BVerwG, ZfBR 2008, 72 – Sortimentsbeschränkung; OVG Lüneburg, BauR 2004, 1108 – Sortimentsbeschränkung.

beteiligung erfolgt eine einmonatige **Offenlegung** des Planentwurfs. Innerhalb dieser Frist kann Einsicht genommen, ferner können – und sollten – Stellungnahmen Betroffener eingereicht werden.[42] Geschieht dies nicht, können die in Rede stehenden Belange bei der Beschlussfassung über den Bebauungsplan möglicherweise unberücksichtigt bleiben (sog. Präklusion).

55 Die **Behördenbeteiligung** vollzieht sich auf schriftlichem Wege. Angesprochen werden neben Fachbehörden und öffentlich-rechtlichen Körperschaften wie Industrie- und Handelskammern die Nachbargemeinden. Das gesamte Beteiligungsverfahren dient der Herstellung von **Akzeptanz** und der **Informationsgewinnung.** Der Bauherr ist deshalb gehalten, den Prozess in enger Abstimmung mit der Gemeinde zu begleiten und – im eigenen Interesse – Opponenten und Planungshindernisse frühzeitig zu identifizieren. Wird der Entwurf des Bauleitplans nach der Öffentlichkeits- oder der Behördenbeteiligung geändert oder ergänzt, ist das Beteiligungsverfahren nach Maßgabe von § 4 a Abs. 3 BauGB zu wiederholen.

56 Herausgehoben behandelt werden nach § 2 Abs. 4 BauGB die Belange des Umweltschutzes. Diese Belange werden in einer **Umweltprüfung** ermittelt, beschrieben und bewertet. Ob und in welchem Umfang und Detaillierungsgrad die Belange des Umweltschutzes untersucht werden müssen, ist von der Gemeinde im Einzelfall festzulegen (Scoping). Aus der Anlage zum BauGB ergibt sich, welche Informationen zu beschaffen sind. Dies reicht von einer ökologischen Bestandsaufnahme über eine Prognose hinsichtlich der Entwicklung des Umweltzustands bei Durchführung der Planung und bei Nichtdurchführung der Planung bis hin zu einer Beschreibung von Ausgleichs- und Ersatzmaßnahmen sowie denjenigen weitergehenden Maßnahmen, die zur Überwachung der erheblichen Auswirkungen der Durchführung des Bebauungsplans auf die Umwelt ins Auge gefasst werden (Monitoring).

57 Einige Verfahrensprivilegien gelten seit 2007 für **Bebauungspläne der Innenentwicklung** nach § 13 a BauGB. Abhängig von der Grundfläche, deren Versiegelung festgesetzt wird, kann ein beschleunigtes Bebauungsplanverfahren zulässig sein, wenn es um die Wiedernutzbarmachung von Flächen, die Nachverdichtung oder andere Maßnahmen der Innenentwicklung geht. Insbesondere kann in solchen Fällen, je nach den Umständen, auf eine förmliche Umweltprüfung und auf die Festsetzung naturschutzrechtlicher Ausgleichsmaßnahmen verzichtet werden.

58 Trotz der vergleichsweise breiten Behandlung der Belange des Umweltschutzes im BauGB und des Erfordernisses einer Umweltprüfung dürfen die Maßstäbe in diesem Punkt nicht überspannt werden. Entscheidend ist, dass die Umweltauswirkungen der Planung erfasst und lückenlos dargelegt werden. Einen abstrakten Vorrang von Umweltbelangen gibt es nicht;[43] ob und inwieweit etwa die Beeinträchtigung von unter Naturschutz stehenden Biotopen oder Tierarten eine Beplanung verhindern kann, hängt von den Umständen des Einzelfalls ab.

59 Im **Beispielfall 28** wird der Investor I nicht umhin kommen, den Belangen des Umweltschutzes von Anfang an erhöhte Aufmerksamkeit zu widmen. Dies betrifft nicht nur eine eventuelle Flächenversiegelung, die z.B. durch Ersatzpflanzungen auszugleichen ist. Bei größeren Lebensmittelmärkten können daneben Immissionen durch Zu- und Abfahrtsverkehr entstehen, die die Nachbarschaft stören. I ist gut beraten, wenn er dem, erforderlichenfalls unter Hinzuziehung eines geeigneten Gutachters, frühzeitig nachgeht.[44]

[42] BVerwG, UPR 2003, 450 – Offenlegungsfrist.
[43] BVerwG, NVwZ 1996, 381 – Umweltbelange in der Abwägung.
[44] BVerwG, NVwZ 2001, 431– Sportmehrzweckhalle.

Sind bei der Bebauungsplanaufstellung alle Belange ermittelt, wird der Plan einer abschließenden **Beschlussfassung** durch das zuständige Gemeindeorgan, regelmäßig den Rat, zugeführt. Der Bebauungsplan wird nach § 10 Abs. 1 BauGB als Satzung beschlossen. Konsequenz ist, dass – anders als beim Flächennutzungsplan, der keinen Satzungscharakter hat – gegen den Bebauungsplan nach seinem Inkrafttreten mit einem Normenkontrollantrag verwaltungsgerichtlich vorgegangen werden kann.[45] 60

Nach dem Satzungsbeschluss kann für den Bebauungsplan noch eine **aufsichtsbehördliche Genehmigung** einzuholen sein. Dies ist nach § 10 Abs. 2 BauGB immer dann geboten, wenn der Bebauungsplan nicht aus dem Flächennutzungsplan entwickelt worden ist.[46] 61

Im Anschluss an die aufsichtsbehördliche Genehmigung wird der Bebauungsplan von der Gemeinde **ausgefertigt** und nach § 10 Abs. 3 BauGB **ortsüblich bekannt gemacht.** Die Ausfertigung bezweckt die Sicherstellung der Authentizität des Bebauungsplans. Es wird testiert, dass das zur Bekanntmachung vorgesehene Exemplar des Bebauungsplans mit demjenigen übereinstimmt, das die Gemeinde beschlossen hat.[47] Die ortsübliche Bekanntmachung vollzieht sich mithilfe der kommunalen Veröffentlichungsblätter oder Schaukästen. Erst mit der Bekanntmachung tritt der Bebauungsplan in Kraft. Er kann danach, wie erwähnt, von jedermann eingesehen werden. 62

Das Bebauungsplanverfahren dauert, vom Satzungsbeschluss an gerechnet, in nahezu allen Fällen mindestens ein Jahr. Wegen dieses für den Investor vielfach nicht akzeptablen Zeitraums kann eine **Vorabgenehmigung** nach § 33 BauGB in Erwägung gezogen werden. Die Vorschrift setzt neben der Sicherung der Erschließung und dem Festsetzungsanerkenntnis des Antragstellers voraus, dass die Öffentlichkeits- und Behördenbeteiligung vollständig durchgeführt worden ist und angenommen werden kann, dass das Vorhaben dem künftigen Bebauungsplan entspricht. 63

Wann die **Planreife** gegeben ist und eine Vorabgenehmigung erteilt werden kann, lässt sich im Voraus kaum zuverlässig abschätzen.[48] Bei umstrittenen Planungen kann die Erteilung von Vorabgenehmigungen auf Basis einer zu optimistischen Prognose zum Inkrafttreten eines Bebauungsplans einige Komplikationen auslösen.[49] Erfahrungsgemäß werden bis zur Planreife vom Aufstellungsbeschluss an aber mindestens ca. 6 Monate vergehen. Bei komplexeren Planungen, die im Verlaufe des Beteiligungsverfahrens verändert und danach einem erneuten Beteiligungsverfahren durchgeführt werden müssen, kann die Planaufstellung mehrere Jahre dauern. 64

Im **Beispielfall 28** wird der Investor I darauf angewiesen sein, während eines eventuellen Bebauungsplanverfahrens eng mit der Gemeinde zusammenzuarbeiten. Es kann sich anbieten, dass I im Interesse einer Beschleunigung des Verfahrens nicht nur bei den erforderlichen Klärungen mit anderen Behörden und Nachbargemeinden mitwirkt, sondern zudem aufgrund eines städtebaulichen Vertrags nach § 11 BauGB die körperliche Ausarbeitung des Bebauungsplans übernimmt. Die Verantwortung der Gemeinde für die einzelnen Schritte des gesetzlich vorgesehenen Planaufstellungsverfahrens bleibt davon aber unberührt. 65

[45] Dazu § 17 Rdn. 100 ff.
[46] Vgl. BVerwG, ZfBR 2008, 687 – Genehmigung und Parallelverfahren.
[47] BVerwG, UPR 1999, 191 – Ausfertigung.
[48] BVerwGE, 117, 25 – Factory-Outlet-Center.
[49] OVG Berlin/Brandenburg, BauR 2008, 1089 – Spreedreieck.

2.2.4 Inhaltliche Anforderungen

66 Mit dem mehrstufigen Aufstellungsverfahren gehen verschiedene inhaltliche Anforderungen an Bebauungspläne einher. Auch dazu eine Übersicht:

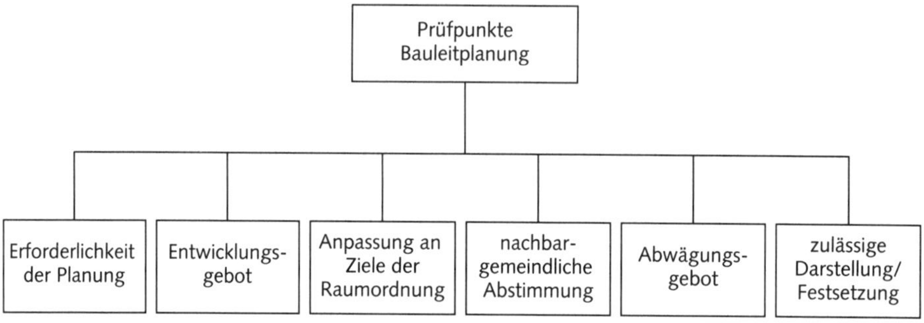

Abbildung 23: Materielle Anforderungen an Bebauungspläne

67 Die Gemeinde muss den **Geltungsbereich** des Bebauungsplans sachgerecht abgrenzen. Es muß ein städtebauliches Konzept erkennbar sein, auch wenn sich der Bebauungsplan auf nur ein Grundstück im eigentumsrechtlichen Sinne oder Teile davon beziehen kann. Einen Rechtsanspruch auf (Nicht-)Einbeziehung in den Geltungsbereich eines Bebauungsplans gibt es nicht.[50]

68 In dem Bebauungsplan kann die Gemeinde nur die gesetzlich zugelassenen **Festsetzungen** treffen. Wie erwähnt, ist der Bebauungsplan den Zielen der Raumordnung anzupassen und aus dem Flächennutzungsplan zu entwickeln.[51] Es muss eine Abstimmung mit den Bauleitplänen benachbarter Gemeinden stattfinden.

69 **Konflikte zwischen benachbarten Gemeinden** treten in jüngster Vergangenheit verstärkt auf. Mit § 2 Abs. 2 Satz 2 BauGB hat der Bundesgesetzgeber die Klagebefugnis von Nachbargemeinden ausdrücklich gestärkt. Gemeinden können sich darauf berufen, dass ihr Status nach dem Zentrale-Orte-System durch eine übergemeindlich wirksame Planung der Nachbargemeinde beeinträchtigt wird; es kann auch vorgetragen werden, dass die zentralen Versorgungsbereiche der Nachbargemeinde z.B. durch Kaufkraftabflüsse gefährdet werden. Grenzwerte fehlen leider; daraus können sich Rechtsunsicherheiten ergeben.[52]

70 Bebauungspläne unterliegen sodann dem **Abwägungsgebot.** Nach § 1 Abs. 7 BauGB sind von der Gemeinde bei der Aufstellung eines Bebauungsplans die öffentlichen und privaten Belange gegeneinander und untereinander gerecht abzuwägen. Die Abwägung ist mit einer Ermessensentscheidung vergleichbar. Die Gemeinde hat planerische Gestaltungsfreiheit.[53]

71 Was unter einer gerechten Abwägung zu verstehen ist, hat die Rechtsprechung präzisiert. Alle Belange müssen erkannt und mit dem ihnen zukommenden Gewicht in die Entscheidung einbezogen werden. Konflikte sollen bereits auf Planungsebene bewältigt werden.[54] Abwägungsfehlerhaft ist es, wenn wesentliche Sachverhalte ignoriert oder

---

[50] BVerwG, NordÖR 2004, 284 – Anspruch auf Einbeziehung.
[51] Dazu § 9 Rdn. 49 ff.
[52] BVerwGE 119, 25 – Planungspflicht der Gemeinde.
[53] BVerwGE, 116, 144 – Abwägung und Eigentumsschutz.
[54] BVerwG, ZfBR 1997, 328 – Gebot der Konfliktbewältigung.

in offensichtlich unzureichender Weise gewürdigt werden.[55] Anerkannt ist seit kurzem auch ein einklagbarer „Anspruch auf Abwägung"; ein solcher Anspruch kann nicht nur Grundstückseigentümern, sondern gleichermaßen Pächtern von Immobilien im Plangebiet zustehen.[56]

Mit den §§ 214 und 215 BauGB ist ergänzend der **Grundsatz der Planerhaltung** festgelegt. Eine Verletzung von Verfahrens- und Formvorschriften bei der Aufstellung von Bebauungsplänen ist nur unter den entsprechenden gesetzlichen Voraussetzungen für die Rechtswirksamkeit des Plans beachtlich.[57] Auch Abwägungsfehler oder Fehler bei der Entwicklung des Bebauungsplans aus dem Flächennutzungsplan können im Ergebnis rechtlich unerheblich sein.[58] 72

Nach § 214 Abs. 4 BauGB hat die Gemeinde bei beachtlichen Fehlern noch die Möglichkeit, eine „Reparatur" der Planung im Wege eines **ergänzenden Verfahrens** vorzunehmen.[59] Ein solches Verfahren kann bei Bedarf parallel zu einem laufenden verwaltungsgerichtlichen Verfahren abgewickelt werden. Der Plan kann rückwirkend in Kraft gesetzt werden. 73

Für die Geltendmachung von Fehlern bei der Bebauungsplanung gilt nach § 215 Abs. 1 BauGB eine **Ein-Jahres-Frist.** Alles in allem ist damit ein Ausgleich für die Fehleranfälligkeit geschaffen, die aus den detaillierten Anforderungen an die Bebauungsplanaufstellung resultiert. Bebauungspläne können nur über einen begrenzten Zeitraum gerichtlich angegriffen werden; nur schwerwiegende Fehler können die Rechtswirksamkeit des Bebauungsplans in Frage stellen. 74

Im **Beispielfall 28** ist das rechtliche Risiko des Investors I, dass eine von der Gemeinde initiierte Bebauungsplanung im Normenkontrollverfahren für unwirksam erklärt wird, recht gering. Im Beteiligungsverfahren erhält I Hinweise auf kritische Punkte, auf die reagiert werden kann. Kleinere Form- und Verfahrensfehler sind bereits kraft Gesetzes nicht geeignet, den Bebauungsplan an sich in Frage zu stellen. Über das ergänzende Verfahren kann die Gemeinde im äußersten Falle nachsteuern und dadurch das Baurecht des I sichern. 75

2.2.5 Abweichungen von Bebauungsplänen

Bebauungspläne müssen nicht unbedingt zwingendes Recht enthalten. Abweichungen von den Festsetzungen in Bebauungsplänen sind einmal möglich, wenn sie durch den Bebauungsplan selbst zugelassen sind. So kann in einem festgesetzten Kerngebiet nach § 7 Abs. 3 Nr. 2 BauNVO ausnahmsweise eine Wohnnutzung zugelassen werden.[60] 76

Ob die **Ausnahme** gewährt wird, steht im Ermessen der Genehmigungsbehörde. Einen Rechtsanspruch auf Erteilung der Ausnahme hat der Bauantragsteller nicht. Er muss sich darüber im Klaren sein, dass die Planung eines Vorhabens, für das eine Ausnahme von einem Bebauungsplan notwendig ist, mit Risiken behaftet ist. 77

In noch stärkerem Maße gilt dies für Fälle, in denen eine **Befreiung** nach § 31 Abs. 2 BauGB angestrebt wird. Es handelt sich ebenfalls um eine Kann-Regelung, so dass die 78

[55] BVerwG, BauR 2000, 1302 – Ausgleichs- und Ersatzmaßnahmen.
[56] BVerwG, BauR 2000, 848 – Anspruch auf Abwägung.
[57] Vgl. BVerwG, ZfBR 2008, 489 – wesentliche Punkte.
[58] BVerwG, ZfBR 2004, 160 – eingeschränktes Wohngebiet.
[59] BVerwG, NVwZ 2004, 226 – Anpassung an Ziele der Raumordnung.
[60] OVG Münster, NWVBl. 2004, 384 – Kerngebiet und Wohnnutzung.

Bauaufsichtsbehörde Ermessen hat. Im Unterschied zur Ausnahme ist die Befreiung im Bebauungsplan nicht angelegt; sie wird daher nur in engen Grenzen in Betracht kommen.

79 Befreit werden kann, wenn die Grundzüge der Planung nicht berührt sind und einer der in § 31 Abs. 2 BauGB aufgeführten Befreiungsfälle gegeben ist. Schon abweichende Planungsabsichten der Gemeinde können ausreichen, um die Erteilung einer Befreiung auszuschließen.[61] Umso wichtiger ist es, sich vorsorglich nicht darauf zu verlassen, dass die Behörde eine Befreiung letztlich gewährt.

80 Keine Abweichung vom Bebauungsplan ist es, wenn Festsetzungen **funktionslos** geworden sind. In städtebaulichen Gemengelagen kann es sein, dass sich im Laufe der Zeit – nicht zuletzt durch eine extensive Befreiungspraxis der Bauaufsichtsbehörde – eine Bebauung verfestigt, die massiv vom Bebauungsplan abweicht. Ist etwa die Grundstücksausnutzung durchgängig wesentlich höher als im Bebauungsplan zugelassen und wird dies über einen längeren Zeitraum geduldet, kann der Bebauungsplan seine Bindungswirkung verlieren.[62] In der Folge kann es zulässig sein, eine mit der Umgebung vergleichbare Nutzungsintensität für ein neues Vorhaben zu genehmigen.

81 Im **Beispielfall 28** kann der Investor I mit einem für ihn ungünstigen vorhandenen Bebauungsplan konfrontiert sein. Wenn I ein Verfahren zur Änderung des Bebauungsplans vermeiden will, kann er Ausnahme- und Befreiungsmöglichkeiten prüfen oder mit einer Funktionslosigkeit nachteiliger Festsetzungen argumentieren.

2.3 Bauen ohne Bebauungsplan

82 Manche Gemeinden scheuen sich, Bebauungspläne aufzustellen. Bebauungspläne sind auch nicht immer erforderlich, um eine nachhaltige städtebauliche Entwicklung zu gewährleisten. Als **Ersatz** für die Bebauungspläne hat der Gesetzgeber in den §§ 34 und 35 BauGB Standards formuliert, an denen Bauvorhaben zu messen sind.[63] Unterschieden wird dabei zwischen

- dem unbeplanten Innenbereich und
- dem Außenbereich.

83 Die §§ 34 und 35 BauGB sind in die Systematik des Bauplanungsrechts wie folgt einzuordnen:

84 **Beispielfall 29:** Kleiner Einzelhandelsbetrieb
Im Beispielfall 28 entscheidet sich der Investor I aus wirtschaftlichen Gründen, die Verkaufsfläche des Lebensmittelmarkts auf 600 m² zu verkleinern. Er erhofft sich dadurch baurechtliche Vorteile. Ein Bebauungsplan existiert für das Baugrundstück nicht.

[61] BVerwG, IBR 2001, 642 – Befreiungsermessen.
[62] BVerwG, NVwZ 2001, 1055 – Dorfgebiet.
[63] BVerwGE 119, 25 – Planungspflicht der Gemeinde.

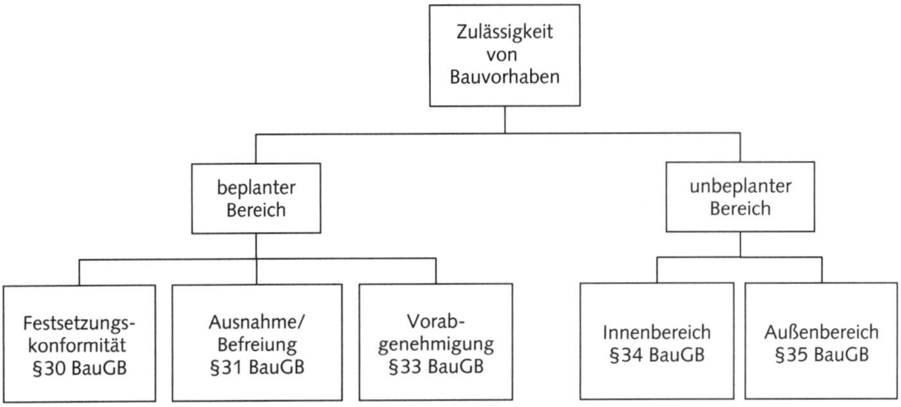

Abbildung 24: Bauen im unbeplanten Bereich

2.3.1 Innenbereich

Die Zuordnung von Baugrundstücken zum Innen- oder Außenbereich ist für das Baurecht existenziell. Vorhaben im unbeplanten Innenbereich sind bauplanungsrechtlich nach § 34 BauGB zu beurteilen. 85

Als unbeplanter Innenbereich sind nach § 34 Abs. 1 Satz 1 BauGB die **im Zusammenhang bebauten Ortsteile** zu verstehen. Es muss also eine Bebauung vorhanden sein, die den Eindruck der Geschlossenheit vermittelt. Daran ändern einzelne Baulücken oder Fremdkörper z.B. in Form von Hochhäusern nichts.[64] 86

Größere **Freiflächen** müssen einen Bebauungszusammenhang nicht unterbrechen. Gleichwohl kann es auch in städtischen Lagen sogenannte Außenbereichsinseln geben, die nicht § 34 BauGB, sondern § 35 BauGB unterfallen.[65] 87

Keine zusammenhängende Bebauung ist die in § 35 Abs. 3 Satz 1 Nr. 7 BauGB angesprochene **Splittersiedlung.** Eine inhomogene Bebauung ist nach dem BauGB städtebaulich unerwünscht. Alles was der Entstehung, Verfestigung oder Erweiterung einer Splittersiedlung dient, beeinträchtigt öffentliche Belange und ist somit im Innen- wie im Außenbereich unzulässig.[66] 88

Durch eine **Innenbereichssatzung** nach § 34 Abs. 4 bis 6 BauGB kann die Gemeinde in Zweifelsfällen eine klare Grenzziehung zwischen Innen- und Außenbereich bewerkstelligen. Sie kann dabei – im Sinne einer behutsamen Erweiterung des Innenbereichs – auch Außenbereichsflächen den im Zusammenhang bebauten Ortsteilen zuschlagen. Innenbereichssatzungen werden in einem Verfahren aufgestellt, das dem Bebauungsplanverfahren ähnelt. Da sie Baurecht schaffen, werden Innenbereichssatzungen auch als „kleine Bebauungspläne" bezeichnet.[67] 89

Nach § 34 Abs. 1 Satz 1 BauGB ist ein Vorhaben im unbeplanten Innenbereich zulässig, wenn es sich nach Art und Maß der baulichen Nutzung, der Bauweise und der Grundstücksfläche, die überbaut werden soll, in die Eigenart der näheren Umgebung einfügt und die Erschließung gesichert ist. Entspricht die Eigenart der näheren Umgebung einem der Baugebiete, die die BauNVO vorsieht, gelten nach § 34 Abs. 2 BauGB hinsichtlich der Art 90

---

[64] BVerwG, DVBl. 1990, 572 – Zimmereibetrieb.
[65] BVerwG, BauR 1993, 303 – Reitplatz.
[66] BVerwG, NVwZ-RR 2001, 83 – Streubebauung.
[67] OVG Bautzen, NVwZ 2001,1070 – Innenbereichssatzung.

der baulichen Nutzung vorrangig die **typisierten Zuordnungen** nach der BauNVO; diejenigen Nutzungsarten, die in den einzelnen Baugebieten zulässig sind, sind auch in faktischen Baugebieten genehmigungsfähig.[68]

91 Ob ein Vorhaben sich in die nähere Umgebung einfügt, hängt von mehreren Gesichtspunkten ab. Zu klären ist zunächst, wie weit die **nähere Umgebung** reicht. Dazu gehört die unmittelbar benachbarte Bebauung. Entscheidend ist, welche Wechselwirkungen zwischen dem Vorhaben und der Nachbarschaft bestehen; zur näheren Umgebung können unter Umständen auch Gebäude zu rechnen sein, die sich in einiger Entfernung von dem Bauvorhaben befinden.

92 Um den Rahmen für die Prüfung des **Einfügensgebots** zu bestimmen, ist eine Umgebungsanalyse angezeigt. Von Interesse ist, welche Nutzungsarten und Nutzungsintensitäten in dem relevanten Betrachtungsbereich bestehen. Auch eine aufgegebene Nutzung auf dem Baugrundstück kann (noch) prägend sein.[69] Städtebauliche Fremdkörper sind dagegen, je nach den Umständen, nicht zu berücksichtigen.[70] Der Bauantragsteller muss dies, wenn notwendig mithilfe eines Gutachters, eingehend prüfen und auswerten. Die Zulässigkeit nach § 34 BauGB ist gegeben, wenn sich das Vorhaben innerhalb des sich aus der näheren Umgebung ergebenden Rahmens hält. Ausnahmsweise kann ein rahmenkonformes Vorhaben unzulässig sein, wenn es die gebotene **Rücksichtnahme** auf die in der unmittelbaren Umgebung vorhandene Bebauung fehlen lässt. Ein Verstoß gegen das Gebot der Rücksichtnahme kann insbesondere aus Immissionen herrühren, die die Umgebung beeinträchtigen.[71]

93 Das Einfügensgebot berücksichtigt nach der höchstrichterlichen Rechtsprechung auch eine etwaige **Vorbildwirkung** eines Vorhabens oder potenzielle **bodenrechtliche Spannungen.** So kann die erste Vergnügungsstätte Unruhe in ein Gebiet bringen.[72] Andererseits enthält § 34 BauGB kein Dogma dahin, dass nur Nutzungen genehmigt werden dürfen, die in der Umgebung bereits ein Pendant haben. Entscheidend ist die Kompatibilität der Nutzungen.

94 Auch **größere Vorhaben** können grundsätzlich nach § 34 BauGB ohne Bebauungsplan genehmigt werden, wenn sie sich in die Eigenart der näheren Umgebung einfügen. Dies hat die Rechtsprechung insbesondere für Einzelhandelsbetriebe mehrfach anerkannt.[73] Als Reaktion hat der Gesetzgeber mit § 34 Abs. 3 BauGB bestimmt, dass von Vorhaben im unbeplanten Innenbereich keine schädlichen Auswirkungen auf zentrale Versorgungsbereiche in der Gemeinde oder in anderen Gemeinden zu erwarten sein dürfen. Auf diesem Wege ist der Betrachtungsbereich über die nähere Umgebung des Baugrundstücks hinaus erweitert worden. Nicht völlig klar ist dabei allerdings, welche schädlichen Auswirkungen konkret ausgeschlossen werden müssen.

95 Im **Beispielfall 29** kann die Baugenehmigung für den Lebensmittelmarkt des Investors I ohne zeitaufwändiges Bebauungsplanverfahren nach § 34 BauGB erteilt werden, wenn I unter der in der Rechtsprechung als „Faustformel" entwickelten Schwelle von ca. 800 m^2 Verkaufsfläche bleibt.[74] Das Genehmigungsverfahren kann jedoch Komplikationen mit sich bringen. Befindet sich das Baugrundstück in einem

---

[68] BVerwG, ZfBR 1995, 100 – Referenzcharakter der BauNVO.
[69] BVerwG, ZfBR 2008, 52 – prägender Altbestand.
[70] BVerwGE 127, 231 – Gewerbebetrieb im WA.
[71] OVG Münster, BauR 2002, 432 – Schießanlage.
[72] BVerwG, NVwZ-RR 1998, 540 – Prostitution im WA.
[73] BVerwG, DVBl. 2004, 239 – Großflächiger Einzelhandel.
[74] BVerwG, ZfBR 2004, 699 – Schwellenwert.

faktischen WA nach § 4 BauNVO, kann zweifelhaft sein, ob der Markt ein „der Versorgung des Gebiets dienender Laden" im Sinne von § 4 Abs. 2 Nr. 2 BauNVO ist. Bei Lebensmittelmärkten mit einer Verkaufsfläche von mehr als ca. 700 m² kann ein übergebietlicher Bereich betroffen sein. Es kann zugleich die Frage nach schädlichen Auswirkungen im Sinne von § 34 Abs. 3 BauGB entstehen.[75] I kann dem nur begegnen, indem er Umgebung, Vorhaben und voraussichtliche Auswirkungen ermitteln und auf prognostischem Wege beurteilen lässt. Die Beweisführung obliegt I; wenn dieser nicht die Unbedenklichkeit seines Vorhabens belegen kann, ist ein ungünstiger Ausgang des Genehmigungsverfahrens nicht auszuschließen.[76]

2.3.2 Außenbereich

Im Außenbereich, also außerhalb der im Zusammenhang bebauten Ortsteile, ist das Bauen regelmäßig unzulässig. Nur einige wenige **privilegierte Vorhaben** nach § 35 Abs. 1 BauGB sind genehmigungsfähig, wenn ihnen nicht ausnahmsweise die in § 35 Abs. 3 BauGB aufgeführten öffentlichen Belange entgegenstehen. Privilegierte Vorhaben sind nach § 35 Abs. 1 Nr. 5 BauGB z.B. Windenergieanlagen; wenn solche Anlagen das Orts- und Landschaftsbild verunstalten, sind sie trotz der Privilegierung nach § 35 Abs. 3 Satz 1 Nr. 5 BauGB wegen Beeinträchtigung öffentlicher Belange nicht genehmigungsfähig.[77] 96

Wohn- und Bürogebäude sind als **sonstige Vorhaben** im Sinne von § 35 Abs. 2 BauGB im Allgemeinen unzulässig. Sie widersprechen entweder dem Flächennutzungsplan, soweit dieser Freiflächen ausweist, rufen schädliche Umwelteinwirkungen hervor oder beeinträchtigen die natürliche Eigenart der Landschaft.[78] § 35 Abs. 4 BauGB nennt zwar einige Rückausnahmen, die auf dem Bestandsschutz etwa für Ersatzbauten fußen;[79] insgesamt bleibt der Außenbereich aber primär Nutzungen der Landwirtschaft und der Infrastruktur oder emittierenden und deshalb in städtischer Lage unzulässigen Vorhaben vorbehalten. 97

Der Außenbereichsschutz ist durch § 35 Abs. 5 BauGB zuletzt nochmals erweitert worden. Selbst bei Ausführung privilegierter Vorhaben muss sich der Bauantragsteller einer **Rückbauverpflichtung** unterwerfen. Es sollen entsprechende Sicherheiten beigebracht werden. Für den Bauantragsteller bedeutet dies eine langfristige Bindung, die das Bauen im Außenbereich nochmals unattraktiver macht. 98

Viele gewerbliche Vorhaben werden sich im Außenbereich nur realisieren lassen, wenn ein Bebauungsplan aufgestellt wird. Während im unbeplanten Innenbereich nach § 34 BauGB die Genehmigungschancen überwiegend gut sind, statuiert § 35 BauGB – mit einigen wenigen Ausnahmen – ein **Bauverbot**, das fruchtlose Diskussionen mit der Bauaufsichtsbehörde erübrigt. 99

Im **Beispielfall 29** kann sich der Lebensmittelmarkt trotz städtischer Lage auf einer Außenbereichsinsel befinden. Es gilt dann § 35 BauGB. Da Einzelhandelsbetriebe – unabhängig von ihrer Verkaufsfläche – im Außenbereich unzulässig sind, kann I sein Vorhaben nur durchführen, wenn ein Bebauungsplan aufgestellt und auf diesem Wege Baurecht geschaffen wird.[80] 100

---

[75] OVG Münster, NVwZ-RR 2004, 245 – ALDI-Markt; VGH Kassel, ZfBR 2005, 77 – Lidl-Markt.
[76] Vgl. BVerwG, ZfBR 2008, 49 – Elektrofachmarkt.
[77] BVerwG, NVwZ 2001, 1282 – Splittersiedlung.
[78] BVerwG, DVBl. 2002, 1479 – Ausgleichsbetrag im Sanierungsgebiet.
[79] Vgl. BVerwG, ZfBR 2008, 593 – Erweiterung Wohngebäude.
[80] Vgl. VGH Mannheim, NuR 1995, 194 – Außenbereichsinsel.

2.4 Restriktionen nach Besonderem Städtebaurecht

101 Die Gemeinde kann die Instrumente des Allgemeinen und des Besonderen Städtebaurechts nebeneinander einsetzen. Verbreitet sind speziell in Großstädten
– städtebauliche Sanierungsmaßnahmen,
– städtebauliche Entwicklungsmaßnahmen und
– Erhaltungssatzungen.

102 **Städtebauliche Sanierungsmaßnahmen** dienen der Beseitigung städtebaulicher Missstände. Von der Gemeinde ist eine Sanierungssatzung aufzustellen. Für die betroffenen Grundstücke wird ein Sanierungsvermerk im Grundbuch eingetragen. Es muss eine spezielle Sanierungsgenehmigung eingeholt werden.[81]

103 Entsprechend der Sanierungssatzung sind Ordnungs- und Baumaßnahmen durchzuführen. Die Gemeinde kann einen Ausgleichsbetrag von den Grundstückseigentümern verlangen, soweit deren Grundstücke durch die Umfeldverbesserung einen Wertzuwachs erfahren haben (Bodenwertabschöpfung).[82]

104 **Städtebauliche Entwicklungsmaßnahmen** haben einen anderen Zuschnitt. Hier geht es in erster Linie um die Entwicklung brachliegender Flächen im Interesse des Wohls der Allgemeinheit.[83] Typisches Beispiel ist die Erschließung von Wohn- und Gewerbegebieten auf ehemaligen Militärliegenschaften (Konversion).[84]

105 Die Gemeinde hat eine Entwicklungssatzung zu beschließen. Sie soll die Grundstücke im Entwicklungsbereich erwerben und der geplanten Entwicklung zuführen. Für den Fall, dass die betroffenen Eigentümer nicht kooperieren, hat die Gemeinde gegenüber der Bauleitplanung erweiterte Enteignungsbefugnisse. Analog zum Sanierungsrecht ist ein Ausgleichsbetrag nach Abschluss des Entwicklungsvorhabens zu zahlen.

106 Während städtebauliche Sanierungsmaßnahmen nach wie vor verbreitet sind, fehlt den Kommunen für städtebauliche Entwicklungsmaßnahmen nicht selten das notwendige Kapital. Mangels Kapitalbedarf ist als drittes Instrument des Besonderen Städtebaurechts die **Erhaltungssatzung** für viele Kommunen attraktiv. Die Erhaltungssatzung erlaubt es, vorhandene „Kiezstrukturen" in gewissem Umfang zu konservieren. In der Rechtsprechung setzt sich aber zu Recht zunehmend die Auffassung durch, dass etwa Auflagen, die Mietobergrenzen für Erhaltungsgebiete festlegen, der Schaffung eines zeitgemäßen Ausstattungsstandards nicht entgegenstehen dürfen.[85] Andernfalls trügen Erhaltungssatzungen eher zur Blockade einer vernünftigen städtebaulichen Entwicklung bei als zu einem begrüßenswerten Zustand.

107 Im Besonderen Städtebaurecht sind neben den genannten Instrumenten noch weitere formalisierte und informelle Pläne und Maßnahmen zulässig. Es wird damit gerechnet, dass namentlich der **Stadtumbau** in den nächsten Jahrzehnten vor dem Hintergrund der aktuellen demographischen Entwicklung eine wesentliche kommunale Aufgabe ist. Verbunden werden entsprechende Maßnahmen manchmal mit einem Quartiersmanagement oder ähnlichen Formen der Betreuung städtebaulicher Problemgebiete.

108 Im **Beispielfall 29** hat der Investor I in Erfahrung zu bringen, ob das Baugrundstück im Geltungsbereich einer Satzung nach Besonderem Städtebaurecht liegt. Wenn eine solche Satzung existiert, kann ein zusätzliches Genehmigungserfordernis gegeben sein. I muss unter Umständen mit Auflagen oder Ausgleichsabgaben rechnen, die Mehrkosten und Verzögerungen verursachen.

---

[81] Vgl. BVerwG, NVwZ-RR 1998, 216 – Sanierungsgenehmigung.
[82] BVerwG, DVBl. 2002, 1479 – Vorauszahlung Ausgleichsabgabe.
[83] BVerwG, ZfBR 2004, 375 – Entwicklungsmaßnahme und Wohl der Allgemeinheit.
[84] BVerwG, DVBl. 1998, 40 – Milieuschutzsatzung.
[85] OVG Berlin, Grundeigentum 2004, 354 – Zeitgemäßer Ausstattungsstandard.

3. Bauordnungsrecht

Nach dem Grundgesetz ist der Bund nicht berechtigt, alle Einzelheiten des öffentlichen Baurechts gesetzlich auszugestalten. Das ist der Grund dafür, dass in den Landesbauordnungen bis heute teilweise sehr unterschiedliche Festlegungen getroffen sind. Für den Rechtsanwender ist es bei aller berechtigten Kritik an dieser Situation unumgänglich, den jeweiligen bauordnungsrechtlichen Besonderheiten Rechnung zu tragen. 109

Beispielfall 30: Gefahrenabwehr 110
Der Investor I hat einen Altbau erworben. Es stellt sich heraus, dass ein Anbau, den I sanieren will, die vorgeschriebenen Abstandsflächen zum Nachbargrundstück nicht einhält. Außerdem stellt ein Brandschutzgutachter Verstöße gegen Brandschutzvorschriften fest. I gelangt überdies zu der Auffassung, dass für eine wirtschaftliche Nutzung PKW-Stellplätze erforderlich sind, und prüft die Herstellung einer Tiefgarage.

3.1 Grundstruktur des Bauordnungsrechts

Die Grundstruktur des Bauordnungsrechts lässt sich überblicksartig wie folgt darstellen: 111

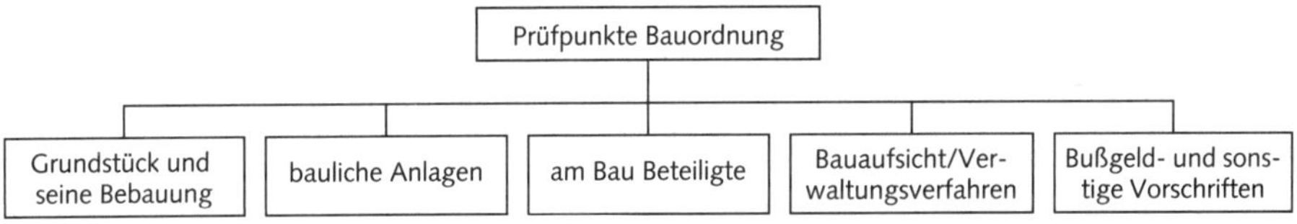

Abbildung 25: Grundstruktur des Bauordnungsrechtes

Zum **formellen** Bauordnungsrecht zählen die Vorschriften über die Bauaufsichtsbehörden und das Genehmigungsverfahren.[86] Ein formell nicht ordnungsgemäß legalisiertes Vorhaben wird umgangssprachlich als „Schwarzbau" bezeichnet.[87] 112

Gegen Schwarzbauten können die Bauaufsichtsbehörden einschreiten. Als **Eingriffsbefugnisse** bieten sich, je nach den Umständen, Baueinstellungsverfügungen, Nutzungsuntersagungen und Beseitigungsanordnungen an. Keine Beseitigungsanordnung darf allerdings ergehen, wenn ein Rechtsanspruch auf Erteilung einer (bisher nicht erteilten) Baugenehmigung besteht.[88] 113

Das Bauordnungsrecht enthält auch eine Vielzahl **materieller Standards**. Die Einhaltung dieser Standards ist Voraussetzung für die Erteilung der Baugenehmigung. Auf die wichtigsten Standards hinsichtlich der Erschließung, der Abstände und der Stellplätze wird sogleich näher eingegangen.[89] 114

Die Bauordnungen fungieren schließlich als Ermächtigungsgrundlage für verschiedene gemeindliche Satzungen. Dies betrifft die **Gestaltungssatzungen**, mit denen Kommunen unter anderen Dachformen und Fassadengestaltungen vorschreiben können.[90] Aber auch in anderen Bereichen gibt es eine Tendenz zur weiteren Dezentralisierung von Baurecht, die im Ergebnis innerhalb der einzelnen Länder zu Besonderheiten führen kann. 115

---

[86] Dazu § 9 Rdn. 8 ff.
[87] Vgl. BVerwG, BauR 1996, 829 – Schwarzbau.
[88] BVerwG, NVwZ-RR 1999, 623 – Abrissverfügung.
[89] Dazu § 9 Rdn. 117 ff.
[90] Vgl. OVG Münster, NWVBl. 2003, 425 – Gestaltungssatzung.

116 Im **Beispielfall 30** könnte es sich um einen Schwarzbau handeln, soweit der Anbau, abweichend von der Baugenehmigung, unter Verstoß gegen Vorschriften über Abstandsflächen und den Brandschutz errichtet worden ist.[91] I kann in diesem Fall kaufvertragliche Mängelansprüche prüfen.[92]

3.2 Erschließung

117 Bereits nach den §§ 30, 34 und 35 BauGB ist es Voraussetzung für die Erteilung einer Baugenehmigung, dass die Erschließung **gesichert** ist. Dieses bauplanungsrechtliche Erfordernis wird auch in den Landesbauordnungen aufgegriffen und konkretisiert. Baugrundstücke müssen danach entweder unmittelbar an befahrbaren öffentlichen Verkehrsflächen liegen oder über eine gesicherte Zufahrt verfügen. Es müssen ferner die Wasser- und Abwasserver- und -entsorgung durch Anschlüsse an das Leitungssystem hergestellt sein. Die Erschließung muss erst zum Zeitpunkt der Inbetriebnahme des Vorhabens komplett sein. Zufahrten oder Anschlüsse können deswegen zeitgleich mit geplanten Hochbauten realisiert werden.[93]

118 Komplikationen können sich ergeben, wenn auf **mehreren Grundstücken** im grundbuchrechtlichen Sinne gebaut oder wenn ein größeres Grundstück z.B. im Zuge eines Bauträgergeschäfts in einzelne Parzellen zerlegt werden soll. Die Errichtung eines Gebäudes auf mehreren Grundstücken setzt nach den Landesbauordnungen selbst dann wechselseitige Sicherungen voraus, wenn die Grundstücke dem selben Eigentümer gehören. Es werden dann von der Bauaufsichtsbehörde meist eine Vereinigungsbaulast oder in das Grundbuch eingetragene Dienstbarkeiten verlangt.[94] Um die Abstimmung mit betroffenen Nachbarn muss sich der Bauherr frühzeitig kümmern.

119 Soll ein Grundstück parzelliert werden, muss eine Abschreibung im Grundbuch nach Maßgabe des BGB durchgeführt werden.[95] Jedes Grundstück muss eine individuelle Erschließung nachweisen können. § 19 Abs. 2 BauGB bestimmt, dass die Festsetzungen eines vorhandenen Bebauungsplans durch die Teilung nicht unterlaufen werden dürfen.

120 Im **Beispielfall 30** wird der Investor I mit der Erschließung keine größeren Schwierigkeiten haben, wenn das Baugrundstück direkt an einer öffentlichen Verkehrsfläche liegt. Teilaspekt der Erschließung können indessen auch Zu- und Abfahrtswege für Kunden und Lieferanten sowie Feuerwehrumfahrten sein. I muss deswegen mit diesbezüglichen Nebenbestimmungen in der Baugenehmigung rechnen. Am besten begegnet I diesen Nebenbestimmungen, indem er von vornherein seine Planung mit der Bauaufsicht abspricht.

3.3 Abstände

121 Die Landesbauordnungen verlangen, dass Bauvorhaben in einem bestimmten Abstand zur Nachbargrenze errichtet werden, wenn nicht wegen einer vorhandenen oder durch Bebauungsplan ausdrücklich festgesetzten geschlossenen Bauweise die Verhältnisse vor Ort eine Bebauung bis zur Grundstücksgrenze zulassen.

[91] Vgl. OLG München, BauR 1993, 620 – Grenzgarage.
[92] Dazu § 5 Rdn. 62 ff.
[93] OVG Berlin, LKV 2004, 86 – Hinterliegergrundstück.
[94] BVerwG, DVBl. 1991, 812 – Vereinigungsbaulast.
[95] Dazu § 4 Rdn. 15 ff.

Die **Berechnung** der im Einzelfall zu beachtenden Abstandsflächen ist nach den Landesbauordnungen aufwändig. Der Mindestabstand beträgt üblicherweise 3,0 m. Maßgeblich für die Tiefe der Abstandsfläche ist die Höhe des Gebäudes; dabei hängt es von der Dachneigung ab, ob und inwieweit Dächer zur Wandhöhe hinzugerechnet werden müssen.[96] 122

Abstandsflächen dürfen **auf öffentlichen Verkehrs- und Grünflächen** liegen. Wenn dagegen benachbarte Privatgrundstücke durch eine Unterschreitung des avisierten Grenzabstands betroffen sind, muss geklärt werden, ob von den Vorgaben hinsichtlich der Abstandsflächen nach den Regelungen der Landesbauordnungen ausnahmsweise abgewichen werden kann. Die Bauaufsichtsbehörden machen eine derartige Abweichung häufig von der **Zustimmung des Nachbarn** abhängig; einen Rechtsanspruch auf Zustimmung zu einer Abstandsflächenunterschreitung hat der Bauherr jedoch allenfalls dann, wenn und soweit auf dem Nachbargrundstück die vorgeschriebenen Abstandsflächen ebenfalls unterschritten sind.[97] 123

Die Tiefe der Abstandsflächen variiert schließlich nach dem **Gebietstyp.** In Wohngebieten werden größere Abstände notwendig sein als in Kern-, Gewerbe- und Industriegebieten. 124

Sonderregelungen wie das Schmalseitenprivileg können vom Bauherrn bei einem ungünstigen Grundstückszuschnitt kreativ genutzt werden. Die optimale Ausnutzung der Abstandsflächen ist Sache des Architekten. Dieser hat im Genehmigungsverfahren durch entsprechende Pläne glaubhaft zu machen, dass die bauordnungsrechtlichen Bestimmungen eingehalten sind. 125

Im **Beispielfall 30** muss der Investor I die anhand der Landesbauordnung zu ermittelnden Abstandsflächen einhalten, wenn nicht eine geschlossene Bauweise vorherrscht oder durch Bebauungsplan festgesetzt ist.[98] I sollte sich von seinem Architekten aufzeigen lassen, welche Grundstücksausnutzung die Abstandsflächen erlauben. Soweit der Anbau die vorgeschriebenen Abstandsflächen unterschreitet, bedürfen Baumaßnahmen im Zweifel der Zustimmung der betroffenen Nachbarn, soweit diese nicht ihrerseits ähnlich nah an die Grenze herangebaut haben. 126

3.4 Stellplätze

Eine ausreichende Zahl von Stellplätzen ist bei gewerblich genutzten Immobilien fast immer vorzuhalten. Ohnehin schreiben die meisten Landesbauordnungen vor, dass Bauvorhaben nur errichtet werden dürfen, wenn Stellplätze in genügender Größe und Beschaffenheit hergestellt werden. Die **Kennziffern** für diese notwendigen Stellplätze sind ergänzenden Vorschriften zu den Landesbauordnungen zu entnehmen. Die Vorschriften sind nach der Art und dem Maß der baulichen Nutzung gegliedert und lassen eine Berechnung der genehmigungsrechtlich notwendigen Stellplatzzahlen unproblematisch zu. 127

Stellplätze können auf dem Baugrundstück oder in der näheren Umgebung auf einem geeigneten Grundstück errichtet werden, wenn dessen Benutzung hinreichend gesichert ist.[99] Im Ermessen der Gemeinde steht es, auf die Herstellung notwendiger Stellplätze **zu verzichten,** wenn dies im Einzelfall angezeigt und vertretbar ist. 128

---

[96] OVG Münster, BauR 2004, 1274 – Abstandsflächen.
[97] OVG Münster, BauR 2002, 295 – wechselseitige Rücksichtnahme.
[98] BVerwG, SächsVBl. 2002, 4 – Vorrang des Bebauungsplans.
[99] OVG Koblenz, BauR 2002, 1840 – Benutzbarkeit von Stellplätzen.

129 **Stellplatzablösungsvereinbarungen** sind öffentlich-rechtliche Verträge, die der Bauherr mit der Gemeinde schließen kann. Die Gemeinde erhält als Kompensation für den Verzicht auf Stellplätze vom Bauherrn einen Ablösebetrag, der nach Maßgabe der Landesbauordnungen zweckgebunden zu verwenden ist.[100] In diesem Bereich können die Gemeinden durch örtliche Satzungen auf der Grundlage der Landesbauordnungen Details regeln. Der Bauherr muss sich über entsprechende Vorschriften oder die Verwaltungspraxis jeweils informieren.

130 Die Stellplätze können vom Bauherrn unter Umständen **sukzessive gebaut** werden. Dabei muss auf die Anordnung der Stellplätze besonders geachtet werden. Die Landesbauordnungen gebieten insoweit die Vermeidung von Immissionen. Solche Immissionen können durch Stellplätze etwa für sensible benachbarte Nutzungen entstehen.[101]

131 Im **Beispielfall 30** wird der Investor I bei einem Um- oder Neubau eine größere Zahl Stellplätze einrichten müssen. Um wie viele Stellplätze es sich handelt, kann sich I anhand der landesrechtlichen Vorschriften ausrechnen. Eine eventuelle Stellplatzablösung muss mit der Gemeinde ausgehandelt werden. Die Anordnung der Stellplätze muss nachbarschaftsverträglich sein. Achtet I nicht auf die Nachbarschaftsverträglichkeit, ist dies oftmals ein Einfallstor für Klagen.[102]

4. Baunebenrecht

132 Ein dritter Komplex, den die Bauaufsicht im Baugenehmigungsverfahren abzuhandeln hat, wird gemeinhin als Baunebenrecht bezeichnet. Das Baunebenrecht setzt sich aus einer Reihe von bundes- und landesrechtlichen Regelungen zusammen, die für das Bauen von Bedeutung sind.

133 **Beispielfall 31:** Genehmigungsrecht bei Nutzungsmix
Der Investor I will einen kombinierten Büro-, Gewerbe- und Wohnkomplex auf einem ca. 5.000 m² großen Grundstück bauen. Es soll Gastronomie angesiedelt werden. Auf dem Grundstück befinden sich mehrere große alte Bäume und, wie sich herausstellt, ein Feuchtbiotop, in dem eine seltene Froschart beheimatet ist.

4.1 Grundstruktur des Baunebenrechts

134 Die Grundstruktur des Baunebenrechts ist in der nachfolgenden Abbildung skizziert:

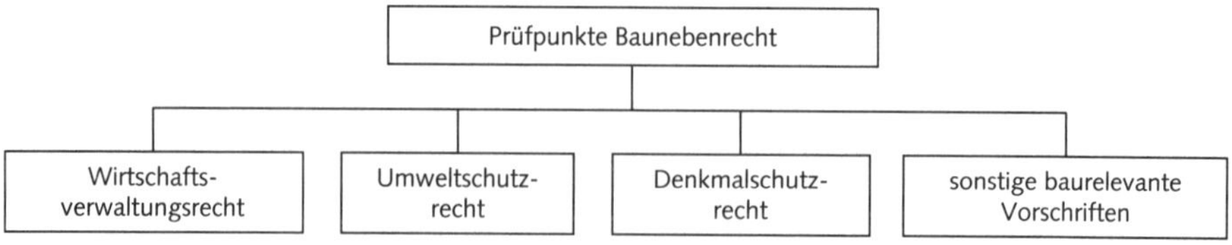

Abbildung 26: Grundstruktur des Baunebenrechts

---

[100] VGH Mannheim, DVBl. 1991, 219 – Ablösevertrag.
[101] OVG Münster, BauR 2004, 1045 – Immissionsprognose bei Verbrauchermarkt.
[102] OVG Koblenz, BauR 2003, 368 – Stellplatzlärm.

Das Baunebenrecht ist eine inhomogene Materie. Selbst Juristen überschauen das Baunebenrecht nicht in allen Facetten. Es lassen sich aber einige Teilbereiche des Baunebenrechts ausmachen, die in vielen Baugenehmigungsverfahren praktisch werden. 135

4.2 Umweltschutzrecht

Das Umweltschutzrecht hat auf der Ebene der Baugenehmigung einen ähnlich hohen Stellenwert wie in der Bauleitplanung. Zwar gibt es inzwischen eine gesetzliche Stufung dahin, dass im Baugenehmigungsverfahren Umweltauswirkungen eines Vorhabens nicht noch einmal gesondert geprüft werden müssen, wenn sie bereits Gegenstand einer Umweltprüfung in einem vorlaufenden Bebauungsplanverfahren waren.[103] Im Baugenehmigungsverfahren kann allerdings durchaus auch eine **Projekt-Umweltverträglichkeitsprüfung** (UVP) nach dem Gesetz über die Umweltverträglichkeitsprüfung (UVPG) geboten sein. Selbst wenn eine formelle Umwelt(verträglichkeits)prüfung nicht durchgeführt werden muss, ist das Umweltschutzrecht immer mehr zu einem Kernbereich des Baunebenrechts geworden. 136

Umweltrechtliche Anforderungen sind zu erwarten, wenn ein Vorhaben **Immissionen** in Form von Lärm oder Gerüchen hervorruft. Lärm kann insbesondere durch Zu- und Abfahrtsverkehr entstehen. Geruchsimmissionen sind etwa bei Tierhaltungs- und gewerblichen Betrieben möglich.[104] 137

Verbindliche **Umweltstandards,** die die Grenzen des Zulässigen markieren, existieren zumeist nicht. Es gibt lediglich einige Verwaltungsvorschriften und technische Regelwerke, die Richtwerte, gestaffelt nach Gebietstypen, benennen. In Gemengelagen muss der Bauherr das vertretbare Immissionsniveau vor diesem Hintergrund sorgfältig prüfen. Es ist nicht ausgeschlossen, dass die Bauaufsichtsbehörde oder Nachbarn trotz einer erheblichen Lärmvorbelastung auch bei relativ geringfügigen zusätzlichen Immissionen Einwendungen erheben.[105] 138

Ähnliche Schwierigkeiten können sich aus Vorschriften des **Wasserrechts** sowie des **Kreislaufwirtschafts- und des Abfallrechts** entwickeln. Bauvorhaben haben festgesetzte Wasserschutzgebiete zu respektieren. Entstehende Abfälle müssen ordnungsgemäß entsorgt werden; dies ist speziell bei Baugruben- und Abrissarbeiten nicht selten Gegenstand der Auseinandersetzung.[106] Werden **Altlasten** festgestellt, kann sich eine Sanierungspflicht des Grundstückseigentümers oder seines Rechtsnachfolgers ergeben, vor allem wenn der eigentliche Verursacher der Verunreinigungen nicht mehr feststellbar ist.[107] 139

Umweltrechtlich motiviert sind auch die Vorschriften zur **Energieeffizienz** von Gebäuden. Mit dem Gesetz zur Einsparung von Energie in Gebäuden (EnEG) und der Energieeinsparverordnung (EnEV) sind vor allem für Neubauten umfangreiche Vorgaben formuliert, die gegenüber der Bauaufsichtsbehörde durch detaillierte Berechnungen und Nachweise aufbereitet werden müssen. Ziel des Gesetzgebers ist es, mithilfe von **Energieausweisen** für Behörden und Dritte transparent zu machen, welche Bedarfs- und Verbrauchswerte ein Gebäude aufweist; verbindlich vorgeschrieben ist seit 2009 durch das Erneuerbare-Energien-Wärmegesetz (EEWärmeG) außerdem, dass ein Teil des Bedarfs von Neubauten durch **Erneuerbare Energien** wie Solar- oder Photovoltaikanlagen gedeckt wird. Damit wird dem Umstand Rechnung getragen, dass einerseits Rohstoffressourcen geschont und 140

---

[103] Dazu § 9 Rdn. 56 f.

[104] VGH Kassel, NVwZ-RR 2002, 830 – Geruchsimmissionen.

[105] OVG Koblenz, BauR 2004, 1111 – Industriegebiet neben Wohngebiet.

[106] BGH, ZfBR 2000, 399 – Haftung des Baugrundgutachters.

[107] Vgl. BVerwG, ZfIR 2006, 551 – Sanierungspflicht bei Altlasten.

Immissionen vermieden sowie andererseits Betriebskosten begrenzt werden sollen; für Investoren kann es aber unter Umständen schwierig sein, alle diesbezüglichen Anforderungen zu erfüllen. Förderprogramme sollen deswegen zusätzliche Maßnahmen, insbesondere auch bei Bestandsbauten, voranbringen.

141 Wie in der Bauleitplanung wird im Baugenehmigungsverfahren schließlich der **Naturschutz** geprüft. Der Schutz von Bäumen, die gefällt werden sollen, ist in diesem Zusammenhang durch das Bundeswaldgesetz und die Landeswaldgesetze sowie durch kommunale **Baumschutzverordnungen** individuell ausgestaltet.[108] Durch eine Vielzahl bundes- und landesrechtlicher Regelungen können auch andere Teile der Natur wie Biotope, Pflanzen und Tierarten einen qualitativ unterschiedlichen Schutzstatus genießen. Geht es um Gefahren für ein unersetzliches Biotop oder eine seltene Tierart, kann der Naturschutz das Bauen im Ergebnis verhindern, wenn nicht durch Nebenbestimmungen ein Ausgleich der in Rede stehenden Interessen erreicht werden kann.[109]

142 Im **Beispielfall 31** muss der Investor I die geplanten Baumaßnahmen auf Umweltverträglichkeit kontrollieren. Mit der Baugenehmigung kann I Nebenbestimmungen erhalten, die zum Beispiel die Immissionen durch Zu- und Abfahrtsverkehr begrenzen und die Entsorgung von Abfällen reglementieren. Wie im Bereich der Bauleitplanung kann es ferner um Ausgleichs- und Ersatzmaßnahmen für Flächenversiegelungen gehen. Welchen Stellenwert der Baum- und Biotopschutz entfalten, lässt sich nicht pauschal sagen; primär gilt insoweit das Gebot zur Vermeidung von Eingriffen.[110]

4.3 Denkmalschutzrecht

143 Zum Baunebenrecht gehört das Denkmalschutzrecht. Soweit nicht das BauGB einen städtebaulichen Denkmalschutz gebietet oder zulässt, werden entsprechende Anforderungen durch die **Landesdenkmalschutzgesetze** begründet.[111]

144 Ob ein Gebäude oder Teile davon als **Denkmal** anzusehen sind, richtet sich entweder nach sehr allgemeinen gesetzlichen Typisierungen oder nach Denkmallisten, in denen die geschützten Objekte namentlich aufgeführt sind. Der Grundstückseigentümer kann sich anhand dessen Klarheit darüber verschaffen, ob er mit denkmalschutzrechtlichen Restriktionen rechnen muss. Derartige Restriktionen kommen auch für unbebaute Grundstücke in Frage, wenn etwa die Nachbarschaft als Denkmalensemble übergreifenden Schutz genießt.[112]

145 Wegen der recht pauschalen gesetzlichen Bestimmungen zum Denkmalschutz und der **begrenzten Rechtsschutzmöglichkeiten** wird der Bauherr ihn treffende denkmalschutzrechtliche Pflichten nur offensiv handhaben können. Die Chancen, gegen eine denkmalrechtliche Unterschutzstellung erfolgreich vorzugehen, sind gering. Andererseits kann ein Denkmalschutz nach fördermittelrechtlichen oder steuerlichen Vorschriften Vergünstigungen bewirken.[113] Es ist deswegen sinnvoll, in Abstimmung mit der Bauaufsichtsbehörde den Kontakt zu den Denkmalschutzbehörden herzustellen und mit diesen wirtschaftlich vertretbare und denkmalgerechte Lösungen anzustreben.

[108] BVerwG, NVwZ 1996, 1487 – Bauschutzverordnung.
[109] BerlVerfGH, NVwZ-RR 2006, 599 – Fassadensanierung und Vogelniststätten.
[110] BVerwG, ZfBR 1995, 102 – Biotopschutz.
[111] VGH Mannheim, BauR 2000, 1861 – Kulturdenkmal und Doppelgarage.
[112] OVG Berlin, Grundeigentum 1999, 1507 – Denkmalschutz.
[113] BFH, DB 2004, 1187 – Denkmalschutz und Steuervergünstigung.

Im **Beispielfall 31** kann es sein, dass sich aus der Umgebungsbebauung für das Grundstück des I ein Ensembleschutz ergibt. Ein solcher Ensembleschutz wird die Gestaltungsfreiheit des I einschränken.[114] Befindet sich auf dem Grundstück des I ein unter Denkmalschutz stehendes Altgebäude, ist nicht sicher, dass dieses von I abgerissen werden darf. I muss in jedem Falle mit denkmalrechtlichen Nebenbestimmungen zu einer von ihm beantragten Abriss- und Baugenehmigung rechnen. 146

4.4 Wirtschaftsverwaltungsrecht

Nicht zum Baunebenrecht im engeren Sinne zählen **Betriebserlaubnisse,** die für Bauvorhaben benötigt werden. Typisches Beispiel ist die gaststättenrechtliche Erlaubnis. Zwar gibt es für Gaststätten Sonderbauvorschriften, die etwa die Ausführung von Kücheneinrichtungen prägen; ob der vorgesehene Gaststättenbetreiber die geforderte gewerberechtliche Zuverlässigkeit aufweist, um die nach dem Gaststättengesetz (GastG) einzuholende Zulassung zu erhalten, wird im Baugenehmigungsverfahren aber nicht geprüft.[115] 147

Wirtschaftsverwaltungsrechtliche Anforderungen an Bauvorhaben können etwa aus der **Arbeitsstätten- und der Versammlungsstättenverordnung** herrühren. Auch für Heime, die der Unterbringung von Senioren oder Kindern dienen, gibt es spezielle Vorschriften. Es besteht eine Parallele zu den Sonderbauvorschriften, die auf Basis der Landesbauordnungen erlassen werden können.[116] 148

Wie weit ein mögliches Sonderrecht für ein konkretes Vorhaben reicht, ist individuell festzustellen. Rechts-, Kosten- und Terminsicherheit gewinnt der Bauherr nur, wenn er das gesamte für die Prüfung durch die Bauaufsicht relevante Vorschriftenprogramm sogleich ermittelt und auf Auswirkungen untersucht. 149

Im **Beispielfall 31** benötigt der Investor I für die Vermietung von Büro- oder Gastronomieräumen keine gesonderte gewerberechtliche Erlaubnis. Die Arbeitsstättenverordnung kann Anforderungen an einzelne Räume begründen.[117] Es ist Aufgabe des von I eingeschalteten Architekten, wirtschaftsverwaltungsrechtliche Prüfnotwendigkeiten zu erkennen und zu beurteilen.[118] Im Übrigen sollte es mietvertraglich den Nutzern überlassen werden, Betriebserlaubnisse selbst einzuholen. 150

Literatur zur Vertiefung

Battis, Ulrich/Krautzberger, Michael/Löhr, Rolf, Baugesetzbuch (Kommentar), 10. Aufl., München 2007; *Fickert, Hans Carl/Fieseler, Herbert,* Baunutzungsverordnung (Kommentar), 11. Aufl., Stuttgart 2008; *Fieseler, Hans-Georg,* Städtebauliche Sanierungsmaßnahmen, München 2000; *Gädtke, Horst/Temme, Heinz-Georg/Heintz, Detlef;* Landesbauordnung Nordrhein-Westfalen (Kommentar), 11. Aufl., Düsseldorf 2008; *Hoppe, Werner/Bönker, Christian/Grotefels, Susan,* Öffentliches Baurecht, 4. Aufl., München 2009; *Kloepfer, Michael,* Umweltrecht, 3. Aufl., München 2004; *Landmann, Robert/Rohmer, Gustav,* Umweltrecht (Loseblatt), München 2008; *Martin, Dieter/Krautzberger, Michael,* Handbuch Denkmalschutz und Denkmalpflege, 2. Aufl., München 2006; *Oehmen, Klaus/Bönker, Christian,* Einführung in das öffentliche Baurecht, 2. Aufl., Düsseldorf 2004; *Schwier, Volker,* Handbuch der Bebauungsplan-Festsetzungen, München 2002; *Simon, Alfons/Busse, Jürgen,* Bayerische Bauordnung (Loseblatt), München 2009; *Tettinger, Peter/Wank, Rolf,* Gewerbeordnung (Kommentar), 7. Aufl., München 2004.

[114] Vgl. OVG Lüneburg, NVwZ-RR 1996, 633 – Ensembleschutz.
[115] VGH Mannheim, GewArch 2001, 432 – Baugenehmigung und Gaststätte.
[116] VGH Mannheim, GewArch 1994, 291 – Heimmindestbauverordnung.
[117] BVerwG, GewArch 1997, 245 – Arbeitsstättenverordnung.
[118] OLG Naumburg, BauR 2000, 274 – Architektenhaftung.

§ 10 Nachbarrecht

Bei der Entwicklung und Nutzung von Immobilien ergeben sich vielfältige Berührungspunkte mit der Nachbarschaft. Gelegentlich sind Nachbarn die schärfsten Kritiker von Bauvorhaben und schöpfen alle rechtlichen Mittel aus, um (vermeintliche) Beeinträchtigungen ihres eigenen Grundstücks oder anderer Interessen zu verhindern. 1

Die rechtlichen Rahmenbedingungen für das Verhältnis zwischen Bauherrn und Nachbarn sind im Bundes- und im Landesrecht differenziert ausgestaltet. Übergreifender Grundsatz ist insoweit, dass das **Eigentumsgrundrecht** nach Art. 14 GG eine freie Verfügbarkeit von Immobilien und einen Schutz gegen ungerechtfertigte Eingriffe gewährleistet.[1] 2

Beispielfall 32: Bauen mit/trotz Nachbarn 3
Der Investor I will ein fünfgeschossiges Bürogebäude in geschlossener Bauweise in Zentrumslage der Stadt S errichten. Im Zuge der Gründung des Neubaus muss das Fundament eines benachbarten Gebäudes unterfangen werden. Das Nachbargrundstück auf der anderen Seite gehört einer fünfköpfigen Erbengemeinschaft. Im rückwärtigen Bereich dieses Grundstücks will I zeitweise ein Gerüst aufstellen. Außerdem rechnet I während der Realisierungsphase mit einigem Baulärm. Er fragt sich, ob und welche rechtlichen Risiken von Seiten der Nachbarn drohen und wie diesen Risiken frühzeitig begegnet werden kann.

Nachbarrecht kann öffentliches oder privates Recht sein. Für das Nachbarrecht ergibt sich folgende **Grundstruktur:** 4

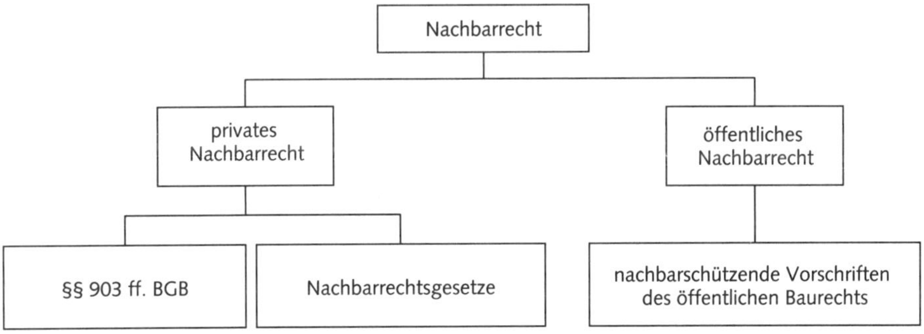

Abbildung 27: Grundstruktur des Nachbarrechts

1. Nachbarschützende Vorschriften des BGB

§ 903 Satz 1 BGB formuliert als **Ausgangspunkt** des privaten Nachbarrechts, dass der Eigentümer einer Sache, soweit nicht das Gesetz oder Rechte Dritter entgegenstehen, mit der Sache nach Belieben verfahren und andere von jeder Einwirkung ausschließen kann. Diese Regel wird in den nachfolgenden Vorschriften konkretisiert. 5

[1] Dazu § 2 Rdn. 3 f.

1.1 Schutz vor Beeinträchtigungen

6 Für den **Schutz vor Immissionen,** insbesondere aufgrund von Gerüchen, Geräuschen und Erschütterungen, gelten die §§ 1004 und 906 BGB. Danach kann der Grundstückseigentümer auf Beseitigung und Unterlassung von Beeinträchtigungen, die von Nachbargrundstücken ausgehen, klagen, wenn er nicht zur Duldung der Beeinträchtigungen verpflichtet ist. Unwesentliche Beeinträchtigungen, etwa aufgrund von Immissionen unterhalb gesetzlich festgelegter Grenz- oder Richtwerte, sind hinzunehmen.[2] Gleiches gilt nach § 906 Abs. 2 Satz 1 BGB, wenn eine wesentliche Beeinträchtigung durch eine ortsübliche Benutzung des anderen Grundstücks herbeigeführt wird und nicht durch Maßnahmen verhindert werden kann, die Benutzern der in Rede stehenden Art wirtschaftlich zumutbar sind.[3]

7 Wesentliche Beeinträchtigungen im Sinne von § 906 Abs. 2 Satz 1 BGB muss der Eigentümer nach § 906 Abs. 2 Satz 2 BGB nur gegen **angemessene Entschädigung** dulden. In der Rechtsprechung wird § 906 Abs. 2 Satz 2 BGB weit ausgelegt. Danach können Entschädigungsansprüche eventuell auch bei anderen, von dem Betroffenen nicht abzuwehrenden Einwirkungen als den in § 906 BGB genannten geltend gemacht werden. Beispiele sind Beeinträchtigungen des Außenkontakts durch Zugangshindernisse oder Grobimmissionen.[4]

8 Gehen Störungen von Grundstücken aus, die für **hoheitliche Zwecke** genutzt werden, kann der Betroffene einen öffentlich-rechtlichen Entschädigungsanspruch haben. Die in der Vergangenheit teilweise zitierte Faustformel „Dulde und liquidiere" ist in diesem Zusammenhang allerdings überholt; primär muss der Betroffene, vor allem in öffentlich-rechtlichen Genehmigungsverfahren, Einwendungen gegen Flughäfen, Schulen, Straßen und vergleichbare öffentlich-rechtliche Einrichtungen geltend machen und nötigenfalls klageweise durchsetzen.[5]

9 Keine Ansprüche auf Beseitigung und Unterlassung von Beeinträchtigungen oder auf Entschädigung gibt es, wenn und soweit eine **Duldungspflicht** besteht. Duldungspflichten können sich einmal aus vertraglichen Vereinbarungen mit Nachbarn ergeben, zum anderen aus gesetzlichen Vorschriften wie denjenigen, die Ver- und Entsorgungsträgern Rechte auf Verlegung und grundbuchliche Sicherung von Leitungen auf Privatgrundstücken einräumen.[6]

1.2 Vertiefungsverbot

10 Eine weitere wichtige nachbarrechtliche Bestimmung ist das **Verbot der Vertiefung** von Grundstücken gemäß § 909 BGB. § 909 BGB begründet einen selbstständigen Unterlassungs- und Beseitigungsanspruch, der vom Eigentümer wahlweise gegen den Eigentümer des Nachbargrundstücks, der die Vertiefung veranlasst hat, oder gegen verantwortliche Architekten, Bauunternehmer oder Sonderfachleute geltend gemacht werden kann.[7]

11 **Anwendbar** ist § 909 BGB unter anderem dann, wenn durch Baugrubenarbeiten Senkungsschäden auf dem Nachbargrundstück entstehen. In derartigen Fällen können auch Schadensersatzansprüche nach den §§ 909, 823 Abs. 2 BGB bestehen.[8] Unerheblich ist es, ob

---

[2] BGH, NJW 2004, 1317 – Mobilfunkanlage.

[3] BGHZ 148, 261 – Hammerschmiede; vgl. BGHZ 175, 253 – Immissionsschutz und Schallschutz.

[4] BGHZ 62, 361 – Baustellentunnel; BGH, NJW 1999, 3633 – Grobimmissionen.

[5] BGHZ 129, 124 – Fluglärm.

[6] BGH, NJW-RR 1993, 141 – AVBGas.

[7] BGH, NJW 1996, 3205 – Haftung des Tiefbauunternehmers.

[8] BGH, NJW-RR 2008, 969 – Wiederherstellung Standfestigkeit; BGHZ 101, 290 – Schadensersatz bei Vertiefung.

ein beschädigtes Gebäude auf dem Nachbargrundstück altersbedingt ohnehin schadensanfällig war; nach § 909 BGB besteht darüber hinaus eine verschuldensunabhängige Haftung, so dass der Nachbar gegenüber Grundstücksbeeinträchtigungen in sehr weitgehendem Umfange geschützt ist.[9]

1.3 Überbau

§ 912 BGB befasst sich mit den Rechtsfolgen eines über die Grundstücksgrenze hinausreichenden **Überbaus.** Unter bestimmten Voraussetzungen kann der Nachbar verpflichtet sein, einen schuldlos errichteten Überbau zu dulden. Er hat dann jedoch einen Anspruch auf Entschädigung durch eine Geldrente.[10] 12

Ist der Überbau vorsätzlich oder grob fahrlässig errichtet worden – der Bauherr muss sich dabei ein Verschulden des Architekten zurechnen lassen – oder hat der Nachbar sofort nach Kenntnisnahme Widerspruch gegen den Überbau erhoben, kann er nach § 1004 BGB Beseitigung und nach § 823 BGB Schadensersatz verlangen.[11] Es ist deshalb unbedingt darauf zu achten, dass die Grundstücksgrenzen bei der Errichtung von Bauvorhaben eingehalten werden; anderenfalls drohen dem Überbauer weitreichende rechtliche und wirtschaftliche Nachteile. 13

1.4 Weitere Nachbarrechte

Nach § 917 BGB kann ein **Notwegerecht** geltend gemacht werden, wenn einem Grundstück die zur ordnungsgemäßen Benutzung notwendige Verbindung mit einem öffentlichen Weg fehlt. Das Notwegerecht ist – im Unterschied zu einer dinglichen Grunddienstbarkeit[12] – nicht im Grundbuch eintragbar. Es begründet eine Duldungspflicht des Eigentümers des Verbindungsgrundstücks, die gerichtlich durchgesetzt werden kann.[13] Der Nachbar kann nach § 917 Abs. 2 Satz 1 BGB einen Ausgleichsanspruch auf Entschädigung durch eine Geldrente haben.[14] 14

Das BGB enthält neben den erwähnten Regelungen noch einige weitere nachbarrechtliche Vorschriften. So ergeben sich Streitigkeiten vielfach auch bei Überhängen im Sinne von § 910 BGB.[15] 15

Da der Interessenausgleich zwischen Bauherren und Nachbarn fast immer problematisch ist, hat sich außerdem ein umfangreiches **Richterrecht** entwickelt, das der individuellen Prüfung bedarf. Auch jenseits der Vorschriften des BGB werden wechselseitige Rücksichtnahmepflichten aus dem **nachbarschaftlichen Gemeinschaftsverhältnis** abgeleitet.[16] Nach der Rechtsprechung können in zwingenden Ausnahmefällen Nachbarrechte aufgrund wechselseitiger Rücksichtnahmepflichten beschränkt oder ausgeschlossen sein. Verschiedentlich werden unter Billigkeitsgesichtspunkten auch Ausgleichsansprüche gewährt.[17] 16

---

[9] OLG Düsseldorf, NJW-RR 1997, 146 – Vertiefungsschaden am Altbau.
[10] BGH, WuM 2008, 675 – erstmaliger Grenzüberbau.
[11] BGHZ 156, 170 – Schadensersatz bei Überbau.
[12] Dazu § 4 Rdn. 77 ff.
[13] BGH, NJW 2006, 3426 – Notwegerecht von Mieteigentümern; BGH, WM 2008, 2070 – Notleitungsrecht.
[14] BGHZ 113, 32 – Notwegrente.
[15] Vgl. BGH, NJW 2004, 1037 – Überhang.
[16] BGH, NJW-RR 2003, 1313 – Nachbarschaftliches Gemeinschaftsverhältnis; BGH, NJW-RR 2008, 610 – Grenzverwirrung.
[17] BGHZ 113, 384 – Ausgleichsanspruch des Nachbarn.

Wann ein Rückgriff auf das Rechtsinstitut des nachbarschaftlichen Gemeinschaftsverhältnisses zulässig und geboten ist, lässt sich nicht abstrakt sagen; soweit gesetzliche Regelungen existieren, die das Rechtsverhältnis zwischen Nachbarn ausgestalten, sind diese im Zweifel vorrangig und abschließend.

17 Im **Beispielfall 32** ist die von dem Investor I beabsichtigte Unterfangung des Fundaments des benachbarten Gebäudes kein Überbau im Sinne von § 912 BGB. Die Vorschrift bezieht sich nur auf ein Gebäude. Auch ein unterirdischer Eingriff in das Nachbargrundstück beeinträchtigt jedoch das durch § 903 BGB geschützte Eigentum. Ohne Zustimmung des Nachbarn ist I somit nicht zu den Unterfangungsarbeiten berechtigt.[18]

Ob und inwieweit sich eine Duldungspflicht aus den Grundsätzen von Treu und Glauben und den wechselseitigen Rücksichtnahmepflichten im Rahmen des nachbarlichen Gemeinschaftsverhältnisses ergeben kann, ist in Rechtsprechung und Literatur bisher nicht abschließend geklärt. Eine Duldungspflicht des Nachbarn kommt speziell bei nur temporären Eingriffen in Frage, die aus technischen und wirtschaftlichen Gründen vernünftigerweise geboten und für den Nachbarn nicht mit erheblichen Risiken zum Beispiel von Gebäudeschäden verbunden sind.[19]

Baulärm ist dagegen von Nachbarn im Allgemeinen entschädigungslos zu dulden. Dies gilt namentlich dann, wenn es sich um öffentlich-rechtlich genehmigte Arbeiten handelt und die entsprechenden Auflagen zum Schutz der Nacht- und Feiertagsruhe sowie zum Einsatz emissionsarmer Baugeräte beachtet werden.[20]

2. Nachbarrechtsgesetze der Länder

18 Die Nachbarrechtsgesetze der Länder ergänzen das Nachbarrecht nach dem BGB. Geregelt sind dort Grenzabstände für Gebäude, das Fenster- und Lichtrecht, Bestimmungen über Nachbar- und Grenzwände, das Hammerschlags- und Leiterrecht, die Verantwortlichkeiten in Bezug auf Einfriedigungen sowie Grenzabstände für Pflanzen.

2.1 Nachbar- und Grenzwände

19 **Nachbarwände** sind die auf der Grenze zweier Grundstücke errichteten Wände, die den auf diesen Grundstücken errichteten oder zu errichtenden baulichen Anlagen als Abschlusswand oder zur Unterstützung oder Aussteifung dienen. Insoweit besteht ein Anbaurecht. Die Benutzung, Beseitigung oder Erhöhung einer Nachbarwand kann besonderen Anforderungen unterliegen.[21] Ähnliches gilt für die **Grenzwand,** die unmittelbar an der Grenze zum Nachbargrundstück auf dem Grundstück des Erbauers errichtet wird.[22]

[18] OLG Stuttgart, NJW 1994, 739 – Unterfangung.
[19] Vgl. BGH, NJW-RR 2003, 727 – Burganlage.
[20] Vgl. BGH, NJW-RR 1988, 1291 – Endlosbaustelle.
[21] BGH, NJW 2008, 2032 – Wärmedämmung; OLG Hamm, BauR 2003, 236 – Sicherheitsleistung bei Nachbarwand.
[22] OLG Braunschweig, IBR 1996, 64 – Grenzwand.

2.2 Hammerschlags- und Leiterrecht

Während Konflikte um Nachbar- und Grenzwände eher selten sind, kann das **Hammerschlags- und Leiterrecht** nach den Nachbarrechtsgesetzen einen Anspruch des Bauherrn ergeben, ein Nachbargrundstück und die darauf befindlichen baulichen Anlagen zum Zwecke von Bau- oder Instandsetzungsarbeiten vorübergehend zu betreten und zu benutzen. Dazu gehören, je nach den Umständen, das Aufstellen von Gerüsten, das Lagern von Baustoffen und Geräten, das Aufstellen von Baumaschinen und möglicherweise auch das Befahren des Nachbargrundstücks mit Fahrzeugen.[23] 20

Das Hammerschlags- und Leiterrecht darf nur ausgeübt werden, wenn für den Bauherrn **keine wirtschaftlich vertretbare Alternative** besteht. Es muss eine rechtzeitige Anzeige erfolgen. Bei über einen Monat hinausgehenden Benutzungen hat der Nachbar einen Entschädigungsanspruch. 21

2.3 Weitere Nachbarrechte

Die Nachbarrechtsgesetze regeln auch, welche **Einfriedigung** für Grundstücke erforderlich ist und wer die Kosten trägt. Pflanzen und Bäume dürfen nur in vorgegebenen Grenzabständen angepflanzt werden.[24] 22

Die **Einzelheiten** sind dem Landesrecht zu entnehmen. Bei gewerblichen Immobilienprojekten werden einige eher auf den privaten Grundstückseigentümer zugeschnittene Vorschriften der Nachbarrechtsgesetze kaum jemals zur Anwendung gelangen. Dennoch lohnt es sich, bei Grenzstreitigkeiten zu prüfen, ob etwa das Hammerschlags- und Leiterrecht zu Gunsten des Bauherrn eingreift. 23

Im **Beispielfall 32** beabsichtigt der Investor I, zeitweise ein Gerüst aufzustellen. Das Hammerschlags- und Leiterrecht kann eine entsprechende Duldungspflicht des Nachbarn begründen. Bei Bedarf kann I die Duldungspflicht gerichtlich durchsetzen. Dabei wird sich aber nachteilig auswirken, dass I es mit einer Erbengemeinschaft zu tun hat. Dadurch können verfahrensrechtliche Komplikationen entstehen.[25] 24

3. Nachbarschützende Vorschriften des öffentlichen Rechts

Während insbesondere die nachbarrechtlichen Vorschriften des BGB seit Inkrafttreten im Jahre 1900 im Wesentlichen unverändert geblieben sind, hat sich die Entwicklung des öffentlichen Nachbarrechts auf Basis des Baurechts des Bundes und der Länder ab etwa 1950 vollzogen. Viele Fragen sind im Bereich des öffentlichen Nachbarrechts nach wie vor offen. Für Streitigkeiten des öffentlichen Nachbarrechts sind die **Verwaltungsgerichte** zuständig.[26] 25

Dreh- und Angelpunkt des öffentlichen Nachbarrechts ist die **Behörde**, mit der sich der Nachbar oder der Grundstückseigentümer/Bauherr auseinandersetzen muss. Der Nachbar kann beabsichtigen, die Erteilung der Baugenehmigung für ein unerwünschtes Vorhaben zu verhindern oder die Behörde zum Einschreiten z.B. gegen einen Schwarzbau zu veran- 26

---

[23] OLG Düsseldorf, ZfIR 1998, 159 – Grenzbebauung; BGH, VersR 1980, 650 – Baugrube.
[24] BGH, NJW 1992, 2569 – Einfriedung.
[25] BGH, ZfIR 2001, 48 – Störereigenschaft der Erbengemeinschaft.
[26] Dazu § 17 Rdn. 94ff.

lassen.[27] Umgekehrt muss der Grundeigentümer möglicherweise eine Baugenehmigung für ein nachbarkritisches Vorhaben einholen oder für ihn nachteilige Verfügungen der Bauaufsicht abwehren.[28]

27 Ob und inwieweit Nachbarn durch die jeweils anwendbaren Vorschriften des öffentlichen Rechts eine individuelle Rechtsposition und damit eine potenzielle Klagebefugnis vermittelt wird, bedarf der **Prüfung im Einzelfall**. Für das **Bauplanungsrecht** ist anerkannt, dass Nachbarrechte durch Festsetzungen im Bebauungsplan über die Art der baulichen Nutzung – im Sinne eines Anspruchs auf Wahrung des Gebietscharakters – begründet werden können.[29] Im unbeplanten Innenbereich nach § 34 BauGB wird das Gebot der Rücksichtnahme auf schutzwürdige Belange des Nachbarn als ungeschriebener Bestandteil des Einfügensgebots angesehen.[30]

28 „Klassische" nachbarschützende Vorschriften des **Bauordnungsrechts** sind die Bestimmungen über seitliche Abstandsflächen, die eine hinreichende Belichtung und Belüftung von Nachbargrundstücken gewährleisten sollen.[31] Der Nachbar kann sich darüber hinaus klageweise darauf berufen, dass Stellplätze nachbarschaftsverträglich angeordnet werden.[32]

29 Soweit Nachbarrechte bestehen, hat die Behörde diese in Genehmigungs- und anderen Verwaltungsverfahren zu berücksichtigen. Eine öffentlich-rechtliche Pflicht zur Einholung der **Nachbarzustimmung** als Voraussetzung für eine Baugenehmigung besteht dagegen regelmäßig nicht. Hier zeigt sich, dass der Nachbarschutz im Bereich des öffentlichen Baurechts nur mittelbar zum Tragen kommt. Deswegen ist auch eine detaillierte Beteiligung und Information von Nachbarn vor und nach Erteilung von Baugenehmigungen nach den Bauordnungen nicht vorgesehen.[33]

30 Im **Beispielfall 32** sind bauplanungsrechtliche Einwendungen der Nachbarn gegen das Vorhaben des I nicht ersichtlich. Bauordnungsrechtlich muss der Investor I allerdings damit rechnen, dass im Baugenehmigungsverfahren eine Nachbarzustimmung in Bezug auf die erforderliche Unterfangung verlangt wird. Geschieht dies, kann I prinzipiell darauf verweisen, dass die Baugenehmigung unbeschadet der privaten Rechte Dritter ergeht. Allerdings ermächtigen die Landesbauordnungen die Bauaufsichtsbehörde regelmäßig, für Bauvorhaben auf fremden Grundstücken die Zustimmung des Grundstückseigentümers zu fordern. Ein „Muss" ist dies aber nicht; je nach den Umständen kann es I somit durchaus gelingen, die Baugenehmigung auch ohne Nachbarzustimmung zu erwirken.[34]

4. Nachbarschaftsvereinbarungen

31 Bei der Verwirklichung von Bauvorhaben kann der Investor unter verschiedenen rechtlichen Blickwinkeln auf die **Zusammenarbeit** mit den betroffenen Nachbarn angewiesen sein. Nach dem zuvor Gesagten können Nachbarn wegen Bauvorhaben in der Umgebung

[27] OVG Münster, BauR 1998, 557 – Anspruch auf Beseitigungsanordnung.
[28] OVG Bremen, NVwZ 1995, 606 – Anfechtung einer Nutzungsuntersagung.
[29] BVerwG, ZfBR 2000, 423 – Anspruch auf Wahrung des Gebietscharakters.
[30] BVerwG, NVwZ 1999, 879 – Nachbarschutz im Innenbereich.
[31] OVG Münster, NWVBl. 1994, 419 – Nachbarschutz durch Abstandsflächen.
[32] OVG Lüneburg, NVwZ 1994, 555 – Nachbarschutz gegen Stellplätze.
[33] Vgl. BVerwG, BauR 1998, 994 – Mieter als Nachbar.
[34] Vgl. BVerwG, BauR 1999, 378 – Baugenehmigung und Erbbaurecht.

privatrechtliche Ansprüche zustehen, zum anderen kann das Nachbarrecht in öffentlich-rechtlichen Genehmigungsverfahren eine entscheidende Rolle spielen.[35]

32 Wegen dieser Verflechtungen hat es sich eingebürgert, speziell größere und terminkritische Immobilienprojekte durch individuelle Nachbarschaftsvereinbarungen vor Risiken von dritter Seite zu schützen. Ziel derartiger Vereinbarungen ist es, wegen privatrechtlicher und/oder öffentlich-rechtlicher Ansprüche von Nachbarn eine **einvernehmliche Regelung** mit dem Investor herbeizuführen.

33 **Gegenstände** von Nachbarschaftsvereinbarungen können dabei etwa sein:

- die Zustimmung des Nachbarn zu einer genau beschriebenen Bauplanung mit der Konsequenz eines Ausschlusses privatrechtlicher und öffentlich-rechtlicher Abwehransprüche;[36]
- die Begründung von Baulasten und Grunddienstbarkeiten;[37]
- Informations- und Kontrollrechte des Nachbarn vor, während und nach den Bauarbeiten;
- Mitwirkungsrechte des Nachbarn, etwa im Hinblick auf die Gestaltung von Bauteilen im Grenzbereich;[38]
- Notwendigkeit und Ablauf von Beweissicherungsverfahren in den verschiedenen Projektphasen;[39]
- Bestimmungen über privatrechtliche Ansprüche des Nachbarn bei auftretenden Schäden oder anderweitigen projektbedingten Vermögenseinbußen;[40]
- Vorschriften über die Besicherung nachbarrechtlicher Ansprüche z.B. durch Bürgschaften;[41]
- Anforderungen an den Versicherungsschutz;[42]
- Klauseln über Sanktionen bei Vertragsverstößen, etwa Vertragsstrafen;
- Entschädigungsregelungen;[43]
- Bestimmungen für den Fall der Rechtsnachfolge.[44]

34 Die obige Aufzählung hat nur exemplarischen Charakter. Es hängt von der Natur des jeweiligen Projekts, der Beeinträchtigungsintensität sowie der Rechtsform und Organisation der Beteiligten ab, welche Umstände und Rechtsfragen im Einzelfall regelungsbedürftig sind.

35 Natürlich muss darauf geachtet werden, dass Nachbarschaftsvereinbarungen eine gewisse **Flexibilität** bieten. Ändert sich die Geschäftsgrundlage, indem wesentliche Projektteile oder der ursprünglich vorgesehene Terminplan modifiziert werden, kann eine Anpassung der Nachbarschaftsvereinbarung angezeigt sein, wenn und soweit die Beteiligten voraussehbaren Entwicklungen nicht von Beginn an durch geeignete Bestimmungen in der Vereinbarung hinreichend Rechnung getragen haben.[45]

36 Nicht zuletzt deswegen ist beim Gebrauch von **Mustertexten** Vorsicht geboten. Es ist projektspezifisch zu analysieren, welche Nachbarrechte bestehen könnten und wo welche

[35] Dazu § 9 Rdn. 12.
[36] OVG Münster, BauR 2001, 89 – Unterschrift unter Baupläne.
[37] Vgl. BGHZ 144, 394 – Verhältnis Baulast/Grunddienstbarkeit.
[38] Vgl. OLG Düsseldorf, NJW-RR 1999, 1683 – Veränderungsverbot.
[39] Dazu § 17 Rdn. 63 f.
[40] Vgl. KG, IBR 2003, 533 – Nachbarschäden.
[41] Dazu § 7 Rdn. 85 ff.
[42] Dazu § 15 Rdn. 1 f.
[43] OVG Münster, ZfBR 2003, 588 – Post-Tower Bonn.
[44] Vgl. BGH, GE 2007, 1551 – gerichtlicher Vergleich; BGH, NJW-RR 2008, 827 – Gestattung von Störungen.
[45] OVG Koblenz, DÖV 1981, 879 – Abhängigkeit Baugenehmigung – Nachbarschaftsvereinbarung.

Nachbarschaftsvereinbarung sinnvoll erscheint. Hier besteht eine zentrale Verantwortung auch des planenden Architekten; bei einer Verkennung von Nachbarrechten haftet dieser.[46]

37 Nachbarschaftsvereinbarungen werden gemeinhin als Vertragsgrundlage bei Bauverträgen fixiert. Der Investor kann und sollte in diesem Zusammenhang in Erwägung ziehen, mit dem ausführenden Unternehmen einen **Freistellungsanspruch** zu vereinbaren.[47] Je nach der Gestaltung des Bauvertrags kann das ausführende Unternehmen außerdem verpflichtet werden, die Beweissicherung durchzuführen, in Schadensfällen Sanierungskosten zu übernehmen und besondere Sicherheiten sowie Versicherungen wegen der Nachbarrisiken zu übernehmen.

38 Im **Beispielfall 32** muss der Investor I eine Abwägung vornehmen. Nach den Umständen spricht viel dafür, dass I bei latent drohenden Nachbarschäden infolge der beabsichtigten Baumaßnahmen neben einer sachgerechten Beweissicherung Mechanismen für die Abwicklung von Schadensfällen und idealerweise auch eine betragsmäßige Abschätzung oder sogar Deckelung der Risiken anstreben sollte. Dabei hat I zu beachten, dass Vorschädigungen des zu unterfangenden Gebäudes an dem Bestehen nachbarrechtlicher Ansprüche grundsätzlich nichts ändern. Es kann aber sein, dass sanierungsbedingte Werterhöhungen als Sowiesokosten gegenüber dem Eigentümer des Nachbargrundstücks wirtschaftlich in Abzug gebracht werden dürfen. All dies lässt es angezeigt erscheinen, den Abschluss nachbarschaftlicher Vereinbarungen mit der Erbengemeinschaft und dem Eigentümer des zu unterfangenden Gebäudes anzustreben.

Literatur zur Vertiefung

Grziwotz, Herbert/Lüke, Wolfgang/Sailer, Roland, Praxishandbuch Nachbarrecht, München 2005; *Hoppe, Werner/Bönker, Christian/Grotefels, Susan,* Öffentliches Baurecht, 4. Aufl., München 2009; *Palandt, Otto,* Bürgerliches Gesetzbuch (Kommentar), 68. Aufl., München 2009; *Postier, Rüdiger,* Nachbarrecht in Berlin, Stuttgart 2003; *Seidel, Achim,* Öffentlich-rechtlicher und privatrechtlicher Nachbarschutz, München 2000.

[46] Vgl. OLG Hamm, BauR 2000, 918 – Abstandsflächen.
[47] Vgl. BGH, NJW 2002, 2382 – Freistellungsanspruch.

§ 11 Organisation und Planung der Bebauung

Bevor die Bauarbeiten beginnen können, sind eine Reihe von Vorbereitungen erforderlich. 1
Das Projekt muss strukturiert und das Bauwerk muss geplant werden. Der Bauherr muss über die Unternehmereinsatzform entscheiden und den Bauauftrag vergeben.

Während der Baudurchführung wird der Bauherr jedenfalls bei größeren Bauvorhaben 2
nicht ohne die Unterstützung Dritter sämtliche Fragen und Probleme mit den bauausführenden Unternehmen klären wollen. Die Bauabläufe sind zu organisieren und zu überwachen; die Bauqualität muss geprüft werden.

1. Projektmanagement, Projektleitung und Projektsteuerung

Beispielfall 33: Der Nutzen des Projektsteuerers 3
Investor I plant ein Projekt mit einem Investitionsvolumen von 3 Mio. €. Er meint, es genüge, wenn er einen Architekten, einen Objektüberwacher und einen Generalunternehmer beauftrage. Er fragt nach dem Sinn eines externen Projektmanagements.

Bei einem großen Bauvorhaben gibt es eine Vielzahl von Beteiligten. Es muss über Zeit- 4
punkt und Umfang der Beauftragungen entschieden und dann die Schnittstelle der verschiedenen Akteure koordiniert, außerdem die Qualität der Bauausführung, die Termine und die Kosten überwacht werden. Die übergreifende Überwachung und Koordination ist die Aufgabe des **Projektmanagements.**

Der Bauherr kann das Projektmanagement mit eigenem Personal selbst wahrnehmen, er 5
kann aber auch für die Projektlaufzeit entsprechend erfahrene Fachkräfte arbeitsvertraglich binden. Eine dritte Variante besteht darin, externe Projektmanager einzuschalten. Ob dies geboten ist, hängt von der Erfahrung des Bauherrn, der Komplexität der Aufgabe und der Zahl der Beteiligten ab. Angesichts der heute üblichen kurzen Realisierungszeiträume und knappen Budgets bei gleichzeitig hohen Qualitätsanforderungen werden an das Projektmanagement erhebliche Anforderungen gestellt. Die Praxis hält ein externes Management ab einem Investitionsvolumen von 2 Mio. € für erforderlich.

1.1 Formen des Projektmanagements

In der Praxis haben sich vier Formen des Projektmanagements entwickelt, nämlich Pro- 6
jektsteuerung, Projektmanagement im engeren Sinne, Projektcontrolling und Construction Management.

Der **Projektsteuerer** ist beratend tätig. Er unterstützt den Auftraggeber bei der Orga- 7
nisation und Koordination der Abläufe sowie bei der Überwachung der Qualität, Termine und Kosten. Der Projektsteuerer trifft keine eigenen Entscheidungen und ist nicht gegenüber den übrigen Baubeteiligten weisungsbefugt. Diese Form des Projektmanagements ist weit verbreitet, wird aber gelegentlich kritisiert, weil mit ihr nur begrenzte Kompetenzen und Verantwortlichkeiten des beauftragten Dienstleisters einher gehen.

Der **Projektmanager** (im engeren Sinne) unterstützt und berät den Auftraggeber wie 8
der Projektsteuerer, trifft darüber hinaus jedoch in einem zu definierenden Rahmen eigene

Entscheidungen und koordiniert die Baubeteiligten eigenverantwortlich. Er ist als Vertreter des Bauherrn gegenüber den übrigen Beteiligten weisungsbefugt und setzt die Rechte des Bauherrn zur Wahrung der Organisation, Qualität, Termine und Kosten durch.

9 Ein Unterfall des Projektmanagements im engeren Sinne ist die **Projektleitung**; im Unterschied zur „klassischen" Projektsteuerung geht es dabei um ein teilweises Outsourcing von Kompetenzen, zu dem sich viele Bauherren im Ergebnis nicht entschließen können.

10 Das **Projektcontrolling** umfasst die Beschaffung von Informationen zur Einhaltung von Qualitäts-, Zeit- und Kostenvorgaben, deren Analyse sowie die Entwicklung von Anpassungsvorschlägen zur begleitenden Überwachung des Vorhabens. Gegenüber der Projektsteuerung und dem Projektmanagement ist der Leistungsumfang geringer, da die externe Steuerung und Koordination der Baubeteiligten fehlt; ein Projektcontrolling kann etwa aufgrund der Anforderungen von Mietern, finanzierender Banken oder als Teil einer individuellen Compliance-Organisation installiert werden.

11 Das aus dem angelsächsischen Raum stammende **Construction Management** gibt es in unterschiedlichen Varianten. Das Construction Management at Agency entspricht der Projektsteuerung. Beim Management Contracting hingegen beauftragt der Projektmanager Planer und ausführende Unternehmen als Geschäftsbesorger (im eigenen Namen auf Rechnung des Bauherrn) und koordiniert diese eigenverantwortlich. Beim Construction Management at Risk wird der Construction Manager ebenfalls als Geschäftsbesorger tätig, übernimmt jedoch ein eigenes Risiko in Form von Kostenzusagen (meist im Rahmen eines garantierten Maximumpreises).

1.2 Projektsteuerung

12 Die häufigste Form des externen Projektmanagements ist die Projektsteuerung. § 31 HOAI (Fassung bis 2009) erwähnt als Teile des **Leistungsbildes** von Projektsteuerern exemplarisch

- die Klärung der Aufgabenstellung, Erstellung und Koordinierung des Programms für das Gesamtprojekt,
- die Klärung der Voraussetzungen für den Einsatz von Planern und anderen an der Planung fachlich Beteiligten (Projektbeteiligte),
- die Aufstellung und Überwachung von Organisations-, Termin-, und Zahlungsplänen, bezogen auf Projekt und Projektbeteiligte,
- die Koordinierung und Kontrolle der Projektbeteiligten, mit Ausnahme der ausführenden Firmen,
- die Vorbereitung und Betreuung der Beteiligung von Planungsbetroffenen,
- die Fortschreibung der Planungsziele und das Klären von Zielkonflikten,
- die laufende Information des Auftraggebers über die Projektabwicklung und das rechtzeitige Herbeiführen von Entscheidungen des Auftraggebers,
- die Koordinierung und Kontrolle der Bearbeitung von Finanzierungs-, Förderungs- und Genehmigungsverfahren.

13 Nach der ersten Projektidee, der Vermarktung und der Sicherung der Finanzierung muss der Bauherr entschieden, ob und ggf. in welchem Umfang er die im Realisierungszeitraum zu erledigenden Planungsaufgaben einem Architekten oder dem ausführendem Unternehmen anvertraut.[1] Diese **„Planung der Planung"** durch Strukturierung des Projekts ist eine typischerweise vom Projektsteuerer übernommene Aufgabe. Der Projektsteuerer wirkt oft auch bei der **Vergabe des Planungsauftrags** an den Architekten oder den Unternehmer mit.

[1] Zu den Bauvertragsmodellen § 11 Rdn. 91 ff.

Während der Planungs- und Ausführungsphase hat der Projektsteuerer eine **Steuerungsfunktion**. Er überwacht die Tätigkeiten der verschiedenen Beteiligten, koordiniert die zeitlichen und sachlichen Schnittstellen und prüft die Kosten- und Termineinhaltung. Der genaue Aufgabenumfang ist durch einen vertraglichen **Leistungskatalog** zu bestimmen. Die zentrale Steuerungsfunktion ist in folgender Abbildung beispielhaft dargestellt: 14

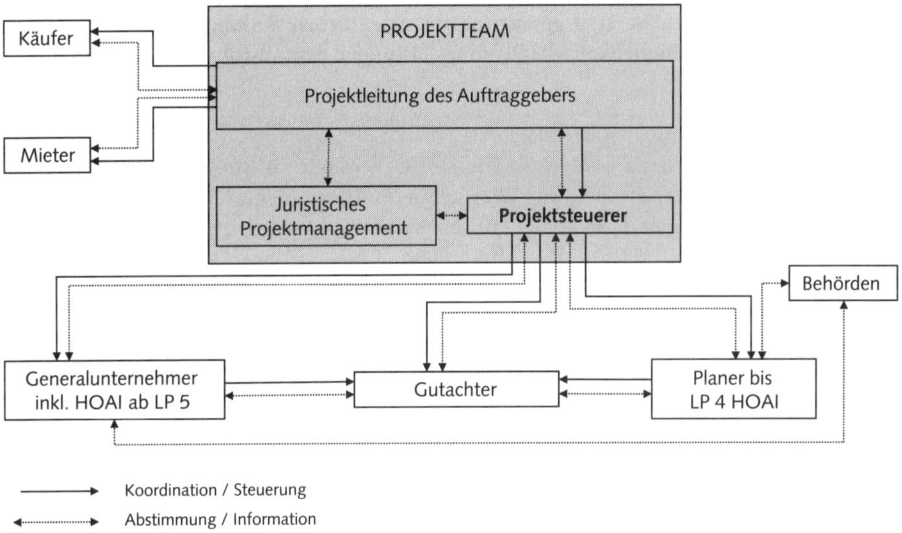

Abbildung 28: Steuerungsfunktion des Projektsteuerers

Die **Vergütung** des Projektsteuerers kann frei vereinbart werden. In der Praxis haben sich verschiedene Leistungs- und Honorarmodelle weitgehend durchgesetzt, etwa die Modelle des Deutschen Verbandes für Projektsteuerung (DVP) und des Ausschusses für Honorarordnung der Ingenieurkammern und -verbände (AHO); letzteres liegt als aktuelles „AHO-Leistungsbild 2009" vor. 15

Wie der Projektsteuerer bei **Schlechtleistung** haftet, hängt – wenn eine ausdrückliche vertragliche Regelung fehlt – davon ab, ob der Vertrag als Dienst- oder Werkvertrag eingestuft wird. Diese Frage ist umstritten. Der BGH nimmt einen Werkvertrag an, wenn die erfolgsbezogenen Vertragselemente überwiegen;[2] dies ist der Fall für Verträge gemäß dem AHO/DVP-Standardleistungsmodell.[3] Angesichts der unklaren Rechtslage sollte der Vertrag mit dem Projektsteuerer spezifische Regelungen enthalten. 16

Im Beispielfall 33 sollte I sich darüber im Klaren sein, dass die Verwirklichung des Bauvorhabens neben der Planung und Ausführung sowie der Prüfung der Ausführungsqualität weitere Aufgaben erfordert. Hierzu zählen die Projektstrukturierung zu Beginn des Vorhabens und danach insbesondere das Zeit- und Kostenmanagement sowie die Schnittstellenkoordination. I wird bewerten müssen, ob er diese Leistungen selbst erbringen kann oder hierfür einen externen Projektsteuerer einschaltet. 17

---

[2] BGH, BauR 1999, 1317 – Projektsteuerungsvertrag I; a.A. OLG Düsseldorf, BauR 1999, 1049 – Projektsteuerungsvertrag II.

[3] BGH, NZBau 2007, 315 – Projektsteuerung als Werkleistung.

2. Architekt und Fachplaner

18 Das Bauvorhaben muss geplant werden. Dies ist die zentrale Aufgabe des Architekten, dessen Tätigkeitsfeld jedoch weit darüber hinausgeht. Neben dem Architekten sind auch Fachplaner und Gutachter tätig. Bei der Beauftragung sowie der Bestimmung des Leistungsumfangs und des Honorars des Architekten hat der Bauherr Besonderheiten zu beachten, um zu einer optimalen Vertragsgestaltung im gesetzlichen Rahmen zu gelangen. Der Bauherr hat auch die Möglichkeit, die Planungsleistungen dem ausführenden Unternehmen zu übertragen.

19 **Beispielfall 34:** Aufgaben der Planer
Investor I hat sich dazu entschlossen, einen Generalunternehmer zu beauftragen, der auch die Ausführungsplanung übernehmen soll. I möchte wissen, ob und ggf. in welchem Umfang er dann noch Leistungen von Architekt, Fachplanern und Gutachtern benötigt.

2.1 Aufgaben von Architekt, Fachplanern und Gutachtern

20 Der Architekt wird auch als **Objektplaner** bezeichnet. Seine Aufgabe ist die generelle Planung des Bauvorhabens von der ersten Idee bis zur Ausführungsreife. Die von den Fachplanern abgedeckten Spezialbereiche plant der Architekt zwar nicht, doch muss er sie in seine Planung integrieren. Die Aufgaben des Architekten setzen sich über die Planungsphase hinaus in die Bauausführungsphase bis hin zum Ablauf der Gewährleistungsfristen der ausführenden Unternehmen fort; neben der Planung gehört auch die Vorbereitung und Mitwirkung bei der Vergabe der Bauleistung, die Objektüberwachung während der Bauausführung, die Objektbetreuung und Dokumentation zu den Aufgaben des Architekten.

21 Der Architekt ist der **Sachwalter** und Interessenvertreter des Bauherrn.[4] Er ist allerdings – wenn nicht ausdrücklich anders vereinbart – nicht bevollmächtigt, im Namen des Bauherrn rechtsgeschäftliche Erklärungen (z.B. Zusatzaufträge, Abnahmen, usw.) gegenüber den bauausführenden Unternehmen abzugeben.[5]

22 Neben dem Architekten gibt es die **Fachplaner** für Tragwerksplanung (Statik), für Technische Gebäudeausrüstung (haustechnische Anlagen wie Sanitär, Heizung, Lüftung, Elektro, Gebäudeautomation), für Thermische Bauphysik (insbesondere Wärmeschutz), für Schallschutz und Raumakustik, für Bodenmechanik und Erd- und Grundbau sowie für vermessungstechnische Leistungen. Während die Tragwerksplanung praktisch immer unverzichtbar ist, muss im Einzelfall entschieden werden, inwieweit die weiteren Fachplanungsleistungen für das Bauvorhaben erforderlich sind. Bei größeren Projekten ist die umfassende Einschaltung von Fachplanern unerlässlich.

23 Neben den Planungsleistungen wird häufig auch die Erstellung von **Gutachten** zur Klärung der spezifischen Voraussetzungen und Anforderungen des Vorhabens notwendig sein, oft schon deshalb, weil die Baugenehmigungsbehörde die Vorlage solcher Gutachten fordert. Zu denken ist an Baugrund-, Brandschutz-, Schallschutz-, Immissions- und Verkehrsflussgutachten.

24 Während die meisten Fachplanungs- und Gutachterleistungen in der HOAI enthalten sind, ist die Tätigkeit des Koordinators für Sicherheit und Gesundheitsschutz auf der Baustelle (**SiGeKo**) dort nicht genannt. Die Einschaltung eines solchen Koordinators ist

---

[4] BGH, BauR 1986, 112 – Architekt als Sachwalter.
[5] OLG Düsseldorf, NZBau 2001, 334 – Architektenvollmacht.

bei Großbaustellen zwingend, da der Auftraggeber für die Einhaltung der Sicherheits-, Arbeits- und Gesundheitsschutzvorschriften verantwortlich ist.

Bei der Vertragsgestaltung hat der Bauherr die Wahl, ob er mit dem Architekten, den 25 Fachplanern und den Gutachtern jeweils separate Verträge schließt oder den Architekten mit sämtlichen Leistungen beauftragt und ihm gestattet, seinerseits Fachplaner und Gutachter einzuschalten. In letztgenannter Vertragskonstellation wird der Architekt als **Generalplaner** tätig. Die Fachplaner und Gutachter sind Erfüllungsgehilfen des Architekten, der allein gegenüber dem Bauherrn für die Erfüllung der vollständigen Aufgabe verantwortlich bleibt.[6] In der Praxis hat die Generalplanung für den Bauherrn Vorteile, weil er lediglich einen Vertrags- und Ansprechpartner hat und die (oft schwierige) Koordination der verschiedenen Planungsaufgaben eine interne Aufgabe des Architekten ist. Der Architekt ist gegenüber dem Bauherrn in jedem Falle für etwaige Planungsmängel verantwortlich, gleichgültig ob sie aus dem Bereich der Objektplanung, der Fachplanung, der Begutachtung oder der Koordination und Integration der Planungen herrührt. Andererseits hat der Bauherr geringeren Einfluss auf Steuerung und Qualität; die Folgen einer Insolvenz des Planers sind gravierender.

Investor I benötigt auch dann Architektenleistungen, wenn er einen Generalunternehmer mit der Ausführungsplanung beauftragt. Einerseits sind bereits vor der Ausführungsplanung andere Planungsleistungen (einschließlich Fachplanung und ggf. Gutachten) zu erbringen, andererseits ist es empfehlenswert, die Bauausführung fachkundig überwachen zu lassen. 26

2.2 Beauftragung

Für den **Architektenvertrag** (und gleichermaßen für die Verträge mit Fachplanern und 27 Gutachtern) gibt es keine Formvorschrift. Der Architekt kann auch mündlich oder durch schlüssiges Verhalten[7] beauftragt werden. Empfehlenswert ist indes die Schriftform, um die Rechte und Pflichten beider Parteien eindeutig zu regeln und so das Konfliktpotential zu minimieren.

Architekten durchlaufen eine relativ lange **Akquisephase**. Während dieser Phase er- 28 bringen sie Leistungen ohne Honorar, um – gegebenenfalls im Wettbewerb mit anderen Architekten – den Bauherrn von sich zu überzeugen und den Auftrag zu erhalten. Entsprechende Forderungen des Bauherrn sind legitim, da er vor Beauftragung Klarheit über die grundlegenden gestalterischen Vorstellungen des Architekten und die Machbarkeit des Vorhabens gewinnen möchte. Konzeptionelle Ideen des Architekten dienen im Zuge der Projektentwicklung zudem als zentrales Vermarktungsargument; gelingt es dem Bauherrn und dem Architekten, Nutzer und Finanziers zu gewinnen, ist die entscheidende Voraussetzung für die Projektrealisierung geschaffen. Wann in diesem komplexen Prozess die Akquise aufhört und die zu vergütende Tätigkeit des Architekten beginnt, kann nur im Einzelfall entschieden werden[8] und ist oft schwierig festzustellen, da für den Beginn der entgeltlichen Tätigkeit ein mündlicher oder konkludenter Auftrag ausreicht. Die Rechtsprechung hat Tätigkeiten bis hinein in Leistungsphase 3 (Entwurfsplanung) als Akquise akzeptiert, regelmäßig jedoch nur Leistungen der Phasen 1 und 2.[9]

[6] BGH, BauR 1998, 1113 – kein Durchgriff auf Nachunternehmer.
[7] BGH, NZBau 2008, 66 – Beauftragung durch Leistungsentgegennahme.
[8] OLG Celle, BauR 2007, 902 – Beweislast des Architekten für Auftragserteilung.
[9] OLG Rostock, IBR 2002, 371 – Akquisephase.

29 Der Bauherr kann den Architekten **stufenweise beauftragen**. Dies geschieht dadurch, dass im Architektenvertrag zwar alle gegebenenfalls erforderlichen Leistungen festgeschrieben und so die Leistungspflicht des Architekten statuiert wird, jedoch der Bauherr diese Leistungen einzeln oder in Blöcken zusammengefasst abrufen kann. Ruft der Bauherr ab, muss der Architekt leisten; ruft er nicht ab, hat der Architekt keinen Anspruch auf weitergehendes Honorar als dasjenige für bereits erbrachte Leistungen. Diese Vertragsgestaltung ist immer dann geboten, wenn zum Zeitpunkt der Architektenbeauftragung noch nicht feststeht, ob und in welcher Konstellation das Vorhaben überhaupt realisiert wird.

30 Wenn Investor I im **Beispielfall 34** einen Objektplaner beauftragen will, sollte er dies schriftlich tun. Es bietet sich an, eine stufenweise Beauftragung vorzusehen, wenn I zunächst eine Entwurfsplanung benötigt, um mit dem Entwurf am Markt werbend auftreten zu können und Käufer oder Mieter zu finden, die die Realisierung des Vorhabens überhaupt erst ermöglichen. In dieser Konstellation wäre eine von Beginn an umfassende Beauftragung fatal, da I im Falle der Nichtrealisierung des Vorhabens dem Architekten kündigen und dann auch für nicht erbrachte Leistungen das Honorar (abzüglich ersparter Aufwendungen) zahlen müsste.

2.3 Leistungen des Architekten

31 **Inhalt und Umfang der Architektenleistungen** stehen nicht von vornherein fest, sondern sind von den Parteien im Architektenvertrag zu regeln. Die HOAI gibt den Leistungsumfang nicht vor; sie ist reines Preisrecht und regelt lediglich das Honorar des Architekten für den Fall, dass er mit bestimmten Leistungen beauftragt wurde.[10] Die Parteien haben indes die Möglichkeit, im Architektenvertrag auf die in der HOAI enthaltenen Leistungsbilder Bezug zu nehmen.[11] Diese Vertragsgestaltung ist in der Praxis oft anzutreffen und zweckmäßig, da über den Umfang der **Leistungsbilder** der HOAI weitgehend Einvernehmen besteht. Haben die Parteien diese Vertragsgestaltung gewählt, so schuldet der Architekt nicht nur den Enderfolg (das fertige Bauwerk), sondern sämtliche Leistungsschritte, die für die Herbeiführung dieses Erfolgs notwendig und für den Bauherrn von wesentlichem Interesse sind.[12] Nicht notwendige Bestandteile der Leistungsbilder können die Parteien herausnehmen und ein entsprechend geringeres Honorar ansetzen.

32 Die Leistungsbilder des Architekten sind in § 15 HOAI dargestellt; in der novellierten HOAI 2009 werden sie in Anlage 11 zu finden sein. Sie sind in **neun Leistungsphasen** aufgeteilt:

33 In Leistungsphase 1 (**Grundlagenermittlung**) werden die technischen,[13] funktionalen, gestalterischen, terminlichen und budgetären Voraussetzungen zur Lösung der Bauaufgabe geklärt. Der Architekt berät zum Leistungsbedarf.

34 In Leistungsphase 2 (**Vorplanung**) erstellt der Architekt ein Planungskonzept einschließlich Variantenuntersuchung, er führt Vorverhandlungen mit Behörden und macht eine Kostenschätzung.

35 Leistungsphase 3 (**Entwurfsplanung**) erfasst die Erstellung von Plänen im Maßstab bis 1:100, die alle wesentlichen Planungsentscheidungen und Festlegungen enthalten müssen. Der Architekt fertigt eine Objektbeschreibung, führt Verhandlungen mit Behörden und erstellt eine Kostenberechnung.

---

[10] BGH, NZBau 2002, 159 – Preisrecht.
[11] BGH, NZBau 2007, 653 – Bezugnahme auf Leistungsbilder der HOAI.
[12] BGH, NJW 2004, 2588 – Teilerfolge I; BGH, NJW-RR 2005, 318 – Teilerfolge II.
[13] OLG Bamberg, NZBau 2004, 160 – Baugrundverhältnisse.

In Leistungsphase 4 (**Genehmigungsplanung**) stellt der Architekt die Entwurfsplanung und die weiteren notwendigen Unterlagen zur Vorlage bei der Baubehörde zusammen, reicht die Unterlagen ein und begleitet den Bauherrn im Baugenehmigungsverfahren. 36

Leistungsphase 5 (**Ausführungsplanung**) umfasst die Erstellung von Werkplänen (Maßstab 1:50) und Details (1:20 bis 1:1) als Grundlage für die Leistung der ausführenden Unternehmen sowie die Fortschreibung dieser Planung nach Bedarf während der Ausführungsphase. Wie detailliert die Ausführungsplanung sein muss, hängt von den Umständen des Einzelfalls ab; besonders schadensträchtige Details müssen im einzelnen geplant werden.[14] 37

In Leistungsphase 6 (**Vorbereitung der Vergabe**) ermittelt der Architekt die Mengen, erstellt das Leistungsverzeichnis oder die sonstige Leistungsbeschreibung und stimmt diese mit den Leistungsbeschreibungen der Fachplaner ab. 38

In Leistungsphase 7 (**Mitwirkung bei der Vergabe**) stellt der Architekt die Vertragsunterlagen für die ausführenden Unternehmen zusammen, holt Angebote ein, wertet diese (Preisspiegel) und begleitet den Bauherrn bei Verhandlungen mit Bietern. Er erstellt einen Kostenanschlag. 39

In Leistungsphase 8 (**Objektüberwachung**) stellt der Architekt einen Zeitplan auf, er überwacht die Bauausführung, führt ein Bautagebuch und wirkt beim Aufmaß und der Abnahme der Bauleistungen mit. Er prüft die Rechnungen der ausführenden Unternehmen, erstellt eine Kostenfeststellung und überwacht die Beseitigung der bei der Abnahme festgestellten Mängel. 40

In Leistungsphase 9 (**Objektbetreuung und Dokumentation**) nach Fertigstellung des Bauvorhabens überwacht der Architekt die Mängelbeseitigung und stellt die Schlussdokumentation zusammen. Er führt eine Objektbegehung zur Mängelfeststellung vor Ablauf der Verjährungsfristen für Mängelansprüche gegenüber den ausführenden Unternehmen durch. 41

Für die **Fachplaner** sind die Leistungsbilder in der HOAI jeweils gesondert geregelt, wobei Struktur und Begrifflichkeiten sich entsprechen. 42

Nach dem idealtypischen Bild der HOAI führt der Architekt die neun Leistungsphasen zeitlich nacheinander aus. Dies entspricht jedoch oftmals nicht der Praxis. Bei Bauvorhaben, die unter Termindruck stehen, werden Leistungsbeschreibungen noch vor der Ausführungsplanung erstellt und auf dieser Grundlage Vergaben getätigt. Es kommt zur **baubegleitenden Planung**. Dieser oft unvermeidbare Zustand birgt ein nicht unerhebliches Kostenrisiko, da sich erst in der Bauphase herausstellen kann, dass die Leistungen nicht wie beauftragt auszuführen sind. 43

Die in der jeweiligen Leistungsphase zu erbringenden Leistungen sind in der HOAI im Einzelnen beschrieben. Dort wird zwischen **Grundleistungen** und **Besonderen Leistungen** unterschieden. Die Besonderen Leistungen schuldet der Architekt nicht schon durch Bezugnahme auf die HOAI im Architektenvertrag, sondern nur bei ausdrücklicher Beauftragung der jeweiligen Besonderen Leistung. 44

Es ist eine Entscheidung des Bauherrn, mit welchen Leistungsbildern er den Architekten **beauftragt**. Je nach Unternehmereinsatzform[15] erübrigen sich Planungsleistungsbilder, da die entsprechenden Leistungen vom Total- oder Generalunternehmer erbracht werden. In diesen Fällen sind auch Leistungen der Leistungsphasen 6 und 7 teilweise nicht erforderlich, da die Vergabe bereits stattgefunden hat. 45

In den meisten Fällen ist es nicht empfehlenswert, auf die Objektüberwachung zu verzichten. Auch der Total- oder Generalunternehmer sollte überwacht werden. Erwägenswert ist es für den Bauherrn, mit der **Bauüberwachung** einen anderen Architekten zu beauftragen als mit den Planungsleistungen, da im Rahmen der Objektüberwachung 46

[14] OLG Celle, BauR 2007, 1602 – Detailplanung von Fassadenmetallbauarbeiten.
[15] Dazu § 11 Rdn. 82 ff.

Bauplanungsfehler zu Tage treten können, die ein nicht mit der Planung befasster Architekt deutlicher kennzeichnen wird.

47 Die Planungsleistungen des Architekten können dem **Urheberrecht** unterliegen, wenn es sich um individuelle Leistungen handelt, die aus dem Alltagsschaffen herausragen; die Abgrenzung ist im Einzelfall schwierig. Urheberrechte beziehen sich einerseits auf die Verwertung (etwa durch die Mehrfachwendung von Plänen oder durch kommerziell genutzte Abbildungen des Bauwerks), andererseits auf den Substanzschutz der Architektenleistung. Überwiegt im Einzelfall das Interesse des Architekten am unveränderten Bestand seines Werkes, so kann er dem Bauherrn die Veränderung oder Beseitigung des Bauwerks untersagen.

48 Im **Beispielfall 34** wird Investor I den Architekten A mit Leistungen der ersten vier Leistungsphasen beauftragen. Die in Leistungsphase 3 erstellte Entwurfsplanung und die in Leistungsphase 4 erwirkte Genehmigung werden dann Grundlage des GU-Vertrags. Der GU übernimmt die Ausführungsplanung, so dass Leistungsphase 5 nicht von A zu erbringen ist. Ebenso entfallen Teile der Leistungsphasen 6 und 7, da die Vergabe an den GU bereits stattgefunden hat. Hingegen benötigt I Leistungen der Leistungsphase 8, weil die Bauleistungen des GU zu prüfen und zu überwachen sind. Da im Rahmen der Bauüberwachung allerdings auch Mängel der Entwurfsplanung zu Tage treten können, ist es für I eine empfehlenswerte Alternative, mit Leistungsphase 8 nicht den Architekten der ersten Leistungsphasen, sondern einen anderen, auf Objektüberwachung spezialisierten Architekten zu beauftragen.

2.4 Honorar

49 **Beispielfall 35:** Problematische Pauschale
Investor I möchte wissen, ob er mit dem Architekten A, den er als Generalplaner beauftragen will, ein Pauschalhonorar vereinbaren kann.

50 Die Höhe des dem Architekten (sowie dem TGA-Fachplaner und dem Tragwerksplaner, für die die nachfolgenden Ausführungen entsprechend gelten) für seine Leistung zu zahlenden Honorars kann nur innerhalb bestimmter Grenzen von Bauherr und Architekt frei vereinbart werden. Aus Sorge, dass die freien Kräfte des Markts zu einem ruinösen Preiskampf der Architekten führen könnten, hat der Gesetz- und Verordnungsgeber die Honorarordnung für Architekten und Ingenieure (**HOAI**) erlassen und in 2009 novelliert (ob dies mit der europarechtlichen Dienstleistungsfreiheit vereinbar ist, wird derzeit diskutiert[16]). Die HOAI gibt für den Objektplaner Honorarmindest- und Höchstbeträge bis zur Baukostenhöchstgrenze von 25.564.594 € an; für Fachplanungsleistungen gelten andere Höchstbeträge. Liegen die anrechenbaren Kosten oberhalb dieser Grenze, so kann das Honorar frei vereinbart werden.

51 Grundsätzlich können Bauherr und Architekt auch Pauschal- oder Zeithonorare vereinbaren. Diese Honorare können jedoch daraufhin überprüft werden, ob sie innerhalb der Honorargrenzen der HOAI liegen. Ist dies nicht der Fall, so ist die **Honorarvereinbarung unwirksam**.[17] Der Architekt kann bei der – praktisch häufigen – Mindestsatzunterschreitung trotz der getroffenen Vereinbarung statt dessen das sich aus der HOAI ergebende Honorar verlangen. Dies ist nur dann treuwidrig, wenn der Architekt vor Vertragsschluss den Bauherrn nicht über die HOAI-Problematik aufgeklärt hat, dieser keine hinreichende eigene Kenntnis besaß, auf die Gültigkeit der vertraglichen Honorarabrede vertraut hat und

[16] Vgl. OLG Stuttgart, NZBau 2005, 350 – HOAI und EU-Recht.
[17] BGH, BauR 1993, 239 – Unterschreitung der HOAI-Mindestsätze I.

auch vertrauen durfte.[18] Aufgrund des Mindestsatzgebots sind Pauschalen oder erfolgsabhängige Honorare, etwa in Form von baukostenbezogenen Bonus-/Malus-Regelungen, nicht immer wirksam zu vereinbaren.

Die Berechnung des HOAI-Honorars folgt einem komplizierten System, bei dem die **Honorarparameter** anrechenbare Kosten, Honorarzone und Honorarsatz zu berücksichtigen sind. Insbesondere die anrechenbaren Kosten stehen in der Regel nicht schon bei Vertragsschluss fest; sondern entwickeln sich anders als erwartet. Maßgeblich sind die Kosten, die **in rückschauender Betrachtung** tatsächlich entstanden sind. Dies ist ein Risiko der Parteien. Auch wenn sie in gutem Glauben von der Einhaltung der HOAI-Grenzen ausgegangen sind, sich jedoch rückschauend herausstellt, dass diese Annahme unzutreffend war, liegt ein Verstoß gegen das Preisrecht der HOAI vor und das HOAI-Honorar tritt an Stelle der vereinbarten Pauschale.[19] 52

Die **anrechenbaren Kosten** sind, vereinfacht ausgedrückt, die Nettokosten der reinen Bauleistung (bei den Fachplanern sind jeweils nur bestimmte Teile dieser Kosten maßgeblich). Die bisherige HOAI nimmt bei der Definition der anrechenbaren Kosten auf die DIN 276 in der Fassung von 1981 Bezug, die daher trotz der Überarbeitung im Jahre 1993 zugrunde zu legen ist;[20] die neue HOAI verweist auf DIN 276 in der Fassung vom Dezember 2008. Die anrechenbaren Kosten werden zu vier unterschiedlichen Zeitpunkten des Bauvorhabens ermittelt, nämlich 53

- die **Kostenschätzung** in Leistungsphase 2: die überschlägige Ermittlung der Kosten auf der Grundlage des umbauten Raums und allgemeiner Erfahrungswerte;
- die **Kostenberechnung** in Leistungsphase 3: die angenäherte Ermittlung der absehbaren Kosten anhand genauer Bedarfsangaben, Nutzungsbedingungen und Planunterlagen;
- der **Kostenanschlag** in Leistungsphase 7: die möglichst genaue Ermittlung der voraussichtlichen Kosten auf der Grundlage der mittlerweile vorliegenden Angebote der ausführenden Firmen;
- die **Kostenfeststellung** in Leistungsphase 8: die Feststellung der tatsächlich entstandenen Kosten nach Beendigung des Bauvorhabens.

Diese vier Kostenermittlungen haben eine **Doppelfunktion**, da sie einerseits dem Bauherrn die Budgetbildung und Kostenkontrolle ermöglichen, andererseits zur Honorarberechnung herangezogen werden. Die Berücksichtigung nicht nur einer, sondern mehrerer Kostenermittlungsergebnisse bei der Honorarermittlung hat den Zweck, die Kostenentwicklung im Honorar abzubilden. 54

Das Honorar wird weiterhin bestimmt durch die **Honorarzone**. Gemäß § 11 HOAI (neu: § 5) gibt es fünf Honorarzonen (I bis V), in die die Vorhaben nach ihrer unterschiedlichen Schwierigkeit einzuordnen sind. Beispiele werden in § 12 HOAI (neu: Anlage 3) aufgeführt. Die Parteien können eine Honorarzone vertraglich festlegen, jedoch ist dies gerichtlich überprüfbar.[21] 55

Schließlich ist der **Honorarsatz** maßgeblich. Die HOAI gibt in ihren Honorartafeln jeweils einen Mindest- und einen Höchstsatz vor. Die Parteien können bei Auftragserteilung schriftlich vereinbaren, ob der Mindest-, der Mittel- oder der Höchstsatz gelten soll. Fehlt eine solche Vereinbarung, gilt der Mindestsatz (§ 4 Abs. 4 HOAI; neu § 7 Abs. 6). 56

Mithilfe der vorbeschriebenen Parameter ist das maßgebliche Honorar aus der **Honorartafel** des § 16 (bzw. neu § 34 sowie den entsprechenden Tafeln der Fachplaner) zu entnehmen. Auf der Grundlage der anrechenbaren Kosten gemäß Kostenberechnung, -anschlag 57

---

[18] BGH, NJW 1997, 2329 – Unterschreitung der HOAI-Mindestsätze II.
[19] OLG Düsseldorf, BauR 1982, 390 – rückschauende Beurteilung.
[20] BGH, NJW 1998, 1064 – DIN 276 (1981).
[21] BGH, NZBau 2004, 159 – Honorarzone.

und -feststellung ist der Tabellenwert jeweils getrennt zu ermitteln, sofern die alte HOAI anwendbar ist. Die ermittelten Werte sind zunächst das jeweilige fiktive 100%-Honorar. Dieses muss nun noch anteilig reduziert werden, da der Architekt das Honorar insgesamt nur einmal verdient. Die auf die einzelnen Leistungsphasen entfallenden **Prozentsätze** sind in § 15 Abs. 1 (neu: § 33) angegeben; die drei ermittelten Tabellenwerte sind dementsprechend prozentual herabzusetzen. Die **Summe der drei herabgesetzten Beträge** bildet das Architektenhonorar. Die HOAI-Novelle 2009 geht insgesamt von der Kostenberechnung aus (§ 6 Abs. 1). Gibt es bei Vertragsschluss weder Kostenberechnung noch Kostenschätzung, kann eine Baukostenvereinbarung getroffen werden (§ 6 Abs. 2). Bei Änderungen der anrechenbaren Kosten soll die Vereinbarung angepasst werden (§ 7 Abs. 5).

58 Mit dem so berechneten Honorar sind nur die Grundleistungen vergütet. **Besondere Leistungen** sind zusätzlich zu honorieren, nach alter HOAI allerdings nur dann, wenn eine schriftliche Honorarvereinbarung vorliegt (§ 5 Abs. 4 HOAI).[22] Das Honorar für die Besondere Leistung ist frei vereinbar (§ 5 Abs. 4 HOAI, neu § 3 Abs. 3). Ist die Besondere Leistung nicht mit einer Grundleistung vergleichbar, kann ein Zeithonorar auf Stundenbasis vereinbart werden.

59 Fertigt der Architekt mehrere Vor- oder Entwurfsplanungen oder handelt es sich um Umbau- und Modernisierungsleistungen, so kann der Architekt **weiteres Honorar** verlangen (§§ 20, 24 HOAI; neu §§ 10, 35). Umfasst der Auftrag mehrere Gebäude und wiederholt sich die Planung, so ist das Honorar zwar für jedes Gebäude getrennt zu berechnen, jedoch nach den Vorgaben des § 22 HOAI (neu: § 11) zu mindern.

60 Das Architektenhonorar wird erst fällig, wenn der Architekt seine Leistung vollständig erbracht und eine **Schlussrechnung** gestellt hat. Die Schlussrechnung muss prüffähig sein, was angesichts des komplizierten Berechnungssystems einige Sorgfalt erfordert. Ist die Rechnung nicht prüffähig, versäumt der Bauherr es jedoch, dies innerhalb der Prüffrist von zwei Monaten zu rügen, so wird die Rechnung dennoch fällig und die Verjährung beginnt zu laufen. Der Bauherr ist nach Ablauf der Prüffrist mit dem Einwand der fehlenden Prüffähigkeit ausgeschlossen, nicht jedoch mit dem Einwand der inhaltlichen Unrichtigkeit.[23]

61 Der Architekt kann vor Abschluss seiner Leistungen **Abschlagszahlungen** in angemessenen zeitlichen Abständen für nachgewiesene Leistungen fordern. Die Parteien können anderes vereinbaren, wobei sich insbesondere ein **Zahlungsplan** anbietet.

62 Im **Beispielfall 35** ist eine Pauschalierung grundsätzlich möglich. I muss sich allerdings bewusst sein, dass im Nachhinein eine gerichtliche Überprüfung stattfinden kann, ob die Pauschale unterhalb des Mindestsatzes liegt, der sich aus der HOAI ergibt. Sollte dies der Fall sein, kann der Architekt die Unwirksamkeit der Pauschalvereinbarung geltend machen und das Mindestsatzhonorar der HOAI verlangen. Abgesehen von der Möglichkeit der Honorarnachforderung hat eine Mindestsatzunterschreitung keine nachteiligen Folgen für I, so dass es durchaus bedenkenswert sein kann, eine Pauschale zu vereinbaren, wenn I sich gleichzeitig intern der Kostenunsicherheit bewusst ist.

2.5 Mängelansprüche des Bauherrn

63 **Beispielfall 36:** Die falsch geplante Wärmedämmung
Die vom planenden Architekten A vorgesehene Wärmedämmung ist mangelhaft, weil das Dämmmaterial nicht dick genug ist. Das ausführende Unternehmen U

[22] BGH, BauR 1989, 222 – Honorar für Besondere Leistungen.
[23] BGH, NZBau 2004, 216 – Prüffähigkeitseinwand I.

bemerkt dies nicht und baut nach Plan. Der bauleitende Architekt BL lässt die Ausführung unbeanstandet. Wen kann Investor I in Anspruch nehmen?

Ist die Leistung des Architekten mangelhaft, so stehen dem Bauherrn **Mängelansprüche** 64
zu. Da es sich um einen Werkvertrag handelt, richten sich die Ansprüche nach §§633ff. BGB. Der Bauherr hat Anspruch auf Nacherfüllung, auf Rücktritt, Minderung, Schadensersatz oder Aufwendungsersatz; der Architekt hat ein primäres Nacherfüllungsrecht.[24]

Ein **Planungsmangel** liegt vor, wenn die Planung des Architekten einen Mangel im 65
Sinne des § 633 BGB enthält. Dies kann der Fall sein, wenn Vorgaben und Wünsche des Bauherrn nicht berücksichtigt sind oder die Planung nicht den allgemein anerkannten Regeln der Technik entspricht. Eine aus öffentlich-rechtlichen Gründen nicht genehmigungsfähige Planung ist ebenfalls mangelhaft.[25]

Im Rahmen der **Mitwirkung bei der Vergabe** ist das Architektenwerk mangelhaft, 66
wenn die eingeholten Angebote oberhalb des Marktpreises liegen und der Architekt dies nicht erkennt. Ein Mangel liegt auch vor, wenn vom Architekten erstellte Vertragsbedingungen typische und für den Bauherrn günstige Regelungen nicht enthalten oder gegen grundlegende rechtliche Vorgaben verstoßen.[26] Zu einer detaillierten Rechtsberatung ist der Architekt allerdings weder verpflichtet noch berechtigt.

Ein **Bauüberwachungsmangel** liegt vor, wenn der Architekt Ausführungsfehler der 67
Bauunternehmen nicht unmittelbar feststellt und zur Korrektur auffordert, obwohl er sie hätte feststellen müssen. Dabei muss der Architekt nicht jeden Arbeitsschritt der ausführenden Unternehmen überwachen, sondern nur bedeutsame und/oder risikoanfällige Arbeitsschritte.[27] Andere Leistungen muss er stichprobenartig prüfen, insbesondere wenn die Leistung später verdeckt wird.[28] Die Abgrenzung ist im Einzelfall schwierig.

Im Rahmen der **Kostenkontrolle** ist die Leistung des Architekten mangelhaft, wenn 68
er die vier geschuldeten Kostenermittlungen nicht, verspätet oder inhaltlich unrichtig erbringt; bezüglich der Richtigkeit der Kostenermittlungen gesteht die Rechtsprechung unter bestimmten Voraussetzungen Toleranzgrenzen zu.[29] Haben die Parteien eine feste **Baukostenobergrenze** vereinbart, so ist es ein Mangel, wenn diese Kostengrenze überschritten wird.[30] Hat der Architekt sogar eine **Bausummengarantie** abgegeben, so haftet er verschuldensunabhängig bei Überschreitung; der Wille zu dieser verschuldensunabhängigen Haftung muss allerdings deutlich im Vertrag zum Ausdruck kommen.[31]

Erbringt der Architekt Teile der geschuldeten Leistung nicht, so kann auch dies ein 69
Mangel sein. Der Architekt kann sich nicht darauf berufen, dass auch ohne diese Leistungen der Erfolg – der vollendete Bau – eingetreten ist. Nach der Rechtsprechung des BGH schuldet der Architekt diejenigen **Teilleistungen** als solche, die für den Bauherrn eine eigenständige Bedeutung haben.[32]

Häufig besteht das wirtschaftlich gravierende Problem nicht im eigentlichen Mangel, 70
sondern in dessen Folgen. Ist der Planungsfehler bereits im Bau umgesetzt, so ist auch das Bauwerk mangelhaft; den Bauherrn belastet nicht der mangelhafte Plan, sondern das man-

---

[24] Dazu § 12 Rdn. 135ff.

[25] BGH, NZBau 2002, 41 – Architektenhaftung für genehmigungsfähige Planung.

[26] OLG Brandenburg, NJW-RR 2003, 1323 – unzulässige Vertragsstrafenklausel I; OLG Hamm, IBR 2005, 304 – unzulässige Vertragsstrafenklausel II.

[27] OLG Brandenburg, NZBau 2007, 723 – Außenputzarbeiten auf Porenbeton.

[28] LG Dresden, NZBau 2004, 616 – Bitumendickbeschichtung.

[29] BGH, NJW 1994, 856 – Toleranzen I; BGH, NJW-RR 1997, 850 – Toleranzen II.

[30] OLG Naumburg, IBR 2005, 31 – Überschreitung des Kostenrahmens.

[31] OLG Düsseldorf, BauR 2003, 1604 – Bausummengarantie.

[32] BGH, NJW 2004, 2588 – Teilerfolge I; BGH, NJW-RR 2005, 318 – Teilerfolge II.

gelhafte Gebäude. Dies sind **Mangelfolgeschäden**, für die der Architekt Schadensersatz zu leisten hat. Auf ein Nacherfüllungsrecht kann er sich in diesem Zusammenhang nicht berufen, da das mangelhafte Bauwerk nicht seine Leistung ist; die Nacherfüllung ist immer nur in Bezug auf die eigene Leistung (hier: den Plan) möglich.[33]

71 Für die Mängel am Bauwerk haftet das ausführende Unternehmen daneben ggf. als Gesamtschuldner.[34] Der Architekt kann (anders als das Bauunternehmen[35]) kein Mitverschulden des Bauherrn einwenden, da dieser für Baufehler nicht verantwortlich ist. Der Architekt haftet also nicht quotal, sondern in voller Höhe.[36] Der Bauherr ist nicht verpflichtet, vorrangig den Bauunternehmer in Anspruch zu nehmen.[37]

72 Grundsätzlich können Architekt und Bauherr eine Sicherheitsleistung für die Mängelansprüche des Bauherrn vereinbaren. Die Vereinbarung eines Sicherheitseinbehalts in Höhe von 5 % ist indes als AGB jedenfalls dann unwirksam, wenn der Einbehalt erst nach Abschluss der Leistungsphase 9 ausgezahlt werden soll.[38]

73 Im **Beispielfall 36** ist Architekt A für die mangelhafte Planung der Wärmedämmung verantwortlich. Er hat nicht nur den Mangel an sich durch Erstellung einer neuen, mangelfreien Planung der Wärmedämmung zu beseitigen, sondern auch Ersatz für die aus dem mangelhaften Plan resultierenden Folgeschäden zu leisten, also die Kosten zu tragen, die für die Beseitigung der mangelhaften und Herstellung einer mangelfreien Wärmedämmung entstehen. Das Unternehmen U ist für die von ihm hergestellte mangelhafte Wärmedämmung grundsätzlich ebenfalls verantwortlich. Schließlich haftet auch der Bauleiter BL, da dieser die mangelhafte Wärmedämmung im Rahmen der Bauüberwachung hätte feststellen müssen.
A, U und BL haften dem I gesamtschuldnerisch, d.h. I kann nach freier Wahl jeden der Schuldner in voller Höhe in Anspruch nehmen. Eine Ausnahme gilt gegenüber U, da I als Auftraggeber dem U mangelfreie Pläne schuldet und sich daher den Fehler von A als Mitverschulden zurechnen lassen muss; U haftet nur in Höhe der auf ihn entfallenden Quote. Nimmt I den A, den BL oder (quotal) den U in Anspruch, so findet zwischen diesen drei Beteiligten in einem zweiten Schritt der gesamtschuldnerinterne Ausgleich statt. Dabei sind die Verschuldensbeiträge quotal zu bewerten.

74 Die gegen den Architekten gerichteten Mängelansprüche **verjähren** in fünf Jahren ab der Abnahme (§ 634 a Abs. 1 Nr. 1 BGB). Hierbei kommt es nicht auf die Abnahme des Bauwerks, sondern des Architektenwerks an. Diese wird selten ausdrücklich erklärt, sondern findet konkludent mit der Entgegennahme der letzten Architektenleistung statt. Ist der Architekt mit der Leistungsphase 9 beauftragt, so beginnt die Verjährung erst mit Ende dieser Leistungsphase zu laufen.[39] Da Leistungsphase 9 erst endet, wenn die Gewährleistungsfristen der ausführenden Unternehmen abgelaufen sind, steht dem Bauherrn eine erhebliche Zeitspanne vor der Verjährung der gegen den Architekten gerichteten Ansprüche zur Verfügung.

75 Der Architekt ist verpflichtet, die Risiken durch eine **Berufshaftpflichtversicherung** abzudecken.[40] Im Architektenvertrag sollte vereinbart werden, dass diese Versicherung

[33] BGH, NZBau 2008, 187 – kein Erfordernis der Nacherfüllungsgelegenheit.
[34] BGH, NJW 1965, 1175 – Gesamtschuld von Architekt und Bauunternehmen.
[35] Dazu § 12 Rdn. 158.
[36] BGH, ZfIR 2004, 470 – Architektenhaftung.
[37] BGH, NZBau 2007, 721 – kein Vorrang der Inanspruchnahme des Bauunternehmens.
[38] BGH, NZBau 2006, 245 – 95 %-Abschlagsklausel in Architektenverträgen.
[39] KG, NZBau 2004, 337 – Verjährung bei Leistungsphase 9.
[40] Dazu § 15 Rdn. 13.

eine bestimmte Deckungssumme aufweist und dem Bauherrn regelmäßig der Bestand der Versicherung nachgewiesen wird.

3. Bauvertragsmodelle

Der Bauherr muss die grundlegende Entscheidung treffen, in welcher Form er bauausführende Unternehmen einsetzt und welchen Vertragstyp er wählt. Es bestehen Zusammenhänge zwischen diesen beiden Fragen, da nicht jeder Vertragstyp für jede Einsatzform geeignet ist. 76

Da bei einigen Modellen das ausführende Unternehmen auch ganz oder zu großen Teilen Planungsleistungen übernimmt (und dann möglicherweise die Einschaltung von Planern entfällt), muss die Entscheidung schon in einem **frühen Stadium des Projekts** getroffen werden. Es gehört zu den Aufgaben des Projektsteuerers, den Bauherrn bei dieser Strukturierung des Vorhabens zu unterstützen.[41] 77

Beispielfall 37: Sorgenfrei dank Totalunternehmer ? 78
Investor I will ein großes Büro- und Geschäftshaus errichten. Er meint, für ihn sei es am einfachsten, möglichst früh Planung und Ausführung an einen Totalunternehmer zu vergeben und mit diesem einen umfassenden Pauschalvertrag zu schließen, da er sich dann um nichts kümmern müsse. Stimmt das?

3.1 Planungsleistungen durch das ausführende Unternehmen

Die Verwirklichung eines Bauvorhabens erfordert zwei verschiedene, aufeinander aufbauende Tätigkeiten, nämlich **Planen und Bauen**. Im „klassischen" Modell beauftragt der Bauherr einen Architekten mit der Planungsleistung und ein oder mehrere Bauunternehmen mit der Bauausführung. Dies ist indes nicht zwingend. Der Bauherr kann auch das ausführende Unternehmen mit Planungsleistungen als Teil eines größeren **Leistungspakets** beauftragen. Dieses wird die übernommenen Planungsleistungen entweder durch in seinem Hause tätige Planer erbringen oder seinerseits Architekten und Fachplaner als Nachunternehmer beauftragen. 79

Architekt und ggf. Fachplaner, die unmittelbar mit dem Bauherrn in einem Auftragsverhältnis stehen, erbringen Planungsleistungen dann nur bis zur **Schnittstelle**, also der Übernahme der Planungsverantwortlichkeit durch das ausführende Unternehmen; wo diese Schnittstelle liegt, kann individuell gestaltet werden. Teile der Leistungen der Leistungsphasen 6 und 7 (Vorbereitung und Mitwirkung bei der Vergabe) entfallen dann ebenfalls, da die Leistungen bereits an den Unternehmer vergeben sind. Die Objektüberwachung sollte indes sinnvollerweise nicht an den Unternehmer vergeben werden, da dieser sonst seine eigene Leistung überwachen müsste. 80

Die Vertragsparteien sind an die **HOAI** nicht gebunden, wenn die Architektenleistung einen nur untergeordneten Teil der Gesamtleistung des Unternehmers ausmacht.[42] Ist hingegen die Architektenleistung der überwiegende Leistungsteil des Gesamtpakets, so findet die HOAI als zwingendes Preisrecht Anwendung. Der auf die Architektenleistung entfallende Vergütungsanteil muss dann den Anforderungen der HOAI entsprechen. 81

---

[41] Dazu § 11 Rdn. 12 ff.
[42] BGH, NJW 1997, 2329 – Planung durch Bauträger.

3.2 Unternehmereinsatzformen

82 Der Bauherr muss entscheiden, ob er die Gewerke bündeln oder separat vergeben und ob er Planung und Ausführung trennen oder verbinden will. In der Praxis sind verschiedene Modelle anzutreffen:
- das Bauunternehmen übernimmt Planungsleistungen ab der Vor- oder Entwurfsplanung (**Totalunternehmer**);
- das Bauunternehmen erhält die Entwurfs- und Genehmigungsplanung vom Bauherrn und übernimmt als Planungsleistung die Ausführungsplanung (**Generalunternehmer**);
- das Bauunternehmen übernimmt sämtliche Bauleistungen, jedoch keine Planungsleistungen (ebenfalls **Generalunternehmer**);
- die Bauleistungen (ohne Planungsleistungen) werden einzeln gewerkeweise an verschiedene Bauunternehmen vergeben (**Einzelunternehmer**).

83 Der Total- bzw. Generalunternehmer ist ein Bauunternehmen, dass selbst Bauleistungen ausführt. Der Bauherr kann aber auch ein Unternehmen beauftragen, das selbst keinerlei Bauleistungen ausführt, sondern seinerseits Bauunternehmen damit beauftragt. Diese Unternehmen werden als **Total- oder Generalübernehmer** bezeichnet (wiederum abhängig vom Umfang der übernommenen Planungsleistungen).[43] Zusammenfassend lässt sich dies wie folgt darstellen:

	Planung ab LP 3	Planung ab LP 5	keine Planungsleistung
eigene Bauleistung	Totalunternehmer	Generalunternehmer	Generalunternehmer
keine eigene Bauleistung	Totalübernehmer	Generalübernehmer	Generalübernehmer

Abbildung 29: Total-/Generalunternehmer und -übernehmer

84 Bei der Wahl der Unternehmereinsatzform gibt es keine universell gültige Empfehlung. Jedes Modell hat für den Bauherrn **Vor- und Nachteile** und ist für andere Einsatzbereiche geeignet:

85 Beim **Totalunternehmer** sind die Leistungen weitestgehend in einer Hand. Vorteilhaft für den Bauherrn sind der geringe Koordinationsaufwand und Mängelansprüche ohne Schnittstellenprobleme. Jedoch kann der Bauherr nur in geringem Maße Einfluss auf Gestaltung und Qualität nehmen, da die Planungsentscheidungen beim Totalunternehmer liegen. Die Einsatzform ist daher nur bei Projekten mit geringer individuell-gestalterischer Anforderung und festen funktionalen Rahmenbedingungen geeignet, etwa Industriebauten.

86 Wird ein **Generalunternehmer mit der Bauausführung sowie Planungsleistungen ab der Ausführungsplanung** beauftragt, so ist der Koordinationsaufwand des Bauherrn noch gering. Die Einflussnahmemöglichkeiten auf die Gestaltung und Qualität sind größer, da der Bauherr die Entwurfsplanung stellt. Die Auftragsform ist geeignet bei größeren Projekten mit definierten Rahmenbedingungen und begrenztem Änderungsbedarf, bei denen Grundvorgaben hinsichtlich der architektonischen Gestaltung gemacht werden sollen.

87 Beauftragt der Bauherr einen **Generalunternehmer ohne Planungsaufgaben**, so muss er Planung und Ausführung koordinieren. Zwischen Planungs- und Ausführungsmängeln gibt es Schnittstellenprobleme. Die Vergabeform ist geeignet für Projekte mit

[43] OLG Frankfurt, NZBau 2001, 101 – Abgrenzung Über-/Unternehmer.

hohen gestalterischen Anforderungen, bei denen der Bauherr Wert auf einen einheitlichen Ansprechpartner für die Bauleistungen legt. Dies ist erst ab einer bestimmten Projektgröße sinnvoll.

Die Vergabe an **Einzelunternehmer** erfordert vom Bauherrn einen hohen Koordinations- und Schnittstellenaufwand. Der Bauherr hat jedoch großen Einfluss auf Gestaltung und Qualität und kann kostengünstig beauftragen, da die Zwischenschaltung eines Generalunternehmers entfällt. Die Einzelvergabe ist geeignet bei kleineren und mittleren Projekten sowie bei Projekten mit zunächst unklaren Bedingungen und hohen architektonischen Anforderungen. 88

Der vom Bauherrn beauftragte Unternehmer kann zur Erfüllung seiner Planungs- und Bauaufgabe **Nachunternehmer** (Architekten und/oder Bauunternehmen) einschalten. Die Vertragsbeziehung besteht ausschließlich zwischen dem Unternehmer und dem Nachunternehmer und ist strikt vom Vertragsverhältnis zwischen Bauherrn und Unternehmer zu trennen; es gibt keinen Durchgriff.[44] Die Nachunternehmer sind Erfüllungsgehilfen des Unternehmers bei der Erfüllung von dessen Pflichten gegenüber dem Bauherrn (§ 278 BGB); gegenüber dem Bauherrn bleibt der Unternehmer für die Leistung verantwortlich, auch wenn er sie nicht selbst erbracht hat. Ratsam ist, dass der Bauherr mit dem Unternehmer vertraglich regelt, dass er der Beauftragung von Nachunternehmern zustimmen muss, um auf diese Weise eine Kontrolle über die Auswahl der Nachunternehmer zu haben. 89

Im **Beispielfall 37** ist Investor I grundsätzlich nicht zu empfehlen, einen Totalunternehmer zu beauftragen. Zwar sind bei dieser Unternehmereinsatzform Koordinationsaufwand und Schnittstellenprobleme am geringsten. Dafür gibt I jedoch zu einer sehr frühen Phase den Einfluss auf Gestaltung und Qualität aus der Hand, was bei einem Büro- und Geschäftshaus, das sich gerade auch durch gestalterische Merkmale von anderen Gebäuden abheben soll, nicht anbietet. In der Praxis ist der Einsatz von Generalunternehmern, die entweder erst ab der Ausführungsplanung oder überhaupt keine Planungsaufgaben übernehmen, üblich. 90

3.3 Wahl des Vertragstyps

Verschiedene (auch kombinierbare) Vertragstypen stehen zur Verfügung: 91

Dem **Einheitspreisvertrag** liegt eine positionsweise Leistungsbeschreibung (Leistungsverzeichnis) zugrunde. Aus der Multiplikation von Mengenangaben (Vordersätzen) und Einheitspreisen ergibt sich die vorläufige Auftragssumme. Die letztlich zu zahlende Abrechnungssumme wird auf der Grundlage der tatsächlich ausgeführten Mengen und der vereinbarten Einheitspreise erst nach Leistungserbringung berechnet.[45] Der Auftragnehmer schuldet nur, was im Leistungsverzeichnis beschrieben ist; das Vollständigkeitsrisiko trägt der Auftraggeber. Die Wahl des Einheitspreisvertrags setzt voraus, dass die zu erbringenden Leistungen vor Auftragsvergabe weitgehend feststehen, denn diese müssen in das Leistungsverzeichnis einfließen. Die Vergabe ist daher erst zu einem relativ späten Planungsstadium möglich und wird in der Praxis fast nur bei Vergabe an Einzelunternehmen verwandt.

Der **Detailpauschalvertrag** basiert ebenfalls auf einer positionsweisen Leistungsbeschreibung. Die Auftragssumme wird allerdings pauschaliert und damit mengenunabhängig; der Auftragnehmer erhält (nur) die vereinbarte Pauschalvergütung, auch wenn 92

[44] BGH, BauR 1998, 1113 – kein Durchgriff auf Nachunternehmer.
[45] BGH, BauR 1981, 388 – Abrechnung nach ausgeführter Menge.

die tatsächlich erbrachten Mengen von den vertraglichen Vordersätzen abweichen. Er übernimmt also das Risiko, dass die im Leistungsverzeichnis angegebenen Mengen richtig sind (Mengenermittlungsrisiko).[46] Dies bietet dem Auftraggeber den Vorteil größerer Kostensicherheit. Voraussetzung ist, dass die positionsweise Leistungsbeschreibung vorliegt, was in frühen Planungsstadien noch nicht der Fall ist.

93 Beim **einfachen Globalpauschalvertrag** wird die Leistung ebenfalls detailliert beschrieben; er betrifft in der Regel nur ein Gewerk oder wenige benachbarte Gewerke. Im Unterschied zum Detailpauschalvertrag übernimmt der Auftragnehmer nicht nur das Mengenermittlungs-, sondern auch das Komplettheitsrisiko: Es wird eine Komplettheitsklausel aufgenommen, wonach der Auftragnehmer sämtliche Leistungen – auch wenn sie nicht ausdrücklich genannt sind – schuldet, um das Leistungsziel zu erreichen. Als Vergütung für sämtliche Leistungen wird eine Pauschale vereinbart. Dieser Vertragstyp kommt in Frage, wenn der Auftraggeber das Risiko, dass seine Leistungsbeschreibung richtig ist, nicht nur hinsichtlich der Mengen, sondern auch bezüglich der Inhalte auf den Auftragnehmer abwälzen will, der dann für die Vollständigkeit und Funktionsfähigkeit der Leistung einsteht. Dies ist nur individualvertraglich möglich.[47]

94 Der **komplexe Globalpauschalvertrag** beruht auf einer funktionalen Leistungsbeschreibung, die zumindest in Teilbereichen globale Elemente ohne oder mit sehr geringer Detaillierung aufweist. Er enthält eine Gewerkezusammenfassung; typisches Beispiel ist der **Schlüsselfertigbau.**[48] Dieser Vertragstyp kommt in Frage, wenn die Leistung noch vor der Entwurfs- oder Ausführungsplanung vergeben werden soll und daher zumindest teilweise nur funktional beschrieben werden kann. Die Parteien vereinbaren eine Pauschalvergütung, mit der sämtliche zur Erreichung der funktional beschriebenen Leistung erforderlichen Maßnahmen abgegolten sind.[49] Häufig übernimmt der Auftragnehmer auch die weitere Planung. Der Vertrag ist aber auch andernfalls wirksam, selbst bei Vergabe noch vor der Entwurfsplanung, obwohl die Bauaufgabe dann noch weitgehend unklar ist und der Auftragnehmer ein kaum kalkulierbares Risiko eingeht.[50]

95 Beim **Selbstkostenerstattungsvertrag** zahlt der Auftraggeber dem Auftragnehmer die diesem (durch eigene Leistung oder Einschaltung von Nachunternehmern) entstandenen Kosten (Selbstkosten) zuzüglich eines zu vereinbarenden prozentualen Zuschlags, mit dem Geschäftskosten, Wagnis und Gewinn des Auftragnehmers abgedeckt werden. Dieser Vertragstyp wird gewählt, wenn der Leistungsumfang noch unbestimmt ist und der Auftragnehmer nicht die damit verbundenen Risiken übernehmen will. Für den Auftraggeber bietet der Vertragstyp den Vorteil einer Vergabe zu einem frühen Zeitpunkt bei gleichzeitiger hoher Gestaltungsmöglichkeit zu Inhalt und Umfang der Leistung.

96 Beim **GMP-Vertrag** (garantierter Maximumpreis) vereinbaren die Parteien eine Pauschale als maximale Vergütung. Sie wirken bei der Vergabe der Leistungen an Nachunternehmer zusammen und versuchen, Ersparnisse gegenüber den kalkulierten Kosten zu erzielen. Gelingt dies, wird die Ersparnis zwischen Auftraggeber und Auftragnehmer geteilt und auf diese Weise für beide Seiten ein Anreiz geschaffen. Durch diesen – in der Praxis noch relativ seltenen – Vertragstyp wollen Auftraggeber das Problem der geringen Preistransparenz bei Globalpauschalverträgen lösen und an Vergabegewinnen der Generalunternehmer teilhaben.

---

[46] BGH, BauR 1972, 118 – Mengenermittlungsrisiko.
[47] BGH, BauR 1997, 464 – Karrengefängnis.
[48] BGH, NZBau 2001, 446 – Globalelement.
[49] BGH, NJW 2008, 2106 – Lüftungsanlage „nach Erfordernis".
[50] BGH, BauR 1997, 126 – Kammerschleuse; OLG Düsseldorf, NJW-RR 2003, 1324 – Peek & Cloppenburg.

Der **Stundenlohnvertrag** ist ein einfach strukturierter Vertragstyp, bei dem der Auftragnehmer seinen Aufwand auf Stundenbasis abrechnet. Er kommt nur bei geringem Leistungsvolumen oder Zusatzaufträgen in Frage. 97

Wenn Investor I im **Beispielfall 37** einen Generalunternehmer beauftragt, der auch die Ausführungsplanung übernimmt, so bietet sich der Abschluss eines komplexen Globalpauschalvertrags an, da noch keine Ausführungsplanung vorliegt und die Leistung also nicht detailliert beschrieben werden kann. I kann darüber hinaus individuell vereinbaren, dass der Generalunternehmer die ihm überlassene Entwurfsplanung geprüft hat und daher Leistungen, die aus etwaigen Fehlern oder Lücken dieser Planung resultieren, ohne Mehrkosten ausführt (erweiterte Komplettheitsklausel). 98

4. Vergabe von Bau- und Planungsleistungen

Bei der Vergabe von Projektmanagement-, Architekten- und Bauleistungen ist es von entscheidender Bedeutung, ob der Auftrag von einem öffentlichen oder von einem privaten Auftraggeber erteilt wird. Während private Auftraggeber weitestgehend selbst entscheiden können, welche Leistungen sie auf welchem Wege an welches Unternehmen vergeben, gilt für öffentliche Auftraggeber ein kompliziertes Vergaberecht. 99

Hintergrund ist: **Öffentliche Auftraggeber** verfügen im Immobilien- und Baubereich über eine außerordentliche Marktmacht. Teilweise, etwa im Bereich des Infrastrukturbaus, haben öffentliche Auftraggeber quasi Monopolstellung. Nicht zuletzt deswegen hat sich das Vergaberecht in den vergangenen Jahren immer mehr als haushalts- und wirtschaftspolitisches Steuerungsinstrument und zugleich als Risikofaktor profiliert. 100

Beispielfall 38: Ausschreibungspflicht ? 101
Die Kommune K will ein „Filetgrundstück" in bester städtischer Lage an einen Investor veräußern. Dieser soll sich vertraglich verpflichten, auf dem Grundstück innerhalb einer vorgegebenen Frist diverse Erschließungsanlagen und ein Seniorenzentrum als Begegnungsstätte und Wohneinrichtung herzustellen. Vorab soll geklärt werden, ob die Leistungen im Rahmen eines Grundstückskaufvertrages von K „frei" vergeben werden können oder vor der Zuschlagserteilung ein besonderes formelles Verfahren eingehalten werden muss.

4.1 Private Auftraggeber

Detaillierte gesetzliche Vorgaben für das Vergabeprozedere privater Auftraggeber gibt es nicht. Mithin gilt formell und materiell die Vertragsfreiheit,[51] wenn und soweit sich der private Auftraggeber nicht ausnahmsweise freiwillig an die für öffentliche Auftraggeber geltenden Vorschriften gebunden hat.[52] 102

Bei der Vergabe von Projektmanagement-, Planungs- und Bauleistungen lassen sich private Auftraggeber typischerweise von einschlägig erfahrenen Dienstleistern unterstützen. So besteht eine zentrale Aufgabe der Projektsteuerung in der „Planung der Planung",[53] 103

[51] Dazu § 2 Rdn. 22ff.
[52] BGH, NZBau 2006, 456 – Ausschreibung nach VOB/A.
[53] Dazu § 11 Rdn. 12.

Architekten und Ingenieure wirken in den Leistungsphasen 6 und 7 bei der Vorbereitung und Durchführung von Bauvergaben entscheidend mit.[54] Gegen beteiligte Dienstleister können bei Vergabefehlern Ersatzansprüche erhoben werden, wenn dem Auftraggeber durch den Fehler ein Schaden entsteht.[55]

104 Der private Auftraggeber wird aus wirtschaftlichen Gründen stets bemüht sein, für die von ihm ausgeschriebenen Leistungen mehrere vergleichbare Angebote einzuholen und diese in einem wettbewerblich strukturierten Verfahren zu verhandeln. Er wird im Ergebnis des Vergabeprozesses naturgemäß anstreben, mit dem günstigsten oder einem aus anderen Gründen von ihm präferierten Bieter zu einer Einigung zu kommen und diese Einigung durch einen entsprechenden Vertrag verbindlich zu dokumentieren. Gelingt endgültig keine Einigung oder will der Auftraggeber aus anderen Gründen Abstand von einem Vertragsschluss nehmen, ist das Vergabeprozedere aufgrund dessen beendet; Rechtsansprüche zwischen den Beteiligten werden nicht begründet, es sei denn, es liegt ein schuldhafter Pflichtverstoß vor.[56]

4.2 Öffentliche Auftraggeber

105 Für öffentliche Auftraggeber ist das Vergabeprozedere in diversen Punkten formalisiert. Auf der Ebene der Europäischen Gemeinschaften sind dazu umfangreiche **Vergabevorschriften** entwickelt worden, die öffentliche Auftraggeber insbesondere bei der Beauftragung von Dienst- und Werkleistungen zu beachten haben. Der Umsetzung des EU-Rechts dient in Deutschland einmal eine Verwaltungsvorschrift, die Vergabe- und Vertragsordnung für Bauleistungen, Teil A (VOB/A), das Pendant zur VOB/B.[57] Durch die erhebliche Regelungsdynamik auf EU-Ebene hat sich die Notwendigkeit ergeben, das deutsche Vergaberecht außerdem in ergänzende gesetzliche Bestimmungen, nämlich das Gesetz gegen Wettbewerbsbeschränkungen (GWB) und die damit eng zusammenhängende Vergabeverordnung (VgV) zu überführen.

106 Nach dem öffentlichen Vergaberecht ist zu prüfen, ob

- der konkret in Rede stehende Auftrag von einem öffentlichen Auftraggeber vergeben werden soll,
- es sich um einen Bau-, Liefer- oder Dienstleistungsauftrag handelt,
- der einschlägige Schwellenwert erreicht oder überschritten ist,
- die jeweils gewählte Vergabeart ordnungsgemäß umgesetzt worden ist.

107 Ob und inwieweit ein **öffentlicher** Auftraggeber dem Vergaberecht unterliegt, ist in einigen Fällen schwierig zu beurteilen. Kataloge, die die maßgeblichen **Definitionen** enthalten, finden sich in § 98 GWB und den Anhängen zu den Vergaberechtsrichtlinien der EU. Angesichts der zwischenzeitlichen Privatisierung vieler ehemals staatlicher Unternehmen besagt die Rechtsform nicht unbedingt etwas über die Bindung an die Vergabevorschriften. Auch Gesellschaften von Bund, Ländern und Gemeinden müssen vielmehr das Vergaberecht anwenden;[58] entsprechendes gilt für Einrichtungen und Unternehmen, die ihre Projekte überwiegend mit öffentlichen Mitteln finanzieren.[59]

108 Im öffentlichen Vergaberecht wird sodann traditionell zwischen

[54] Dazu § 11 Rdn. 38 f.

[55] Vgl. OLG Karlsruhe, BauR 2006, 859 f. – Vergabe von Stundenlohnarbeiten.

[56] BGH, NJW-RR 2001, 381 – Abbruch von Vertragsverhandlungen.

[57] Dazu § 12 Rdn. 13 ff.

[58] EuGH, NZBau 2001, 403 – Messegesellschaften; VÜA Bund, WuW/E VergAB 64 – Deutsche Bahn AG.

[59] Vgl. EuGH, NZBau 2008, 130 – Öffentlich-rechtliche Rundfunkanstalten.

- Ausschreibungen und
- freihändigen Verfahren

unterschieden. Es gibt die öffentliche und die (auf eine bestimmte Zahl leistungsfähiger und fachlich kompetenter Bieter) beschränkte **Ausschreibung**, in der EU-Terminologie als offenes und nichtoffenes Verfahren bezeichnet. Bei Ausschreibungen darf der Bieter die vom Auftraggeber vorgegebenen Verdingungsunterlagen und die darin enthaltene Leistungsbeschreibung nicht verändern, wenn und soweit der Auftraggeber nicht ausnahmsweise die Abgabe von Nebenangeboten zugelassen hat. Der Auftragszuschnitt muss dem Gebot der Mittelstandsförderung Rechnung tragen; voluminöse Aufträge dürfen nicht automatisch als Generalunternehmer-Pakete an Großunternehmen vergeben, sondern sollen vorrangig in Fach- und Teillose untergliedert werden.[60]

Das Bauvergabeverfahren umfasst nach der EU-weiten Auftragsbekanntmachung typi- 109
scherweise mit der Submission eine gemeinsame Öffnung der fristgerecht eingegangenen Angebote sowie die Bekanntgabe der von den Bietern offerierten Preise. Verhandlungen über ein substanziell verändertes Leistungssoll des Auftragnehmers oder über die Preise sind unzulässig; es dürfen lediglich Aufklärungsgespräche zum Angebotsinhalt geführt werden.[61] Die Zuschlagserteilung erfolgt nach den vom Auftraggeber vorab bekannt zu machenden Kriterien; in der entsprechenden Wertungsmatrix sind speziell qualitative Prüfungselemente jenseits des Angebotspreises und die dazu geforderten Angaben transparent aufzuschlüsseln.[62] Eine Aufhebung von Ausschreibungen ist nicht ohne weiteres zulässig; bei pflichtwidrigem Verhalten des öffentlichen Auftraggebers können Bieter, je nach den Umständen, eine „Aufhebung der Aufhebung“ erstreiten[63] oder Schadensersatzansprüche geltend machen.[64]

Im Zuge der **freihändigen Vergabe** – in der EU-Terminologie als Verhandlungsver- 110
fahren bezeichnet – geht es in erster Linie um wettbewerbliche Gleichbehandlung der Bieter und Vermeidung diskriminierender Verfahrenshandlungen ohne gesetzlich konkretisiertes Ablaufprogramm. Das Verhandlungsverfahren kommt nach dem Vergaberecht vor allem dann in Betracht, wenn die in Rede stehende Leistung noch nicht genau beschrieben werden kann, etwa weil für ein Bauvorhaben noch keine detaillierte Planung existiert.[65]

In geeigneten Fällen können Ausschreibungen und freihändige Vergaben von öffentli- 111
chen Auftraggebern dergestalt in Phasen untergliedert werden, dass der Aufforderung zur Angebotsabgabe ein **Teilnahmewettbewerb** (Präqualifikation) vorgeschaltet wird. In diesem Verfahren geht es um die technische und wirtschaftliche Leistungsfähigkeit sowie um die Zuverlässigkeit der Bewerber; nur wer insoweit die vom Auftraggeber vorgegebenen Mindestanforderungen erfüllt und Gewähr für einen fairen Wettbewerb bietet, soll am eigentlichen Angebotsverfahren teilnehmen können.[66]

Eine besonders weitgehende Differenzierung der einzelnen Schritte des Vergabeverfah- 112
rens erfolgt im Zuge des zuletzt eingeführten **wettbewerblichen Dialoges**. Bei dieser neuartigen Variante sollen öffentlicher Auftraggeber und Bewerber im Vorfeld der eigentlichen Vergabe zunächst die Bedürfnisse des Auftraggebers erörtern und so gemeinsam den Rahmen für das anschließende formelle Angebotsunterbreitungs- und -prüfungsprozedere abstecken.

[60] OLG Düsseldorf, VergabeR 2005, 107 – Gesamtvergabe.
[61] BGH, BauR 2002, 1082 – Kalkulationsirrtum.
[62] EuGH, NVwZ 2008, 400 – Wertungsmatrix Planungsleistungen.
[63] BGH, VergabeR 2003, 313 – Aufhebung der Aufhebung.
[64] BGH, BauR 1998, 3640 – Schadensersatz bei rechtswidriger Aufhebung.
[65] Vgl. KG, WuW/E 1998, 482 – Verhandlungsverfahren.
[66] Vgl. EuGH, ZfBR 2005, 393 – Projektantenproblematik.

113 Immobilienrechtlich von Interesse sind ferner **Baukonzessionen** und **Dienstleistungskonzessionen**. Bei derartigen Modellen geht es um die Überlassung von Grundstücken, Immobilien oder Nutzflächen, auf denen nach den Vorgaben des öffentlichen Auftraggebers – etwa im Rahmen eines PPP-Modells[67] – Investitionen getätigt oder individuelle Leistungen erbracht werden sollen. Das Risiko der Refinanzierung der Investitionen trägt der Konzessionsnehmer.[68]

114 Nach dem EU-Recht müssen die Mitgliedstaaten der EU oberhalb genau definierter wirtschaftlicher Schwellenwerte – bei Bauaufträgen derzeit jenseits eines Auftragswerts von 5,15 Mio. € – ein effektives Rechtsschutzsystem einrichten, um einen fairen Wettbewerb für die Bieter zu gewährleisten.[69] Der Bundesgesetzgeber hat deswegen das **Nachprüfungsverfahren** nach den §§ 107 ff. GWB eingeführt.

115 Das Nachprüfungsverfahren findet vor den jeweils zuständigen Vergabekammern statt; bereits die Einreichung eines entsprechenden Antrags hindert die Fortsetzung des Vergabeverfahrens und die Erteilung des Zuschlags. Die Vergabekammern sind bei den für den betroffenen öffentlichen Auftrag zuständigen übergeordneten Verwaltungsbehörden angesiedelt und können Vergabeentscheidungen stoppen oder im Einzelfall die Wiederholung fehlerhafter Verfahrensschritte anordnen.[70] Voraussetzung dafür ist stets, dass der Bieter erkennbare Vergaberechtsverstöße unverzüglich rügt.[71]

116 In der Praxis wird von vergaberechtlichen Rechtsbehelfen inzwischen reger Gebrauch gemacht. Wegen der Formstrenge im Vergabeverfahren ist die **Fehlerquote** recht hoch; Bewerber und Bieter nutzen insbesondere das Nachprüfungsverfahren, um ihre Chancen auf Auftragserhalt zu wahren und die Zuschlagserteilung an Konkurrenten zu verhindern. Angebotsausschlüsse werden teilweise wegen relativ geringfügiger Defizite bewirkt.[72] Verträge öffentlicher Auftraggeber, die auf fehlerhaften Vergabeverfahren beruhen, können sogar nichtig sein, speziell bei einer sog. de-facto-Vergabe unter Außerachtlassung einer Ausschreibungspflicht.[73] Auch bei Unterschwellenwertvergaben mit relativ geringen Auftragswerten wird von den Zivilgerichten heute vergaberechtlicher Rechtsschutz gewährt; Einzelheiten sind in diesem Kontext streitig.[74]

117 Im **Beispielfall 38** ist K öffentlicher Auftraggeber und fällt deswegen unter das Vergaberecht. Anders als bei einem „reinen" Grundstücksverkauf nach einem Bieterverfahren[75] kann die von K gewünschte Bauverpflichtung das Vorliegen einer EU-weit auszuschreibenden Baukonzession indizieren, wenn der einschlägige Schwellenwert überschritten ist. Wird die Ausschreibungspflicht verkannt, drohen neben Konkurrentenstreitigkeiten einschneidende Rechtsfolgen bis hin zur Nichtigkeit der abgeschlossenen Verträge.[76]

[67] Dazu § 3 Rdn. 113 f.
[68] Vgl. EuGH, NZBau 2005, 644 – Parking Brixen.
[69] EuGH, ZfBR 2002, 286 – Vergabe von Erschließungsleistungen.
[70] EuGH, NZBau 2002, 458 – Anordnungen der Vergabekammer.
[71] Vgl. KG, BauR 2000, 563 – unverzügliche Vergaberüge.
[72] BGH, VergabeR 2005, 617 – EFB-Preisblatt.
[73] BGH, VergabeR 2005, 328 ff. – Bestandskraft von de-facto-Vergaben.
[74] Vgl. BVerfG, NJW 2006, 3701 – Reichweite der Rechtsschutzgarantie; OLG Brandenburg, VergabeR 2008, 294 – Willkürverbot bei Unterschwellenwertvergaben.
[75] BGH, BauR 2008, 1308 ff. – bedingungsfreies Bieterverfahren.
[76] OLG Düsseldorf, NZBau 2008, 727- Ausschreibung von Baukonzessionen.

Literatur zur Vertiefung

Eschenbruch, Klaus, Recht der Projektsteuerung, 2. Aufl., München/Neuwied 2003; *Kapellmann, Klaus D.,* Schlüsselfertiges Bauen, 2. Aufl., Düsseldorf 2003; *Korbion, Hermann/Mantscheff, Jack/Vygen Klaus,* HOAI (Kommentar), 7. Aufl., München 2009; *Langen, Werner/Schiffers, Karl-Heinz,* Bauplanung und Bauausführung, München 2005; *Lederer, Marijan-Maximilian,* Honorarmanagement bei Architekten- und Ingenieurverträgen, *2. Aufl.,* Berlin 2005; *Locher, Ulrich/Locher, Horst/Koeble, Wolfgang/Frik, Werner,* Kommentar zur HOAI, 9. Aufl., Düsseldorf 2005; *Motzke, Gerd/Preussner, Mathias/Kehrberg, Jan/Kesselring, Roland,* Die Haftung des Architekten, 9. Aufl., Köln 2008, *Motzke, Gerd/Wolff, Rainer,* Praxis der HOAI, 3. Aufl., München 2004; *Kulartz, Hans-Peter/Kus, Alexander/Portz, Norbert,* Kommentar zum Vergaberecht, Neuwied 2006; *Kus, Alexander/Verfürth, Frank,* Einführung in die VOB/A, 2. Aufl., Düsseldorf 2008; *Prieß, Hans-Joachim/Hausmann, Friedrich Ludwig/Kulartz, Hans-Peter,* Beck'sches Formularbuch Vergaberecht, München 2004; *Reidt, Olaf/Stickler, Thomas/Glahs, Heike,* Vergaberecht (Kommentar), 2. Aufl., Köln 2003; *Schill, Nicolas,* Der Projektsteuerungsvertrag, München 2000; *Thode, Reinhold/Wirth, Axel/Kuffer, Johann,* Praxishandbuch Architektenrecht, München 2004.

§ 12 Bauausführung

Die Beziehung zwischen Bauherrn (Auftraggeber) und ausführendem Unternehmen (Auftragnehmer) ist in vielfältiger Hinsicht regelungsbedürftig. Dabei sind die Themen weitgehend identisch, gleichgültig ob es sich um einen Einzel-, General- oder Totalunternehmer handelt. Auch in der Rechtsbeziehung zwischen Unternehmer und Nachunternehmer geht es um die selben Fragen. 1

1. Maßgebliches Recht

Die auf das Verhältnis von Auftraggeber und Auftragnehmer anzuwendenden Regeln ergeben sich **primär aus dem Bauvertrag** der Parteien. Individualvertraglich kann (bis zur Grenze der Sittenwidrigkeit) jede beliebige Regelung getroffen werden. Formularklauseln – u.U. auch die VOB/B – unterliegen der AGB-Kontrolle. 2

Haben die Parteien zu einem bestimmten Punkt keine individuelle oder formularmäßige Regelung getroffen, greift das Gesetz. 3

1.1 Vertragswerk

Beispielfall 39: Der komplexe GU-Vertrag 4
Investor I hat sich dafür entschieden, einen Generalunternehmer zu beauftragen. Er möchte wissen, welche Vertragsbestandteile der GU-Vertrag haben sollte.

Der Auftraggeber (bzw. der Projektsteuerer oder der mit Leistungsphase 6 beauftragte Architekt[1]) muss vor der Vergabe sämtliche Vertragsunterlagen zusammenstellen, damit die Bieter auf dieser Grundlage ihre Angebote abgeben können. Bei größeren Bauvorhaben sind Bauverträge **komplexe Vertragswerke** mit einer Vielzahl von Bestandteilen. Zu regeln sind die juristischen Bestimmungen für das Verhältnis der Parteien, aber auch technische Vorgaben. Bereits vorhandene Pläne und textliche Beschreibungen der Bauleistung (Leistungsverzeichnis, Baubeschreibung, Raumbuch, usw.) sind ebenso zu Vertragsbestandteilen zu machen wie vorhandene Genehmigungen, Gutachten, Bauzeitenpläne und Beschreibungen der Zuständigkeit der verschiedenen Beteiligten. Das Gesamtpaket der Vertragsunterlagen sollte mit durchlaufenden Seitenzahlen paginiert und die Seiten von den Vertragsparteien paraphiert werden. 5

Die juristischen Regelungen können in einen beidseitig zu unterzeichnenden **Vertrag** aufgenommen werden. Oftmals werden die Bestimmungen auch in einem (weitgehend vom Auftraggeber vorgefertigten) **Verhandlungsprotokoll** festgehalten, das beidseitig unterzeichnet wird und gleichzeitig das verbindliche Angebot des Bieters darstellt. Wählt der Auftraggeber danach diesen Bieter aus, so nimmt er das Angebot unter Bezugnahme auf das Verhandlungsprotokoll mit einem **Auftragsschreiben** an; der Vertrag ist damit zustande gekommen, ohne dass es eines gesonderten Vertragsdokuments bedürfte. Diese Vorgehensweise ist für den Auftraggeber vorteilhaft, wenn er mit mehreren Bietern verhandelt. 6

---

[1] Dazu § 11 Rdn. 38.

7 Häufig binden Auftraggeber ihre juristischen Bedingungen in Allgemeine Vertragsbedingungen (AVB), Besondere Vertragsbedingungen (BVB) und/oder Zusätzliche Vertragsbedingungen (ZVB) ein, die sie dem eigentlichen (beidseitig unterschriebenen) Vertrag beifügen. Es handelt sich um **Allgemeine Geschäftsbedingungen** des Auftraggebers, die er der Einfachheit halber beifügt, statt sie im Vertragstext wiederzugeben. Dies ist in Ordnung, wenn sich im Vertrag eine eindeutige Bezugnahme findet. Die Klauseln unterliegen der Inhaltskontrolle.[2]

8 **Technische Vorgaben** werden entweder in die jeweilige Leistungsbeschreibung aufgenommen oder separat in einer Vertragsanlage – den Zusätzlichen Technischen Vertragsbedingungen (ZTV) – zusammengefasst. Leistungsverzeichnisse enthalten vielfach Vorbemerkungen mit technischen Vorgaben, die allgemein gelten sollen. Solche Regelungen sind zumeist keine AGB, da sie die Leistung an sich beschreiben.[3]

9 Soll die **VOB/B** gelten, so muss dies im Vertrag ausdrücklich geregelt werden. Verbrauchern, also privaten Vertragspartnern, muss eine zumutbare Kenntnisnahmemöglichkeit vom Inhalt der VOB/B verschafft werden,[4] was am besten durch eine Beifügung des VOB/B-Textes zum Vertrag geschieht. Bei Unternehmern und der öffentlichen Hand als Vertragspartner ist dies nicht erforderlich.[5]

10 Die **allgemein anerkannten Regeln der Technik**, die DIN-Normen, öffentlichrechtliche Vorschriften, Bestimmungen des Arbeits- und Gesundheitsschutzes usw. muss der Auftragnehmer ohnehin beachten, da sein Werk sonst mangelhaft ist. Dennoch ist es üblich, die wichtigsten einschlägigen Normenwerke im Vertrag zu benennen. Soll das Werk des Auftragnehmers nicht nur den allgemein anerkannten Regeln der Technik, sondern dem – zeitlich aktuelleren – **Stand der Technik** entsprechen, so muss dies ausdrücklich vereinbart werden. Ändern sich die allgemein anerkannten Regeln der Technik während der Bauzeit, so sind die aktuell gültigen Regeln maßgeblich, da es auf den Abnahmezeitpunkt ankommt; dem Auftragnehmer kann dann allerdings ein Mehrvergütungsanspruch zustehen.[6]

11 Bei komplexen Vertragswerken besteht die besondere Schwierigkeit darin, sämtliche Vertragsunterlagen zu **harmonisieren** und Widersprüche zu vermeiden. Hierauf muss der Auftraggeber bzw. der mit der Vertragserstellung Beauftragte besondere Sorgfalt verwenden. Der Vertrag sollte eine **Rangfolgeregelung** enthalten, die angibt, welcher Vertragsbestandteil im Fall von Widersprüchen vorgeht.

12 Bei Generalunternehmerverträgen ist regelmäßig schon der eigentliche Vertragstext sehr umfangreich. Geregelt werden die geschuldete Bauleistung, die hierfür zu zahlende Vergütung und ihre Fälligkeit, Verfahren und Mehrvergütungsansprüche bei Leistungsänderungen, die Terminvorgaben und Vertragsstrafen, die Mängelansprüche, die Baustellensicherheit, die Haftung und Versicherungen, die befugten Vertreter der Parteien und weitere Punkte. Die konkrete Beschreibung der Bauaufgabe ergibt sich nicht aus dem Vertragstext, sondern aus beigefügten Plänen (Entwurfs- oder Ausführungsplanung), textlichen Leistungsbeschreibungen, Raumbüchern, Bemusterungslisten, Bauzeitenplänen, bereits erteilten Genehmigungen, Gutachten u.ä. I muss darauf achten, dass diese verschiedenen Unterlagen aufeinander abgestimmt sind. Der GU-Vertrag muss eine Rangfolge- und Widerspruchsregelung enthalten, etwa für den Fall, dass Plandarstellungen vom Leistungsverzeichnis abweichen.

---

[2] Dazu § 2 Rdn. 39.
[3] Dazu § 2 Rdn. 37.
[4] BGH, NJW 1990, 715 – Einbeziehung der VOB/B I.
[5] BGH, NZBau 2002, 28 – Einbeziehung der VOB/B II.
[6] Dazu § 12 Rdn. 31 ff.

1.2 VOB

Beispielfall 40: Die Einbeziehung der VOB/B 13
Investor I möchte einen Generalunternehmervertrag abschließen und fragt sich, ob es sinnvoll ist, die VOB/B einzubeziehen.

Im BGB gibt es kein spezielles Baurecht. Anwendbar sind die Vorschriften zum Werkvertrag (§ 631 ff. BGB). Die Besonderheiten des Bauens als einer lang dauernden, dynamischen Beziehung unterschiedlicher Beteiligter werden durch die gesetzlichen Regelungen nur teilweise reflektiert. In der Rechtsprechung haben sich differenzierte Betrachtungsweisen ausgeformt. 14

In der Praxis ist die Anwendung der **Vergabe- und Vertragsordnung für Bauleistungen** (VOB) weit verbreitet. Die VOB ist weder ein Gesetz noch eine Verordnung, sondern eine Regelung, die ursprünglich die öffentliche Hand für die Vergabe ihrer Bauleistungen geschaffen hat. Die VOB besteht aus drei Teilen (Teil A, B und C): 15

Die **VOB/A** enthält Vorgaben für die öffentliche Hand hinsichtlich des Verfahrens der Vergabe von Bauleistungen. Sie betrifft den Zeitraum vor der Beauftragung und regelt nicht Baurecht, sondern Vergaberecht. Private Auftraggeber sind an die VOB/A nicht gebunden.[7] 16

Die **VOB/B** enthält allgemeine Vertragsbedingungen für die Ausführung von Bauleistungen. Die Regelungen ersetzen weitgehend die werkvertraglichen Bestimmungen des BGB, allerdings nicht vollständig. Soweit die VOB/B keine Regelung enthält, gilt weiterhin das BGB, z.B. hinsichtlich der Bauhandwerkersicherung. Private Auftraggeber sind zur Verwendung der VOB/B nicht verpflichtet, tun dies jedoch sehr oft freiwillig, da es sich um einen bekannten und bewährten Regelsatz handelt. Wird die Geltung der VOB/B vereinbart, so wird diese Teil der vertraglichen Regelungen. Die VOB/B wird regelmäßig überarbeitet; aktuell liegt der Vorabzug der VOB/B 2009 vor, der hier schon berücksichtigt ist. 17

Die **VOB/C** enthält Allgemeine Technische Vertragsbedingungen für Bauleistungen (ATV). Sie setzt sich zusammen aus etwa 60 DIN-Normen, in denen gewerkeweise Regelungen zu Stoffen und Bauteilen, zu Nebenleistungen und Besonderen Leistungen und zur Abrechnung (Aufmaßregeln) enthalten sind. Ist die VOB/B vereinbart, so gilt automatisch auch die VOB/C über die Verweisung in § 1 Abs. 1 VOB/B. 18

Da es sich bei den VOB/B-Bestimmungen um Allgemeine Geschäftsbedingungen handelt, müssten sie grundsätzlich der **AGB-Kontrolle** gemäß §§ 305 ff. BGB unterliegen.[8] Dies gilt jedoch in Verträgen mit Unternehmern und der öffentlichen Hand gemäß § 310 Abs. 1 BGB nicht, wenn die VOB/B als Ganzes vereinbart ist; sie ist dann von der Kontrolle ausgenommen, da sie als insgesamt ausgewogen gilt. Sobald jedoch der Bauvertrag auch nur an einer Stelle – egal, ob Kernbereich oder nicht[9] – eine Abweichung von der VOB/B enthält, gilt diese Privilegierung nicht mehr und alle VOB/B-Bestimmungen können vom Vertragspartner des Verwenders (also desjenigen, der die Verwendung der VOB/B vorgegeben hat) nach den allgemeinen Regeln auf den AGB-Prüfstand gestellt werden. Ist der Vertragspartner des VOB/B-Verwenders ein Verbraucher, so gibt es auch bei der Vereinbarung der VOB/B als Ganzes keine Privilegierung, sondern eine umfassende AGB-Kontrolle.[10] 19

---

[7] Dazu § 11 Rdn. 102.
[8] Dazu § 2 Rdn. 37 ff.
[9] BGH, NZBau 2004, 385 – VOB/B als Ganzes.
[10] BGH, NZBau 2008, 640 – VOB/B gegenüber Verbrauchern.

20 Werden die Regelungen der gerichtlichen AGB-Kontrolle unterzogen, so halten viele von ihnen dieser Kontrolle nicht stand.[11] Derjenige Vertragspartner, der die VOB/B als Vertragsbestandteil vorgibt, muss sich also entscheiden, ob er die VOB/B als Ganzes einbezieht oder die Bestimmungen optimiert und dabei das Risiko in Kauf nimmt, dass weiterhin verwendete VOB/B-Regelungen im Falle einer streitigen Auseinandersetzung der gerichtlichen Kontrolle nicht standhalten.

21 Im **Beispielfall 40** sollte I bedenken, dass die VOB/B allein und in unveränderter Form den komplexen Regelungsbedürfnissen bei der GU-Beauftragung nicht genügt. Wird sie von I modifiziert, unterliegt sie der AGB-Kontrolle. Für I ist es daher günstiger, den GU-Vertrag als individuell entworfenes Unikat zu formulieren und so der Inhaltskontrolle zu entziehen; überdies kann er die Regelungen optimieren. Ergänzend kann I die VOB/B als rangniedrigeren Vertragsbestandteil einbeziehen; sie gilt dann, soweit nicht im GU-Vertrag selbst abweichende Regelungen zu finden sind und AGB-Recht nicht entgegensteht.

2. Leistung und Vergütung des Auftragnehmers

22 Die Grundstruktur ist einfach: Der Auftragnehmer schuldet die im Bauvertrag beschriebene Leistung und erhält dafür die in diesem Vertrag genannte Vergütung. In der Praxis ist es jedoch oft schwierig zu bestimmen, welche Leistungen (haupt-) vertraglich geschuldet sind. Darüber hinaus hat der Auftraggeber bei Geltung der VOB/B die Möglichkeit, weitere Leistungen einseitig zu verlangen; er muss dann jedoch auch zusätzliche Vergütung leisten.

2.1 Hauptvertragliche Pflichten der Parteien

23 **Beispielfall 41:** Die Reichweite der Komplettheitsklausel
Investor I hat mit dem GU einen Globalpauschalvertrag geschlossen, der eine Komplettheitsklausel des Inhalts enthält, dass der GU jede zur Erfüllung der Bauaufgabe notwendige Leistung schuldet, auch wenn sie nicht im Einzelnen beschrieben ist. I meint, damit schulde der GU das von I gewünschte Bauwerk; Mehrkosten könnten nicht anfallen. Ist dies richtig?

24 Der Auftragnehmer schuldet die vertragliche Leistung (**Bausoll**), der Auftraggeber die vertraglich vereinbarte Vergütung. Über die Bestimmung des Bausolls entsteht oft Streit. Auftraggeber neigen zu einem extensiven Bausollverständnis, Auftragnehmer versuchen durch eine enge Auslegung Quellen zusätzlicher Vergütung zu erschließen. Der Bogen wird hierbei von beiden Seiten überspannt, was zu einem allgemeinen Misstrauen und weiterem Streitpotential statt der gebotenen sachlichen Prüfung führt.

25 Grundsätzlich ist diejenige Leistung Bausoll, die im Vertrag beschrieben wird. Der **Umfang des Bausolls** ist anhand sämtlicher Vertragsbestandteile zu bestimmen,[12] insbesondere auch der beigefügten Pläne und Genehmigungen. Zum Bausoll gehören nicht nur Art und Umfang der Leistung, sondern auch die Rahmenbedingungen ihrer Erbringung, also die Bauumstände.

---

[11] Vgl. BGH, BauR 2002, 775 – Schlusszahlungsvorbehalt.
[12] BGH, NZBau 2006, 777 – Leistungsbeschreibung gemäß ganzem Vertragswerk.

Eindeutig ist die Bausollzugehörigkeit bei denjenigen Leistungen, die konkret benannt werden, insbesondere als Leistungsverzeichnispositionen oder in sonstigen Leistungsbeschrieben. Schwieriger ist die Frage bei funktionalen **Leistungsbeschreibungen**: Der Auftragnehmer schuldet alle Leistungen, die zur Erreichung der vorgegebenen Funktion erforderlich sind, allerdings auch nicht mehr. Je detaillierter die funktionale Beschreibung ist, desto präziser und enger ist das Bausoll. Komplettheitsklauseln[13] erfassen lediglich nicht ausdrücklich genannte Leistungen innerhalb der vorgegebenen Funktionalität. Leistungen, die von der (mehr oder weniger detaillierten) funktionalen Vorgabe nicht erfasst sind, gehören nicht zum Bausoll; gleiches gilt für Leistungen, die aufgrund späterer Änderungen der auftraggeberseitigen Planung oder sonstigen Vorgaben erforderlich werden.[14] Die Auffassung, bei einem Globalpauschalvertrag schulde der Auftragnehmer alles, was sich der Auftraggeber im Laufe des Bauvorhabens wünscht, ist ein weit verbreiteter Irrtum. Es gibt auch keine Erheblichkeitsgrenze; jede (auch geringe) Bausollabweichung führt zu einem Mehrvergütungsanspruch.[15] 26

Reine **Mengenabweichungen** wegen falscher Mengenannahmen (Vordersätze) bei ansonsten unveränderter Leistung führen beim Einheitspreisvertrag zu einer veränderten Abrechnungssumme. Bei den verschiedenen Formen des Pauschalvertrags wirken sie sich nicht auf die Vergütungshöhe aus, da der Auftragnehmer das Mengenermittlungsrisiko übernommen hat.[16] Über- oder unterschreitet die tatsächliche Menge den vertraglichen Mengenansatz um mehr als 10%, so ist beim VOB/B-Vertrag ein neuer (Einheits-) Preis unter Berücksichtigung der Mehr- oder Minderkosten zu vereinbaren; bei Pauschalverträgen gilt dies nur im Falle einer erheblichen Mengenabweichung.[17] 27

Die Schwierigkeit besteht in der Praxis darin festzustellen, ob eine bestimmte Leistung von den Vertragsvorgaben erfasst ist oder nicht. Oft sind **Formulierungen unklar oder mehrdeutig**. Diese Formulierungen müssen (juristisch) ausgelegt werden, wobei der Maßstab das Verständnis des objektiven Empfängers ist,[18] also des durchschnittlichen und verständigen Bieters. Dem Wortlaut kommt dabei die vorrangige Bedeutung zu.[19] Widersprüche zwischen verschiedenen Vertragsteilen sind so aufzulösen, dass ein sinnvolles Ergebnis entsteht;[20] die Rangfolgeregeln sind zu beachten. Bei öffentlichen Auftraggebern ist die Auslegung im Zweifel so vorzunehmen, dass das Ergebnis VOB/A-konform ist.[21] 28

Erkennt der Auftragnehmer vor Vertragsschluss die Unklarheit oder Lücke im Vertragswerk, so muss er dies dem Auftraggeber mitteilen; schweigt er (als „**frivoler Bieter**"), so kann er später keine Mehrvergütung geltend machen. Hat der Auftragnehmer hingegen keine positive Kenntnis, steht ihm der Anspruch auf Mehrvergütung (möglicherweise gemindert wegen Mitverschuldens) grundsätzlich auch dann zu, wenn er die Unklarheit oder Lücke hätte erkennen können.[22] 29

Die von Investor I im **Beispielfall 41** vertretene Auffassung ist falsch. Der GU schuldet nicht jede von I gewünschte Leistung, sondern nur die sich aus dem Vertragsbausoll ergebenden Leistungen. Zwar ist das Bausoll aufgrund der Komplettheitsklausel weit gefasst, doch ist es nicht grenzenlos. Wenn I eine Leistung wünscht, die nicht zur 30

[13] Dazu §11 Rdn. 93.
[14] BGH, NJW 2008, 2106 – Lüftungsanlage.
[15] BGH, NJW-RR 2003, 14 – Bausollabweichung im Pauschalvertrag.
[16] Dazu §11 Rdn. 92.
[17] BGH, BauR 1996, 250 – Erheblichkeitsgrenze bei Mengenabweichungen.
[18] BGH, NJW 1994, 850 – Wasserhaltung II; BGH, NJW-RR 2002, 1096 – Nassbaggerarbeiten.
[19] BGH, NJW 1997, 1577 – Auflockerungsfaktor.
[20] OLG Koblenz, NZBau 2007, 517 – Auslegung des gesamten Vertragswerks.
[21] BGH, NJW 1997, 1577 – Auflockerungsfaktor.
[22] BGH, NJW 2008, 2106 – Lüftungsanlage.

Erreichung der (funktionalen oder detaillierten) vertraglichen Vorgaben notwendig ist, sondern diese Vorgaben ändert, so handelt es sich um eine geänderte oder zusätzliche Leistung, für deren Erbringung der GU einen Mehrvergütungsanspruch hat.

2.2 Nachträge (geänderte und zusätzliche Leistungen)

31 **Beispielfall 42:** Mehrvergütung für Nachtragsleistungen
Investor I will gegenüber dem GU die Möglichkeit besitzen, geänderte oder zusätzliche Leistungen einseitig anzuordnen. Über die daraus entstehenden Mehrkosten möchte I so früh wie möglich Klarheit haben. Wie ist dies im GU-Vertrag zu regeln?

32 Grundsätzlich gilt die Regel, dass jeder Vertragspartner nur das schuldet, was im Vertrag vereinbart ist. Möchte eine Partei den Leistungsumfang ändern oder erweitern, so muss dies vereinbart werden, bedarf also der Zustimmung der anderen Partei. Dies gilt auch bei BGB-Bauverträgen.

33 Die **VOB/B** macht von dieser Grundregel des Vertragsrechts eine Ausnahme: Der Auftraggeber kann geänderte und zusätzliche Leistungen **einseitig anordnen**. Der Auftragnehmer ist auch ohne seine Zustimmung zur Ausführung verpflichtet, hat allerdings im Gegenzug auch einen einseitigen Mehrvergütungsanspruch.[23] Hintergrund dieser ungewöhnlichen Regelung ist, dass sich im Zuge des Bauvorhabens erfahrungsgemäß die Notwendigkeit geänderter oder zusätzlicher Leistungen ergibt und der Auftraggeber dann nicht darauf angewiesen sein soll, die Zustimmung des Auftragnehmers (ggf. gegen hohe Vergütungsforderungen) erlangen oder einen weiteren Auftragnehmer beauftragen zu müssen.

34 Gemäß § 1 Abs. 3 VOB/B kann der Auftraggeber **Änderungen des Bauentwurfs** anordnen. Sein Anordnungsrecht bezieht sich also auf den Leistungsinhalt. Änderungen der Bauumstände (Änderungen der Logistik, usw.) können nicht auf diese Bestimmung gestützt werden. Es ergibt sich jedoch aus § 2 Abs. 5 VOB/B, dass der Auftraggeber sie als „andere Anordnung" dennoch anordnen kann und dem Auftragnehmer dann die Mehrvergütung zusteht.[24] Eine Verkürzung der Bauzeit oder einen früheren Baubeginn kann der Auftraggeber nicht einseitig anordnen; der umgekehrte Fall der Baubeginnverschiebung oder –ausdehnung ist rechtlich umstritten.

35 Die Ausführung **zusätzlicher Leistungen** kann der Auftraggeber nach § 1 Abs. 4 Satz 1 VOB verlangen. Zwar gilt dies nicht, wenn der Betrieb des Auftragnehmers auf derartige Leistungen nicht eingerichtet ist, doch greift diese Ausnahme selten, zumal der Auftragnehmer in der Regel Nachunternehmer einschalten kann. Das einseitige Anordnungsrecht ist allerdings auf solche zusätzlichen Leistungen beschränkt, die zur Ausführung der vertraglichen Leistungen erforderlich werden, also mit ihr in Zusammenhang stehen. Vollkommen andere Leistungen ohne inhaltlichen Zusammenhang, die der Auftragnehmer nur bei Gelegenheit mit ausführen soll, können ihm gemäß § 1 Abs. 4 Satz 2 VOB/B nur mit seiner Zustimmung übertragen werden, bedürfen also eines echten **Zusatzauftrags**.[25]

36 Dem einseitigen Anordnungsrecht des Auftraggebers steht der **einseitige Mehrvergütungsanspruch** des Auftragnehmers gegenüber (§ 2 Abs. 5 und Abs. 6 VOB/B).[26] Es

---

[23] BGH, NJW-RR 2004, 449 – Bodenaustausch.
[24] OLG Frankfurt, NJW-RR 1997, 84 – Anordnung der Arbeitsunterbrechung.
[25] BGH, NZBau 2002, 215 – Dachgeschossaufstockung.
[26] BGH, NZBau 2004, 207 – Verbindungsstraße.

ist also nicht Voraussetzung, dass sich die Parteien über die Mehrvergütung einigen. Die Mehrvergütungshöhe ist durch die VOB/B vorgegeben.

Erste Voraussetzung jeden Mehrvergütungsanspruchs ist die **Bausollabweichung** (Bau- 37
soll ≠ Bauist) gemäß den vorstehenden Ausführungen, also eine geänderte oder zusätzliche Leistung. Eine Erheblichkeitsgrenze gibt es nicht, auch nicht beim Pauschalvertrag.[27]

Der Mehrvergütungsanspruch des Auftragnehmers setzt des Weiteren grundsätzlich eine 38
Anordnung des Auftraggebers voraus. Die Anordnung ist das Verlangen, eine geänderte oder zusätzliche Leistung auszuführen. Sie unterliegt keiner Formvorschrift, kann also schriftlich erfolgen, aber auch mündlich oder konkludent. Anordnungen Dritter binden den Auftraggeber nur, wenn diese bevollmächtigt sind oder er die Anordnung nachträglich genehmigt.[28] Übergibt der Auftraggeber dem Auftragnehmer Pläne, die geänderte oder zusätzliche Leistungen enthalten, so ist dies ebenfalls eine (schriftliche) Anordnung, da der Auftraggeber zum Ausdruck bringt, die in den Plänen enthaltene Leistung empfangen zu wollen.[29] Vertragliche Bestimmungen, nach denen trotz Anordnung des Auftraggebers ein Mehrvergütungsanspruch entfällt, wenn der Auftraggeber die Anordnung nicht vor Ausführung schriftlich bestätigt, sind als AGB unwirksam.[30] Individualvertraglich ist es sinnvoll, ein eindeutiges und verbindliches Verfahren für Nachtragsleistungen festzulegen.

Gemäß § 2 Abs. 8 VOB/B kann der Auftragnehmer unter bestimmten Voraussetzungen 39
auch dann eine Vergütung verlangen, wenn **keine Anordnung** des Auftraggebers vorliegt. Voraussetzung ist, dass entweder der Auftraggeber die Nachtragsleistung nachträglich anerkennt oder die Leistung für die Erfüllung des Vertrags notwendig ist, dem mutmaßlichen Willen des Auftraggebers entspricht und ihm unverzüglich angezeigt wird. Unabhängig hiervon ist gemäß § 2 Abs. 8 Nr. 3 VOB/B in Verbindung mit den Vorschriften des BGB über die Geschäftsführung ohne Auftrag (§§ 677 ff. BGB) dem Auftragnehmer Aufwendungsersatz zu leisten, wenn die Geschäftsführung dem mutmaßlichen Willen entsprach und sie interessengemäß war; eine Anzeige ist hier nicht Voraussetzung.

Bei zusätzlichen Leistungen heißt es in § 2 Abs. 6 VOB/B, dass der Auftragnehmer 40
dem Auftraggeber den Mehrvergütungsanspruch ankündigen muss, bevor er mit der Ausführung der Leistung beginnt (**Mehrkostenanzeige**); für geänderte Leistungen fehlt eine entsprechende Regelung. Die Rechtsprechung versteht dies nicht als zwingende Anspruchsvoraussetzung.[31] Vielmehr verlangt sie vom Auftraggeber, der sich auf eine fehlende Mehrkostenanzeige beruft, konkret nachzuweisen, dass er im Falle der rechtzeitigen Anzeige von seinem Verlangen Abstand genommen oder aber die Leistung anderweitig günstiger erhalten hätte.[32] Überdies ist die Mehrkostenanzeige in zahlreichen Ausnahmefällen entbehrlich, etwa wenn es offensichtlich ist, dass die zusätzliche Leistung zu höheren Kosten führt.[33] Der Auftragnehmer sollte dennoch den sichersten Weg gehen und immer eine Mehrkostenanzeige ausreichen.

Gemäß § 2 Abs. 5 und Abs. 6 VOB/B sollen sich die Parteien vor der Ausführung der 41
Nachtragsleistung über die **Höhe der Vergütung** einigen. Dies ist keine Voraussetzung für den Mehrvergütungsanspruch, sondern eine Soll-Vorschrift im Hinblick auf Streitvermeidung. In der Tat ist es beiden Seiten zu empfehlen, möglichst früh Klarheit über die Mehrvergütung herbeizuführen; im Rahmen des Kooperationsgebots[34] sind sie verpflichtet,

---

[27] BGH, NJW-RR 2003, 14 – Bausollabweichung im Pauschalvertrag.
[28] BGH, BauR 2004, 495 – Gemeindevertreter; OLG Karlsruhe, IBR 2006, 81 – Architekt.
[29] BGH, BauR 1998, 874 – Übergabe von Plänen.
[30] BGH, BauR 1998, 874 – Übergabe von Plänen.
[31] BGH, NJW 1996, 2158 – Mehrkostenanzeige I.
[32] BGH, NZBau 2002, 152 – Mehrkostenanzeige II.
[33] BGH, NJW 1996, 2158 – Mehrkostenanzeige I.
[34] BGH, NZBau 2000, 130 – Kooperationsgebot.

hierauf hinzuwirken. Gibt es indes keine Vereinbarung zur Vergütungshöhe (vor oder nach Ausführung), so bleibt es beim einseitigen Mehrvergütungsanspruch des Auftragnehmers, der sich unmittelbar aus der VOB/B ergibt. Die Mehrvergütung wird unter Berücksichtigung der Mehr- oder Minderkosten nach den Grundlagen der Preisermittlung für die vertragliche Leistung und den besonderen Kosten der geforderten Leistung ermittelt, also aus der **Urkalkulation** des Auftragnehmers abgeleitet, die der hauptvertraglich vereinbarten Vergütung zugrunde liegt. Grundsätzlich bleibt das Preisniveau des Hauptvertrags bestehen: „Guter Preis bleibt guter Preis und schlechter Preis bleibt schlechter Preis".

42 Theoretisch ist das Ergebnis damit zwingend vorgegeben, praktisch ist die Preisermittlung jedoch oft schwierig. Der Auftragnehmer muss eine der Nachtragsleistung vergleichbare hauptvertragliche Leistung finden. Gibt es keine unmittelbar vergleichbare Leistung, so sind die Kosten in die Einzelkosten der Teilleistungen (EKT = Material, Lohn, Gerät, Fremdleistung) zu zerlegen und vergleichbare Bestandteile (z.B. für Lohn) zu übertragen. Zuschläge für Baustellengemeinkosten (BGK), Allgemeine Geschäftskosten (AGK), Wagnis und Gewinn sind aus der Urkalkulation zu übernehmen.

43 Ordnet der Auftraggeber eine Nachtragsleistung an, so hat der Auftragnehmer nur ausnahmsweise ein **Leistungsverweigerungsrecht**, wenn der Auftraggeber zu Unrecht eine Mehrvergütung trotz Darlegung des Anspruchs nach Grund und Höhe (einschließlich Offenlegung der Kalkulation) und dem Anbieten weiterer Erläuterungen seitens des Auftragnehmers eindeutig endgültig ablehnt.[35] Dieser Schritt ist für den Auftragnehmer stets riskant, wenn die Rechtslage nicht zu seinen Gunsten vollkommen eindeutig ist, denn die unberechtigte Leistungsverweigerung gibt dem Auftraggeber die Möglichkeit von Schadensersatzforderungen und der Kündigung aus wichtigem Grund.

44 Die Voraussetzungen der Mehrvergütung sind wie folgt zusammenzufassen:

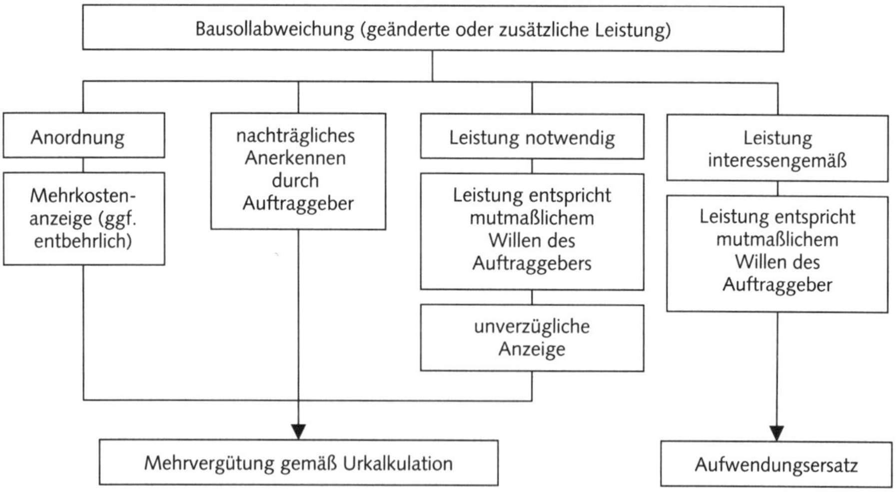

Abbildung 30: Nachtragsvergütung

45 Investor I kann im **Beispielfall 42** in den GU-Vertrag aufnehmen, dass er berechtigt ist, geänderte und zusätzliche Leistungen einseitig anzuordnen; dies entspricht der VOB/B-Regelung und ist unproblematisch. I sollte individuell regeln, wer außer ihm

[35] BGH, NZBau 2004, 612 – endgültige Weigerung.

selbst zur Anordnung befugt ist, und dass Anordnungen grundsätzlich der Schriftform bedürfen. Im Hinblick auf eine möglichst frühe Kostenklarheit kann individuell im GU-Vertrag vereinbart werden, dass der GU verpflichtet ist, bei jeder aus seiner Sicht gegebenen geänderten oder zusätzlichen Leistung dies unverzüglich anzuzeigen und innerhalb einer bestimmten Frist die Mehrkostenberechnung vorzulegen.

3. Bauzeit

Die Verwirklichung eines Bauvorhabens steht regelmäßig unter erheblichem Zeitdruck. **46**
Eine sorgfältige Planung der Abläufe und der dafür zur Verfügung stehenden Zeiten und die rechtliche Durchsetzung dieser Zeitvorgaben sind daher dringend erforderlich.

3.1 Fristen und Termine

Beispielfall 43: Verspätete Bauleistungen **47**
In dem Generalunternehmervertrag, den Investor I mit dem GU abgeschlossen hat, ist ein Zwischenfertigstellungstermin für den Rohbau zum 1. März und ein Gesamtfertigstellungstermin zum 1. Oktober vorgesehen. Es zeichnet sich im Januar ab, dass der GU den Zwischenfertigstellungstermin nicht einhalten wird, wenn er mit dem bisherigen Einsatz weiterarbeitet. Was kann I tun?

Bei jedem Bauvorhaben ist die Aufstellung eines **Bauzeitenplans** unentbehrlich. In diesen **48**
Plan werden zeilenweise die Leistungen, Gewerke oder Gewerkegruppen und spaltenweise in Zeitabschnitten (z.B. Wochen) die Bauzeit eingetragen. Beginntermin, Ausführungsfrist und Fertigstellungstermin werden zeilenweise durch Balken gekennzeichnet (Balkenplan).

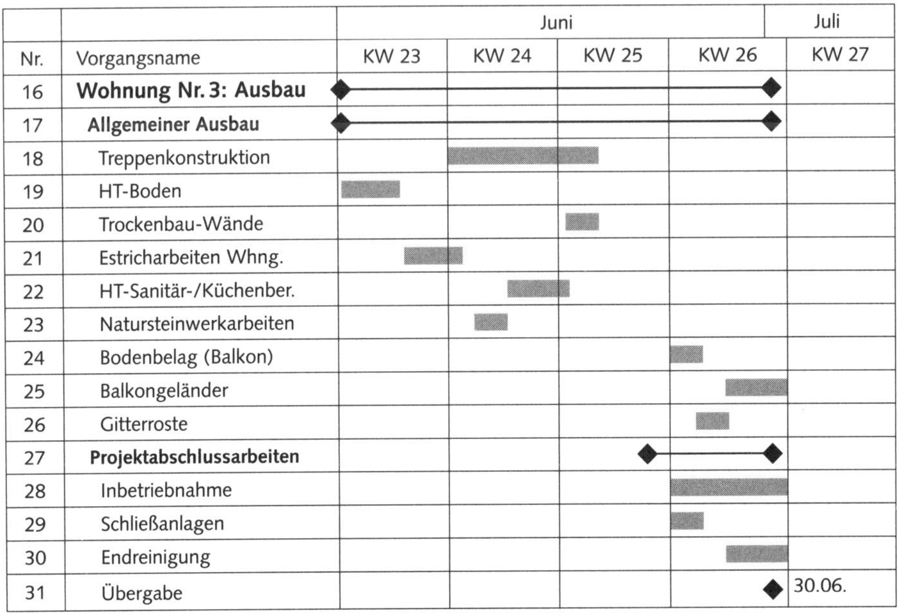

Abbildung 31: Balkenplan

49 Idealerweise liegt der Bauzeitenplan bei Vertragsschluss vor und wird dem Vertrag beigefügt. Ist dies nicht möglich, sollten die Parteien vereinbaren, dass der Bauzeitenplan nachgereicht und dann zum **Vertragsbestandteil** wird.

50 Die VOB/B enthält in § 5 eine differenzierte Regelung zu Terminen:

Die im Bauzeitenplan für den Auftragnehmer angegebenen Termine sind nicht schon dadurch verbindlich, dass der Bauzeitenplan zum Vertragsbestandteil wird. Sie werden erst dann zu verbindlichen Terminen und Fristen (**Vertragsfristen**), wenn dies unter Bezugnahme auf den Bauzeitenplan ausdrücklich vereinbart ist. Statt einer Bezugnahme auf den Bauzeitenplan können die Parteien die Termine und Fristen im Vertragstext selbst wiedergeben; auch dann ist erforderlich, dass sie als Vertragsfristen gekennzeichnet sind.[36] Ausnahmen sind der vertraglich benannte Beginn- und Gesamtfertigstellungstermin, die auch ohne ausdrückliche Regelung stets Vertragsfristen sind. Nur bei Vertragsfristen ist der Auftragnehmer rechtlich verpflichtet, entsprechend diesen Fristen zu beginnen, die Ausführung angemessen zu fördern und zu vollenden.

51 Ist ein Beginntermin nicht vereinbart, so bleibt dem Auftraggeber die Möglichkeit, den **Beginn der Arbeiten fällig zu stellen**. Der Auftragnehmer hat innerhalb von 12 Werktagen nach der auftraggeberseitigen Aufforderung[37] zu beginnen. Auf diese Weise kann der Auftraggeber für den Arbeitsbeginn nachträglich einseitig einen verbindlichen Termin schaffen. Individualvertraglich kann eine kürzere Abruffrist vereinbart werden.[38]

52 Abgesehen von Beginnterminen kann der Auftraggeber die **Abläufe des Auftragnehmers** grundsätzlich nicht einseitig vorgeben. Ist jedoch erkennbar, dass Arbeitskräfte, Geräte, Gerüste, Stoffe oder Bauteile des Auftragnehmers so unzureichend sind, dass die Ausführungsfristen offenbar nicht eingehalten werden können,[39] so kann der Auftraggeber den Auftragnehmer dazu auffordern, unverzüglich Abhilfe zu schaffen. Die Vorgaben eines Bauzeitenplans sind dabei ein Orientierungspunkt für die Termingefährdung.[40] Verbindet der Auftraggeber die **Abhilfeaufforderung** mit einer Fristsetzung, so schafft er damit zumindest für die dringend notwendigen Maßnahmen verbindliche Terminvorgaben.

53 Kann der Auftragnehmer aufgrund von nicht von ihm zu vertretenden Bauablaufstörungen Vertragsfristen nicht einhalten, so **verschieben** sich die Fristen und Termine „automatisch" entsprechend. Die neuen Fristen und Termine sind Vertragsfristen, wenn sie es zuvor waren; die Verschiebung hat also auf die Verbindlichkeit keine Auswirkung.[41] Anders ist es, wenn die Parteien neue Fristen ausdrücklich vereinbaren; dann muss wiederum gekennzeichnet werden, welche der Termine Vertragsfristen sind.

54 Im **Beispielfall 43** kommt in Betracht, dass I den GU zur unverzüglichen Abhilfe hinsichtlich des erkennbar unzureichenden Einsatzes auffordert. Dies ist allerdings nur dann möglich, wenn es ausdrücklich im GU-Vertrag geregelt oder die VOB/B vereinbart ist, da das BGB diese Vorgehensweise nicht kennt. I sollte die Abhilfeaufforderung mit einer Frist verbinden, um eine verbindliche Terminvorgabe noch vor dem Zwischenfertigstellungstermin zu schaffen.

---

[36] OLG Düsseldorf, BauR 1997, 851 – Vertragsfrist.
[37] OLG Düsseldorf, BauR 2001, 1459 – eindeutige Aufforderung zum Beginn.
[38] OLG Frankfurt, NJW-RR 1994, 1361 – Abruffrist von 5 Tagen.
[39] BGH, BauR 2000, 1182 – offenkundige Termingefährdung.
[40] OLG Hamm, BauR 1996, 392 – Bauzeitenplan als Anhaltspunkt.
[41] OLG Dresden, BauR 2000, 1881 – verschobene Vertragsfrist.

3.2 Verzug des Auftragnehmers

Beispielfall 44: Der überschrittene Fertigstellungstermin 55
Der GU stellt seine Leistung am 1. Dezember fertig, hat also den vertraglich vorgesehenen Gesamtfertigstellungstermin aus Beispielfall 43 (1. Oktober) um zwei Monate überschritten. Er behauptet, dass er dies nicht zu vertreten habe, sondern die längere Bauzeit darauf beruhe, dass Investor I Bemusterungsentscheidungen zu spät getroffen habe. I hält das für falsch. Er möchte vom GU Schadensersatz wegen der Verzögerungen; umgekehrt macht der GU die Kosten der längeren Bauzeit geltend. Wer hat Recht?

Häufig wird der ursprüngliche Bauzeitenplan nicht eingehalten. Hat die **Bauablaufstörung** eine Ursache, die der Auftragnehmer vorsätzlich oder fahrlässig herbeigeführt, also zu vertreten hat, so kommen als Rechtsfolgen der Verzugsschadensersatz, die Verwirkung einer Vertragsstrafe und die Kündigung in Betracht. Voraussetzung ist stets der **Verzug** des Auftragnehmers: 56

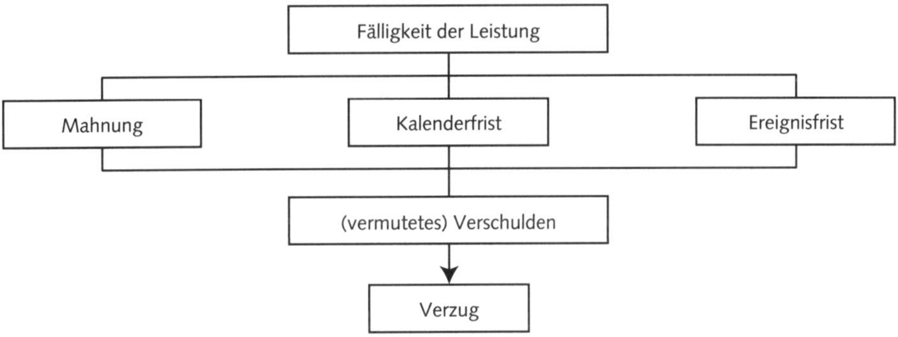

Abbildung 32: Verzugsvoraussetzungen

Erste Voraussetzung des Verzugs ist, dass die **Leistung fällig** ist. Hier wird der Unterschied zwischen Vertrags- und sonstigen Ausführungsfristen[42] relevant. Bei Vertragsfristen wird der Beginn bzw. die Vollendung der Leistung zu diesem Termin fällig. Ist hingegen im Vertrag eine Frist nicht oder nur rechtlich unverbindlich angegeben, so muss der Auftraggeber die Leistung erst durch Aufforderungen gemäß § 5 Abs. 2 oder Abs. 3 VOB/B fällig stellen. 57

Die zweite Voraussetzung ist die **Mahnung**. Eine Mahnung ist eine eindeutige und unbedingte Leistungsaufforderung des Auftraggebers.[43] Sie muss nach – gegebenenfalls verschobener[44] – Fälligkeit ausgesprochen werden; Mahnungen vor Fälligkeit haben keine Wirkung.[45] Die Mahnung ist entbehrlich, wenn der Leistungszeitpunkt **kalendermäßig** (Datum oder Kalenderwoche) vereinbart ist[46] – etwa vertraglich geregelte Zwischen- und Endtermine – oder wenn der Leistung ein Ereignis vorauszugehen hat und eine angemessene Frist in der Weise bestimmt ist, dass sie sich von dem Ereignis an nach dem Kalender 58

[42] Dazu § 12 Rdn. 50.
[43] BGH, NJW 1998, 2132 – eindeutige Mahnung.
[44] Dazu § 12 Rdn. 64
[45] BGH, NZBau 2003, 498 – unterbliebene Mahnung.
[46] LG Paderborn, MDR 1983, 225 – Vereinbarung der Kalenderfrist.

berechnen lässt (**Ereignisfrist**). Das (äußerlich wahrnehmbare) Ereignis[47] und die danach laufende Frist müssen zwischen den Parteien vereinbart sein, z.B. „4 Wochen nach Erteilung der Baugenehmigung".

59 Die dritte Voraussetzung des Verzugs ist das **Verschulden des Auftragnehmers**. Dieses wird allerdings gesetzlich vermutet. Es muss also nicht der Auftraggeber das Verschulden des Auftragnehmers darlegen und beweisen, sondern umgekehrt der Auftragnehmer sein fehlendes Verschulden. Er muss die **konkreten Auswirkungen** der jeweiligen Störung und ihre Unvermeidbarkeit aufzeigen,[48] ggf. durch ein Bauzeitgutachten mit störungsmodifizierten Bauablaufplänen.

60 Liegen die Voraussetzungen des Verzugs vor, so hat der Auftragnehmer dem Auftraggeber die **Schäden** zu ersetzen, die diesem durch die verspätete Ausführung nachweislich entstanden sind. Die Kosten der längeren Aufrechterhaltung der Baustelle gehören ebenso dazu wie Zahlungen, die der Auftraggeber anderen Baubeteiligten wegen verlängerter Ausführung leisten muss,[49] und höhere Finanzierungskosten. Hat der Auftraggeber seinerseits einen Vertragspartner, dem er aufgrund der Verspätung die Zahlung einer Vertragsstrafe schuldet, so ist sie vom Auftragnehmer zu ersetzen, wenn dieser Kenntnis von der Vertragsstrafenregelung hatte.[50] Ist die VOB/B vereinbart, so ist der dem Auftraggeber entgangene Gewinn (z.B. Mieteinnahmen) allerdings nur bei Vorsatz oder grober Fahrlässigkeit des Auftragnehmers ersatzfähig (§ 6 Abs. 6 VOB/B). Individuell kann dies anders geregelt werden.

61 Um dem Erfordernis des konkreten Schadensnachweises zu entgehen, ist in Bauverträgen oftmals eine **Vertragsstrafe** – also ein pauschalierter Schadensersatz – vorgesehen.[51]

62 Schließlich kann der Auftraggeber dem Auftragnehmer eine angemessene Nachfrist mit Kündigungsandrohung setzen und nach fruchtlosem Fristablauf den Vertrag aus wichtigem Grund **kündigen**. Mit der Kündigung ist das Vertragsverhältnis beendet.[52]

63 Der GU hat im **Beispielfall 44** den im Vertrag kalendermäßig bestimmten Gesamtfertigstellungstermin überschritten. Die Fertigstellung seiner Leistung war zu dieser (Vertrags-) Frist fällig. Eine Mahnung war wegen der kalendermäßigen Bestimmtheit entbehrlich. Das Verschulden des GU wird vermutet; er muss dies widerlegen. Dafür muss er den konkreten Nachweis führen, dass er wegen zu später Bemusterungsentscheidungen seine Leistung nicht vor dem 1. Dezember fertig stellen konnte. Gelingt ihm dies nicht, so ist er in Verzug geraten und I hat Anspruch auf Schadensersatz. Den Schaden muss I konkret darlegen.

[47] LG Bochum, NJW-RR 2004, 1335 – wahrnehmbares Ereignis.

[48] BGH, NZBau 2002, 381 – Verzögerungsschaden; BGH, ZfBR 2005, 450 – detaillierte Darstellung der Verzögerungswirkungen.

[49] Vgl. OLG Brandenburg, BauR 2001, 1772 – erhöhtes Bauleitungshonorar.

[50] BGH, BauR 1998, 330 – Vertragsstrafe als Schaden.

[51] Dazu § 12 Rdn. 73 ff.

[52] Zu den Kündigungsfolgen siehe § 12 Rdn. 101.

3.3 Störungen aus der Sphäre des Auftraggebers

Bauablaufstörungen können aus der Sphäre des Auftraggebers stammen, beispielsweise wenn der Auftraggeber erforderliche Pläne oder beizustellendes Material nicht rechtzeitig stellt, Bemusterungen nicht rechtzeitig vornimmt, Genehmigungen nicht rechtzeitig einholt, vorausgehende Gewerke ihre Leistungen noch nicht erbracht haben oder die erforderliche Baufreiheit fehlt. Witterungsumstände, die die Ausführung beeinträchtigen, gelten allerdings nicht als Behinderung, wenn mit ihnen gerechnet werden musste. Der Auftragnehmer hat eine um den Behinderungszeitraum zuzüglich eines Zuschlags für die Wiederaufnahme der Arbeiten und für die etwaige Verschiebung in eine ungünstigere Jahreszeit **verlängerte Ausführungszeit** zur Verfügung, es verschiebt sich also die Fälligkeit. Hält der Auftragnehmer den neuen, störungsmodifizierten Soll-Termin ein, so handelt er vertragsgemäß und kann nicht in Verzug geraten. 64

Unterstellt, im **Beispielfall 44** wäre die Behauptung des GU zutreffend, dass sich die Fertigstellung wegen zu später Bemusterungsentscheidungen des I um zwei Monate verzögert habe, so steht dem GU eine entsprechend verlängerte Ausführungszeit bis 1. Dezember zur Verfügung. Während dieser Zeit kann er nicht in Verzug geraten, da sich die Fälligkeit der Fertigstellung entsprechend verschiebt. 65

Der Auftragnehmer kann gemäß §§ 280 Abs. 2, 286 BGB bzw. § 6 Abs. 6 VOB/B **Schadensersatz** beanspruchen, wenn der Auftraggeber die Verzögerung zu vertreten, also vorsätzlich oder fahrlässig herbeigeführt hat. Dabei ist dem Auftraggeber das Verschulden seiner Planer zuzurechnen, denn diese sind im Verhältnis zum Auftragnehmer Erfüllungsgehilfen, soweit der Auftraggeber die Pflicht hat, dem Auftragnehmer Pläne zu stellen. Hingegen ist der Auftraggeber grundsätzlich nicht für verspätete Leistungen von vorausgehenden Gewerken verantwortlich.[53] Ersetzt wird der nachweislich durch die Verzögerung entstandene Schaden auf Basis der tatsächlichen Kosten,[54] also beispielsweise der tatsächlich gezahlte Lohn im Verzögerungszeitraum. Entgangener Gewinn ist im VOB/B-Vertrag nur bei Vorsatz oder grober Fahrlässigkeit des Auftraggebers ersatzfähig. 66

Formale Voraussetzung des Schadensersatzanspruchs ist allerdings, dass der Auftragnehmer die Behinderung schriftlich anzeigt. Eine **Behinderungsanzeige** ist nur ausnahmsweise entbehrlich, wenn die hindernden Umstände und ihre hindernde Wirkung dem Auftraggeber bekannt oder offenkundig sind.[55] Die schriftliche Abmeldung der Behinderung ist in der VOB/B ebenfalls vorgesehen und schon im Hinblick auf die Nachweisführung zu empfehlen. 67

Alternativ zum Schadensersatz kann der Auftragnehmer **Entschädigung** gemäß § 642 BGB verlangen, wenn er selbst leistungsbereit und -fähig ist.[56] Es handelt sich um einen Fall des Annahmeverzugs des Auftraggebers, so dass dessen Verschulden – anders als beim Schadensersatz – nicht erforderlich ist. Die Entschädigung wird nicht auf Ist-Kosten-Basis, sondern auf Grundlage der Kalkulation des Auftragnehmers berechnet. Auch der Entschädigungsanspruch setzt in formaler Hinsicht eine Behinderungsanzeige voraus.[57] 68

Der Auftragnehmer hat die Möglichkeit, gemäß § 9 Abs. 1 lit. a VOB/B den Vertrag wegen Annahmeverzugs des Auftraggebers zu **kündigen**, wenn er zuvor eine angemes- 69

---

[53] BGH, NZBau 2000, 187 – Vorunternehmer II.
[54] BGH, BauR 1986, 347 – Behinderungsschaden I.
[55] BGH, NZBau 2000, 187 – Vorunternehmer II.
[56] BGH, NZBau 2000, 187 – Vorunternehmer II; KG, IBR 2008, – Leistungsbereitschaft des AN.
[57] BGH, NZBau 2000, 187 – Vorunternehmer II; BGH, NZBau 2003, 325 – Annahmeverzug.

sene Nachfrist gesetzt hat. Im Kündigungsfall sind die erbrachten Leistungen nach den Vertragspreisen abzurechnen. Außerdem erhält der Auftragnehmer eine angemessene Entschädigung.

70 Wenn die längere Bauzeit durch **geänderte oder zusätzliche Leistungen** (§ 2 VOB/B) bedingt ist, muss der Auftragnehmer seine Mehrkosten gemäß diesen Normen abrechnen. Eine Störung, die zu Schadensersatz oder Entschädigung berechtigt, liegt dann nicht vor.

71 Wenn der GU im **Beispielfall 44** nicht nur Anspruch auf mehr Bauzeit, sondern auch auf Geld erhebt, so kann er damit grundsätzlich nur Erfolg haben, wenn er I auf die ausstehenden Bemusterungsentscheidungen ausdrücklich durch Behinderungsanzeigen hingewiesen hat. Wenn diese formale Voraussetzung erfüllt ist, schuldet I Schadensersatz, soweit er die Verspätung zu vertreten hat. Alternativ kommt ein Entschädigungsanspruch gemäß § 642 BGB in Betracht, soweit der GU selbst leistungsbereit und -fähig war.

4. Vertragsstrafe

72 **Beispielfall 45:** Vertragsstrafe bei Terminüberschreitung
Investor I möchte die Möglichkeit haben, bei Überschreitung des Gesamtfertigstellungstermins durch den GU eine Vertragsstrafe zu ziehen. Was muss I beachten?

73 Gibt der Auftragnehmer ein **Vertragsstrafeversprechen** ab, so ist er verpflichtet, die Vertragsstrafe zu zahlen, wenn der vertraglich vorgesehene Sachverhalt eintritt. Hauptanwendungsfall der Vertragsstrafen ist die Bauzeitüberschreitung wegen Verzugs des Auftragnehmers. Anzutreffen sind sie indes auch im Zusammenhang mit dem unzulässigen Einsatz von Nachunternehmern oder Schwarzarbeitern[58] und ähnlichen Konstellationen.

4.1 Grundregeln

74 Der Sinn der Vertragsstrafe liegt zunächst in ihrer Warn- und Druckfunktion. Sie führt jedoch auch zu einem **pauschalen Zahlungsanspruch**, der ohne auftraggeberseitigen Nachweis eines konkreten Schadens zu erfüllen ist.[59] Daneben ist dem Auftraggeber die Geltendmachung eines konkreten Schadens unbenommen; die Vertragsstrafe ist darauf anzurechnen.

75 Eine verschuldensunabhängige Vertragsstrafe ist unzulässig. Für das **Verschuldenserfordernis** genügt es, wenn neben der konkreten, zum Verschulden schweigenden Vertragsstrafenregelung die Geltung der VOB/B vereinbart ist, da dann § 11 VOB/B mit seiner Regelung zur Verschuldensabhängigkeit der Vertragsstrafe greift.[60] Auch bei nicht auf Termine bezogenen Vertragsstrafen (z.B. zum Nachunternehmereinsatz) muss der Auftragnehmer sich (schuldhaft) in Verzug befinden, also insbesondere zuvor zur Beendigung des vertragswidrigen Zustandes aufgefordert worden sein.[61] Dem Auftraggeber steht die Verschuldensvermutung des § 286 Abs. 4 BGB zur Seite.

---

[58] OLG Brandenburg, BauR 2007, 158 – Vertragsstrafe bei Schwarzarbeit.
[59] BGH, BauR 2000, 1049 – Wesen der Vertragsstrafe.
[60] BGH, NZBau 2002, 265 – Verschulden bei VOB/B.
[61] KG, KG-Report 2001, 380 – unzulässiger Nachunternehmereinsatz.

76 Verschieben sich Vertragsfristen aufgrund von nicht vom Auftragnehmer zu vertretenden Verzögerungen, so wandert die Vertragsstrafe mit, gilt also für die neuen Termine. Dies gilt nur dann ausnahmsweise nicht, wenn sich das gesamte Termingefüge so erheblich verändert hat, dass die ursprüngliche (vertragsstrafenbewehrte) **Terminplanung obsolet** ist.[62] Ergeben sich neue Termine nicht aus der Verschiebung, sondern aufgrund einer **neuen Terminvereinbarung** der Parteien, so gilt die Vertragsstrafe für die neuen Termine im Zweifel nur dann, wenn die Parteien dies ausdrücklich vereinbaren.[63]

77 Nimmt der Auftraggeber die Leistung des Auftragnehmers ab, ohne die Vertragsstrafe geltend zu machen, so ist er später damit ausgeschlossen. Er muss sich die Geltendmachung der Vertragsstrafe zumindest im Abnahmeprotokoll **vorbehalten**.[64]

4.2 Besonderheiten bei Formularklauseln

78 Wird eine Vertragsstrafe für den Fall des Verzugs des Auftragnehmers **AGB-mäßig** vereinbart, so sind die durch die Rechtsprechung gezogenen **Grenzen** zu beachten:

79 Die Vertragsstrafe darf insgesamt **nicht mehr als 5 %** der Auftragssumme betragen.[65] Sie darf nicht schon mit der Fristüberschreitung in voller Höhe anfallen, sondern muss entsprechend der Verzugsdauer bis zur maximal zulässigen Höhe ansteigen; dabei sind **0,3 % pro Werktag** derzeit von der Rechtsprechung anerkannt.[66] Die Vertragsstrafe muss auf einen kalendermäßig bestimmten Vertragstermin bezogen sein.

80 Die Vereinbarung von Vertragsstrafen auf **Zwischenfertigstellungstermine** ist zulässig, doch dürfen die kumulierten Vertragsstrafen die 5 %-Grenze nicht übersteigen. Die selbe Verzögerungsursache darf sich nicht kumulierend in den verschiedenen Vertragsstrafen auswirken.[67]

81 Investor I kann im **Beispielfall 45** eine Vertragsstrafe gegenüber dem GU nur geltend machen, wenn sie vertraglich vorgesehen ist. Bei der Vertragsgestaltung sollte I die Vorgaben der Rechtsprechung beachten, also etwa die Vertragsstrafe auf 5 % der Auftragssumme beschränken. Es empfiehlt sich, dies auch im Falle eines Individualvertrags zu tun, da I sonst penibel darauf achten müsste, die Vertragsstrafenklausel in keinem seiner sonstigen Verträge zu verwenden. Wenn der GU nach Auffassung von I den vertragsstrafenbewehrten Termin überschritten hat, muss I die Vertragsstrafe ausdrücklich geltend machen. Will er sich diese Entscheidung noch offen halten, so muss er sich die Geltendmachung bei der Abnahme ausdrücklich vorbehalten. Er kann dann die Vertragsstrafe zu einem späteren Zeitpunkt ziehen, beispielsweise im Rahmen der Schlussrechnungsprüfung.

---

[62] BGH, BauR 1993, 600 – durchgreifende Neuordnung der Termine.

[63] OLG Naumburg, BauR 2000, 919 – Vertragsstrafe und neu vereinbarter Termin I; KG, IBR 2005, 470 – Vertragsstrafe und neu vereinbarter Termin II.

[64] Vgl. OLG Frankfurt, BauR 2005, 1522 – Vertragsstrafenvorbehalt.

[65] BGH, NZBau 2003, 321 – Vertragsstrafe über 5 %.

[66] BGH, NZBau 2008, 376– Tagessatz.

[67] OLG Koblenz, NZBau 2000, 330 – Vertragsstrafe auf Zwischentermine.

5. Abnahme

82 Die rechtsgeschäftliche Abnahme ist die **Entgegennahme des Werks durch den Auftraggeber, verbunden mit der Erklärung, dass es im Wesentlichen vertragsgerecht sei** (§ 640 Abs. 1 BGB).

83 **Beispielfall 46:** Abnahme trotz Mängeln ?
Der GU verlangt von Investor I die Abnahme. Ist I hierzu verpflichtet? Wie soll sich I verhalten, wenn nach seiner Auffassung noch Restleistungen fehlen und das Bauwerk eine Vielzahl von Mängeln aufweist?

5.1 Bedeutung

84 Die Abnahme ist eine wichtige Zäsur im Bauvertragsverhältnis. Sie führt dazu, dass
- die Vergütung fällig gestellt werden kann;
- die Verjährungsfristen für Mängelansprüche zu laufen beginnen;
- die Darlegungs- und Beweislast für nicht ausdrücklich vorbehaltene Mängel auf den Auftraggeber übergeht;
- die Gefahr des zufälligen Untergangs auf den Auftraggeber übergeht;
- nicht vorbehaltene Ansprüche des Auftraggebers wegen bekannter Mängel (Ausnahme: Schadensersatzanspruch) und auf Vertragsstrafen untergehen.

85 Der Auftragnehmer muss daher bestrebt sein, die Abnahme so früh und umfassend wie möglich zu erlangen.

5.2 Abnahmeformen

86 Das BGB schreibt für die Abnahme **keine besondere Form** vor. Sie kann schriftlich, aber auch mündlich oder durch schlüssiges Verhalten (insbesondere Ingebrauchnahme[68]) erklärt werden.

87 Die VOB/B enthält ebenfalls keine zwingende Formvorschrift. Sie hält indes in § 12 die Möglichkeit der **förmlichen Abnahme** bereit, die auf Verlangen einer Partei durchzuführen ist. Die Parteien können auch schon im Vertrag regeln, dass die Leistung förmlich abzunehmen ist; aufgrund der großen Bedeutung der Abnahme ist dies zu empfehlen. Bei der förmlichen Abnahme ist im Rahmen einer gemeinsamen Abnahmebegehung der Befund schriftlich zu protokollieren, wobei Vorbehalte des Auftraggebers wegen Mängeln und Vertragsstrafen und etwaige Einwendungen des Auftragnehmers hiergegen aufzunehmen sind. Bei größeren Bauvorhaben sollte die Abnahme durch Begehungen vorbereitet sein, um nicht erst im Abnahmetermin Mängeluntersuchungen durchführen zu müssen. Haustechnische Anlage müssen vorher in Betrieb genommen werden, um ihr mangelfreies Funktionieren feststellen zu können.

88 Verlangt keine Partei die förmliche Abnahme, so gilt im VOB/B-Vertrag die Leistung mit Ablauf von 12 Werktagen nach der schriftlichen Fertigstellungsmeldung des Auftragnehmers als abgenommen (**fiktive Abnahme**). Auch die Ingebrauchnahme durch den Auftraggeber führt nach Ablauf von 6 Werktagen nach Beginn der Benutzung zur Abnahme (**Abnahme durch Ingebrauchnahme**); dies gilt allerdings nicht, wenn vor der schlichten

[68] OLG Hamm, BauR 2001, 1914 – rügelose Nutzung.

Ingebrauchnahme bereits Mängel gerügt wurden.[69] Diese Abnahmemöglichkeiten können vertraglich ausgeschlossen werden.[70]

89 Eine andere Form der fiktiven Abnahme tritt ein, wenn der Auftraggeber zu Unrecht die Abnahme verweigert. Setzt der Auftragnehmer dann fruchtlos eine Nachfrist, so gilt die Leistung im Anschluss als abgenommen (§ 640 Abs. 1 Satz 3 BGB). Diese **fiktive Abnahme, die auf einem rechtswidrigen Verhalten des Auftraggebers beruht**, kann durch AGB nicht ausgeschlossen werden.

90 Von der vorstehend beschriebenen rechtsgeschäftlichen Abnahme durch den Auftraggeber sind **öffentlich-rechtliche und technische Abnahmen** zu unterscheiden, die nicht die vorgenannten Rechtsfolgen haben. Die öffentlich-rechtliche Abnahme ist eine Prüfung des Bauwerks durch die Baubehörde auf Übereinstimmung mit der Baugenehmigung und den sicherheitstechnischen Vorgaben; in vielen Bauordnungen ist sie mittlerweile durch eine Bauzustandsbesichtigung mit fakultativer Baufertigstellungsbescheinigung ersetzt. Technische Abnahmen betreffen die Prüfung von Gebäudeteilen, insbesondere haustechnischen Anlagen, auf ihre Funktionstüchtigkeit.

5.3 Abnahmepflicht und Abnahmeverweigerung

91 Der Auftragnehmer hat einen **Anspruch auf Abnahme**, der Auftraggeber ist also zur Abnahmeerklärung verpflichtet.[71] § 12 Abs. 1 VOB/B sieht eine Frist von 12 Werktagen nach dem Abnahmeverlangen vor; vertraglich kann eine andere Frist vereinbart werden. **Teilabnahmen** für in sich abgeschlossene Teile der Leistung sind möglich, doch wird dies häufig vertraglich ausgeschlossen, um einen einheitlichen und möglichst späten Beginn der Gewährleistungsfristen zu erreichen.

92 Der Auftraggeber ist nicht zur Abnahme verpflichtet, wenn nicht nur unwesentliche (§ 640 Abs. 2 Satz 2 BGB) bzw. **wesentliche Mängel** (§ 12 Abs. 3 VOB/B) vorliegen. Wann ein wesentlicher Mangel vorliegt, kann nur im Einzelfall unter Beurteilung der Bedeutung des Mangels für die Gebrauchstauglichkeit, Funktion und Sicherheit entschieden werden.[72] Auch eine Vielzahl an sich unwesentlicher Mängel kann in ihrer Gesamtheit zur fehlenden Abnahmereife führen.[73]

93 Ist die Leistung wegen wesentlicher Mängel nicht abnahmereif, so ist sie auch nicht fertig gestellt. In der dem Auftragnehmer zur Verfügung stehenden Bauzeit ist oftmals die gebotene Mängelbeseitigung nicht mehr möglich, so dass der Auftragnehmer (ggf. nach Mahnung) in **Verzug** gerät und möglicherweise eine Vertragsstrafe verwirkt.[74] Dieser Effekt wird durch Auftraggeber bewusst genutzt, die gerade deshalb eine intensive Mängeluntersuchung durchführen.

94 In der Regel schuldet der Auftragnehmer nicht nur die Bauausführung, sondern auch die Übergabe einer **Bestandsdokumentation**, die die der tatsächlichen Ausführung entsprechenden Pläne, Betriebsanleitungen, Prüfprotokolle haustechnischer Anlagen u.ä. enthält. Die Parteien sollten vereinbaren, dass diese Dokumentation vor der Abnahme oder zumindest innerhalb einer festzulegenden kurzen Frist nach der Abnahme zu übergeben ist.[75]

---

[69] KG, KGR 2007, 805 – schlichte Ingebrauchnahme und Mängelrüge.
[70] BGH, NJW 1997, 394 – fiktive Abnahme.
[71] BGH, NJW 1992, 2481 – Abnahmepflicht.
[72] BGH, NJW 1981, 1448 – wesentlicher Mangel.
[73] KG, BauR 1984, 527 – Vielzahl von Mängeln; OLG Köln, IBR 2007, 1211 – erheblicher Beseitigungsaufwand.
[74] Dazu § 12 Rdn. 73ff.
[75] Vgl. BGH, NJW-RR 1993, 1461 – Dokumentation.

Schuldet der Auftragnehmer die Dokumentation vor der Abnahme, so kann eine fehlende oder unvollständige Dokumentation ebenfalls einen wesentlichen Mangel darstellen, der zur Abnahmeverweigerung berechtigt.

95 Im **Beispielfall 46** ist I grundsätzlich zur Abnahme verpflichtet. Der GU hat einen Anspruch hierauf, da er die Abnahme als Fälligkeitsvoraussetzung für seine Vergütung sowie zur Herbeiführung weiterer ihm günstiger Rechtsfolgen benötigt. I ist allerdings nicht zur Abnahme verpflichtet, wenn die Leistung wesentliche Mängel aufweist; fehlende Restleistungen stehen Mängeln gleich. I sollte (ggf. mit Hilfe eines Sachverständigen) die Mängel dokumentieren und ihre Bedeutung für Gebrauchstauglichkeit, Funktion und Sicherheit bewerten. Verweigert er auf dieser Grundlage die Abnahme, so muss der GU die Abnahmereife seiner Leistung beweisen oder aber alles daran setzen, die Mängel alsbald zu beseitigen. Der Fertigstellungstermin ist erst erreicht, wenn die Leistung des GU abnahmereif ist.

6. Kündigung

96 Die Kündigung ist die **vorzeitige Beendigung des Vertrags.** Im Unterschied zum Rücktritt führt sie nicht zur Rückabwicklung, sondern nur dazu, dass noch nicht erbrachte Leistungen nicht mehr erbracht werden müssen, der geschuldete Leistungsumfang also reduziert wird. Die schon erbrachten Leistungen sind grundsätzlich auch nach einer Kündigung abzunehmen.[76]

97 **Beispielfall 47:** Kündigung bei Leistungsverzug
Der GU hat einen als Vertragsfrist bezeichneten Zwischenfertigstellungstermin für den Rohbau versäumt. Investor I befürchtet, dass auch der Gesamtfertigstellungstermin nicht gehalten werden kann und er deshalb dem zukünftigen Nutzer, mit dem er bereits einen Mietvertrag mit Einzugstermin geschlossen hat, erhebliche Schadensersatzzahlungen leisten muss. I fragt, ob er den Vertrag mit dem GU kündigen kann und wer die Mehrkosten der kurzfristigen Beauftragung eines anderen Unternehmers mit der Fertigstellung des Bauvorhabens trägt.

6.1 Kündigung aus wichtigem Grund

98 Die **Kündigung aus wichtigem Grund** ist beiden Parteien möglich. Im BGB-Werkvertrag ist dies nicht ausdrücklich geregelt, doch ergibt sich aus Treu und Glauben, dass niemand sich an einem ihm unzumutbaren Vertragsverhältnis festhalten lassen muss.[77] In der VOB/B sind die Kündigungsgründe für den Auftraggeber in § 8 Abs. 2 bis 4 VOB/B geregelt, für den Auftragnehmer in § 9 VOB/B.

99 Der **Auftraggeber** kann aus wichtigem Grund kündigen, wenn
- der Auftragnehmer seine Zahlungen einstellt, er oder zulässigerweise der Auftraggeber oder ein anderer Gläubiger das Insolvenzverfahren beantragt hat, ein Insolvenzverfahren eröffnet oder dessen Eröffnung mangels Masse abgelehnt wird;
- der Auftragnehmer nicht innerhalb angemessener Frist einen Mangel beseitigt;

[76] BGH, NZBau 2006, 569 – Abnahme nach Kündigung.
[77] BGH, NJW 1996, 1751 – Kündigung im BGB-Vertrag.

- der Auftragnehmer ohne Zustimmung des Auftraggebers Leistungen an Nachunternehmer vergibt;
- der Auftragnehmer in Leistungsverzug ist;
- der Auftragnehmer aus Anlass der Vergabe eine wettbewerbsbeschränkende Abrede getroffen hat.

Neben diesen ausdrücklich genannten Kündigungsgründen ist die Kündigung aus wichtigem Grund immer dann möglich, wenn aufgrund eines schuldhaften Verhaltens des Auftragnehmers der Vertragszweck so gefährdet ist, dass ein Festhalten am Vertrag dem Auftraggeber nicht mehr zuzumuten ist.[78] 100

Kündigt der Auftraggeber aus wichtigem Grund, so hat der Auftragnehmer Anspruch auf Vergütung lediglich für die erbrachten, nicht für die nicht erbrachten Leistungen. Der Auftraggeber kann die noch ausstehenden Leistungen durch einen Dritten ausführen lassen und die ihm dadurch entstehenden **Mehrkosten** vom Auftragnehmer ersetzt verlangen.[79] Einen darüber hinausgehenden **Schaden** hat der Auftragnehmer ebenfalls zu ersetzen. Alternativ kann der Auftraggeber auf die weitere Ausführung verzichten und Schadensersatz wegen Nichterfüllung verlangen. 101

Jede Kündigung ist **schriftlich zu erklären**. Die Kündigung aus wichtigem Grund ist zuvor **anzudrohen** (§§ 4 Abs. 7, 4 Abs. 8, 5 Abs. 4 VOB/B; auch im BGB-Vertrag[80]). Nach der Androhung muss die Kündigung in angemessener Frist erfolgen. Wartet der Auftraggeber zu lange, verliert die Kündigungsandrohung ihre Wirkung und der Auftraggeber muss eine neue Nachfrist mit Kündigungsandrohung setzen. Gleiches gilt, wenn der Auftraggeber nach der Kündigungsandrohung Verhandlungen mit dem Auftragnehmer führt oder widerspruchslos weitere Leistungen entgegennimmt.[81] 102

Der **Auftragnehmer** kann – nach Androhung – gemäß § 9 VOB/B aus wichtigem Grund kündigen, wenn der Auftraggeber in Annahmeverzug oder Zahlungsverzug gerät. Außerdem steht auch dem Auftragnehmer die Kündigung gemäß Treu und Glauben offen, wenn ein Festhalten am Vertrag für ihn unzumutbar ist.[82] Kündigt der Auftragnehmer, so erhält er für die erbrachten Leistungen die vertraglich vereinbarte Vergütung; darüber hinaus hat er Anspruch auf angemessene Entschädigung.[83] 103

6.2 Freie Kündigung

Während die Möglichkeit der Kündigung aus wichtigem Grund dem allgemeinen Rechtsprinzip von Treu und Glauben entspricht, regeln § 649 BGB bzw. § 8 Abs. 1 VOB/B den atypischen Fall, dass sich der Auftraggeber trotz vertragsgemäßen Verhaltens des Auftragnehmers jederzeit vom Vertrag lösen kann (**freie Kündigung**). Die – durch AGB des Auftraggebers nicht ausschließbare[84] – Kehrseite der freien Kündigungsmöglichkeit ist, dass dem Auftragnehmer die volle **vereinbarte Vergütung** nicht nur für erbrachte Leistungen, sondern auch für nicht erbrachte Leistungen zusteht; er muss lediglich die **ersparten Aufwendungen** in Abzug bringen. Zur Anspruchshöhe enthält § 649 BGB die (widerlegliche) Vermutung, dass dem Auftragnehmer 5 % der auf den noch nicht erbrachten Leistungsteil entfallenden 104

[78] BGH, NZBau 2000, 130 – Kooperationsgebot.
[79] BGH, BauR 2000, 571 – Mehrkostenersatz.
[80] OLG Celle, IBR 2003, 366 – Kündigungsandrohung im BGB-Vertrag.
[81] OLG Düsseldorf, IBR 1993, 462 – Leistung nach Kündigungsandrohung.
[82] BGH, NZBau 2000, 130 – Kooperationsgebot; OLG Celle, OLGR 2006, 622 – Bauherr als Querulant.
[83] OLG Celle, BauR 2000, 416 – Auftragnehmerkündigung.
[84] BGH, BauR 2007, 1724 – kein Ausschluss der Vergütung für nicht erbrachte Teilleistungen.

Vergütung zustehen. In der Abrechnung muss der Auftragnehmer die Vergütungsanteile für erbrachte und nicht erbrachte Leistungen getrennt und hinsichtlich des jeweiligen Leistungsteils und des darauf entfallenden Vergütungsanteils nachvollziehbar darzustellen.[85] Dies ist insbesondere bei Pauschalverträgen schwierig, da die Pauschale auf der Grundlage der Kalkulation „aufgebrochen" werden muss. Pauschale Betrachtungen lässt die Rechtsprechung nicht zu; hingegen wird eine nachträglich erstellte Kalkulation zugelassen.[86]

105 Setzt der Auftragnehmer die frei gewordene Kapazität im Rahmen eines allein deshalb angenommenen anderen Auftrags (**Füllauftrag**) ein, so ist die dort erzielte Vergütung gegenzurechnen.[87] Das gleiche gilt, wenn der Auftragnehmer Füllaufträge böswillig nicht annimmt.

106 Die Kündigungsregelungen sind wie folgt zusammenzufassen:

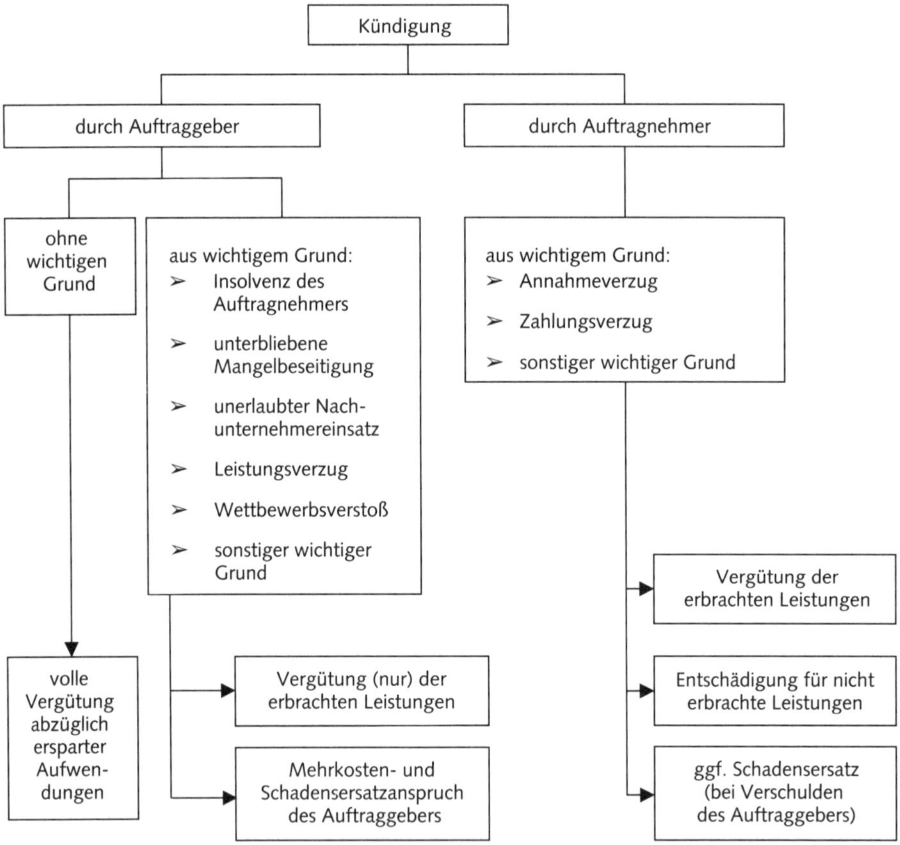

Abbildung 33: Kündigung

107 Die Kündigungsmöglichkeit des Investors I im Beispielfall 47 bestimmt sich nach den Regeln des GU-Vertrags. Wenn dort auf die VOB/B verwiesen wird oder eine diesem Regelwerk entsprechende Formulierung zur Kündigung enthalten ist, kann I dem GU, nachdem dieser den Zwischenfertigstellungstermin versäumt hat, eine angemessene Nachfrist setzen und dies mit einer Kündigungsandrohung verbinden.

[85] BGH, NJW 1999, 2036 – Abrechnung nach Kündigung.
[86] BGH, NZBau 2006, 637 – nachträgliche Kalkulation.
[87] BGH, BauR 1996, 382 – Füllauftrag.

Verstreicht die Frist fruchtlos, so kann I den Vertrag kündigen. Dies müsste er umgehend tun, da die Kündigungsandrohung sonst ihre Wirkung verliert. Wenn I kündigt und einen Drittunternehmer mit den noch ausstehenden Leistungen beauftragt, hat der GU die daraus entstehenden Mehrkosten zu ersetzen.

7. Abrechnung und Zahlung

Bei der Abrechnung und Zahlung der Werkleistungen des Auftragnehmers bestehen Besonderheiten, die nachfolgend dargestellt werden. Der Gesetzgeber hat mit Wirkung zum 01.01.2009 mit dem Forderungssicherungsgesetz Erleichterungen für den Auftragnehmer geschaffen. 108

7.1 Abschlagsrechnung und Abschlagszahlung

Beispielfall 48: Baustopp wegen streitiger Rechnungsposition 109
Der GU stellt eine Abschlagsrechnung, in die er eine Mehrvergütungsposition wegen einer (aus seiner Sicht bestehenden) zusätzlichen Leistung aufnimmt. Investor I meint, dass diese Leistung bereits hauptvertraglich geschuldet sei, und zahlt den hierauf entfallenden Rechnungsteilbetrag nicht. Der GU mahnt die Rechnung unter Nachfristsetzung und droht die Arbeitseinstellung an. Wie soll I sich verhalten?

Der Auftragnehmer ist **vorleistungspflichtig**, muss also erst leisten, bevor er Vergütung beanspruchen kann.[88] Er muss seine Leistung vorfinanzieren, was zur Belastung seiner Liquidität und zu Kosten führt. Um dies zu mildern, hat der Auftragnehmer die Möglichkeit, Abschlagszahlungen zu verlangen. Im BGB-Werkvertrag sind **Abschlagszahlungen** gemäß § 632 a BGB in Höhe des nachgewiesenen Wertzuwachses möglich, im VOB/B-Vertrag zu beliebigen Zeitpunkten in Höhe des Werts der jeweils nachgewiesenen vertragsgemäßen Leistungen (§ 16 Abs. 1 Nr. 1 VOB/B). Die Parteien können statt dessen vertraglich auch einen **Zahlungsplan** vereinbaren. 110

Vorauszahlungen werden im Unterschied zu Abschlagszahlungen nicht auf erbrachte Leistungen, sondern schon vor Leistungserbringung gezahlt.[89] Der Auftragnehmer kann eine Vorauszahlung nur verlangen, wenn dies ausdrücklich vereinbart ist. Nach § 16 Abs. 2 VOB/B hat er für erhaltene Vorauszahlungen eine Sicherheit zu leisten. 111

Aus der **Abschlagsrechnung** muss sich der erbrachte Leistungsumfang in prüfbarer Weise ergeben, jedoch muss die Abschlagsrechnung nicht so detailliert sein wie die Schlussrechnung. Abschlagszahlungen sind lediglich **vorläufige Zahlungen** auf den erst nach Fertigstellung und Abnahme feststehenden Werklohnanspruch.[90] Detailungenauigkeiten in Abschlagsrechnungen sind daher hinnehmbar. 112

Abschlagszahlungen stellen **kein Anerkenntnis** der Richtigkeit der Abrechnung dar.[91] Stellt der Auftraggeber im Rahmen der Schlussrechnungsprüfung fest, dass er durch Abschlagszahlungen den Auftragnehmer überzahlt hat, so kann er den überzahlten Werklohnanteil zurückfordern, wobei der Auftragnehmer für den Umfang seiner Leistungen darlegungs- und beweisbelastet ist.[92] 113

---

[88] BGH, NJW 1985, 1840 – Vorleistungspflicht des Auftragnehmers.
[89] BGH, BauR 1986, 361 – Vorauszahlung.
[90] BGH, BauR 1997, 468 – Abschlagszahlung als vorläufige Zahlung.
[91] OLG Düsseldorf, BauR 2001, 806 – Abschlagszahlung kein Anerkenntnis.
[92] BGH, ZfBR 2005, 63 – Rückzahlung des Überschusses.

114 Ist die VOB/B vereinbart, so wird die Abschlagszahlung innerhalb von 18 Werktagen nach Zugang der Abschlagsrechnung **fällig**. Erst nach Ablauf dieser Prüffrist ist der Auftraggeber zur Zahlung verpflichtet. Zahlt er bei Fälligkeit nicht, so gerät er erst in **Verzug**, wenn auch eine angemessene Nachfrist verstrichen ist (§ 16 Abs. 5 Nr. 3 VOB/B). Ob der damit verbundene Ausschluss des § 286 Abs. 3 BGB – Verzug 30 Tage nach Rechnungserhalt – der AGB-Kontrolle standhält, ist zweifelhaft.

115 Der Auftragnehmer kann aus Abschlagsrechnungen nicht mehr vorgehen, wenn die Leistung schlussrechnungsreif ist. Er muss dann Schlussrechnung legen; die Abschlagsrechnungen verlieren ihre **Durchsetzbarkeit**.[93] Ein Verzug des Auftraggebers mit der Abschlagszahlung endet mit der Erteilung der Schlussrechnung.[94]

116 Leistet der Auftraggeber auf eine fällige Abschlagsrechnung nicht, so stehen dem Auftragnehmer **Sanktionen** zur Verfügung, nämlich Verzugszinsen, Arbeitseinstellung und Kündigung.

117 **Verzugszinsen** kann der Auftragnehmer gegenüber Unternehmern und der öffentlichen Hand in Höhe von 8 Prozentpunkten über dem Basiszins beanspruchen, gegenüber Verbrauchern in Höhe von 5 Prozentpunkten. Voraussetzung hierfür ist nicht nur die Fälligkeit der Abschlagsforderung, sondern auch der Verzug des Auftraggebers.

118 Die **Arbeitseinstellung** ist gemäß § 16 Abs. 5 Nr. 5 VOB/B möglich, wenn der Auftragnehmer dem Auftraggeber zuvor nach Eintritt der Fälligkeit eine angemessene Nachfrist für die Zahlung gesetzt hat und diese Frist fruchtlos verstrichen ist. Die Fristsetzung sollte mit der Androhung der Arbeitseinstellung verbunden werden.[95] Der Auftragnehmer ist solange zur Leistungsverweigerung berechtigt, bis der Auftraggeber die fälligen Zahlungen geleistet hat.

119 Die **Kündigung** wegen Zahlungsverzugs ist gemäß § 9 Abs. 1 lit. b VOB/B möglich. Auch hier ist zuvor eine angemessene Fristsetzung erforderlich, die mit der Kündigungsandrohung zu verbinden ist.

120 Arbeitseinstellung und Kündigung sind **die schärfsten Schwerter** des Auftragnehmers. Vor ihrem Einsatz sollte er sorgfältig prüfen, ob der geltend gemachte Anspruch dem Grunde und der Höhe nach besteht. Dies ist oft nicht der Fall, weil z.B. vermeintliche Nachtragsleistungen, für die Mehrvergütung in die Abschlagsrechnung eingestellt ist, tatsächlich hauptvertragliche Leistungen sind oder der Auftraggeber einen berechtigten Einbehalt wegen vorhandener Mängel vornimmt.[96] Ist die Abschlagsforderung rechtlich unsicher, so sind Arbeitseinstellung und Kündigung für den Auftragnehmer sehr riskant, da der Auftraggeber im Falle einer **unberechtigten Arbeitseinstellung oder Kündigung** seinerseits den Vertrag aus wichtigem Grund kündigen und die daraus resultierenden Mehrkosten sowie weiteren Schadensersatz geltend machen kann.[97] Andererseits ist die Arbeitseinstellung das wesentliche Druckmittel des Auftragnehmers. Ist die Leistung erst einmal trotz ausstehender Zahlungen fertig gestellt, so bleibt ihm nur noch die Klage – er läuft seinem Geld hinterher.

121 Die Situation ist im **Beispielfall 48** für beide Parteien riskant, wenn rechtlich unklar ist, ob es sich bei der streitigen Position um eine hauptvertragliche oder eine zusätzliche Leistung handelt. Sollte I Recht haben, so stünde dem GU keine zusätzliche

---

[93] OLG Nürnberg, NZBau 2000, 509 – kein Anspruch aus Abschlagsrechnung ab Schlussrechnungsreife.
[94] BGH, BauR 2004, 1146 – Ende des Verzugs aus Abschlagsrechnung.
[95] OLG Frankfurt, BauR 1988, 599 – Arbeitseinstellung.
[96] BGH, BauR 1999, 1025 – unzulässige Arbeitseinstellung bei Zurückbehaltungsrecht.
[97] OLG Frankfurt, BauR 1988, 599 – Arbeitseinstellung.

Vergütung zu; er würde die Arbeiten zu Unrecht einstellen, damit eine von ihm zu vertretende Bauzeitverzögerung verursachen und sogar einen Kündigungsgrund schaffen. Wenn hingegen die Rechtsauffassung des GU zuträfe, so müsste I die Arbeitseinstellung hinnehmen, die der GU solange aufrechterhalten könnte, bis I zahlt. Falls I an einer weiteren Zusammenarbeit mit dem GU interessiert ist, sollte er es zu dieser Eskalation nicht kommen lassen. Denkbar wäre etwa, sich auf einen Teilbetrag zu einigen, den I unter dem Vorbehalt der Rückforderung und gegen Sicherheit (z.B. eine Bürgschaft) an den GU leistet. Dies darf allerdings nicht zur Regel werden. Wenn I den Eindruck hat, dass der GU das Druckmittel systematisch einsetzt, um Abschlagszahlungen in nicht gerechtfertigter Höhe zu erhalten, so sollte er dies nicht hinnehmen, sondern die Kündigung erwägen.

7.2 Schlussrechnung und Schlusszahlung

Beispielfall 49: Die Prüfung der Schlussrechnung 122
Der GU stellt die Schlussrechnung. Wie geht Investor I damit um?

Nach Fertigstellung und Abnahme der Werkleistung kann (und muss) der Auftragnehmer 123
die Schlussrechnung stellen. In der **Schlussrechnung** werden sämtliche erbrachten Leistungen kumulativ erfasst. Dies gilt auch, wenn zuvor Abschlagsrechnungen gelegt wurden. Diese spielen nur insofern eine Rolle, als erhaltene Abschlagszahlungen am Ende der Schlussrechnung in Abzug zu bringen sind, um den noch offenen Werklohn zu ermitteln.

Die Schlussrechnung muss **prüfbar** sein. Insbesondere sind die vertraglich vorgegebe- 124
ne Reihenfolge der Positionen einzuhalten, die in den Vertragsbestandteilen enthaltenen Bezeichnungen zu verwenden, sämtliche zum Leistungsnachweis erforderlichen Mengenberechnungen, Zeichnungen und anderen Unterlagen beizufügen und Nachtragsleistungen als solche kenntlich zu machen. Die Anforderungen an die Prüfbarkeit sind von den Informations- und Kontrollinteressen des Auftraggebers abhängig. Dabei sind die jeweiligen Kenntnisse und Fähigkeiten des Auftraggebers (und seines Architekten) zu berücksichtigen, denn die Prüfbarkeit ist kein Selbstzweck.[98]

Während die Fälligkeit des Werklohns im BGB-Vertrag schon mit der Abnahme eintritt 125
und eine prüfbare Schlussrechnung keine Fälligkeitsvoraussetzung ist,[99] steht dem Auftraggeber im VOB/B-Vertrag eine **Prüffrist** von zwei Monaten nach Zugang der Schlussrechnung zu, erst danach wird die Schlusszahlung **fällig**. Ist die Rechnung nicht prüffähig, so muss der Auftraggeber dies innerhalb der Prüffrist rügen; danach ist er mit diesem Einwand gemäß § 16 Abs. 3 VOB/B ausgeschlossen.[100] Allerdings bleibt der Auftragnehmer im Streitfall in der Pflicht, dem Gericht seine Abrechnung schlüssig darzulegen.[101]

Im Rahmen der Rechnungsprüfung ist vom Auftraggeber zu prüfen, ob der abgerech- 126
nete Leistungsumfang zutrifft, ob die dafür vereinbarte Vergütung angesetzt ist und ob abgerechnete Mehrvergütungsforderungen für Nachtragsleistungen dem Grunde und der Höhe nach berechtigt sind. Darüber hinaus sind ein Nachlass (ggf. auch auf Nachträge[102]), ein Skonto, die Kostenbeteiligungen (z.B. prozentuale Umlagen für Strom, Wasser, sanitäre Einrichtungen, Abfallentsorgung und Mitversicherung in der Bauwesenversicherung;

[98] BGH, NJW-RR 1999, 1180 – Anforderungen an Prüfbarkeit.
[99] OLG Dresden, BauR 2007, 598 – Fälligkeit im BGB-Vertrag.
[100] BGH, NZBau 2005, 40 – Prüffähigkeitseinwand II.
[101] BGH, NZBau 2007, 637 – Sachprüfung der Abrechnung.
[102] BGH, NZBau 2004, 31 – Nachlass auf Nachträge.

formularmäßig sind die Umlageklauseln zum Teil problematisch[103]) und der Sicherheitseinbehalt, soweit sie vertraglich vereinbart sind, in **Abzug** zu bringen. Dies gilt auch für Zurückbehaltungsrechte und Gegenansprüche wegen Mängeln, Verzugs, verwirkter Vertragsstrafe, usw.

127 Das **Prüfergebnis** ist dem Auftragnehmer unverzüglich mitzuteilen. Fast immer weicht es von der in der Schlussrechnung ausgewiesenen offenen Forderung ab. In diesem Fall ist ein unbestrittenes Guthaben unverzüglich auszuzahlen.

128 In § 16 Abs. 3 VOB/B ist die **Ausschlusswirkung der vorbehaltlosen Annahme der Schlusszahlung** vorgesehen. Danach ist der Auftragnehmer an das schriftlich mitgeteilte Prüfergebnis gebunden und mit weitergehenden Forderungen ausgeschlossen, wenn er die Schlusszahlung trotz entsprechender Belehrung vorbehaltlos annimmt. Um die Ausschlusswirkung abzuwenden, muss der Auftragnehmer innerhalb von 24 Werktagen nach Zugang des Prüfergebnisses einen Vorbehalt über die Schlusszahlung erklären und diesen Vorbehalt innerhalb von weiteren 24 Werktagen eingehend begründen. Die Regelungen über die Ausschlusswirkung halten allerdings einer AGB-Prüfung (soweit diese statthaft ist[104]) nicht stand.[105]

129 Sollte der Auftraggeber nicht die dem Auftragnehmer zustehende und fällige Vergütung zahlen, so kann der Auftragnehmer nach Mahnung und Fristsetzung **Verzugszinsen** in Höhe von 8 Prozentpunkten über dem Basiszinssatz (gegenüber Verbrauchern 5 Prozentpunkte über dem Basiszinssatz) verlangen. Weitergehende Sanktionsmöglichkeiten hat der Auftragnehmer nicht; Arbeitseinstellung und Kündigung kommen nach der Abnahme nicht mehr in Frage. Der Auftragnehmer ist in dieser Phase „waffenlos" und kann nur auf den Klageweg verwiesen werden.

130 Im **Beispielfall 49** ist Investor I verpflichtet, die Schlussrechnung innerhalb der ihm zustehenden Prüffrist (in der Regel zwei Monate) zu prüfen. Dazu gehört die Überprüfung des abgerechneten Leistungsstands, gegebenenfalls anhand von Aufmaßen. Abgerechnete Nachtragsleistungen sind daraufhin zu prüfen, ob es sich um mehrvergütungspflichtige Leistungen handelt; ist I der Auffassung, dass die Leistung bereits hauptvertraglich geschuldet war, so ist die Rechnung entsprechend zu kürzen. Nachdem auf diese Weise die Abrechnungssumme ermittelt ist, sind die vereinbarten Umlagen und der Sicherheitseinbehalt in Abzug zu bringen. Ebenfalls abzuziehen sind Mängeleinbehalte und auf Zahlung gerichtete Gegenansprüche des I wegen Mängeln, Verzugs, Vertragsstrafe und ähnlichem. Ergibt sich ein positiver Saldo, so hat I diesen Betrag an den GU auszuzahlen.

7.3 Aufmaß

131 Insbesondere beim Einheitspreisvertrag[106] ist der vom Auftragnehmer erbrachte Leistungsumfang für die Berechnung der Vergütungshöhe maßgeblich. Der Auftragnehmer hat den Leistungsumfang durch ein Aufmaß, das der Rechnung beizufügen ist, nachzuweisen. Die VOB/C enthält für die verschiedenen Gewerke Regeln zu Art und Weise des Aufmaßes. Grundsätzlich ist zwischen dem **Aufmaß vor Ort** und dem **Planaufmaß** zu unterscheiden.

---

[103] BGH, BauR 1999, 1290 – Bauwasser; BGH, BauR 2000, 1756 – Bauschutt und Bauleistungsversicherung.

[104] Dazu § 12 Rdn. 19.

[105] BGH, BauR 2007, 1404 – Schlusszahlungsvorbehalt.

[106] Dazu § 11 Rdn. 91.

Das Aufmaß vor Ort kann der Auftragnehmer ohne Beteiligung des Auftraggebers durchführen. Dann ist allerdings der Auftraggeber an die Ergebnisse nicht gebunden; im Streitfall ist der Auftragnehmer für seinen Leistungsumfang darlegungs- und beweisbelastet.[107] Dies ist dann anders, wenn Auftragnehmer und Auftraggeber ein **gemeinsames Aufmaß** durchführen. An die gemeinsam getroffenen Feststellungen ist der Auftraggeber in tatsächlicher Hinsicht gebunden. Rechtliche Einwendungen gegen die Vergütungspflicht (fehlende Beauftragung, fehlende Erforderlichkeit, usw.) kann er hingegen weiterhin geltend machen.[108] 132

Nimmt der Auftraggeber an einem Termin zum gemeinsamen Aufmaß, zu dem er mit angemessener Frist aufgefordert wurde, nicht teil, so tritt eine **Beweislastumkehr** ein, d.h. der Auftraggeber muss die Unrichtigkeit des vom Auftragnehmer genommenen Aufmaßes darlegen und beweisen.[109] 133

Im **Beispielfall 49** wird ein detailliertes Aufmaß entbehrlich sein, weil I den GU pauschal beauftragt hat. Anders kann es im Verhältnis des GU zu seinen Nachunternehmern sein, wenn dort leistungsbezogen abgerechnet wird. 134

8. Mängelansprüche des Auftraggebers

Neben dem Kosten- und Zeitmanagement ist das Qualitätsmanagement ein wesentliches Anliegen des Auftraggebers. Weist das Werk des Auftragnehmers Mängel auf, so stehen ihm diverse Mängelansprüche zur Seite. 135

8.1 Begriff des Mangels

Beispielfall 50: Der falsche Fassadenanstrich 136
Investor I hat mit dem GU vertraglich vereinbart, dass für den Fassadenanstrich ein bestimmtes Produkt eingesetzt wird. I stellt zufällig fest, dass der GU ein anderes Produkt des selben Herstellers verwandt hat, das billiger ist, weil es einen Zusatzstoff zur Algenabwehr nicht enthält. Dieser Zusatzstoff ist allerdings für die Fassade des I nicht erforderlich, da ein Algenbefall aufgrund der örtlichen Situation ausgeschlossen werden kann. I möchte wissen, ob er Ansprüche gegen den GU geltend machen kann.

Im BGB-Werkvertrag gilt der Mangelbegriff des § 633 BGB. § 13 VOB/B hat diese Definition übernommen. Danach ist die Leistung nur dann **frei von Sachmängeln**, 137
- wenn sie die vereinbarte Beschaffenheit hat und den anerkannten Regeln der Technik entspricht;
- bei fehlender Beschaffenheitsvereinbarung: wenn sie sich für die nach dem Vertrag vorausgesetzte Verwendung eignet;
- wenn keine Verwendung vertraglich vorausgesetzt ist: wenn sie sich für die gewöhnliche Verwendung eignet und eine Beschaffenheit aufweist, die bei Werken gleicher Art üblich ist und die der Auftraggeber nach der Art des Werks erwarten kann.

---

[107] BGH, NZBau 2004, 31 – einseitiges Aufmaß.
[108] BGH, NJW-RR 1992, 727 – rechtliche Einwendungen.
[109] BGH, NZBau 2003, 497 – gemeinsames Aufmaß.

138 Diese Definition entspricht weitestgehend derjenigen im Kaufrecht.[110] Zentral ist die Funktionstauglichkeit des Werkes.[111] Hervorzuheben ist, dass der Mangel lediglich die **Abweichung der Ist- von der Sollbeschaffenheit** voraussetzt, unabhängig davon, ob die Ist-Beschaffenheit eine schlechtere Qualität aufweist und ob bereits Schäden eingetreten oder zu befürchten sind.[112] Entscheidend ist allein, dass der Auftraggeber nicht das erhalten hat, was er bestellt hat (subjektiver Mangelbegriff);[113] insbesondere Sachverständige neigen dazu, dies zu verkennen. Ein Verschulden des Auftragnehmers ist – außer beim Schadensersatzanspruch – nicht erforderlich.[114]

139 Im **Beispielfall 50** ist die Fassade mangelhaft. Dabei ist entscheidend, dass die Parteien vertraglich eine Sollbeschaffenheit vereinbart haben, die den Einsatz eines bestimmten Produkts vorsah. Von dieser Sollbeschaffenheit weicht die Fassade tatsächlich ab. Dies genügt für die Begründung eines Mangels; es kommt nicht darauf an, ob auch das vom GU eingesetzte Produkt geeignet ist. Maßgeblich ist, was I bestellt hat.

8.2 Mängelansprüche in der Herstellungsphase

140 Im **BGB-Werkvertrag** hat der Auftraggeber in der Herstellungsphase keine spezifischen Mängelansprüche, sondern die Rechte des allgemeinen Leistungsstörungsrechts (§§ 280 ff. BGB). Die Mängelansprüche treten erst dann an deren Stelle, wenn das Werk (mangelhaft) fertig gestellt ist.[115] Auf die Abnahme kommt es allerdings nicht an; auch wenn der Auftraggeber die vom Auftragnehmer begehrte Abnahme wegen nicht nur unwesentlicher Mängel verweigert,[116] stehen ihm im weiteren Verlauf nun die Mängelansprüche der §§ 633 ff. BGB zur Seite.

141 **§ 4 Abs. 7 VOB/B** gibt dem Auftraggeber hingegen schon in der Herstellungsphase spezifische Möglichkeiten. Nach einer Mängelrüge des Auftraggebers hat der Auftragnehmer den Mangel sofort zu beseitigen und, soweit er ihn zu vertreten hat, den ggf. entstandenen Schaden zu ersetzen. Der Auftraggeber hat die Möglichkeit, sich von einem Auftragnehmer, der zur Mängelbeseitigung nicht willens oder in der Lage ist, zu trennen. Er kann dem Auftragnehmer, der der Pflicht zur Mängelbeseitigung nicht nachgekommen ist, eine angemessene Nachfrist mit Kündigungsandrohung setzen und nach fruchtlosem Ablauf die **Kündigung** aussprechen.

142 Der Auftraggeber kann die Kündigung auf **abgrenzbare Teilleistungen** beschränken[117] und für die mangelbehafteten Teile die Ersatzvornahme durch Beauftragung eines Drittunternehmers auf Kosten des Auftragnehmers durchführen. Die Ersatzvornahme ohne Kündigung ist allerdings gemäß der VOB/B vor der Abnahme nicht möglich;[118] individuell kann dies anders geregelt werden.

143 Stellt der Auftraggeber **bei der Abnahme** Mängel fest, so gilt für diese ebenfalls § 4 Abs. 7 VOB/B. Wenn er die Abnahme unter Vorbehalt seiner Mängelansprüche wegen

[110] Dazu § 5 Rdn. 55.
[111] BGH, NJW 2008, 511 – Blockheizkraftwerk.
[112] OLG Oldenburg, BauR 2007, 1428 – Mangel ohne Schadensbild.
[113] BGH, NZBau 2003, 214 – Betongüteklasse; BGH, NZBau 2004, 672 – Wasseraufbereitungsanlage.
[114] BGH, BauR 2006, 375 – Mängelhaftung ohne Verschulden.
[115] OLG Koblenz, ZfBR 2008, 48 – Mängelansprüche ab Fertigstellung.
[116] Dazu § 12 Rdn. 92.
[117] BGH, BauR 1986, 573 – Teilkündigung.
[118] BGH, BauR 1997, 1027 – Ersatzvornahme erst nach Kündigung.

der bei oder vor Abnahme festgestellten Mängel erklärt, so bleiben seine Mängelansprüche bestehen, sind jedoch nun dem Regime des § 13 VOB/B unterworfen.[119] Erklärt der Auftraggeber bei der Abnahme keinen Vorbehalt, obwohl er die Mängel kennt, so verliert er für diese Mängel seine Mängelansprüche, allerdings mit Ausnahme seines Schadensersatzanspruches (§ 640 Abs. 2 BGB). Erforderlich für diesen Anspruchsausschluss ist positive Kenntnis; fahrlässige Unkenntnis trotz objektiver Erkennbarkeit genügt nicht.[120] Die in der Praxis anzutreffende Annahme, für alle „offenen" (= erkennbaren) Mängel seien ohne Vorbehalt die Ansprüche verloren und nur „verdeckte" Mängel könnten noch geltend gemacht werden, beruht auf einem falschen Verständnis.

Wenn I im **Beispielfall 50** bereits während der Bauausführung festgestellt hat, dass der GU nicht das vertraglich vereinbarte Produkt für den Fassadenanstrich eingesetzt hat, so kann er (wenn die VOB/B vereinbart oder eine dem § 4 Abs. 7 VOB/B entsprechende Regelung im GU-Vertrag enthalten ist) den GU zur Mängelbeseitigung unter Fristsetzung auffordern. Kommt der GU dem nicht nach, so kann I den Vertrag ganz oder beschränkt auf den Fassadenanstrich kündigen. Die Mehrkosten durch Beauftragung eines Drittunternehmers hat der GU zu ersetzen. 144

Hat I den Mangel bemerkt, jedoch zunächst nichts unternommen, so muss er sich bei der Abnahme seine Ansprüche wegen des falschen Produkts vorbehalten und dies ausdrücklich in das Abnahmeprotokoll aufnehmen. Andernfalls verliert er seine Mängelansprüche mit Ausnahme des Schadensersatzanspruchs.

8.3 Mängelansprüche nach Herstellung des Werks

Im **BGB-Werkvertrag** stehen dem Auftraggeber gemäß § 634 BGB der Anspruch auf Nacherfüllung, Selbstvornahme (in der Terminologie der VOB/B: Ersatzvornahme), Minderung, Schadensersatz und Aufwendungsersatz sowie das Rücktrittsrecht zu. Grundsätzlich ist zunächst der Mangel zu rügen und dem Auftragnehmer die Nacherfüllungsmöglichkeit zu geben. In der Mängelrüge genügt die Beschreibung der Mangelerscheinungen (Symptome); die Ursachen muss der Auftraggeber nicht benennen.[121] Eine mündliche Mängelrüge genügt,[122] doch ist aus Beweisgründen die Schriftform empfehlenswert. 145

Die Struktur der werkvertraglichen Mängelansprüche entspricht im Wesentlichen derjenigen des Kaufrechts.[123] Es gibt jedoch auch Unterschiede: Der Auftragnehmer hat nur einen und nicht zwei **Mängelbeseitigungsversuche**, bevor die Beseitigung als fehlgeschlagen gilt. Die **Selbstvornahme** gibt es nur im Werkvertragsrecht; sie gibt dem Auftraggeber die Möglichkeit, an Stelle des Auftragnehmers den Mangel zu beseitigen und die Kosten ersetzt zu verlangen. Der Auftraggeber kann vor der Durchführung der Selbstvornahme einen **Kostenvorschuss** geltend machen (über den später abzurechnen ist). Der **Schadensersatz** richtet sich grundsätzlich nach den Mängelbeseitigungskosten, nicht nach der Verkehrswertminderung.[124] 146

Neben den vorstehend beschriebenen Mängelansprüchen hat der Auftraggeber ein Zurückbehaltungsrecht (**Mängeleinbehalt**). Er kann von der fälligen Vergütung denjenigen Teil einbehalten, der für die Beseitigung des Mangels erforderlich ist. Darüber hinaus kann 147

---

[119] BGH, BauR 2003, 689 – Mängelansprüche.
[120] OLG Dresden, BauR 2002, 1274 – Mangelkenntnis.
[121] BGH, NZBau 2008, 177 – Symptomtheorie.
[122] BGH, NZBau 2007, 243 – mündliche Mängelrüge.
[123] Dazu § 5 Rdn. 55.
[124] BGH, NZBau 2005, 390 – Mängelbeseitigungskosten als Schaden.

er einen **Druckzuschlag** nehmen; gemäß § 641 Abs. 3 BGB ist der Einbehalt der doppelten Mängelbeseitigungskosten nicht zu beanstanden. Es genügt, dass der Auftraggeber die voraussichtlichen Beseitigungskosten grob schätzt; hält der Auftragnehmer dies für überhöht, muss er die niedrigeren Kosten nachweisen.[125] Das Recht zum Mängeleinbehalt besteht nur, solange der Auftraggeber die Nacherfüllung, also die Mängelbeseitigung durch den Auftragnehmer begehrt, nicht mehr bei Geltendmachung der anderen Mängelansprüche.

148 Die Mängelansprüche verjähren nicht innerhalb der Regelverjährung,[126] sondern gemäß § 634 a BGB in fünf Jahren nach der Abnahme.

149 Zusammengefasst gibt es folgende Mängelansprüche:

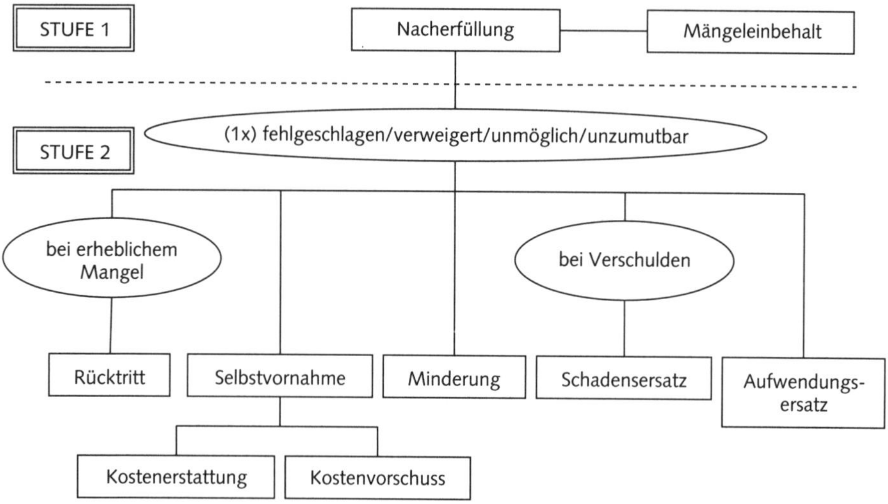

Abbildung 34: Mängelansprüche im BGB

150 Im VOB/B-Vertrag sind die Ansprüche in **§ 13 VOB/B** geregelt. Die Systematik ist ähnlich, aber nicht identisch (siehe Abb. 35).

151 § 13 Abs. 5 VOB/B enthält den **Nacherfüllungsanspruch** des Auftraggebers. Der Auftragnehmer hat gleichzeitig ein Nacherfüllungsrecht.[127] Alle weiteren Mängelansprüche hängen davon ab, dass der Auftragnehmer trotz Aufforderung den Mangel nicht beseitigt hat oder das Beseitigungsbemühen erfolglos blieb.

152 Der Auftraggeber muss, um die Voraussetzungen für die weiteren Ansprüche zu schaffen, ausdrücklich den Mangel rügen und zur Mängelbeseitigung auffordern. Die Aufforderung ist ausnahmsweise entbehrlich, wenn der Auftragnehmer schon zuvor die Mängelbeseitigung verweigert hat[128] oder sie dem Auftraggeber wegen besonderer Umstände unzumutbar ist.[129]

153 Hat der Auftragnehmer den Mangel nicht innerhalb einer vom Auftraggeber gesetzten Frist erfolgreich beseitigt, so kann der Auftraggeber ihn auf Kosten des Auftragnehmers

[125] BGH, NZBau 2008, 174 – Kurklinik.
[126] Dazu § 5 Rdn. 76.
[127] BGH, NZBau 2000, 466 – Nacherfüllungsrecht.
[128] BGH, BauR 1985, 198 – endgültige Verweigerung.
[129] BGH, NJW 1985, 381 – Unzumutbarkeit der Mängelbeseitigung durch Auftragnehmer.

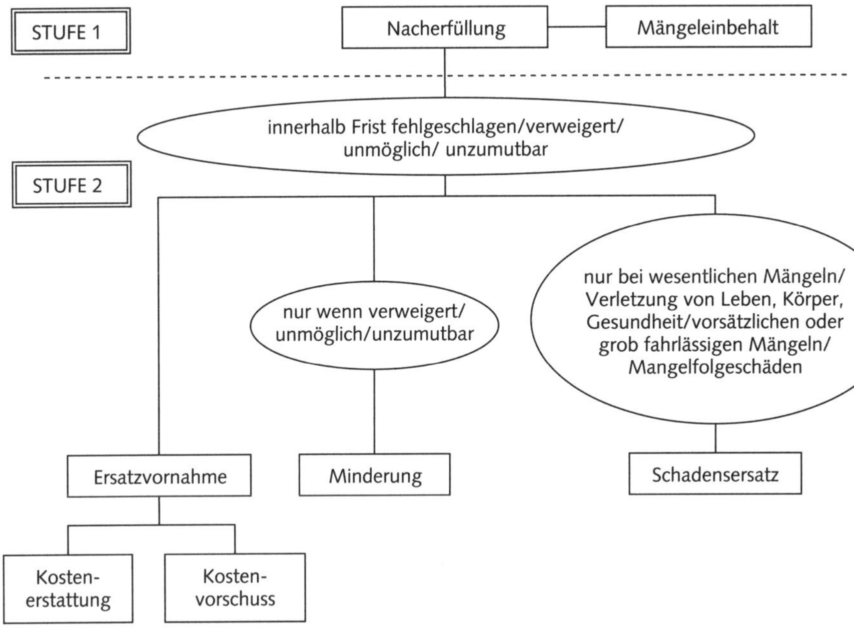

Abbildung 35: Mängelansprüche in der VOB/B

beseitigen lassen, also die **Ersatzvornahme** durchführen. Der Auftraggeber kann entweder die entstandenen Kosten nach Durchführung der Ersatzvornahme geltend machen oder zuvor einen **Kostenvorschuss** verlangen.[130]

Die **Minderung** der Vergütung kommt gemäß § 13 Abs. 6 VOB/B nur in Frage, wenn die Beseitigung des Mangels unmöglich oder für den Auftraggeber unzumutbar ist oder der Auftragnehmer die Mängelbeseitigung wegen eines unverhältnismäßig hohen Aufwands verweigert. Unverhältnismäßigkeit ist bei einem berechtigten Interesse des Auftraggebers an einem mangelfreien Werk trotz hoher Kosten nicht gegeben, sondern erst dann, wenn einem objektiv geringen Interesse ein ganz erheblicher und unangemessener Aufwand gegenüber steht.[131] 154

Der Minderungsbetrag richtet sich grundsätzlich nach den Mängelbeseitigungskosten.[132] 155
Scheidet die Mängelbeseitigung allerdings wegen Unmöglichkeit oder unverhältnismäßig hohen Aufwands aus, so ist der technische und merkantile Minderwert zugrunde zu legen.[133] Einvernehmlich können die Parteien sich auf eine Minderung zur **Abgeltung** der Mängel auch dann einigen, wenn die vorgenannten Voraussetzungen nicht vorliegen.

Schadensersatz schuldet der Auftragnehmer gemäß § 13 Abs. 7 VOB/B nur in einge- 156
schränkten Fällen, nämlich bei Verletzung des Lebens, des Körpers oder der Gesundheit, bei vorsätzlich oder grob fahrlässig verursachten Mängeln oder – dies ist der Hauptanwendungsfall – bei wesentlichen Mängeln an der baulichen Anlage. Wann ein Mangel wesentlich ist, muss im Einzelfall entschieden werden; Kriterien sind die erhebliche Beeinträchtigung der Gebrauchsfähigkeit, die Bedeutung für das Funktionieren von Anlagen

[130] BGH, BauR 1999, 631 – Kostenvorschuss.
[131] BGH, NZBau 2008, 575 – Gipskartonplatten.
[132] BGH, NJW 1972, 821 – Berechnung der Minderung.
[133] BGH, NZBau 2003, 214 – Betongüteklasse.

und die Sicherheitsrelevanz (z.B. Brandschutz).[134] **Mangelfolgeschäden**, die nicht an der baulichen Anlage, sondern an anderen Rechtsgütern eingetreten sind, hat der Auftragnehmer gemäß § 13 Abs. 7 Nr. 3 Satz 2 VOB/B in den dort genannten Fällen (die fast immer vorliegen) zu ersetzen.

157 Ein **Rücktrittsrecht** sieht die VOB/B nicht vor. Das Recht zum **Mängeleinbehalt** einschließlich Druckzuschlag steht dem Auftraggeber auch im VOB/B-Vertrag zu.[135]

158 Der Auftragnehmer ist auch dann für einen Mangel verantwortlich, wenn dieser seine Ursache letztlich in einem von einem anderen begangenen Fehler hat, insbesondere bei fehlerhaften Plänen, Leistungsbeschreibungen oder Anordnungen des Auftraggebers, beigestellten Stoffen oder Bauteilen oder mangelhaften Vorleistungen anderer Gewerke. Der Auftragnehmer ist nur dann von der Mangelhaftung frei, wenn er vor der Ausführung einen schriftlichen **Bedenkenhinweis** ausgereicht hat (§ 13 Abs. 3 i.V.m. § 4 Abs. 3 VOB/B[136], auch im BGB-Vertrag[137]). Soweit allerdings eigenes Verschulden des Auftraggebers (z.B. fehlerhafte Anordnung[138]) oder von dessen Erfüllungsgehilfen (z.B. fehlerhafte Pläne[139]) mitursächlich ist, muss der Auftraggeber, der seine Mängelansprüche gegenüber dem Auftraggeber geltend macht, sich ein **Mitverschulden** anrechnen lassen.[140] Die Quote kann nur im Einzelfall bestimmt werden.[141]

159 Die Mängelansprüche der VOB/B **verjähren** gemäß § 13 Abs. 4 VOB/B in vier Jahren seit der Abnahme, sofern vertraglich nichts anderes vereinbart ist. Für bestimmte technische Anlagen gelten kürzere Fristen. In der Praxis wird statt der VOB/B-Fristen die BGB-Frist von fünf Jahren vereinbart, für Dach- und Abdichtungsarbeiten auch zehn Jahre.

160 Sollte I den Mangel im **Beispielfall 50** erst nach Abnahme festgestellt haben, so hat er ihn gegenüber dem GU zu rügen. Grundsätzlich kann er vom GU die Mängelbeseitigung verlangen und einstweilen einen Mängeleinbehalt in dreifacher Höhe der voraussichtlichen Beseitigungskosten vornehmen. Allerdings könnte dem GU der Einwand zustehen, dass eine Mängelbeseitigung durch Aufbringen eines neuen Farbanstrichs unverhältnismäßig wäre, da dies mit erheblichen Kosten (einschließlich Gerüst und sonstigen Nebenkosten) verbunden wäre, während andererseits der vorhandene Anstrich in technischer Hinsicht tauglich ist. In diesem Fall bietet es sich für I an, eine Minderung geltend zu machen, die sich der Höhe nach an der Differenz der Kosten der beiden Farbanstriche orientieren sollte.

[134] BGH, NJW 1981, 1448 – wesentlicher Mangel.
[135] BGH, NJW 1992, 1632 – Druckzuschlag.
[136] BGH, BauR 1985, 198 – schriftlicher Bedenkenhinweis.
[137] BGH, NZBau 2008, 109 – Bedenkenhinweis im BGB-Vertrag.
[138] OLG Braunschweig, NZBau 2004, 550 – Regenwassertank.
[139] BGH, BauR 1991, 79 – Architektenfehler.
[140] BGH, NZBau 2005, 400 – Mitverschulden wegen Architektenfehlers.
[141] Vgl. OLG Brandenburg, NZBau 2001, 322 – Mitverantwortungsquote.

9. Sicherheiten im Bauvertrag

Beide Parteien des Bauvertrags können Sicherheiten für die Erfüllung der ihnen obliegenden Pflichten stellen. 161

9.1 Sicherheiten für den Auftraggeber

Beispielfall 51: Die Gewährleistungsbürgschaft 162
Investor I hat im Beispielfall 50 die Minderung geltend gemacht und vom GU die Rückzahlung des Minderungsbetrags verlangt. Der GU weist den Anspruch zurück. Kann I eine Gewährleistungsbürgschaft in Anspruch nehmen, die ihm vom GU gestellt wurde?

Das **BGB** sieht eine Sicherheit zu Gunsten des Auftraggebers nur für Verbraucher vor; 163 diesen ist gemäß § 632a Abs. 3 BGB vom Auftragnehmer bei der ersten Abschlagszahlung eine Vertragserfüllungssicherheit in Höhe von 5% der Vergütung zu stellen. Vertragserfüllungs- und Mängelanspruchssicherheiten können jedoch vertraglich von Verbrauchern und Unternehmern vereinbart werden.

Auch die **VOB/B** enthält keine Sicherheiten, auf die der Auftraggeber schon wegen 164 der allgemeinen Vereinbarung der VOB/B Anspruch hätte. Vielmehr muss auch hier ausdrücklich vereinbart werden, dass der Auftragnehmer eine Sicherheit zu stellen hat. Gibt es eine solche Vereinbarung, so gelten hinsichtlich der **Ausgestaltung** der Sicherheiten die Vorschriften des § 17 VOB/B, so dass dies nicht weiter geregelt werden muss. Die Parteien können Regelungen abweichend von § 17 VOB/B treffen, formularmäßig allerdings nur innerhalb der von der Rechtsprechung gezogenen engen Grenzen.

Nach dem System des § 17 VOB/B hat der Auftraggeber das Recht, einen Bareinbehalt 165 als Sicherheit vorzunehmen (**Sicherheitseinbehalt**). Bei Abschlagszahlungen kann er jeweils 10% einbehalten, bis die vereinbarte Sicherheitssumme erreicht ist; üblich ist ein Bareinbehalt von 10% als Erfüllungssicherheit. Für den nach der Abnahme während der Dauer der Verjährungsfrist für Mängelansprüche stehen bleibenden Sicherheitseinbehalt hat die Rechtsprechung eine Obergrenze von 5% der Abrechnungssumme anerkannt.[142] Der überschießende Teil des bis zur Abnahme vorgenommenen Einbehalts ist auszuzahlen.

Der Auftraggeber muss den Bareinbehalt auf ein **Sperrkonto** eines zu vereinbarenden 166 Geldinstituts einzahlen, über das er nur gemeinsam mit dem Auftragnehmer verfügen kann („Und-Konto"). Zahlt der Auftraggeber den Einbehalt nicht binnen 18 Werktagen auf das Konto ein und verstreicht auch eine ihm vom Auftragnehmer gesetzte angemessene Nachfrist, so verliert er vollständig sein Recht auf Sicherheiten.[143] Der Einzahlungsaufforderung sollte der Auftraggeber daher unbedingt nachkommen.

Der Auftragnehmer hat die Möglichkeit, den Bareinbehalt durch eine Bürgschaft ab- 167 zulösen (vor Abnahme: **Vertragserfüllungsbürgschaft**; nach Abnahme: **Bürgschaft für Mängelansprüche**). Häufig wird vertraglich vereinbart, dass der Auftragnehmer die Bürgschaft nicht nur stellen kann, sondern stellen muss. Eine Bürgschaft auf erstes Anfordern kann formularmäßig nicht verlangt werden.[144]

---

[142] OLG München, BauR 1984, 188 – 5% Sicherheitseinbehalt.

[143] OLG Dresden, IBR 1999, 580 – Sperrkonto.

[144] BGH, BauR 1997, 829 – Gewährleistungsbürgschaft auf erstes Anfordern; BGH, NZBau 2002, 494 – Vertragserfüllungsbürgschaft auf erstes Anfordern; für den VOB/B-Vertrag seit der VOB 2002 gemäß § 17 Abs. 4 Satz 3.

168 Gemäß § 17 Abs. 8 VOB/B ist die Sicherheit (Einbehalt, Bürgschaft) zwei Jahre nach Erhalt **herauszugeben**, obwohl die Verjährungsfristen für die Mängelansprüche in der Regel länger laufen. Aus Auftraggebersicht ist dies nicht interessengerecht, so dass vertraglich der Rückgabezeitpunkt an die Verjährungsfrist gekoppelt werden sollte.

169 Im **Beispielfall 51** kann Investor I die Gewährleistungsbürgschaft in Anspruch nehmen. Die Bürgschaft sichert sämtliche Mängelansprüche des I, also auch den aus der Minderung resultierenden Anspruch auf Rückzahlung bereits gezahlten Werklohns. I muss allerdings damit rechnen, dass der Bürge sich die Argumentation des GU zu eigen macht und die Zahlung verweigert. Der gegen den Bürgen zu führende Prozess hat dann den gleichen Inhalt wie ein gegen den GU geführtes Verfahren. Ob I den GU, den Bürgen oder beide in Anspruch nehmen sollte, ist im Einzelfall zu entscheiden, wobei insbesondere die Zahlungsfähigkeit des GU eine Rolle spielen wird.

9.2 Sicherheiten für den Auftragnehmer

170 **Beispielfall 52:** Die § 648 a – Bürgschaft
Der GU verlangt vom Investor I kurz nach Vertragsschluss eine Bauhandwerkersicherungshypothek in Höhe des vereinbarten Pauschalpreises zuzüglich 10 %. Muss I diese Sicherheit stellen?

171 Die Parteien können vertraglich vereinbaren, dass der Auftraggeber eine Sicherheit für die Erfüllung seiner Zahlungspflichten stellt. Gibt es eine solche Vereinbarung, ist sie meist auf eine selbstschuldnerische **Zahlungsbürgschaft** gerichtet.

172 Vertragliche Vereinbarungen zu vom Auftraggeber zu stellenden Sicherheiten sind indes relativ selten. Dies hat u.a. darin seinen Grund, dass der Auftragnehmer auch ohne Vereinbarung von Gesetzes wegen eine Erfüllungssicherheit vom Auftraggeber verlangen kann:

173 § 648 a BGB verpflichtet den Auftraggeber, auf Verlangen des Auftragnehmers innerhalb angemessener Frist eine Sicherheit für den noch nicht gezahlten Teil des voraussichtlichen Werklohns (einschließlich der Vergütung für Zusatzaufträge und zuzüglich 10 % für Nebenforderungen) zu stellen; die Sicherheit der Wahl ist regelmäßig die **Bürgschaft**. Solange der Auftraggeber die Sicherheit nicht stellt, ist der Auftragnehmer zur Leistungsverweigerung berechtigt; dies gilt auch nach der Abnahme hinsichtlich der Mängelbeseitigungsarbeiten.[145] Der Auftragnehmer kann alternativ zur Leistungsverweigerung die Kündigung aussprechen; dann steht ihm für den nicht erbrachten Leistungsteil die vereinbarte Vergütung abzüglich ersparter Aufwendungen zu. § 648 a BGB gilt allerdings nicht für öffentliche Auftraggeber und bei Herstellung oder Instandsetzung eines Einfamilienhauses für private Auftraggeber.

174 Der Auftragnehmer kann zur Sicherung seines Werklohns für schon erbrachte (nicht aber für zukünftige) Leistungen gemäß § 648 BGB eine **Bauhandwerkersicherungshypothek** auf dem Grundstück des Auftraggebers eintragen lassen. Voraussetzung ist, dass die Leistungen auf einem Grundstück ausgeführt werden, das zumindest bei wirtschaftlicher Betrachtung[146] im Eigentum des Auftraggebers steht. Die für die Eintragung der Hypothek erforderliche Bewilligung des Auftraggebers kann der Auftragnehmer einklagen. Die Ein-

[145] BGH, NJW 2004, 1525 – § 648 a BGB nach Abnahme.

[146] OLG Hamm, NZBau 2008, 118 – Grundstückseigentümer als Alleingesellschafter des Auftraggebers; OLG Düsseldorf, BauR 2007, 1590 – identischer herrschender Geschäftsführer von Grundstückseigentümer und Auftraggeber.

tragung der Hypothek kann mit einer Vormerkung[147] gesichert werden, deren Bewilligung ggf. durch einstweilige Verfügung zu erwirken ist.[148]

Die Sicherheiten nach § 648 und § 648 a BGB kann nicht nur das bauausführende Unternehmen von Auftraggeber verlangen, sondern auch der **Architekt**[149] und der Fachplaner. Entscheidend ist, dass der Sicherungsberechtigte an der Herstellung eines Bauwerks mitwirkt. Aus diesem Grund scheiden die Sicherheiten bei reinen Abriss- und Rodungsarbeiten aus.[150] 175

Investor I ist im **Beispielfall 52** zur Stellung der Sicherheit verpflichtet, da die Forderung des GU dem Grunde und der Höhe nach den Vorgaben des § 648 a BGB entspricht. Da diese Regelung zwingend ist, könnte I auch vertraglich nichts anderes vereinbaren. Die Kosten der Bürgschaft hat allerdings der GU zu tragen (§ 648 a Abs. 3 BGB). 176

Das **Gesetz über die Sicherung der Bauforderungen** (BauFordSiG) enthält keine Sicherheitenregeln im engeren Sinne, gibt dem Auftragnehmer jedoch die Möglichkeit, Dritte in Anspruch zu nehmen; dies ist insbesondere dann interessant, wenn der Auftraggeber leistungsunfähig ist. Voraussetzung ist, dass der Auftraggeber Baugeld erhält. **Baugeld** ist gemäß § 1 Abs. 3 BauFordSiG (in der durch das Forderungssicherungsgesetz geänderten, ab 1.1.2009 geltenden Fassung) jeder Betrag, der entweder von einem durch Hypothek oder Grundschuld gesicherten Kreditgeber für das Bauvorhaben gewährt wird oder den der Auftraggeber im Zusammenhang mit der Bauleistung von seinem (Haupt-) Auftraggeber erhalten hat, allerdings nur derjenige Betrag, der zur Durchführung des Bauvorhabens (Neu- oder Umbau) bestimmt ist, also weder Mittel zum Grundstückserwerb noch allgemeine Betriebsmittel.[151] Nicht nur der Bauherr, der das Baugeld vom Kreditgeber erhält, ist Baugeldempfänger, sondern auch die zur Bauausführung eingeschalteten, sich in der Auftragskette befindlichen Unternehmen, also insbesondere Bauträger, Generalübernehmer und Generalunternehmer.[152] 177

Der Baugeldempfänger ist gemäß § 1 BauFordSiG verpflichtet, das Baugeld für den Bau zu verwenden. Erbringt der Baugeldempfänger selbst Leistungen zur Herstellung des Bauwerks, so darf er das Baugeld in Höhe der Hälfte des von ihm verdienten Werklohns selbst vereinnahmen; im Übrigen ist das Baugeld vorrangig zur Bezahlung der von ihm eingeschalteten Unternehmer zu verwenden (§ 1 Abs. 2 BauFordSiG). 178

Verstößt der Baugeldempfänger gegen diese Pflicht und steht wegen seiner Zahlungseinstellung oder Insolvenz das Baugeld nicht zur Zahlung des Werklohns zur Verfügung, so droht ihm gemäß § 2 BauFordSiG Freiheits- oder Geldstrafe. Der Baugeldempfänger sowie die für ihn handelnden Geschäftsführer/Vorstände [153] und alle Mitarbeiter und Dritte, die sich vorsätzlich an der Zweckentfremdung des Baugelds beteiligt haben, **haften** dem Auftragnehmer persönlich (§ 2 BauFordSiG i.V.m. § 823 Abs. 2 BGB); sie stehen also als zusätzliche Schuldner zur Verfügung. 179

[147] Dazu § 4 Rdn. 133.
[148] Dazu § 17 Rdn. 74ff.
[149] OLG Düsseldorf, NJW-RR 2000, 166 – Architekt als Sicherungsberechtigter.
[150] BGH, NJW-RR 2005, 750 – Rodung; OLG Bremen, BauR 1995, 862 – Abrissarbeiten.
[151] BGH, NZBau 2001, 445 – Baugeld.
[152] BGH, NJW-RR 1991, 141 – Baugeldempfänger.
[153] BGH, NJW-RR 1990, 280 – Haftung der Geschäftsführer.

Literatur zur Vertiefung

Bruns, Patrick, Forderungsdurchsetzung am Bau, München 2005; *Kapellmann, Klaus D.*, Schlüsselfertiges Bauen, 2. Aufl., Düsseldorf 2003; *Kapellmann, Klaus D./Messerschmidt, Burkhard,* VOB Teile A und B (Kommentar), 2. Aufl., München 2007; *Kapellmann, Klaus D./Schiffers, Karl-Heinz*, Vergütung, Nachträge und Behinderungsfolgen beim Bauvertrag, 2 Bände, 4./5. Aufl., Düsseldorf 2006; *Kniffka, Rolf/Koeble, Wolfgang,* Kompendium des Baurechts, 3. Aufl., München 2008; *Langen, Werner/Schiffers, Karl-Heinz*, Bauplanung und Bauausführung, München 2005; *Stammkötter, Andreas*, Bauforderungssicherungsgesetz, 3. Aufl., Heidelberg 2008; *Werner, Ulrich/Pastor, Walter*, Der Bauprozess, 12. Aufl., München 2008.

§ 13 Miete und Leasing

Der Eigentümer eines Grundstücks nutzt dies entweder selbst oder stellt es Dritten zur Nutzung zur Verfügung. Der Nutzer leistet turnusmäßige Zahlungen, die das Grundstück für den Eigentümer rentierlich machen. Die Haupterscheinungsformen sind Miete und Leasing. 1

1. Vermietung von Immobilien

Miete ist die **entgeltliche Gebrauchsüberlassung auf Zeit**. Der Gesetzgeber hat sie in §§ 535 ff. BGB geregelt. Wesentliche Fragen, die bei der Vermietung auftreten, sind indes gesetzlich nicht oder nicht befriedigend geregelt, so dass besonderes Augenmerk auf die interessengerechte vertragliche Regelung zu legen ist. 2

Grundlegend ist zwischen der Vermietung von **Gewerbeflächen** und **Wohnraum** zu unterscheiden. Für die Wohnraummiete gibt es besondere Vorschriften des sozialen Mietrechts, die dem Schutz des Mieters dienen. 3

Beispielfall 53: Der Mietvertrag 4
Investor I bietet das von ihm errichtete Bürogebäude zur Miete an. Steuerberater M möchte Teilflächen in einem Flügel des 3. OG anmieten. I möchte wissen, worauf er bei der Formulierung des Mietvertrags zu achten hat.

1.1 Mietsache

Die Parteien müssen definieren, welche Sache dem Mieter zur Nutzung überlassen wird (**Mietsache**). Wird ein ganzes Grundstück mit aufstehendem Gebäude vermietet, geschieht dies in einfacher Weise durch grundbuchliche Bezeichnung des Grundstücks. Werden nur Teilflächen eines Gebäudes vermietet, so sollte textlich und durch einen beigefügten Plan deren **Lage und Umfang** festgehalten werden. Die **Schnittstellen** zu den Verkehrs- und sonstigen Allgemeinflächen und -anlagen (Innen-/Außenflächen der Türen und Fenster, Außenwände, Fassade, Wasser-, Strom- und sonstige Leitungen) müssen – insbesondere im Hinblick auf die räumliche Abgrenzung bei Instandhaltungspflichten des Mieters – definiert werden. Bei der Vermietung von Wohnraum genügt in der Regel die Bezeichnung der Lage der Wohnung, da sich der Flächenumfang aus der Abgeschlossenheit der Wohnung ergibt. 5

Da der Mietzins üblicherweise anhand eines Preises pro Quadratmeter berechnet wird, ist die Größe der vermieteten Fläche in den Vertrag aufzunehmen. Es gibt **verschiedene Berechnungsmethoden** und ist daher unabdingbar, dass die Parteien sich in eindeutiger Weise auf eine Methode einigen. 6

Für **Gewerbeflächen** üblich sind die **DIN 277** und die Richtlinien der Gesellschaft für immobilienwirtschaftliche Forschung e.V. (**gif**) für Handels- und Büroraum. Die DIN 277 unterscheidet u.a. zwischen der Nutzfläche (NF), der Nettogrundrissfläche (NGF = NF + Verkehrsfläche + Funktionsfläche) und der Bruttogrundrissfläche (BGF = NGF + Konstruk- 7 tionsfläche). In den gif-Richtlinien wird die BGF in MF-0 (keine Mietfläche) und MF-G (Mietfläche) unterteilt und bei der Mietfläche zwischen MF-G 1 (alleiniges Nutzungsrecht des Mieters) und MF-G 2 (gemeinschaftliches Nutzungsrecht, also anteilige Allgemeinflächen) unterschieden. Vertraglich muss also nicht nur die Berechnungsmethode, sondern auch der maßgebliche Flächentyp benannt werden.

8 Bei **Wohnraum** wird in der Praxis entweder die **DIN 283** oder die **Wohnflächenverordnung** herangezogen. Beide Regelwerke betrachten nicht die Grundfläche für maßgeblich, sondern die Wohn- und Nutzflächen, wobei verschiedene Flächen je nach ihrem Nutzwert unterschiedlich ins Gewicht fallen. Im Detail gibt es Unterschiede zwischen DIN 283 und Wohnflächenverordnung, so dass vertraglich unbedingt festgelegt werden sollte, welche Methode anwendbar sein soll.

9 Verkehrsflächen (Zuwegung, Eingangshalle, Aufzüge, Flure, Tiefgarage u.ä.) werden in der Regel nicht mit vermietet, dem Mieter wird jedoch ein **Mitbenutzungsrecht** eingeräumt.[1] In den gif-Richtlinien wird dies als „Mietfläche 2" bezeichnet.

10 Im **Beispielfall 53** will M nur eine Teilfläche mieten. M und I sollten daher Wert darauf legen, den Umfang dieser Teilfläche im Mietvertrag genau zu definieren. Hierfür ist einerseits dem Vertrag ein Plan mit farblicher Kennzeichnung der Fläche beizufügen, andererseits textlich zu bestimmen, wo bei Fenstern, Türen, Wänden und Leitungen die Schnittstelle ist. Die Größe der Mietfläche sollte unter Angabe der Quadratmeterzahl in den Vertrag aufgenommen werden; dabei ist anzugeben, welche Berechnungsmethode (DIN 277 oder gif-Richtlinie) maßgeblich ist und auf welchen der dort jeweils angegebenen Flächentypen sich die Maßangabe bezieht.

1.2 Nutzung der Mietsache

11 Der Gesetzgeber gestattet dem Mieter den **vertragsgemäßen Gebrauch** der Mietsache. Was vertragsgemäß ist, müssen indes die Parteien vereinbaren. In den Vertrag ist aufzunehmen, welche Tätigkeit dem Mieter in den Mieträumen gestattet ist. Dies sollte in Gewerbemietverträgen durch die Wahl von Oberbegriffen oder die Gestattung auch von „vergleichbaren Tätigkeiten" flexibel formuliert werden. Unerwünschte Tätigkeiten (z.B. störendes oder sittenwidriges Gewerbe oder auch gewerbliche Tätigkeiten unterhalb eines bestimmten gesellschaftlichen Niveaus, auf dem der Vermieter die Immobilie platzieren will) sind ausdrücklich auszuschließen. Es sollte Sache des Mieters sein, erforderliche Betriebserlaubnisse und sonstige Genehmigungen einzuholen.

12 Die **Untervermietung** ist dem Mieter gemäß § 540 BGB nur mit Erlaubnis des Vermieters gestattet. Vertraglich sollte geregelt werden, unter welchen Bedingungen diese Erlaubnis zu erteilen ist.[2] Bei der Vermietung von Wohnraum kann der Mieter gemäß § 553 BGB einen Anspruch auf Gestattung haben, wenn er ein berechtigtes wirtschaftliches oder persönliches Interesse hat.[3] Die Begehungs- und Kontrollrechte des Vermieters sollten vertraglich sichergestellt werden.

13 Da ein Flächenleerstand sowohl für das Image als auch für die technische Substanz des Gebäudes schädlich ist, sollte dem gewerblichen Mieter eine **Betriebspflicht** auferlegt werden, wonach er verpflichtet ist, die Flächen tatsächlich zu nutzen. Auch Ladenöffnungs-

[1] BGH, NJW 1967, 154 – Zuwegung.
[2] OLG Celle, WuM 1990, 103 – Erlaubnis der Untermiete.
[3] BGH, NJW 1985, 130 – Anspruch auf Gestattung der Untervermietung.

zeiten können in diesem Zusammenhang geregelt werden.[4] Ohne vertragliche Regelung gibt es eine solche Pflicht nicht.[5]

Wenn der gewerbliche Mieter durch die vorstehenden Regelungen zur tatsächlichen Ausübung einer bestimmten Tätigkeit verpflichtet und auf diese Weise an das Gebäude gebunden wird, wird er im Gegenzug einen Konkurrenzschutz vom Vermieter verlangen. Durch **Konkurrenzschutzklauseln** wird sichergestellt, dass der Vermieter weitere Teilflächen nicht an unmittelbare Wettbewerber des Mieters vermietet;[6] die in Frage kommenden Wettbewerber sind möglichst präzise zu definieren. Auch ohne ausdrückliche Regelung gibt es vertragsimmanenten Konkurrenzschutz, der es dem Vermieter verwehrt, in unmittelbarer Nachbarschaft nicht an Wettbewerber zu vermieten.[7] Allerdings ist die Bestimmung sowohl der „unmittelbaren Nachbarschaft" als auch der „Wettbewerber" im Einzelfall schwierig, so dass eine ausdrückliche Regelung angezeigt ist. 14

Im **Beispielfall 53** ist in den Mietvertrag aufzunehmen, dass dem M die Einrichtung einer Steuerberaterpraxis gestattet ist. Auch gegen vergleichbare Tätigkeiten – z.B. Lohnabrechnung, Personalverwaltung oder Wirtschaftsprüfung – wird nichts einzuwenden sein. I sollte M eine Betriebspflicht auferlegen, um den optisch wie technisch schädlichen Leerstand zu vermeiden. Andererseits wäre es ein berechtigtes Verlangen des M, Konkurrenzschutz des Inhalts zu fordern, dass dem I die Vermietung an weitere Steuerberaterbüros nicht möglich sein soll. 15

1.3 Zahlungsansprüche des Vermieters

Der Vermieter kann vom Mieter die Zahlung der (Nettokalt-) Miete und der Betriebskosten beanspruchen. 16

1.3.1 Miete

Der Mieter ist verpflichtet, dem Vermieter die vereinbarte Miete zu entrichten (§ 535 Abs. 2 BGB). Die **Miethöhe** ist vertraglich zu regeln;[8] üblich ist die monatsweise Bemessung. 17

Hat der Vermieter zur Umsatzsteuer optiert,[9] so ist ausdrücklich anzugeben, dass auf die Miete Umsatzsteuer zu berechnen ist und ob es sich bei dem angegebenen Betrag um den Netto- oder Bruttowert handelt. In diesem Fall ist von großer Bedeutung, dass der Mieter die **umsatzsteuerrechtlichen Voraussetzungen** einhält, also die Mietsache nur für gewerbliche Tätigkeiten nutzt, die ihn seinerseits zum Vorsteuerabzug berechtigen. In den Vertrag ist dies als Verpflichtung des Mieters aufzunehmen und mit einem Schadensersatzanspruch in Höhe der Steuernachteile des Vermieters zu verbinden. 18

Die Parteien können auch eine **Umsatzmiete** vereinbaren.[10] In diesem Fall ist ein festzulegender Teil der Miete abhängig von dem in den Mieträumen (meist Geschäftslokale) erzielten Umsatz. Der Vermieter nimmt so am wirtschaftlichen Erfolg des Mieters teil; andererseits wird der Mieter in umsatzschwachen Zeiten entlastet, da die Miete sinkt. Bei 19

---

[4] BGH, NJW 2007, 2176 – Ladenöffnungszeiten.
[5] OLG Düsseldorf, NZM 2001, 131 – Betriebspflicht.
[6] BGH, NJW-RR 1986, 9 – Konkurrenzschutzklausel.
[7] KG, GE 2005, 1426 – Konkurrenzschutz im Einkaufszentrum.
[8] BGH, NJW-RR 1990, 270 – Bestimmbarkeit des Mietzinses.
[9] Dazu § 8 Rdn. 64.
[10] BGH, NJW 1979, 2351 – Umsatzmiete.

Vereinbarung einer Umsatzmiete müssen die maßgeblichen Umsätze sowie ein Kontrollrecht des Vermieters vertraglich geregelt werden.[11]

20 Für **Mieterhöhungen** gibt es unterschiedliche Regelungen im Gewerbe- und Wohnraummietrecht:

Bei **Gewerberaummiete** gilt die vertraglich vereinbarte Miete grundsätzlich während der gesamten Vertragslaufzeit; der Vermieter kann eine Mieterhöhung nur mit der freiwilligen Zustimmung des Mieters erreichen. Es ist daher üblich, von vornherein **Wertsicherungsklauseln** zu vereinbaren, die Mieterhöhungen nach bestimmten Zeitabständen (Staffelmiete) oder abhängig von den Lebenshaltungskosten (Indexmiete) vorsehen; indexierte Mieten knüpfen in der Regel an den Verbraucherpreisindex des statistischen Bundesamts an.

21 Im **Wohnraummietverhältnis** kann der Vermieter gemäß § 558 BGB eine Mieterhöhung **einseitig verlangen**, soweit nicht ausnahmsweise etwas anderes vertraglich geregelt ist. Voraussetzung ist, dass die Miete seit 15 Monaten unverändert ist, innerhalb von drei Jahren nicht mehr als 20% steigt (Kappungsgrenze) und nach der Erhöhung die (sich aus dem Mietspiegel ergebende) ortsübliche Vergleichsmiete nicht übersteigt.[12] Der Vermieter muss die Mieterhöhung schriftlich verlangen und die Voraussetzungen explizit nachweisen (§ 558 a BGB);[13] die ortsübliche Vergleichsmiete kann durch Sachverständigengutachten oder Bezugnahme auf den (einfachen oder qualifizierten – §§ 558c und 558d BGB) Mietspiegel[14] belegt werden. Der Mieter muss zustimmen, was beim berechtigten Verlangen gerichtlich durchsetzbar ist.

22 Die genannten Begrenzungen gelten nicht bei der Modernisierungserhöhung gemäß § 559 BGB, bei der der Vermieter die (nachzuweisenden) **Modernisierungskosten** pro Jahr mit 11% auf die Miete umlegen kann.[15]

23 Nach dem Gesetz ist die Miete bei Mietverhältnissen über Wohnraum und über sonstige Räume vorschüssig spätestens zum dritten Werktag zu entrichten, ansonsten (z.B. bei unbebauten Grundstücken) nachschüssig. In der Praxis ist es üblich, dass in jedem Fall die **vorschüssige Zahlungsweise** vereinbart wird. Zahlt der Mieter nicht rechtzeitig, so gerät er auch ohne Mahnung in Verzug, da die Fälligkeit kalendermäßig bestimmt ist.[16]

24 I und M müssen im **Beispielfall 53** den monatlich zu leistenden Mietzins im Vertrag festschreiben. Dabei ist ausdrücklich anzugeben, ob es sich um einen Netto- oder Bruttobetrag handelt. Bei der Vermietung an Steuerberaterbüros sind Umsatzmieten nicht üblich, so dass I und M einen Festbetrag vereinbaren werden. Hingegen bietet sich bei längerer Vertragslaufzeit eine Wertsicherungsklausel durch Staffelmiete oder Anknüpfung an den Verbraucherpreisindex an.

1.3.2 Betriebskosten

25 In der Regel hat der Mieter neben der Miete auch die **Betriebskosten** zu tragen. Dies muss allerdings, da eine entsprechende gesetzliche Regelung fehlt, ausdrücklich vereinbart werden. Im Mietvertrag sollten die vom Mieter zu übernehmenden Betriebskosten ausdrücklich genannt oder auf die **Betriebskostenverordnung** (die die frühere Anlage 3 zur II. Berechnungsverordnung ersetzt hat und einen entsprechenden Katalog enthält)

[11] OLG Brandenburg, ZMR 2007, 778 – Einsichtnahmerecht.
[12] BVerfG, NJW 1980, 1617 – Mieterhöhungsrecht.
[13] LG Mannheim, WuM 2000, 308 – ausdrückliches Verlangen.
[14] BGH, NJW 2008, 573 – qualifizierter Mietspiegel.
[15] LG Chemnitz, NJW-RR 2004, 373 – Modernisierung.
[16] Dazu § 12 Rdn. 58.

verwiesen werden.[17] Wesentliche Betriebskosten sind die laufenden öffentlichen Steuern und Abgaben, die Kosten der Wasser- und Energieversorgung, der Straßenreinigung und Müllentsorgung, der Gebäudereinigung und Gartenpflege, der Beleuchtung, des Hauswarts und der Sach- und Haftpflichtversicherung. In Wohnraummietverträgen ist die Erweiterung des Kostenkatalogs gemäß §556 Abs. 4 BGB unwirksam.

Bei Gewerbemiete können die Parteien auch die **Umlage weiterer Betriebskosten** vereinbaren, etwa der Kosten der Instandhaltung, der Verwaltung (unter Angabe der Höhe)[18] oder des Centermanagements von Einkaufszentren.[19] Nur individualvertraglich zulässig ist die Umlage von Instandsetzungskosten auf den Mieter. Die Umlage der Kosten der gemeinschaftlich genutzten Anlagen und Flächen muss in AGB-Klauseln der Höhe nach beschränkt werden.[20] Generell muss der Umfang der formularmäßig umlegbaren Kosten hinreichend bestimmt sein; Bezugnahmen auf „notwendige" oder „übliche" Kosten genügen nicht.[21] 26

Der Mieter muss nur diejenigen Betriebskosten tragen, die einer **ordentlichen Bewirtschaftung** entsprechen. Der Vermieter darf keine überhöhten Preise ansetzen und bei „Outsourcing" von Leistungen[22] keine zu hohen Gewinnspannen der Dienstleister akzeptieren. Andererseits muss der Vermieter nicht die billigste Lösung wählen. 27

Nutzt der Mieter nur einen Teil des Objekts, sind die Betriebskosten anteilig umzulegen. Der **Verteilungsschlüssel** muss vertraglich geregelt werden. Üblich ist die Verteilung nach Flächenanteilen. Bei verbrauchsabhängigen Kosten (Wärme, Wasser) wird in der Regel sowohl der individuelle Verbrauch als auch die Fläche berücksichtigt und gewichtet (z.B. im Verhältnis 70:30). Steht ein Teil der Flächen leer, so hat der Vermieter die darauf entfallenden Anteile zu tragen.[23] 28

In der Regel wird vereinbart, dass der Mieter zunächst monatliche **Betriebskostenvorschüsse** leistet, deren Höhe sich an den voraussichtlichen Betriebskosten orientiert und jährlich (auf der Grundlage des Abrechnungsergebnisses des letzten Wirtschaftsjahres) angepasst wird. Der Vermieter ist verpflichtet, nach Ablauf des Wirtschaftsjahres über die tatsächlich entstandenen Betriebskosten prüfbar[24] abzurechnen und ggf. einen Überschuss zu erstatten. Die Frist zur **Abrechnung** beträgt zwölf Monate nach Ablauf des Abrechnungszeitraums (§556 Abs. 3 BGB). Bei Fristüberschreitung geht ein Anspruch des Vermieters auf Nachzahlung im Wohnraummietrecht unter,[25] nicht aber im Gewerbemietrecht; dort kann der Anspruch allenfalls verjähren oder verwirkt werden; der Mieter kann nach Fristablauf auf Rechnungslegung klagen[26] und weitere Betriebskostenvorauszahlungen zurückbehalten.[27] Einwendungen gegen die (fristgerechte) Abrechnung muss der Wohnraummieter innerhalb von zwölf Monaten nach Zugang erheben, danach ist er damit ausgeschlossen (§556 Abs. 3 BGB);[28] dies gilt nicht bei Gewerberaummiete.[29] 29

In den Vertrag von I und M ist aufzunehmen, dass M auch die Betriebskosten zu tragen und hierauf monatlich Vorschüsse zu leisten hat. Die anfängliche Höhe des 30

---

[17] OLG Frankfurt, NJW-RR 2000, 1464 – Verweis auf II. BV.
[18] OLG Köln, NZM 2008, 368 – Umlage der Verwaltungskosten.
[19] OLG Hamm, ZMR 2005, 617 – Umlage von Centermanagement-Kosten.
[20] BGH, NZM 2005, 863 – Umlage von Gemeinschaftsflächenkosten.
[21] BGH, NZM 2005, 863 – Bestimmtheit von Umlageklauseln.
[22] Dazu §14.
[23] BGH, ZMR 2006, 758 – Betriebskostenverteilung bei Leerstand.
[24] BGH, NJW 2007, 1059 – Anforderungen an Betriebskostenabrechnung.
[25] BGH, NJW 2008, 1150 – Ausschluss von Betriebskostennachforderungen.
[26] BGH, NJW 1991, 836 – Klage auf Rechnungslegung.
[27] BGH, NJW 1984, 1684 – Zurückbehaltungsrecht bei fehlender Betriebskostenabrechnung.
[28] BGH, NJW 2008, 283 – Einwendungsfrist.
[29] OLG Brandenburg, IMR 2006, 184 – kein Einwendungsausschluss bei Gewerbemiete.

Vorschusses ist im Mietvertrag zu regeln; danach ergeben sich Anpassungen auf der Grundlage der jährlichen Betriebskostenabrechnungen. Für I ist wichtig, die umlagefähigen Betriebskosten im Vertrag eindeutig zu benennen. Neben den in der Betriebskostenverordnung genannten Kostengruppen sollte I auch die Kosten der Verwaltung und gegebenenfalls eines beauftragten Facility Managements in den Kostenkatalog aufnehmen.

31 Es ist üblich, dass der Vermieter für seine Zahlungsansprüche eine **Sicherheit** erhält. In Frage kommt die Hinterlegung einer Barkaution oder die Stellung einer Bürgschaft, deren Höhe in der Regel ein Vielfaches der Monatsmiete beträgt. Im Wohnungsmietrecht ist die Sicherheit gemäß § 551 BGB auf das Dreifache der Nettomiete (= ohne Betriebskosten) beschränkt. Während diese Sicherheiten ausdrücklich vereinbart werden müssen, hat der Vermieter auch ohne Vereinbarung ein **Pfandrecht** an den vom Mieter eingebrachten Sachen, solange sich diese in den Mieträumen befinden.

32 Im **Beispielfall 53** sollte I eine Mietsicherheit von M verlangen. Üblich ist eine Bürgschaft über drei Monatsmieten.

1.4 Dauer des Mietverhältnisses

33 Ein Mietverhältnis kann auf unbestimmte oder bestimmte Zeit geschlossen werden. Außerdem kann es durch Kündigung vorzeitig enden.

1.4.1 Laufzeit

34 Die Regelung der Dauer des Mietverhältnisses setzt zunächst die Bestimmung des **Mietbeginns** voraus. Die Parteien können einen bestimmten Kalendertag festlegen. Hinreichend bestimmt sind auch Regelungen, wonach das Mietverhältnis mit der (künftigen) Übergabe der Mietsache beginnt;[30] bei „Reißbrett-Mietverträgen" über noch zu errichtende Mietobjekte ist dies oft anzutreffen, da der genaue Fertigstellungs- und Übergabetermin dort noch nicht fest steht.

35 Nach den gesetzlichen Vorgaben kann jedes Mietverhältnis **auf unbestimmte Zeit** geschlossen werden. Die Praxis macht hiervon nur bei der Wohnraummiete Gebrauch. In Gewerbemietverhältnissen ist die unbestimmte Laufzeit wegen der damit einhergehenden Möglichkeit der ordentlichen Kündigung ungeeignet, da beide Seiten langfristige Planungssicherheit benötigen.

36 In Gewerbemietverträgen üblich ist die Vereinbarung von **Festlaufzeiten**, z.B. fünf oder zehn Jahre. Nach Ablauf der Festlaufzeit endet das Mietverhältnis automatisch, wenn nicht etwas anderes vereinbart ist. Oftmals anzutreffen ist eine Vereinbarung, wonach das Mietverhältnis nach Ablauf der Festlaufzeit auf unbestimmte Zeit fortgesetzt wird, also dann innerhalb der gesetzlichen oder der abweichend vertraglich geregelten Kündigungsfristen (z.B. jeweils zum Ablauf des Miet- oder des Kalenderjahres) gekündigt werden kann. Der Vertrag endet dann nur, wenn eine der Parteien kündigt, was gegenüber einem zwingenden Vertragsende nach Zeitablauf vorzugswürdig ist.

37 In Wohnraummietverträgen ist die Vereinbarung einer Festlaufzeit nur wirksam, wenn der Vermieter beabsichtigt, nach Vertragsablauf die Wohnung als solche für sich, Familien- oder Haushaltsangehörige zu nutzen (**Eigenbedarf**), sie zu beseitigen oder erheblich um-

[30] BGH, NZM 2006, 54 – Mietbeginn bei Reißbrettmietvertrag.

zubauen; den konkreten Grund muss der Vermieter schon bei Vertragsschluss ausdrücklich schriftlich benennen (§ 575 BGB).

38 Die Parteien eines Gewerbemietvertrags können **Verlängerungsoptionen** des Mieters vereinbaren, wonach der Mieter das Recht hat, nach Ablauf der Festlaufzeit den Mietvertrag um einen weiteren Zeitraum (z.B. weitere fünf Jahre) zu verlängern.[31] Üblicherweise hat der Mieter das Recht, die Vertragslaufzeit ein- oder zweimal durch Option zu verlängern. Die Besonderheit der Option liegt darin, dass der Vermieter ihr nicht widersprechen kann, es also allein in der Entscheidung des Mieters liegt, ob das Mietverhältnis verlängert wird.

39 Im **Beispielfall 53** werden sowohl I als auch M kein Interesse an einem Mietverhältnis auf unbestimmte Zeit haben, da beide Parteien Planungssicherheit benötigen. Sie werden daher eine Festlaufzeit vereinbaren, beispielsweise 10 Jahre. M wird möglicherweise die Aufnahme einer oder mehrerer Optionen für eine einseitige Vertragsverlängerung um weitere 5 Jahre wünschen; dies ist für I in der Regel akzeptabel, wenn der Vertrag eine Wertsicherungsklausel enthält. I und M sollten regeln, dass der Vertrag nach Ende der Festlauf- bzw. Optionszeit nicht automatisch endet, sondern auf unbestimmte Zeit fortgesetzt wird.

1.4.2 Kündigung

40 Als Gründe für das **Ende eines Mietverhältnisses** sind die ordentliche Kündigung bei Mietverhältnissen auf unbestimmte Zeit, der Ablauf der Festlaufzeit (ggf. einschließlich Optionszeit) und die außerordentliche Kündigung zu nennen. Hingegen ist die Veräußerung des Grundstücks durch den Vermieter kein Grund, denn der Käufer tritt gemäß § 566 BGB in den Mietvertrag ein („Kauf bricht nicht Miete").

41 Die **ordentliche Kündigung** ist nur bei Mietverträgen mit unbestimmter Laufzeit möglich (§ 542 BGB). Bei Gewerbemietverhältnissen über Grundstücke beträgt die Kündigungsfrist drei Monate zum Quartalsende, bei Verträgen über Räume sechs Monate (§ 580a BGB). Im Wohnraummietrecht beträgt die Kündigungsfrist für den Mieter drei Monate; für den Vermieter ist sie je nach bisheriger Dauer des Mietverhältnisses zeitlich gestaffelt (§ 573c BGB). Zum **Schutz des Wohnraummieters** ist die ordentliche Kündigung gemäß § 573 BGB nur bei berechtigtem Interesse des Vermieters zulässig, das insbesondere dann vorliegt, wenn der Mieter seine vertraglichen Pflichten schuldhaft nicht unerheblich verletzt hat, der Vermieter Eigenbedarf[32] hat oder die Vermietung ihn an der angemessenen wirtschaftlichen Verwertung des Grundstücks hindert. Der Vermieter muss den konkreten Grund im Kündigungsschreiben angeben. Eine Abmahnung ist auch bei ordentlicher Kündigung wegen Pflichtverletzung des Mieters grundsätzlich nicht erforderlich.[33]

42 Die **außerordentliche Kündigung** ist gemäß §§ 543, 569, 578 BGB zulässig, wenn dem Kündigenden unter Berücksichtigung aller Umstände die Fortsetzung des Mietverhältnisses nicht zugemutet werden kann. Zur Ausfüllung dieser Generalklausel nennt der Gesetzgeber als Kündigungsgründe für den Vermieter
- die erhebliche Gefährdung der Mietsache durch Vernachlässigung der Mieterpflichten;[34]
- die erhebliche Verletzung von Vermieterinteressen durch unbefugte Gebrauchsüberlassung an Dritte;

---

[31] BGH, NJW 1985, 2581 – Verlängerungsoption.

[32] Vgl. BVerfG, WuM 2002, 21 – Eigenbedarf; BGH, NJW 2005, 3782 – Eigenbedarf zu beruflichen Zwecken.

[33] BGH, NJW 2008, 508 – ordentliche Kündigung ohne Abmahnung.

[34] AG Görlitz, WuM 1994, 668 – mehrfache Verursachung von Wasserschäden.

- den Zahlungsverzug des Mieters in Höhe von mindestens zwei Monatsmieten;
- die nachhaltige Störung des Hausfriedens[35]

und für den Mieter
- die nicht rechtzeitige Gewährung oder den Entzug des vertragsgemäßen Gebrauchs der Mietsache;
- die erhebliche Gesundheitsgefährdung bei Nutzung der Räume.[36]

43 Außer bei Zahlungsverzug ist vor der außerordentlichen Kündigung eine **Abmahnung bzw. Abhilfefristsetzung** erforderlich.[37]

44 Setzt der Mieter nach dem – durch Zeitablauf oder Kündigung verursachten – Ende des Mietverhältnisses den Gebrauch der Mietsache fort, so gilt dies gemäß § 545 BGB als **stillschweigende Verlängerung** des Mietverhältnisses, wenn nicht der Vermieter innerhalb von zwei Wochen nach Kenntniserlangung von der Gebrauchsfortsetzung widerspricht. Es kommt dann ein Mietverhältnis auf unbestimmte Zeit zustande, das nur innerhalb der gesetzlichen Kündigungsfristen beendet werden kann. Für den Vermieter ist diese Klausel mit Nachteilen verbunden, so dass sie vertraglich abbedungen werden sollte; dies ist auch formularmäßig möglich.[38]

45 Im **Beispielfall 53** sollten in den Mietvertrag die Gründe für eine außerordentliche Kündigung aufgenommen werden. Es reicht ein Verweis auf die gesetzliche Regelung, wenn nicht im Einzelfall weitere Kündigungsgründe zu berücksichtigen sind. I sollte darauf achten, dass eine stillschweigende Vertragsverlängerung bei Fortsetzung des Gebrauchs ausgeschlossen ist, indem § 545 BGB ausdrücklich abbedungen wird.

1.4.3 Rückgabe der Mietsache

46 Nach Beendigung des Mietverhältnisses muss der Mieter die **Mietsache zurückgeben**; kommt er dieser Pflicht nicht nach, kann der Vermieter Räumungsklage[39] erheben. Vorhandene Beschädigungen hat der Mieter zu beseitigen, allerdings nicht bei normaler Abnutzung durch vertragsgemäßen Gebrauch. Etwaige Schadensersatzansprüche des Vermieters verjähren in sechs Monaten ab Rückgabe der Mietsache. Es ist empfehlenswert, diese Vorschriften vertraglich zu präzisieren, indem der Zustand, in dem die Mietsache zurückzugeben ist, möglichst genau beschrieben wird.

47 Für den Fall von Um- und Einbauten des Mieters sollte eine **Rückbauverpflichtung** aufgenommen werden, die für den Vermieter mit der Option verbunden werden kann, die Beibehaltung des Zustands zu wählen und den Mieter für die baulichen Veränderungen nach Zeitwert zu entschädigen.

48 Die Rückgabe der Mietsache sollte wie bei einer Abnahme[40] **protokolliert** werden, um spätere Streitigkeiten zu vermeiden. In einer konfliktuellen Situation kann auch die Durchführung eines selbstständigen Beweisverfahrens angezeigt sein.[41] Die Rückgabe ist durch gemeinsame Begehungen, Verbrauchserfassungen und gegebenenfalls Festlegungen von Rückbaumaßnahmen rechtzeitig vorzubereiten.

---

[35] BGH, NJW 1993, 2528 – keine Unzumutbarkeit von Kinderlärm.
[36] LG München I, WuM 1991, 584 – Formaldehyd und Schimmel.
[37] BGH, NJW 2007, 2177 – Abmahnung vor Kündigung wegen Gesundheitsgefährdung.
[38] BGH, NJW 1991, 1750 – Abbedingung des § 545 BGB (§ 568 BGB a.F.).
[39] Dazu § 17 Rdn. 53.
[40] Dazu § 12 Rdn. 87.
[41] Dazu § 17 Rdn. 64.

Im **Beispielfall 53** ist in den Mietvertrag aufzunehmen, dass die Mieträume nach Ablauf der Mietzeit im vertragsgemäßen Zustand zurückzugeben sind. Zu regeln ist, ob Besenreinheit genügt oder M eine Endrenovierung und gegebenenfalls den Austausch von Bodenbelag durchführen muss. Im Falle von Um- und Einbauten des M sind Rückbauverpflichtungen aufzunehmen, wobei I sich vorbehalten sollte, stattdessen die bauliche Veränderung zu akzeptieren und M nach Zeitwert zu entschädigen. 49

1.5 Zustand der Mietsache

Der Vermieter schuldet dem Mieter während der gesamten Vertragslaufzeit, die Mietsache in einem **zum vertragsgemäßen Gebrauch geeigneten Zustand** zu überlassen und sie in diesem Zustand zu erhalten (§ 535 Abs. 1 Satz 2 BGB). 50

Daraus ergeben sich einerseits Instandhaltungs- und Instandsetzungspflichten für den Vermieter, andererseits Mängelansprüche des Mieters. Bauliche Veränderungen sind nur in Grenzen möglich. 51

1.5.1 Instandhaltung und Instandsetzung

Zur **Instandhaltung** gehören vorbeugende Maßnahmen zur Vermeidung von Schäden, die Wartung und die Beseitigung von Verschleißerscheinungen. **Instandsetzung** ist die Beseitigung bereits eingetretener Schäden. Da die beiden Begriffe in der Praxis uneinheitlich verstanden werden und keine verbindliche Definition existiert, sollten sie im Mietvertrag definiert werden. 52

Von Gesetzes wegen obliegen Instandhaltung und Instandsetzung dem Vermieter, da er die Mietsache in vertragsgemäßem Zustand zu erhalten hat (§ 535 BGB). Es ist indes üblich, dass der **Mieter** diese Pflichten vertraglich zumindest teilweise **übernimmt**. In welchem Umfang dies geschieht, sollte vertraglich möglichst exakt definiert werden. 53

In **Individualverträgen** ist jede denkbare Konstellation bis hin zur vollständigen Übernahme der Instandhaltungs- und Instandsetzungspflicht durch den Mieter (z.B. beim Triple net-Vertrag) zulässig.[42] 54

Bei vom Vermieter verwendeten **Formularverträgen** akzeptiert die Rechtsprechung, dass dem Mieter die **Schönheitsreparaturen** auferlegt werden, also das Streichen oder Tapezieren von Wänden und Decken sowie das Streichen der Heizkörper und Rohre, der Innentüren und der Fenster und Außentüren von innen;[43] jedenfalls im Gewerbemietrecht gehört auch die Grundreinigung des Teppichbodens dazu.[44] Formularmäßige Schönheitsreparaturklauseln, die nicht – z.B. mit der Formulierung „in der Regel nach (…) Jahren" – auf den konkreten Zustand des Mietobjekts abstellen,[45] sondern starre Fristen vorsehen, sind unwirksam; das selbe gilt für Endrenovierungsklauseln mit starrer Abgeltungsquote, die den Mieter bei Beendigung des Mietverhältnisses zur Zahlung eines allein vom Zeitablauf abhängigen Anteils an den Kosten für noch nicht fällige Schönheitsreparaturen nach feststehenden Prozentsätzen verpflichten.[46] Der gewerbliche Mieter kann zur umfassenden 55

[42] OLG Saarbrücken, NZM 2003, 438 – Triple net-Vertrag.

[43] BGH, WuM 1988, 294 – Schönheitsreparaturen.

[44] BGH, NJW 2009, 510 – Teppichboden.

[45] BGH, NJW 2005, 3416 – Schönheitsreparaturen „in der Regel".

[46] BGH, NJW 2004, 2586 – starre Schönheitsreparaturklausel bei Wohnraummiete; BGH, NJW 2006, 3778 – starre Abgeltungsquote; BGH, NJW 2008, 3772 – starre Schönheitsreparaturklausel bei Gewerbemiete;

Instandhaltung und Instandsetzung im Inneren der Mieträume verpflichtet werden,[47] nicht jedoch der tragenden Gebäudeteile, der Fassade und des Dachs („Dach und Fach").[48]

56 Ist nach den maßgeblichen Regelungen der Vermieter zur Instandhaltung und/oder Instandsetzung verpflichtet, so ist eine zweite Frage, inwieweit er die dadurch entstehenden **Kosten** auf den Mieter als Betriebskosten **umlegen** kann.[49]

57 Im **Beispielfall 53** sollten I und M in ihrem Mietvertrag genau abgrenzen, wer welche Instandhaltungs- und Instandsetzungsaufgaben übernimmt. M sollte zur Durchführung von Schönheitsreparaturen verpflichtet werden. Darüber hinaus ist für I eine Regelung erstrebenswert, wonach M die eigenverantwortliche Instandhaltung der Mieträume übernimmt. Instandhaltungsarbeiten an tragenden Gebäudeteilen, Fassade und Dach sowie an den haustechnischen Anlagen sollten hingegen von I durchgeführt werden, wobei die dadurch entstehenden Kosten im Rahmen der Betriebskostenumlagen berücksichtigt werden können. Günstig ist es für I, wenn M darüber hinaus auch die Instandsetzung der Mieträume verantwortet, zumindest bis zu einer betragsmäßigen Obergrenze pro Einzelfall und/oder pro Jahr (Deckelung).

1.5.2 Mängelansprüche

58 **Beispielfall 54:** Der Ausfall der Klimaanlage
Während der Mietzeit fällt die Klimaanlage in den Mieträumen des M in einem heißen Sommer aus. Welche Ansprüche kann M geltend machen?

59 Ist die Tauglichkeit der Mietsache zum vertragsgemäßen Gebrauch aufgehoben oder eingeschränkt, so liegt ein **Mangel der Mietsache** vor (§ 536 BGB). Entscheidend ist die Tauglichkeitseinschränkung, nicht deren Ursache. Die Ursachen können vielfältiger Natur sein, beispielsweise
- gebäudetechnische Schäden[50] und Störungen;[51]
- die fehlende bauliche Geeignetheit für die vertraglich festgeschriebene Nutzung;[52]
- die fehlende Geeignetheit für die vertragsgemäße Nutzung aufgrund entgegenstehender gesetzlicher oder behördlicher Verbote (z.B. des Bauordnungsrechts[53] und des Arbeits- und Gesundheitsschutzes)[54] oder fehlender behördlicher Genehmigungen;[55]
- Schäden und Störungen außerhalb der Mieträume am Gebäude oder der Zuwegung;[56]
- Schlechterfüllung der vermieterseitigen Leistungspflichten (z.B. Energieversorgung, Reinigung, Beleuchtung);[57]
- von außen einwirkende Störungen (z.B. Lärm oder Zugangsbehinderungen);[58]

---

[47] BGH, WuM 1987, 154 – Instandsetzung der Mieträume.
[48] OLG Dresden, NJW-RR 1997, 395 – „Dach und Fach"-Klausel I.
[49] Dazu § 13 Rdn. 25.
[50] AG Köln, WuM 1980, 163 – defekte Lüftungsanlage.
[51] AG Hannover, WuM 1999, 331 – Ausfall des Aufzugs.
[52] BGH, BB 1958, 575 – fehlende Nutzlast für Lagerraum.
[53] OLG Düsseldorf, ZMR 2002, 739 – Brandschutzmängel.
[54] OLG Düsseldorf, NJW-RR 1998, 1307 – zu hohe Temperatur.
[55] BGH, ZMR 2008, 274 – fehlende Baugenehmigung für Nutzungsänderung.
[56] BGH, NJW 1994, 945 – Treppenhaus.
[57] AG Potsdam, WuM 1996, 760 – Mülltonnenleerung.
[58] BGH, NJW 1981, 2405 – Zugangsbehinderung.

- über 10% geringere als vertraglich vereinbarte Fläche;[59]
- Rechte Dritter an der Mietsache (z.B. Doppelvermietung).[60]

Ein Mangel ist auch gegeben, wenn eine vom Mieter **zugesicherte Eigenschaft** der Mietsache fehlt. Eine Zusicherung liegt erst vor, wenn sich aus der Erklärung des Vermieters ergibt, dass er eine Garantie für das Vorliegen der Eigenschaft übernehmen und hierfür verschuldensunabhängig einstehen will.[61] 60

Im **Beispielfall 54** ist der Ausfall der Klimaanlage ein Mangel der Mietsache. Es handelt sich um eine gebäudetechnische Störung. Wenn sich die Mieträume, in denen die Angestellten des M arbeiten, stark aufheizen, kann darüber hinaus die Geeignetheit als Büroraum eingeschränkt oder u.U. sogar wegen Verstoßes gegen die Arbeitsstättenverordnung ausgeschlossen sein. 61

Liegt ein Mangel vor, so stehen dem Mieter grundsätzlich **verschiedene Rechte** zur Seite, nämlich der Anspruch auf Beseitigung des Mangels durch den Vermieter, die Mietminderung, der Schadensersatz, der Aufwendungsersatz und die Kündigung. Die Rechte sind gesetzlich **unterschiedlich ausgestaltet**, je nachdem, ob der Mangel schon bei Beginn des Mietverhältnisses vorliegt (anfänglicher Mangel) oder erst später auftritt: 62

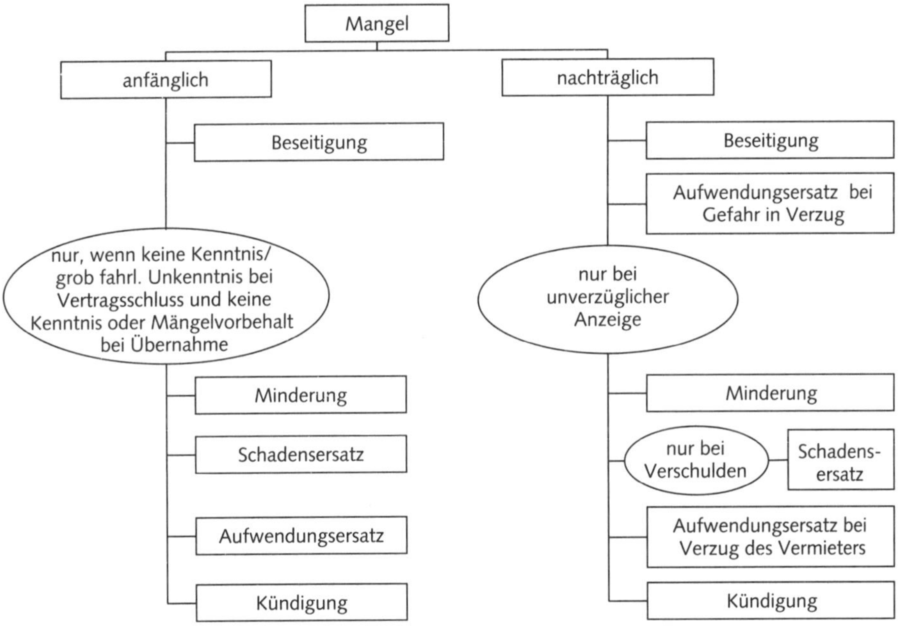

Abbildung 36: Mängelansprüche des Mieters

Der Mieter kann **bei anfänglichen Mängeln** vom Vermieter die **Beseitigung des Mangels** verlangen. Dies ist ein Erfüllungsanspruch, da der Vermieter zur Erhaltung der Mietsache in vertragsgemäßen Zustand verpflichtet ist. 63

[59] OLG Karlsruhe, NZM 2002, 218 – 10% Flächenabweichung bei Wohnraum; BGH, NJW 2005, 2152 – 10% Flächenabweichung bei Gewerberaum.
[60] OLG Frankfurt, NJW-RR 1997, 77 – Doppelvermietung.
[61] BGH, NJW 2000, 1714 – Anpreisung keine Zusicherung.

64 Der Mieter kann – **neben** den anderen Mängelansprüchen – die **Miete mindern**, d.h. in dem Maße herabsetzen, in dem die Tauglichkeit der Mietsache zum vertragsgemäßen Gebrauch eingeschränkt ist. Ist die Tauglichkeit aufgehoben, so muss der Mieter keine Miete leisten. Ist sie nur eingeschränkt, so hat der Mieter eine angemessen herabgesetzte Miete zu entrichten (§ 536 BGB). Welche Minderung angemessen ist, kann nicht allgemeingültig beantwortet, sondern nur im Einzelfall unter Berücksichtigung der Schwere des Mangels sowie des Grades und der Dauer der Beeinträchtigung entschieden werden.[62] Bemessungsgrundlage ist die Miete einschließlich aller Nebenkosten (Bruttomiete).[63] Für die verschiedenen Fallgruppen liegt umfangreiche Rechtsprechung vor.

65 Der Mieter führt die Mietminderung durch, indem er den entfallenden Teil der Miete nicht zahlt und gleichzeitig gegenüber dem Vermieter die Minderung erklärt. Die Minderung muss nicht sofort nach Kenntniserlangung vom Mangel durchgeführt werden. Der Mieter kann auch zunächst die volle Miete weiter zahlen; er kann allerdings bei vorbehaltloser Zahlung nicht rückwirkend, sondern nur für zukünftig fällig werdende Mietzahlungen die Minderung durchführen.[64] Um dies zu vermeiden, sollten die Zahlungen mit dem **Vorbehalt** nachträglicher Minderung und Rückforderung geleistet werden.

66 Ist dem Mieter aufgrund des Mangels ein Schaden entstanden, so kann er **Schadensersatz** verlangen (§ 536 a Abs. 1 BGB). Ein Verschulden des Vermieters ist hierfür nicht erforderlich. Schäden können beispielsweise in Form von Beschädigungen an eigenen Sachen des Mieters[65] oder als wirtschaftlicher Schaden (etwa entgangener Gewinn[66]) auftreten.

67 Wenn der Vermieter mit der Beseitigung des Mangels in Verzug[67] gerät oder die umgehende Beseitigung für den Erhalt der Mietsache notwendig ist („Gefahr in Verzug"), kann der Mieter den Mangel selbst beseitigen und **Aufwendungsersatz**[68] verlangen (§ 536 a Abs. 2 BGB). Der Mieter kann den Mietvertrag auch außerordentlich **kündigen**, allerdings grundsätzlich erst nach erfolglosem Ablauf einer zur Mängelbeseitigung bestimmten angemessenen Frist (§ 543 BGB).[69]

68 Hinsichtlich anfänglicher Mängel hat der Mieter nur den Beseitigungsanspruch, jedoch keine weiteren Mängelansprüche, wenn er den Mangel bei Vertragsschluss kennt oder grob fahrlässig nicht kennt (letzteres gilt ausnahmsweise nicht bei arglistigem Verschweigen des Vermieters). Kennt der Mieter den Mangel zwar nicht bei Vertragsschluss, jedoch bei der Übergabe der Mietsache, so hat er ebenfalls keine weiteren Mängelansprüche, wenn er sich seine Rechte nicht bei der Annahme vorbehält (§ 536 b BGB). Aufgrund dieses **gesetzlichen Haftungsausschlusses** ist es wichtig, bei der Übergabe der Mietsache deren Zustand detailliert zu protokollieren und den Vorbehalt ausdrücklich aufzunehmen.[70]

69 Im **Beispielfall 54** liegt kein anfänglicher Mangel vor, da die Klimaanlage zunächst funktionierte und erst im Laufe der Mietzeit ausfiel.

70 Tritt der Mangel **erst nach Vertragsschluss** auf, so hat der Mieter den **Beseitigungsanspruch,** das Recht zur **Mietminderung**, zum **Aufwendungsersatz** und zur **Kündigung** in gleichem Umfang wie bei anfänglichen Mängeln. **Schadensersatz** kann er hingegen nur

---

[62] OLG Celle, ZMR 1995, 204 – angemessene Minderung.
[63] BGH, BGH-Rep. 2005, 895 – Bruttomiete als Bemessungsgrundlage.
[64] BGH, NJW 2003, 2601 – spätere Minderung.
[65] BGH, NJW 1975, 645 – Mangelfolgeschaden.
[66] OLG München, ZMR 1996, 322 – entgangener Gewinn.
[67] BGH, NJW 2008, 1218 – keine Kostenerstattung bei Selbstbeseitigung ohne Inverzugsetzung.
[68] BGH, NJW 1996, 921 – Vermögensaufwendung.
[69] OLG Düsseldorf, ZMR 1999, 26 – angemessene Abhilfefrist.
[70] LG Berlin, ZMR 1990, 420 – Protokoll ohne Vorbehalt.

begehren, wenn der Vermieter den Mangel zu vertreten hat oder mit der Mängelbeseitigung in Verzug ist. Diese Einschränkung ist für den Vermieter oftmals bedeutsam, da Schäden durch Umsatzausfälle u.ä. weit höher sein können als die Mietminderungsbeträge.

Mängel, die erst während der Mietzeit auftreten, muss der Mieter unverzüglich dem Vermieter **anzeigen** (§ 536 c BGB). Unterlässt er die Anzeige, so ist er dem Vermieter zum Ersatz des daraus entstehenden Schadens verpflichtet. Er kann seinerseits keine Mietminderung, Schadensersatz oder Aufwendungsersatz wegen Verzugs des Vermieters mit der Mängelbeseitigung geltend machen, soweit der Vermieter wegen der unterlassenen Anzeige den Mangel nicht beseitigen konnte. 71

Der Ausfall der Klimaanlage im **Beispielfall 54** ist ein nachträglicher Mangel. M kann von I die Beseitigung, also die Reparatur der Klimaanlage verlangen. Dies gilt allerdings ausnahmsweise dann nicht, wenn M sich zur Instandsetzung der Mietsache einschließlich dort befindlicher Leitungen und anderer haustechnischer Einrichtungen verpflichtet hat und der Schaden an der Klimaanlage innerhalb der Mietfläche, beispielsweise an einer Leitung, aufgetreten ist. Ist I für die Instandsetzung verantwortlich, so kann M die Miete mindern, solange die Klimaanlage defekt ist; die Höhe der Mietminderung kann nur im Einzelfall unter Berücksichtigung der konkreten Beeinträchtigung beurteilt werden. Schadensersatz kann M nur verlangen, wenn I den Mangel zu vertreten hat, etwa wegen ungenügender Wartung der Klimaanlage. Aufwendungsersatz und Kündigung sind grundsätzlich denkbar, allerdings erst nach fruchtlosem Verstreichen einer Frist zur Mängelbeseitigung. 72

M muss die defekte Klimaanlage unverzüglich dem I anzeigen. Unterlässt er dies und vergrößert sich dadurch der Schaden, so ist der weitergehende Schaden von M zu ersetzen. Außerdem kann M keine Mietminderung und gegebenenfalls auch keinen Schadensersatz geltend machen, solange er den Mangel nicht angezeigt hat.

Die Parteien können vertraglich die **Mängelansprüche des Mieters ausschließen oder beschränken**. Dies geht nur dann nicht, wenn der Vermieter den Mangel arglistig verschwiegen hat. Die Einschränkung der Mängelansprüche ist in Gewerbemietverhältnissen üblich und in individuell ausgehandelten Verträgen unproblematisch. Formularmäßig sind die von der Rechtsprechung gezogenen Grenzen zu beachten. Zulässig ist es, den Schadensersatzanspruch auch bei anfänglichen Sachmängeln vom Verschulden des Vermieters abhängig zu machen.[71] Das Minderungsrecht kann auf rechtskräftig festgestellte oder unstreitige Mängel beschränkt werden;[72] Möglich ist auch der Minderungsausschluss wegen aller Mängel, wenn dem Mieter die Möglichkeit der Rückforderung nach § 812 BGB bleibt; der vollständige Ausschluss des Minderungsrechts ist hingegen unwirksam.[73] 73

1.5.3 Bauliche Veränderungen

Der **Mieter** ist nicht berechtigt, ohne Zustimmung des Vermieters bauliche Änderungen an der Mietsache vorzunehmen.[74] Vertraglich wird häufig geregelt, dass der Vermieter zur Zustimmung verpflichtet ist, wenn nicht wichtige (z.B. technische) Gründe entgegen stehen und sich der Mieter verpflichtet, bei Ende des Mietverhältnisses den ursprünglichen Zustand wieder herzustellen, wenn nicht der Vermieter die bauliche Veränderung gegen Werterstattung übernimmt. 74

---

[71] BGH, NJW 2002, 3232 – Ausschluss der Garantiehaftung.
[72] BGH, NJW-RR 1993, 519 – Beschränkung der Minderung.
[73] BGH, NJW 2008, 2497 – kein Ausschluss des Minderungsrechts.
[74] LG Mosbach, WuM 1996, 618 – bauliche Änderung durch Mieter.

75 Auch der **Vermieter** ist grundsätzlich nicht zur Durchführung baulicher Veränderungen berechtigt, da der Mieter Anspruch auf die Mietsache in dem bei Vertragsschluss bestehenden Zustand hat. Der Mieter muss jedoch diejenigen Maßnahmen, die zur **Erhaltung** der Mietsache erforderlich sind, sowie **Modernisierungsmaßnahmen** zur Einsparung von Energie oder Wasser dulden (§§ 554, 578 BGB); dazu gehört auch der Anschluss an ein Fernwärmenetz.[75] Die Modernisierungsmaßnahmen müssen dem Mieter spätestens drei Monate zuvor angekündigt werden;[76] das Nähere sollte vertraglich geregelt werden.

1.6 Form des Mietvertrags

76 **Beispielfall 55:** Schriftform
Investor I und Mieter M wollen den im Beispielfall 53 erwähnten Mietvertrag schließen. Welche Formerfordernisse haben sie zu beachten?

77 Für den Mietvertrag ist grundsätzlich keine besondere Form vorgeschrieben, so dass er auch mündlich oder konkludent geschlossen werden könnte. Dies wäre allerdings schon hinsichtlich der gebotenen Klarheit und Eindeutigkeit nicht empfehlenswert. Darüber hinaus sieht § 550 BGB vor, dass ein nicht in schriftlicher Form geschlossener Mietvertrag mit einer Laufzeit von mehr als einem Jahr als auf unbestimmte Zeit geschlossen gilt, also innerhalb der gesetzlichen Fristen jederzeit ordentlich gekündigt werden könnte. Diese Rechtsfolge sollten beide Parteien vermeiden und daher **Mietverträge stets schriftlich** abschließen.

78 Die Rechtsprechung hat an die Schriftlichkeit von Mietverträgen **Anforderungen** gestellt, die nicht unmittelbar auf der Hand liegen, jedoch beachtet werden müssen:
- Sämtliche wesentlichen Vertragsinhalte müssen schriftlich festgehalten sein;[77]
- der schriftliche Mietvertrag muss von beiden Parteien am Ende des Texts unterschrieben werden;[78]
- die Unterschriften müssen sich in der selben Vertragsurkunde befinden (ein schriftliches Vertragsangebot, das von der anderen Partei mit gesondertem Schreiben angenommen wird, genügt also nicht);[79]
- die Unterschriftsdaten dürfen maximal zwei bis drei Wochen auseinander liegen;[80]
- alle Vertragsbestandteile (einschließlich Anlagen) müssen körperlich fest miteinander verbunden sein, z.B. durch Ösung oder Heftung, so dass ein Herausnehmen oder Austauschen einzelner Seiten nicht möglich ist;[81]
- das Erfordernis der festen Verbundenheit gilt auch, wenn der Mietvertrag zu einem späteren Zeitpunkt geändert wird (dann muss nicht nur die Änderungsvereinbarung, sondern der Gesamtvertrag in seiner aktuellen Form fest verbunden sein);[82] zumindest muss der Nachtrag eine Bezugnahme auf die Schriftstücke enthalten, aus denen sich die wesentlichen Vertragsbedingungen ergeben.[83]

79 Nach einer Phase mit einer strengen formalen Betrachtungsweise hat die Rechtsprechung in jüngerer Zeit die **Anforderungen gelockert**. Es genügt bei fehlender körperlicher

[75] BGH, NJW 2008, 3630 – Anschluss an Fernwärmenetz.
[76] KG, ZMR 2006, 612 – Modernisierungsankündigung.
[77] BGH, NJW 2008, 365 – Mietzinsfälligkeit als wesentliche Vertragsbedingung.
[78] BGH, NJW 1991, 487 – „Oberschrift" am Textanfang.
[79] BGH, NJW 2001, 221 – Schriftwechsel.
[80] KG, NZM 2007, 731 – Zeitraum zwischen Unterschriften.
[81] BGH, NJW 1964, 395 – feste körperliche Verbindung.
[82] BGH, NZM 2002, 291 – Vertragsänderung.
[83] BGH, NJW 2008, 2181 – Nachtrag mit Bezugnahme.

Verbindung, dass sich die Einheit des Vertrags aus der Paginierung, den fortlaufenden Paragrafen oder Ziffern, dem inhaltlichen Zusammenhang und/oder der einheitlichen äußeren Gestaltung ergibt;[84] auf Anlagen muss ausdrücklich Bezug genommen werden.[85] Dennoch ist es empfehlenswert, die **Formerfordernisse** streng einzuhalten, um insoweit jegliches Risiko zu vermeiden.

I und M wollen im **Beispielfall 55** einen Mietvertrag mit einer Festlaufzeit von 10 Jahren schließen, bei dem während der Laufzeit die ordentliche Kündigung ausgeschlossen sein soll. Damit diese Kündigungsmöglichkeit nicht doch über § 550 BGB eröffnet wird, müssen sie die Schriftform beachten. Alle Seiten des Mietvertrags sollten einheitlich gestaltet und durchlaufend nummeriert sein; darüber hinaus ist es am besten, den Vertrag zu heften oder zu ösen und dadurch alle Seiten fest zu verbinden. Hierzu gehören auch etwaige Anlagen, z.B. der Plan mit der Kennzeichnung der Mietfläche. Außerdem müssen Anlagen eindeutig gekennzeichnet sein; im Vertragstext muss auf sie in unmissverständlicher Weise Bezug genommen werden. 80

1.7 Triple net-Mietvertrag

Beispielfall 56: Der Triple net-Vertrag 81
Investor I betrachtet das zu vermietende Bürogebäude als Kapitalanlage; er hält es in seinem Anlagenportfolio, damit es Rendite abwirft. Mit der kaufmännischen und technischen Verwaltung möchte I so wenig wie möglich zu tun haben. Wie kann dies rechtlich gestaltet werden?

Der Triple net-Mietvertrag ist eine aus dem anglo-amerikanischen Rechtsraum stammende 82
Mietvertragsform, bei der die **Bewirtschaftung der Mietsache weitestgehend dem Mieter übertragen** wird. Für den Vermieter ist das Mietverhältnis „dreifach netto" (triple net), weil

- die Steuern und Abgaben vom Mieter getragen werden;
- der Mieter für den Versicherungsschutz sorgt;
- der Mieter die gesamte Unterhaltung, Instandhaltung und Instandsetzung des Gebäudes übernimmt.

Die Rolle des Vermieters beschränkt sich auf die **Zurverfügungstellung der Mietsa-** 83
che und Entgegennahme der Mieten (ohne Betriebskosten). Für den Gebäudezustand ist er gegenüber dem Mieter nicht verantwortlich; dieser hat keine Mängelansprüche. Der Vertragstyp kommt dann in Frage, wenn der Vermieter die Mietsache ausschließlich als **Renditeobjekt** betrachtet, mit dem er den geringst möglichen Verwaltungsaufwand verbinden will, und der Mieter zur **eigenständigen Bewirtschaftung** der Mietsache bereit und in der Lage ist und hier Einsparpotenziale erkennt.

Der Triple net-Mietvertrag kommt grundsätzlich nur bei der **Vermietung ganzer** 84
Grundstücke samt aufstehenden Gebäuden in Frage. Werden Gebäudeteilflächen an unterschiedliche Mieter vermietet, so wird die Bewirtschaftung in der Regel in der Hand des Vermieters liegen. Die theoretisch alternativ vorstellbaren Bewirtschaftungsgemeinschaften der Mieter dürften in der Praxis nicht zu realisieren sein.

[84] BGH, NJW 1998, 58 – keine körperliche Verbindung.
[85] BGH, NZM 2003, 281 – Bezug auf Anlagen.

85 Triple net-Mietverträge sind **individuell frei gestaltbar.**[86] Es hängt von der konkreten Ausgestaltung der Parteien ab, in welchem Umfang der Mieter Aufgaben und Verantwortlichkeiten übernimmt. Jede Zwischenstufe zwischen dem klassischen Mietvertrag und der umfassenden Triple net-Gestaltung ist denkbar.

86 Die **formularmäßige Verwendung** von Triple net-Verträgen seitens des Vermieters ist problematisch. Die Abwälzung der umfassenden Instandsetzungspflicht auf den Mieter wird von der Rechtsprechung als unangemessen bewertet.[87] Der Vertragstyp sollte daher stets individuell verhandelt werden.

87 Im **Beispielfall 56** kommt ein Triple net-Mietvertrag in Frage. Durch diese Vertragsgestaltung werden sämtliche Aufgaben der kaufmännischen und technischen Bewirtschaftung des Bürogebäudes auf den Mieter übertragen. Die Rolle des I beschränkt sich darauf, die (Netto-) Mietzahlungen zu vereinnahmen. Der Mieter wird hierzu bereit sein, wenn er zur Erfüllung der Bewirtschaftungsaufgaben selbst oder durch Dritte in der Lage ist und dabei Einsparungen gegenüber einer Bezahlung durch Betriebskostenumlagen realisieren kann. Wegen der AGB-rechtlichen Bedenken gegen diese untypische Vertragsgestaltung sollten die Parteien diesen Vertrag im Einzelnen individuell aushandeln.

1.8 Verpachtung mit Inventar

88 Durch den Pachtvertrag wird der Verpächter verpflichtet, dem Pächter **den Gebrauch des verpachteten Gegenstands und den Genuss der Früchte während der Pachtzeit** zu gewähren (§ 581 BGB). Im Unterschied zur Miete darf also der Pächter die Sache nicht nur gebrauchen, sondern auch die Früchte (§ 99 BGB) ziehen. Der naheliegendste Fall der Fruchtziehung ist die **landwirtschaftliche und gärtnerische Nutzung** des Grund und Bodens. Für die landwirtschaftliche Nutzung gelten die besonderen Regelungen des Landpachtvertrags (§§ 585 ff. BGB), für die kleingärtnerische Nutzung das Bundeskleingartengesetz.

89 Pachtverhältnisse können auch bei der **Überlassung von Gewerbeimmobilien** begründet werden. Die übliche Überlassung von unmöblierten Räumen zum Betrieb eines Unternehmens ist allerdings Miete, da die durch dieses Unternehmen erzielten Erträge nicht Frucht der Räume, sondern des Unternehmens als eines weit komplexeren Inbegriffs von Sachen und Rechten sind. Von einer Fruchtziehung aus den Räumen geht die Rechtsprechung nur dann aus, **wenn die Räume durch den Verpächter bereits ausgestattet sind.** Dies kann bei der Verpachtung von möblierten Büroflächen der Fall sein, aber auch bei Gaststätten, Werkstätten oder Tankstellen, die **samt Inventar** verpachtet werden. Dieses Inventar stellt einen über die reinen Räumlichkeiten hinausgehenden Geschäftswert dar, dessen Früchte der Pächter zieht.[88] Der Verpächter übernimmt kein Verwendungsrisiko; es ist Sache des Pächters, die Rentabilität zu kalkulieren.[89]

90 Die gesetzlichen Regelungen zum Pachtvertrag (§§ 581 ff. BGB) verweisen weitestgehend auf die **mietvertraglichen Vorschriften**, so dass die rechtliche Einordnung des Vertragstyps von untergeordneter Bedeutung ist.

---

[86] OLG Saarbrücken, NZM 2003, 438 – Triple net-Vertrag; OLG Oldenburg, NZM 2003, 439 – „Dach und Fach"-Klausel II.

[87] BGH, NJW-RR 1987, 906 – Übertragung der Instandsetzungspflicht I; OLG Naumburg, NZM 2000, 1183 – Übertragung der Instandsetzungspflicht II.

[88] BGH, NJW-RR 1991, 906 – Abgrenzung von Miete und Pacht.

[89] OLG Düsseldorf, OLGR 2007,233 – Rentabilität der Pachtsache.

2. Immobilien-Leasing

Beispielfall 57: Das Leasingmodell 91
Das Unternehmen U benötigt ein neues Bürogebäude. Der Kauf eines bebauten Grundstücks und der Bau auf eigenem Grundstück scheiden aus unternehmenspolitischen Gründen aus, da U sich auf seine Kernkompetenzen beschränken und keinen eigenen Immobilienbestand besitzen will. Andererseits empfindet U die Anmietung eines Gebäudes als nachteilig, weil möglicherweise in 10 bis 15 Jahren die Übernahme des Gebäudes in den Bestand von U unternehmenspolitisch geboten sein wird, auf den Eigentumserwerb jedoch im Mietverhältnis kein Anspruch bestünde und selbst bei Verkaufsbereitschaft des Vermieters die bislang gezahlten Mieten „verloren" wären. U möchte wissen, ob es seine Interessen mit einem Leasingmodell umsetzen kann.

Das Immobilienleasing ist eine der Miete ähnliche Vertragsform. Der Leasinggeber gewährt 92
dem Leasingnehmer die **Nutzung** eines Grundstücks oder Gebäudes, der dafür **Leasingraten** an den Leasingnehmer zahlt. Häufig hat der Leasingnehmer ein **Ankaufsrecht** nach Ende der Vertragslaufzeit. Die **Instandhaltung** und **Instandsetzung** obliegt regelmäßig dem Leasingnehmer.[90]

2.1 Erscheinungsformen

Der Leasingvertrag ist gesetzlich nicht geregelt. Die Rechtsprechung wendet die Normen 93
zur Miete (§§ 535 ff. BGB) entsprechend an, soweit nicht Besonderheiten des konkreten Leasingvertrags entgegenstehen.[91]

Der Leasingvertrag wurde als **Finanzierungsinstrument** entwickelt. Charakteristisch 94
ist, dass der Leasinggeber erst auf Initiative des Leasingnehmers ein Grundstück erwirbt, um es anschließend dem Leasingnehmer zur Nutzung zu überlassen. Es gibt zwei hauptsächliche Konstellationen:
- Der Leasinggeber erwirbt das – vom Leasingnehmer ausgewählte – Grundstück von einem Dritten und verleast es an den Leasingnehmer;
- der Leasinggeber erwirbt das Grundstück vom Leasingnehmer und verleast es sofort an ihn zurück (sale und lease back).

Leasingverträge haben oftmals auch bilanzielle Hintergründe. Je nach konkreter Ausgestal- 95
tung gilt der Leasinggeber oder der Leasingnehmer als wirtschaftlicher Eigentümer, der das Grundstück in seine **Bilanz** aufzunehmen hat. Hierzu gibt es umfangreiche Leasing-Erlasse des Bundesfinanzministeriums, die die einzelnen Fallgestaltungen behandeln.

2.1.1 Erwerb vom Dritten

In der ersten Fallgruppe (Erwerb vom Dritten) könnte der Leasingnehmer das Grundstück 96
auch selbst erwerben, will oder kann jedoch den Kaufpreis nicht aufbringen. Dies tut stattdessen der Leasinggeber, der im Gegenzug die Leasingraten erhält. Diese Konstellation ist einem darlehensfinanzierten Erwerb ähnlich, jedoch bestehen wichtige Unterschiede zum einen im Bilanz- und Steuerrecht, zum anderen in der Finanzierungstechnik:

Beim darlehensfinanzierten Grundstückserwerb ist der Grundstücksnutzer der Eigen- 97
tümer, so dass er das Grundstück bilanziert und abschreibt. Beim Leasing ist hingegen der

[90] BGH, NJW 1998, 1637 – Haftung und Gefahr bei Leasingnehmer.
[91] BGH, NJW 1990, 1113 – Anwendung des Mietrechts.

Leasinggeber Eigentümer und in der Regel auch wirtschaftlicher Eigentümer im Sinne des Steuerrechts, so dass das Grundstück von ihm bilanziert und abgeschrieben wird.[92] Das Grundstück wird in die Bilanz des Leasingnehmers nicht aufgenommen, was oftmals als vorteilhaft angesehen wird.[93]

98 Finanzierungstechnisch ist das Grundstück beim darlehensfinanzierten Erwerb vollständig zu bezahlen. Der Leasingvertrag beruht hingegen in der Regel auf einer **Teilamortisation**, d.h. die Summe der Leasingraten deckt nur einen Teil der Erwerbskosten des Leasinggebers. Den Restbetrag nach Ende der Vertragslaufzeit muss der Leasinggeber durch Verkauf des Grundstücks an den Leasingnehmer oder einen Dritten oder durch sonstige Verwertung des Grundstücks (etwa Verleasen oder Vermieten an einen Dritten) decken. Dies stellt für den Leasinggeber ein nicht unerhebliches Risiko dar, das er nur dadurch minimieren könnte, dass er entweder seine Kosten durch die Leasingraten deckt (Vollamortisation) oder sich die Option ausbedingt, das Grundstück nach Laufzeitende zu einem definierten Kaufpreis an den zum Erwerb verpflichteten Leasingnehmer zu veräußern (**Andienungsrecht**).[94] Beides ist zumindest derzeit am Markt nur sehr selten durchsetzbar. Üblich ist hingegen ein **Ankaufsrecht** des Leasingnehmers, das ihm die Möglichkeit (jedoch nicht die Verpflichtung) gibt, das Grundstück nach Vertragsende zu einem definierten Kaufpreis zu erwerben.

99 Oftmals ist das Grundstück, das der Leasinggeber vom Dritten erwirbt, noch unbebaut. Das Gebäude wird nach den Vorstellungen des Leasingnehmers (die im Leasingvertrag in Form einer Baubeschreibung detailliert festzuhalten sind) errichtet, jedoch vom Leasinggeber bezahlt. Die **Baukosten** fließen dann in die Berechnung der Leasingraten ein. Wenn offen ist, ob nach Ende des Leasingvertrags der Leasingnehmer das Grundstück übernimmt oder der Leasinggeber es anderweitig verwerten muss, muss dieser darauf achten, dass die Immobilie allgemein verwendbar, also nicht zu speziell auf die Bedürfnisse des Leasingnehmers zugeschnitten ist.

100 Im **Beispielfall 57** kommt für U ein Immobilienleasing in Betracht, bei dem U während der Laufzeit des Leasingvertrags die Leasingraten zahlt und danach eine Ankaufoption zum Restwert – also unter Anrechnung der Leasingraten – ausüben kann. Mit diesem Modell erreicht U, dass während der Laufzeit die Immobilie nicht in seinem Eigentum steht. Nach Ablauf der Leasingzeit kann U, wenn dies dann seiner Unternehmenspolitik entsprechen sollte, das Eigentum erwerben. Die geleisteten Leasingraten, die der Teilamortisation gedient haben, werden bei der Berechnung des Kaufpreises berücksichtigt.

2.1.2 Sale and lease back

101 Dem **Sale and lease back** liegt ein anderes Finanzierungsziel zugrunde.[95] Dem Leasingnehmer, der bislang Grundstückseigentümer war, geht es darum, kurzfristig liquide Mittel in Form des Kaufpreises zu erhalten. Diesem Mittelzufluss steht die langfristige Verpflichtung zur Zahlung der Leasingraten gegenüber. Neben dem Mittelzufluss kann ein weiteres Ziel des Sale and lease back das „Outsourcing“ des Immobilienbestands sein; das weiterhin genutzte Grundstück wird nun nicht mehr vom Leasingnehmer bilanziert.

---

[92] BFH, DB 1984, 2331– wirtschaftlicher Eigentümer.
[93] Dazu § 6 Rdn. 38 ff.
[94] BGH, NJW 1996, 923 – Andienungsrecht.
[95] Vgl. BGH, NJW 1990, 829 – Sale and lease back.

Aufgrund des kurzfristigen Mittelzuflusses erscheint das Sale and lease back für finanzknappe Kommunen attraktiv. Angesichts der langfristigen Ratenzahlungsverpflichtung stehen die Kommunalaufsichtsbehörden – die die Leasingverträge genehmigen müssen – dieser Form der Finanzmittelbeschaffung indes zunehmend kritisch gegenüber. Bei grober Verletzung des Grundsatzes der Sparsamkeit und Wirtschaftlichkeit kommunaler Haushaltsführung kann Sittenwidrigkeit vorliegen.[96] 102

2.2 Vertragsinhalt

Während der Laufzeit des Leasingvertrags sind die selben **Fragen regelungsbedürftig** wie beim Mietvertrag. Häufig übernimmt der Leasingnehmer bezüglich Instandhaltung und Instandsetzung, unmittelbarer Zahlung der Nebenkosten und Versicherungen weitergehende Pflichten als ein Mieter. Der Leasinggeber beschränkt sich auf seine **Finanzierungsfunktion** und überlässt die technische und kaufmännische Bewirtschaftung des Grundstücks dem Leasingnehmer. 103

Es gibt indes auch die umgekehrte Tendenz, dass der Leasinggeber neben der Zurverfügungstellung der Immobilie Facility Management-Aufgaben übernimmt, die über die Leasingraten vergütet werden. Dies wird als **Full-Service-Leasing** bezeichnet. 104

Im **Beispielfall 57** hängt die konkrete Ausgestaltung des Leasingvertrags von den Zielen und Bedürfnissen des U ab. Wenn es U lediglich darum geht, nicht Grundstückseigentümer zu sein, während er die kaufmännische und technische Verwaltung der Immobilie leisten kann und will, sollte er vertraglich diese Aufgaben übernehmen. Möglicherweise wird U indes im Rahmen der Konzentration auf Kernkompetenzen dies nicht wollen. Dann bietet es sich an, die kaufmännische und technische Bewirtschaftung beim Leasinggeber ansiedeln, der dafür eine entsprechend höhere Leasingrate erhält. 105

Literatur zur Vertiefung

Bub, Wolf-Rüdiger/Treier, Gerhard, Handbuch der Geschäfts- und Wohnraummiete, 4. Aufl., München 2006; *Büschgen, Hans E.,* Praxishandbuch Leasing, München 1998; *Fritz, Jürgen,* Gewerberaummietrecht, 5. Aufl., München 2009; *Gabele, Eduard/Dannenberg, Jan/Kroll, Michael,* Immobilien-Leasing, 3. Aufl., Wiesbaden 1998; *Horst, Hans Reinold,* Praxis des Mietrechts, 2. Aufl., München 2008; *Kossmann, Ralph,* Handbuch der Wohnraummiete, 6. Aufl., München 2003; *Schmidt-Futterer, Wolfgang,* Mietrecht (Großkommentar des Wohn- und Gewerberaummietrechts), 9. Aufl., München 2006.

[96] BGH, NZBau 2006, 590 – sittenwidriger Immobilienleasingvertrag.

§ 14 Bewirtschaftung von Immobilien

Wer Immobilien besitzt, die er selbst nutzt oder vermietet, muss sie kaufmännisch und technisch verwalten. Für diese Tätigkeiten haben sich eigene Dienstleistungsmärkte entwickelt. 1

1. Facility Management

Die umfassende Gebäudebewirtschaftung „aus einer Hand" wird im Rahmen des Facility Management angeboten. 2

Beispielfall 58: Outsorcing von FM-Leistungen 3
Investor I hat das von ihm errichtete Bürogebäude geschossweise an verschiedene Mieter vermietet. Er ist gegenüber den Mietern zu einer Reihe von Leistungen verpflichtet, etwa Instandhaltung und Instandsetzung der Allgemeinflächen, Betrieb der haustechnischen Anlagen, Hausmeister- und Pförtnerdienst, Gebäudereinigung, Winterdienst und gärtnerische Pflege der Außenanlagen. Er muss die Durchführung dieser Leistungen überwachen und die damit verbundenen Kosten planen und erfassen. I will all diese Leistungen nicht selbst erbringen, sondern möglichst gebündelt an einen Dritten vergeben.

1.1 Begriff des Facility Management

Die Bewirtschaftung eines Gebäudes erfordert das **technische, kaufmännische und infrastrukturelle Gebäudemanagement**. In technischer Hinsicht muss das Gebäude gewartet, instand gehalten und ggf. instand gesetzt werden; die haustechnischen Anlagen sind zu steuern und zu bedienen, Störungen sind kurzfristig zu beseitigen. Zum kaufmännischen Gebäudemanagement gehören die Buchhaltung, die Kostenplanung und Kontrolle, die Beschaffung und das Vertragsmanagement. Das infrastrukturelle Gebäudemanagement umfasst den Hausmeister und die Gebäudereinigung, den Winterdienst, Garten- und Außenanlagendienste sowie ggf. zentrale Kommunikations- und Parkhaus-/Tiefgaragenbetreiberdienste. Die Begrifflichkeiten werden uneinheitlich verwendet; dem versucht die DIN 32736 entgegenzuwirken. 4

Der Eigentümer des Gebäudes kann die verschiedenen Gebäudemanagementaufgaben selbst bzw. durch eigene Mitarbeiter wahrnehmen. Hat er das Grundstück oder Teilflächen vermietet, so ist mietvertraglich zu regeln, welche Aufgaben der Mieter übernimmt.[1] Der Eigentümer (bzw. der Mieter, soweit dessen Aufgabe) kann aber auch ein **externes Unternehmen** mit der Erfüllung dieser Aufgaben beauftragen. Die Dienstleistungen werden unter dem Begriff **Facility Management** (**FM**) zusammengefasst. Sie werden sowohl einzeln (z.B. Hausmeister- und Reinigungsdienste) als auch im Paket angeboten. 5

Der umfassende Facility Management-Vertrag ist in der Regel ein **typengemischter Vertrag** mit dienst- und werkvertraglichen Elementen. Gesetzlich ist er nicht geregelt. 6

[1] Dazu § 13 Rdn. 52 ff.

Musterverträge können Anhaltspunkte bieten, sollten jedoch unbedingt auf ihre Geeignetheit im konkreten Fall überprüft werden.

1.2 Vertragsinhalte

7 Der FM-Vertrag sollte ein detailliertes Leistungsverzeichnis – oft bezeichnet als **Service Level Agreement** – enthalten, in dem die Aufgaben des Facility Managers konkret beschrieben sind. Der Vertrag selbst enthält oft Vorgaben hinsichtlich Betriebskosten und Einsparpotenzialen. Die vom Facility Manager zu verwendende Software sowie Umfang und Form seiner Dokumentation – bis hin zu einem FM-Handbuch – sind zu regeln. Weitere **regelungsbedürftige Themen** sind Fristen und Termine, Bereitschafts- und Reaktionszeiten, Qualitätssicherung und Kontrollwesen, Leistungsstörungen, Haftung und Versicherung, Laufzeit und Kündigung.

8 Ein besonderes Augenmerk sollte den verwendeten Begriffen gelten; konkrete inhaltliche Erläuterungen sind gegenüber Schlagworten vorzugswürdig. So enthält die DIN 31051 Begriffsdefinitionen, nach denen – abweichend vom Mietrecht – „Instandhaltung“ der Oberbegriff von Inspektion, Wartung, Instandsetzung und Verbesserung ist. Die Abgrenzung von Wartung und Instandsetzung ist im Detail schwierig; so wird etwa der Austausch von Verschleißteilen in der DIN 31051 abweichend vom häufigen Sprachgebrauch der Instandsetzung zugeordnet.

9 Die **Vergütung** des Facility Managers kann pauschal oder nach Aufwand erfolgen; es bietet sich an, für den Leistungskatalog laufzeitabhängige Pauschalen und für darüber hinaus gehende Leistungen eine Vergütung nach Stundenaufwand zu vereinbaren. Durch **variable** Vergütungselemente wie Bonus-/Malus-Systeme (in Abhängigkeit vom Über- oder Unterschreiten der vertraglich definierten Soll-Ergebnisse) oder der Beteiligung des Facility Managers an von ihm erkannten und/oder realisierten Einsparpotenzialen können zusätzliche Anreize geschaffen werden.

10 Da professionelle Facility Manager umfassende Erfahrungen mit dem technischen Betrieb von Gebäuden und der praktischen Geeignetheit unterschiedlicher Haustechniksysteme haben, ist es oftmals empfehlenswert, sie schon in der **Planungs- und Bauphase** als Berater einzubinden. Umgekehrt bieten große **Generalunternehmer** auch Facility Management-Leistungen an; die damit verbundene Wartung technischer Anlagen durch den Auftragnehmer führt zu einer längeren Gewährleistung (§ 13 Nr. 4 Abs. 2 VOB/B).[2] Dieser Effekt wird auch bei PPP-Betreibermodellen genutzt.[3] Generell wird eine umfassende Betrachtung der Immobilie in ihrem **Lebenszyklus** angestrebt, um so die Profitabilität insgesamt zu erhöhen.

11 Im **Beispielfall 58** ist I nicht darauf angewiesen, die Leistungen an unterschiedliche technische und kaufmännische Unternehmen zu vergeben. Er kann die damit verbundenen Koordinations- und Schnittstellenprobleme vermeiden, indem er einen Facility Manager beauftragt, der sämtliche Leistungen als Paket anbietet. Es ist für beide Parteien wichtig, dass der Umfang der geschuldeten Leistungen eindeutig festgelegt ist. Empfehlenswert ist es, dass I mit dem Facility Manager eine Probezeit vereinbart.

[2] LG Leipzig, NJW 1999, 2975 – Wartung und Gewährleistung.
[3] Dazu § 3 Rdn. 105 ff.

2. Contracting

Beispielfall 59: Die veraltete Heizanlage 12
Investor I hat in seinem Immobilienbestand ein Gebäude, das vor 20 Jahren errichtet wurde. I weiß, dass die dort vorhandene Heizanlage veraltet ist. Sie ist störanfällig und muss häufig instand gesetzt werden; auch bei störungsfreiem Betrieb verbraucht sie deutlich mehr Energie als moderne Anlagen. I erkennt zwar den Modernisierungsbedarf, will oder kann jedoch die Kosten für eine neue Heizanlage nicht aufbringen. Er möchte wissen, welche Möglichkeiten ihm das Contracting bietet.

Als Contracting wird die **Beauftragung eines Dritten mit der Planung, der Errichtung und dem Betrieb technischer Anlagen – meist zur Wärme- und/oder Kälteversorgung** – bezeichnet. Wie beim Facility Management werden Aufgaben, die üblicherweise dem Gebäudenutzer obliegen, ausgegliedert (Outsourcing), jedoch gehen die Aufgaben des Contractors im Unterschied zum Facility Manager über den reinen Anlagenbetrieb hinaus. 13

Der **Contracting-Vertrag** ist gesetzlich nicht geregelt; Begriffsbestimmungen sind in die DIN 8930-5 aufgenommen. Aufgaben und Zielstellungen können individuell vereinbart werden. 14

Der Contractor errichtet eine technische Anlage auf einem fremden Grundstück. Die gesetzliche Folge wäre ein Übergang des Eigentums an der Anlage auf den Grundstückseigentümer, da die Anlage fest mit dem Grundstück verbunden und somit ein wesentlicher Bestandteil wird (§ 95 BGB).[4] Soll diese Rechtsfolge vermieden werden, weil der Contractor Eigentümer oder zumindest wirtschaftlicher Eigentümer (im Sinne des Steuerrechts) bleiben und die Anlage in seine Bilanz aufnehmen soll, so sind vertragliche Regelungen zu treffen, die die Anlage als **Scheinbestandteil** definieren oder Dienstbarkeiten-Modelle vorsehen. 15

Zwei Typen des Contracting-Vertrags haben sich mittlerweile herausgebildet: 16

2.1 Anlagen-Contracting

Beim **Anlagen-Contracting** verpflichtet sich der Contractor, eine technische Anlage, beispielsweise eine Heizanlage, eine Kälteanlage oder ein Blockheizkraftwerk, zu **planen**, zu **errichten**, während eines definierten Zeitraums (in der Regel 10 bis 20 Jahre) zu **betreiben** (Steuerung, Wartung, Instandsetzung) und ggf. auch die Energie zu liefern. Die Anlage bleibt während der Laufzeit – ggf. als Scheinbestandteil – in seinem Eigentum; danach geht das Eigentum an der haustechnischen Anlage auf den Auftraggeber über. Der Anlagen-Contractor erhält während der Laufzeit ein **vorab geregeltes Nutzungsentgelt**. Dieses Entgelt ist auf der Grundlage der vom Contractor zu tätigenden Investition und der zu erwartenden Betriebskosten zu kalkulieren; durch Gleitklauseln können schwankende Primärenergiekosten berücksichtigt werden. 17

Das Anlagen-Contracting hat somit für den Auftraggeber zwei entscheidende **Wesensmerkmale**, nämlich 18
- die Vorfinanzierung der Investition in die haustechnische Anlage durch den Contractor mit Amortisation über das Nutzungsentgelt;
- die Ausgliederung des Betreibens der Anlage während der Vertragslaufzeit.

[4] Dazu § 4 Rdn. 25.

19 Aufgrund dieser Eigenschaften kommt das Anlagen-Contracting sowohl bei der **Neuerrichtung** von Gebäuden als auch bei der **Modernisierung** bestehender Anlagen in Betracht.

20 Im **Beispielfall 59** kommt für I das Anlagen-Contracting in Betracht. I erhält eine neue Heizanlage, deren Kosten zunächst der Contractor trägt. Hierfür hat I ein Nutzungsentgelt zu zahlen, dem Ersparnisse beim Energieverbrauch und beim geringeren Instandsetzungsaufwand gegenüberstehen. Inwieweit durch diese Ersparnisse die Belastung durch das Nutzungsentgelt amortisiert wird, kann indes nicht festgestellt werden, da das Entgelt hiervon unabhängig vorab geregelt wird.

2.2 Energiespar-Contracting

21 Das **Energiespar-Contracting** (auch bezeichnet als Performance-Contracting) kommt nur bei **Modernisierungsmaßnahmen** in Betracht. Die Struktur entspricht weitestgehend dem Anlagen-Contracting, jedoch mit dem Unterschied der Bestimmung der Vergütung des Contractors: Beim Energiespar-Contracting legen die Parteien bei Vertragsschluss die **Energieeinsparpotenziale** fest, die durch die Modernisierung erreicht werden sollen. Die dadurch erzielten Einsparungen gibt der Auftraggeber an den Contractor weiter. Die Höhe der Vergütung wird also durch die vom Contractor zugesagten Einsparpotenziale bestimmt. Der Contractor übernimmt insoweit auch das Risiko, diese Einsparziele zu erreichen, indem er andernfalls zur **Rückvergütung** verpflichtet ist. Diese Refinanzierung der Investitions- und Betriebskosten über die eingesparten Energiekosten ist für den Auftraggeber insbesondere bei einem ansonsten bestehenden Investitionsstau eine attraktive Option. Angesichts der erhöhten Anforderungen des Gesetzgebers an die Energieeinsparung bei Gebäuden, die er etwa in der Energieeinsparverordnung und dem Erneuerbare Energien-Wärme-Gesetz formuliert,[5] können Energiespar-Contracting-Modelle zukünftig an Bedeutung gewinnen.

22 Im **Beispielfall 59** ist für I das Energiespar-Contracting günstiger als das Anlagen-Contracting. Durch die Koppelung von Nutzungsentgelt und Ersparnissen bei den Energiekosten erreicht I eine Finanzierung der Investition durch die Einsparungen.

2.3 Contracting und Beziehungen zu Dritten

23 Der Contracting-Vertrag wird regelmäßig zwischen dem Contractor und dem Grundstückseigentümer geschlossen. Dritte können durch dieses zweiseitige Vertragsverhältnis indes berührt sein, weil sie als Mieter die Kosten tragen, als Grundstückserwerber den Vertrag übernehmen oder bei gebietsbezogenen Verträgen als Gebietsansässige zur Nutzung verpflichtet werden sollen.

24 Ist das Gebäude (bzw. die einzelne Wohn- oder Gewerbeeinheit) bei Abschluss des Contracting-Vertrages bereits vermietet, bedarf die Übertragung des Anlagenbetriebs auf den Contractor der **Zustimmung des Mieters**, wenn der Mietvertrag nicht schon eine ausdrückliche Zustimmung enthält und die Kosten der neuen Wärmeversorgung höher sind (insbesondere wegen der Amortisationsanteile).[6] Besteht hingegen der Contracting-Vertrag

[5] Dazu § 9 Rdn. 140.
[6] BGH, WuM 2006, 256 – Umstellung auf Contracting.

bei Abschluss des Mietvertrages schon, so ist der Mieter an diesen (kostenverursachenden) Zustand gebunden.[7]

Der **Bauträger** kann die Wärmeversorgung des zu errichtenden oder zu sanierenden Gebäudes mittels Wärme-Contracting vorsehen. Eine Klausel im Bauträgervertrag, die den Erwerber verpflichtet, in den vom Bauträger geschlossenen Contracting-Vertrag einzutreten, ist wirksam.[8] 25

Soll die vom Contractor errichtete Anlage ein ganzes Gebiet versorgen (etwa durch ein Blockheizkraftwerk), so kann den Gebietsansässigen nach aktueller Rechtsprechung tendenziell nicht verwehrt werden, ihre Energie anderweitig zu beziehen; anderen Energieversorgern ist **freier Netzzugang** zu gewähren. Die anders lautende Vorschrift des § 110 Energiewirtschaftsgesetz, die eine Ausnahme vom freien Netzzugang für zusammengehörende Betriebsgebiete vorsieht, ist vom Europäischen Gerichtshof als europarechtswidrig gekennzeichnet worden.[9] 26

Literatur zur Vertiefung

Böhm, Katharina, Das Spektrum des Facility Managements, in: Kapellmann, Klaus D./Vygen, Klaus, Jahrbuch Baurecht 2005, München 2005, S. 223-260; *Hack, Martin*, Energie-Contracting, München 2003; *Nävy, Jens*, Facility Management, 4. Aufl., Berlin u.a. 2006; *Pfnür, Andreas*, Modernes Immobilienmanagement, 2. Aufl., Berlin u.a. 2004; *Schneider, Hermann*, Facility Management, 2. Aufl., Stuttgart 2004; *Schröder, Mario*, Der Watungsvertrag, Berlin u.a. 2005; *Schulte, Karl-Werner/Pierschke, Barbara*, Facilities Management, Köln 2000.

---

[7] BGH, NJW 2008, 440 – Wirtschaftlichkeitsgrundsatz und bestehende Verträge.
[8] OLG Düsseldorf, BauR 2008, 1319 – Contracting-Übernahme im Bauträgervertrag.
[9] EuGH, NVwZ 2008, 769 – Europarechtswidrigkeit des § 110 EnWG.

§ 15 Versicherungen

1 Eine Immobilie ist während ihres gesamten Lebenszyklus verschiedenen **Gefahren** ausgesetzt; ebenso gehen von ihr Gefahren für Nutzer, Besucher und Passanten aus. Die unterschiedlichen Beteiligten tragen erhebliche **Haftungsrisiken**, die durch unterschiedliche Arten von Versicherungen abgedeckt werden können.

2 **Beispielfall 60:** Notwendige Versicherungen
Investor I möchte wissen, welche Versicherungen er für die Phase der Verwirklichung des Bauvorhabens und für die Bestandsgebäude abschließen sollte.

1. Allgemeine Regeln für das Versicherungsverhältnis

3 Die maßgeblichen Regelungen zu den Rechten und Pflichten von Versicherer und Versicherungsnehmer ergeben sich primär aus dem jeweiligen Versicherungsvertrag, ergänzend aus dem Gesetz, insbesondere dem Versicherungsvertragsgesetz (**VVG**). Die Versicherungswirtschaft hat für die verschiedenen Versicherungsarten standardisierte **Versicherungsbedingungen** entwickelt, die die Versicherer formularmäßig einbeziehen.

4 Für jede Art von Versicherung gilt, dass der Versicherungsschutz vollumfänglich nur greift, wenn der Versicherungsnehmer seinen Pflichten und Obliegenheiten nachkommt. Insbesondere sind die **Versicherungsbeiträge** fristgerecht zu leisten[1] und **Schadensfälle unverzüglich anzuzeigen**.[2] Das weitere Vorgehen – auch die Einschaltung eines Rechtsanwalts – ist mit dem Versicherer abzustimmen. Anerkenntnisse und Vergleiche des Versicherungsnehmers ohne Zustimmung des Versicherers binden diesen nicht.

5 Oftmals zahlt der Versicherer nicht in voller Höhe, weil mit dem Versicherungsnehmer eine Selbstbeteiligung (**Selbstbehalt**) pro Schadensfall und/oder Versicherungsjahr vereinbart ist. Dies ist im Einzelfall dem Versicherungsvertrag zu entnehmen.

6 Leistet der Versicherer, so gehen etwaige Schadensersatzansprüche gegen Dritte kraft gesetzlichen **Forderungsübergangs** (§ 67 VVG) auf ihn über.[3] Er hat dann über die Anspruchsverfolgung zu entscheiden.

2. Versicherungen während der Bauphase

7 Die Verwirklichung eines Bauvorhabens ist nicht ohne Risiko. Die unterschiedlichsten Schäden können während der Bauphase eintreten. Die Risiken können durch Versicherungen, die die verschiedenen Baubeteiligten abschließen, abgedeckt werden.

[1] BGH, VersR 1999, 433 – Prämienzahlung.
[2] Vgl. OLG Hamm, VersR 1993, 1268 – Anzeige- und Auskunftspflicht.
[3] Vgl. BGH, VersR 1979, 640 – Forderungsübergang.

2.1 Bauleistungsversicherung

8 Die **Bauleistungsversicherung** (früher: Bauwesenversicherung) schützt vor dem Risiko der Zerstörung oder Beschädigung von Bauleistungen vor der Abnahme (aber nicht vor Baumängeln).[4] Damit dient sie zunächst dem ausführenden Unternehmen, das die Leistungsgefahr bis zur Abnahme trägt, also im Falle der Zerstörung oder Beschädigung bereits erbrachter Leistungen diese erneut erbringen muss, ohne zusätzliche Vergütung verlangen zu können. Die Wiederaufbauverpflichtung überfordert indes viele Unternehmen, so dass der Bauherr seinen Anspruch oftmals nicht durchsetzen kann. Die Bauleistungsversicherung dient daher auch seinen Interessen.

9 Die Bauleistungsversicherung wird von der Versicherungswirtschaft **in zwei verschiedenen Varianten** angeboten. Bei Zugrundelegung der Allgemeinen Bedingungen für die Bauwesenversicherung von Gebäudeneubauten durch Auftraggeber (ABN) können der Bauherr und die Auftragnehmer, die eine Gesamtleistung erbringen (Total- und Generalunternehmer bzw. -übernehmer), Versicherungsnehmer sein; versichert werden sämtliche Bauleistungen des Gebäudeneubaus oder -umbaus. Demgegenüber wenden sich die Allgemeinen Bedingungen für die Bauwesenversicherung von Unternehmerleistungen (ABU) an Bauunternehmer, die nur die von ihnen selbst zu erbringenden Bauleistungen versichern wollen.

10 Schließt der Bauherr oder der Generalunternehmer die Bauleistungsversicherung gemäß ABN ab, so profitieren davon die Unternehmer bzw. Nachunternehmer, da ihre Leistungen mitversichert sind. Es ist üblich, dass die Versicherungsprämien anteilig auf diese Baubeteiligten **umgelegt** werden, etwa in Höhe eines bestimmten Prozentsatzes der Abrechnungssumme.[5]

2.2 Haftpflichtversicherungen

11 Alle Haftpflichtversicherungen decken das Risiko des Versicherungsnehmers, wegen eines von ihm schuldhaft einem Dritten zugefügten Schadens von diesem Dritten in Anspruch genommen zu werden. Versicherbar sind grundsätzlich Personen-, Sach- und Vermögensschäden; im Detail gibt es hier Differenzierungen. Grundlegendes Bedingungswerk sind die Allgemeinen Haftpflichtbedingungen (AHB).

12 Die **Bauherrenhaftpflichtversicherung** schützt den Bauherrn gegen die Inanspruchnahme durch Dritte aufgrund der von seinem Bauvorhaben ausgehenden Schäden, für die er aufgrund seiner Verkehrssicherungspflicht grundsätzlich verantwortlich ist.[6] Der Bauherr kann die Verkehrssicherungspflicht auf Architekt oder Bauunternehmen übertragen, bleibt dann aber für die Koordinierung und Überwachung verantwortlich.[7] Nach Beendigung der Bauarbeiten greift die Bauherrenhaftpflichtversicherung nicht mehr, da dann die Haftpflicht des Hauseigentümers (vormals Bauherr) beginnt;[8] dies gilt auch dann, wenn das noch nicht fertig gestellte oder noch mangelbehaftete Haus schon zu Wohnzwecken genutzt wird.[9]

---

[4] BGH, NJW 1979, 2406 – Bauleistungsversicherung; OLG Stuttgart, BauR 2006, 1920 – Leistungsmangel.

[5] Vgl. BGH, BauR 2000, 1756 – Umlageklausel.

[6] OLG Zweibrücken, VersR 2004, 611 – Verkehrssicherungspflicht bei Baustelle.

[7] OLG Hamm, NJW-RR 1996, 1362 – Überwachungspflicht.

[8] Dazu § 15 Rdn. 22.

[9] OLG Karlsruhe, NJW-RR 2005, 1115 – Abgrenzung von Bauherren- und Hauseigentümerhaftpflicht.

Architekten und Fachplaner sind zum Abschluss einer **Berufshaftpflichtversicherung** nach Standesrecht und den meisten Landesbauordnungen verpflichtet. Für diese Versicherung sind neben dem Versicherungsvertragsgesetz (VVG) und den Allgemeinen Haftpflichtbedingungen (AHB) die Besonderen Bedingungen und Risikobeschreibungen für die Berufshaftpflichtversicherung von Architekten, Bauingenieuren und Beratenden Ingenieuren (BBR) maßgeblich. Versichert sind sämtliche Risiken, die durch eine fehlerhafte Tätigkeit entstehen. Der Anspruch auf die Beseitigung von Mängeln der Architektenleistung ist, da es sich um einen Erfüllungsanspruch handelt, nicht versichert.[10] Vom Versicherungsschutz umfasst sind hingegen die Mangelfolgeschäden, die bei Architekten und Fachplanern von besonderer Relevanz sind.[11] Im Zusammenhang mit der Bauzeiteinhaltung und Baukostengrenzen gibt es Haftungsausschlüsse im Bedingungswerk. 13

Ausführende Unternehmen können eine **Betriebshaftpflichtversicherung** abschließen, um gegen das Risiko von ihnen zu vertretender Schäden versichert zu sein. Diese Versicherung greift, wenn Mitarbeiter des Unternehmens bei Gelegenheit der Bauausführung andere Personen oder Sachen Dritter schädigen.[12] 14

2.3 Allgefahrenversicherung

Die umfassende Allgefahrenversicherung (**All-Risk-Versicherung**) ist ein relativ neues Versicherungsprodukt. Sie umfasst sämtliche Gefahren des Bauvorhabens und die Leistungen aller Projektbeteiligten. Nicht versichert sind ausschließlich die Gefahren, die ausdrücklich in einem Ausschlusskatalog aufgezählt sind. Die Beweislast für das Vorliegen eines Ausschlusstatbestands trägt der Versicherer. 15

Die Allgefahrenversicherung ist somit grundsätzlich versicherungsnehmerfreundlich. Entsprechend zurückhaltend sind die Versicherer. 16

Investor I sollte in jedem Fall eine Bauherrenhaftpflichtversicherung abschließen, um gegen die Inanspruchnahme durch Dritte wegen von der Baustelle ausgehender Gefahren versichert zu sein. Hinsichtlich der Bauleistung selbst trägt der Auftragnehmer bis zur Abnahme die Leistungsgefahr; er muss ggf. erneut leisten, ohne zusätzliche Vergütung beanspruchen zu können. Wenn I indes den Fall ausschließen will, dass der Auftragnehmer hierzu nicht in der Lage und auch nicht selbst versichert ist, sollte er eine Bauleistungsversicherung gemäß ABN abschließen und die Kosten auf den oder die Auftragnehmer umlegen. 17

3. Versicherungen für den Gebäudebestand

Im Hinblick auf den Gebäudebestand sind **zwei unterschiedliche Risikoarten** grundlegend zu unterscheiden, denn zum einen sind die Gebäude unterschiedlichen Gefahren ausgesetzt, zum anderen geht von ihnen eine Gefahr für Dritte aus. 18

[10] Vgl. OLG Koblenz, VersR 2000, 94 – kein Ersatz der Mangelbeseitigungskosten.
[11] BGH, NJW 1975, 1278 – Mangelfolgeschaden; dazu § 8 Rdn. 66.
[12] Vgl. BGH, VersR 1987, 1181 – Betriebshaftpflichtversicherung.

3.1 Gebäudeversicherungen

19 Ein Gebäude kann aus unterschiedlichen Gründen Schaden nehmen. Die **hauptsächlichen Risikogruppen** sind
- Feuer, Blitzschlag, Explosion;
- Rohrbruch und sonstige Leitungswasserschäden;
- Sturm und Hagel;
- Vandalismus;
- Terrorismus;
- innere Unruhen, Bürgerkrieg, Krieg u.ä.;
- sonstige Elementarschäden (Erdbeben, Erdrutsch, Überschwemmung, Vulkanausbruch);
- Glasbruch;
- Maschinenschäden an haustechnischen Anlagen.

20 Die Versicherungswirtschaft bietet unterschiedliche Produkte an, durch die diese Risiken einzeln oder im Paket versichert werden können. Eine Paketversicherung ist die **Wohngebäudeversicherung**, über die reine Wohngebäude und gemischt genutzte Gebäude mit Wohn- und gewerblicher Nutzung versichert werden können. Für reine Geschäfts- und Industriegebäude gibt es **Gebäudeversicherungen**, die sich auf einzelne Gefahren oder Gefahrengruppen beziehen. Ein gängiges Paket ist die **kombinierte Feuer-, Leitungswasser- und Sturmversicherung**. In der **Extended-Coverage-Versicherung** werden die verschiedenen Elementargefahren zusammengefasst; die Erweiterte Extended-Coverage-Versicherung bezieht dabei auch die vorgenannten „sonstigen" Elementarschäden mit ein.

21 Die **Maschinenversicherung** deckt das Betriebsrisiko für den Betreiber von Maschinen. Versichert ist der Sachschaden an der Maschine sowie bestimmte Kostenschäden, z.B. für die Schadensermittlungskosten. Gegenüber dieser Sachsubstanzversicherung sichert die **Betriebsunterbrechungsversicherung** darüber hinaus auch die wirtschaftlichen Folgen von Maschinenausfällen, beispielsweise reduzierte Mieterträge, ab.

3.2 Haftpflichtversicherungen

22 Während die vorstehenden Versicherungen Gefahren betreffen, denen das Gebäude unterliegt, erfasst die **Grundstücks- oder Gebäudehaftpflichtversicherung** Risiken, die vom Gebäude für Dritte (Nutzer, Besucher, Passanten) oder die Allgemeinheit ausgehen. Der Eigentümer ist aufgrund seiner Verkehrssicherungspflicht für diese Schäden verantwortlich;[13] sein Risiko ist versicherbar.

23 Mit der **Umwelthaftpflichtversicherung** sind die Risiken von Umweltschäden, die von einem gewerblich genutzten Grundstück ausgehen, zu versichern.

24 I sollte eine Grundstücks- oder Gebäudehaftpflichtversicherung abschließen, um gegen die Inanspruchnahme durch geschädigte Dritte versichert zu sein; da hier Schäden in theoretisch unbegrenzter Höhe drohen, erscheint diese Versicherung unverzichtbar. Empfehlenswert ist der Abschluss einer Gebäudeversicherung, wobei die zu versichernden Risiken vom konkreten Einzelfall abhängen. Die Notwendigkeit von Maschinen- oder Betriebsunterbrechungsversicherungen ist ebenfalls im Einzelfall zu beurteilen.

[13] BGH, NJW 1991, 562 – Verkehrssicherungspflicht des Grundstückseigentümers.

3.3 Rechtsschutzversicherung

Die Rechtsschutzversicherung betrifft das **Kostenrisiko von Rechtsstreitigkeiten**. Der Versicherer übernimmt die im Unterliegensfall vom Versicherungsnehmer zu tragenden Prozesskosten sowie ggf. erforderliche Kostenvorschussleistungen; die Kosten außergerichtlicher Beratung und Vertretung sind unter bestimmten Umständen ebenfalls von der Versicherung erfasst. 25

Die übliche Rechtsschutzversicherung für Private enthält allerdings **Ausschlüsse** für 26
Rechtsstreitigkeiten in Zusammenhang mit Grundeigentum, Vermietung und Bauvorhaben einschließlich ihrer Finanzierung.[14] Diese Risiken können nur durch die Ausweitung des Versicherungsschutzes in Form zusätzlicher von den Versicherern angebotener „Module" versichert werden. Alternativ bietet die Versicherungswirtschaft spezielle Rechtsschutzversicherungen für Vermieter und Bauherren sowie für den gewerblichen Bereich an.

Literatur zur Vertiefung

Beckmann, Roland Michael/Matusche-Beckmann, Annemarie, Versicherungsrechts-Handbuch, 2. Aufl., München 2009; *Prölss, Erich/Martin, Anton*, Versicherungsvertragsgesetz, 28. Aufl., München 2009; *Rehm, Rolf Bernd*, Bauleistungsversicherung, 3. Aufl., Wiesbaden u.a. 2008; *Schimikowski, Peter,* Versicherungsvertragsrecht, 3. Aufl., München 2004; *Veith, Jürgen/Gräfe, Jürgen*, Der Versicherungsprozess, München 2005.

---

[14] Vgl. BGH, NJW-RR 2005, 29 – Ausschluss für Immobilienfinanzierungsberatung.

§ 16 Insolvenz

Erweisen sich ein oder mehrere Projekte als wirtschaftlich nicht tragfähig, droht dem Immobilienunternehmen, das das Risiko des Erfolgs trägt, die Insolvenz. Insolvenzen zeichnen sich in nahezu allen Fällen recht frühzeitig ab. Wird das federführende Unternehmen insolvent, droht eine Kette „Folgeinsolvenzen", zumal Gläubiger und Auftragnehmer Forderungsausfälle in erheblicher Größenordnung ebenfalls nicht ohne weiteres verkraften können. 1

Beispielfall 61: Insolventer Generalunternehmer 2
Der Investor I hat das Bauunternehmen B mit der schlüsselfertigen Errichtung eines Multiplex-Kino beauftragt. Das Kino ist bereits vor Beginn der Arbeiten an den Mieter M vermietet worden. B hat eine zweistellige Anzahl von Nachunternehmern eingeschaltet. I erfährt nach Fertigstellung des Rohbaus, dass B die bis dahin tätigen Nachunternehmer nicht bezahlt hat, obwohl I seinerseits alle von B gestellten Rechnungen pünktlich ausgeglichen hatte.

1. Eintritt der Insolvenz

Nach den §§ 11 ff. der **Insolvenzordnung (InsO)** kann ein Insolvenzverfahren über das Vermögen jeder natürlichen und jeder juristischen Person eröffnet werden. Auch bei Gesellschaften ohne Rechtspersönlichkeit wie der GbR ist ein Insolvenzverfahren inzwischen zulässig.[1] Bund, Länder und andere juristische Personen des öffentlichen Rechts sind dagegen – obwohl leider oft säumige Schuldner – regelmäßig nicht insolvenzfähig. Insoweit wird unterstellt, dass Mittel für die Begleichung offener Forderungen notfalls über die jeweiligen öffentlichen Haushalte beschafft werden können und müssen. 3

Ziel des Insolvenzverfahrens ist es, die Gläubiger gemeinschaftlich zu befriedigen, indem das Vermögen des Schuldners verwertet und der Erlös verteilt oder in einem Insolvenzplan eine abweichende Regelung insbesondere zum Erhalt des Unternehmens getroffen wird. Aufgrund dessen ist die (Einzel-) Zwangsvollstreckung von Gläubigern während des Insolvenzverfahrens ausgeschlossen.[2] 4

Zuständig für das Insolvenzverfahren ist das örtliche Amtsgericht. Verfahrensvoraussetzung ist nach § 13 InsO ein **Eröffnungsantrag**, den die Gläubiger und der Schuldner stellen können. Das Amtsgericht prüft nach Eingang des Insolvenzantrags zunächst Sicherungsmaßnahmen nach § 21 InsO. Als Sicherungsmaßnahmen sind vor allem die Bestellung eines vorläufigen Insolvenzverwalters und die Anordnung eines allgemeinen Verfügungsverbots in Erwägung zu ziehen. Verliert der Schuldner dadurch faktisch seine wirtschaftliche Autonomie, werden auch anhängige Gerichtsverfahren, an denen der Schuldner beteiligt ist, nach § 240 ZPO unterbrochen;[3] unbeschadet dessen ist die Fortführung von 5

---

[1] Vgl. BGHZ 146, 341 – Rechtsfähigkeit der GbR.

[2] Vgl. BGH, ZfIR 2008, 437 – insolvenzrechtliche Rückschlagsperre; LG Darmstadt, NJW-RR 2003, 1492 – keine Offenbarung bei Insolvenz.

[3] Vgl. KG, KG-Rep. 2001, 38 – keine Unterbrechung ohne Verfügungsverbot; BGH, NJW 2004, 1388 – keine Unterbrechung Beweisverfahren.

Unternehmen durch den vorläufigen Insolvenzverwalter mit der Insolvenzrechtsnovelle 2007 vereinfacht worden.

6 Wer nach Maßgabe der §§ 56 ff. InsO zum **Insolvenzverwalter** bestellt wird, steht im Ermessen des Gerichts. In der Vergangenheit kursierten bei den Gerichten informelle Listen mutmaßlich geeigneter Fachleute, in Zukunft soll das Verfahren aufgrund der 2007 eingeführten Neuregelungen transparenter und offener werden.[4] Hauptaufgabe des Insolvenzverwalters ist es, die wirtschaftliche Situation des Schuldners zu prüfen, zu ordnen und das verwertete Vermögen an die Gläubiger zu verteilen. Dauerhaft wird der Insolvenzverwalter nach § 27 InsO vom Insolvenzgericht per Eröffnungsbeschluss nur dann installiert, wenn das Insolvenzverfahren nicht mangels Masse abgewiesen wird.

7 Die **Abweisung mangels Masse** ist in § 26 InsO geregelt. Der Antrag auf Eröffnung des Insolvenzverfahrens wird vom Insolvenzgericht abgewiesen, wenn das Vermögen des Schuldners voraussichtlich nicht ausreichen wird, um die Kosten des Verfahrens zu decken. Die Abweisung mangels Masse ist nach wie vor in der ganz überwiegenden Anzahl der Insolvenzverfahren angezeigt.[5] Dies führt zur Liquidation des betroffenen Unternehmens; die nach den handels- und gesellschaftsrechtlichen Vorschriften bestimmten Liquidatoren haben die vorhandenen Vermögenswerte zu veräußern und für die Abwicklung des Unternehmens zu sorgen, die Zwangsvollstreckung gegen das Unternehmen ist (wieder) zulässig.[6]

8 Ob das Insolvenzverfahren bei Ausreichen der vorhandenen Masse formell **eröffnet** wird, hängt entscheidend davon ab, ob ein Eröffnungsgrund gegeben ist. Allgemeiner Eröffnungsgrund ist die **Zahlungsunfähigkeit**. Zahlungsunfähigkeit ist gegeben, wenn der Schuldner nicht mehr in der Lage ist, fällige Zahlungspflichten zu erfüllen. Zahlungsunfähigkeit ist indiziert, wenn der Schuldner seine Zahlungen eingestellt hat; auch die drohende Zahlungsunfähigkeit kann nach Maßgabe von § 18 InsO Eröffnungsgrund sein.[7]

9 Bei juristischen Personen und bei Unternehmen, die als GmbH & Co. KG ohne natürliche Personen als persönlich haftende Gesellschafter organisiert sind, kommt als weiterer Eröffnungsgrund die **Überschuldung** in Frage. Überschuldung liegt vor, wenn das Vermögen des Schuldners die bestehenden Verbindlichkeiten nicht mehr deckt. Es ist klar, dass dieser Tatbestand eine kontinuierliche Bewertung des Vermögens erfordert; da die gesellschaftsrechtlichen Organe des Unternehmens sich wegen Insolvenzverschleppung strafbar machen, wenn sie das Vorliegen eines Eröffnungsgrunds nicht zum Anlass nehmen, Insolvenzantrag zu stellen, sind Geschäftsführer von Gesellschaften mit beschränkter Haftung und Vorstände von Aktiengesellschaften im Zweifel gehalten, den Gang zum Insolvenzrichter anzutreten, wenn sie von einer Zahlungsunfähigkeit oder einer Überschuldung ausgehen müssen.[8]

10 Im Insolvenzverfahren erfolgt die Befriedigung der Gläubiger aus der **Insolvenzmasse**. In den §§ 35 ff. InsO sind Prioritäten der Gläubiger festgelegt. Bevorzugt werden neben Steuerverbindlichkeiten unter anderem Gläubiger, die aufgrund dinglicher Rechte wie etwa Eigentumsvorbehalten zur Aussonderung befugt sind.[9] Zur – ebenfalls privilegierten – abgesonderten Befriedigung aus Grundstücken sind Grundpfandrechtsgläubiger berechtigt;[10] es ist mithin im Einzelfall zu ermitteln, welche Aussichten der Insolvenzgläubiger aufgrund

[4] BVerfG, NJW 2004, 2725 – Bestellung Insolvenzverwalter; BGH, ZIP 2004, 1113 – Ablehnung Insolvenzverwalter.
[5] Vgl. BGH, ZIP 2002, 1695 – Abweisung mangels Masse.
[6] Dazu § 3 Rdn. 50.
[7] BGH, ZIP 2002, 669 – drohende Zahlungsunfähigkeit.
[8] Vgl. BGH, ZIP 2001, 235 – Haftung wegen Insolvenzverschleppung.
[9] Vgl. OLG Bremen, JurBüro 2004, 338 – Insolvenzverwalterhaftung bei Aussonderung.
[10] BGHZ 60, 273 – Absonderung bei Grundstückszubehör.

seiner Rechtsstellung hat, im „Wettstreit der Gläubiger" eine vertretbare Quote der Insolvenzmasse zu realisieren.[11]

Wie vor Eintritt der Insolvenz begründete, aber noch nicht vollständig beendete **Ver- 11
träge**, etwa über Bauleistungen, abzuwickeln sind, richtet sich nach den Umständen des Einzelfalls. Die Eröffnung des Insolvenzverfahrens führt nicht zum Erlöschen der Ansprüche der Vertragspartner, sondern bewirkt nur eine Hemmung der Durchsetzbarkeit.[12] Der Insolvenzverwalter hat nach § 103 Abs. 1 InsO ein **Wahlrecht**, ob er den Vertrag erfüllt und damit auch von der Gegenseite Erfüllung verlangt oder die Erfüllung ablehnt – mit der Konsequenz, dass der andere Teil einen Schadensersatzanspruch wegen Nichterfüllung als (nicht bevorrechtigter) Insolvenzgläubiger geltend machen kann.[13] In der Insolvenz des Vermieters besteht ein Mietverhältnis nach der höchstrichterlichen Rechtsprechung wegen § 108 Abs. 1 InsO nur dann mit Wirkung gegen die Insolvenzmasse fort, wenn die Mietsache vor der Eröffnung des Insolvenzverfahrens an den Mieter überlassen worden ist; der Verwalter kann andernfalls die Erfüllung ablehnen.[14]

Davon zu unterscheiden sind diejenigen Handlungsoptionen, die dem **Gläubiger** 12
kraft Gesetzes oder Vertrags mit dem Schuldner zustehen. So bestimmt § 8 Abs. 2 VOB/B, dass der Bauvertrag vom Auftraggeber gekündigt werden kann, wenn der Auftragnehmer seine Zahlungen einstellt, das Insolvenzverfahren beantragt oder ein solches Verfahren eröffnet oder dessen Eröffnung mangels Masse abgelehnt wird.[15] Auch Gesellschaftsverträge sehen vielfach vor, dass der insolvente Gesellschafter mit Eröffnung des Insolvenzverfahrens automatisch aus der Gesellschaft ausscheidet und die verbleibenden Gesellschafter Rechte der Gesellschaft fortan in eigener Verantwortung geltend machen können.[16]

Gläubiger werden Verhandlungen über streitige Forderungen während des Insolven- 13
zverfahrens mit dem Insolvenzverwalter führen. Dieser hat zu entscheiden, ob er vom Schuldner vor Insolvenzeintritt aufgenommene, aber mit Verfahrenseröffnung nach § 240 ZPO unterbrochene **Aktivprozesse** (Schuldner = Kläger) aufnimmt und fortsetzt. Bei **Passivprozessen** (Schuldner = Beklagter) ist auch der Gläubiger unter bestimmten Voraussetzungen zur Aufnahme und Fortsetzung des Rechtsstreits gegen den Insolvenzverwalter berechtigt, wenn dieser die Forderung bestreitet.[17]

Neben dem Insolvenzverwalter entscheiden als Organe des Insolvenzverfahrens der 14
Gläubigerausschuss und die **Gläubigerversammlung** über das Prozedere im Detail. Mit der InsO sind ferner noch einige Sonderregelungen für den Insolvenzplan, die Eigenverwaltung und die Restschuldbefreiung eingeführt worden.

Der **Insolvenzplan** nach den §§ 217 ff. InsO gestattet einvernehmliche Abwicklungs- 15
lösungen jenseits der gesetzlichen Standardschemata. Die **Eigenverwaltung** soll es dem Schuldner ermöglichen, unter der Aufsicht eines Sachwalters die Insolvenzmasse zu verwalten und über sie zu verfügen. Die **Restschuldbefreiung** soll den Schuldner in die Lage versetzen, nach einem mehrjährigen Zeitraum die Restriktionen des Insolvenzverfahrens hinter sich zu lassen und eine neue wirtschaftliche Existenz zu beginnen. Im Bereich des gewerblichen Immobilienrechts wird von diesen Instrumenten nur selten Gebrauch

---

[11] Vgl. BGH, ZfIR 2007, 465 – Forderungsabtretung bei Insolvenz.
[12] BGH, NZBau 2002, 439 – Bauinsolvenz.
[13] Vgl. BGH, ZfIR 2007, 113 – Minderungsrecht gegenüber Nachunternehmer; BGH, BauR 1996, 401 – Mängelbeseitigung in der Insolvenz.
[14] Vgl. BGH, ZfIR 2008, 151 – Mietvertrag und Insolvenz; BGH, ZfIR 2007, 424 – Nutzungsentschädigung und Insolvenz.
[15] Vgl. BGH, ZfBR 1995, 257 – Kündigung Bauvertrag wegen Insolvenz.
[16] Vgl. BGH, BauR 2003, 1758 – Ausscheiden ARGE-Partner.
[17] Vgl. BGH, ZIP 2000, 705 – vom Insolvenzverwalter bestrittene Forderung.

gemacht; die Eigenverwaltung und die Restschuldbefreiung sind eher auf produzierende Unternehmen und Privatinsolvenzen zugeschnitten.

16 Auch in einfach gelagerten Insolvenzverfahren ist üblicherweise mit einer **mehrjährigen Verfahrensdauer** zu rechnen. Für nicht bevorrechtigte Insolvenzgläubiger enden Insolvenzverfahren nicht selten mit einer äußerst geringen Quote.

17 Im **Beispielfall 61** besteht bei dem Bauunternehmen B der Eröffnungsgrund der Zahlungsunfähigkeit. Der Investor I kann Antrag auf Eröffnung eines Insolvenzverfahrens stellen. Allerdings muss I prüfen, welche rechtlichen Konsequenzen sich aus einem solchen Schritt ergeben. Fraglich ist einerseits, ob und inwieweit der GU-Vertrag zwischen I und B, etwa nach § 8 Abs. 2 VOB/B, gekündigt werden kann. Andererseits ist zu überlegen, wie das begonnene Bauvorhaben fortgeführt werden kann und welche Folgestreitigkeiten entstehen; wenn I das Multiplex-Kino allerdings an dem Mieter M vermietet hat, wird er bereits im Interesse der Vermeidung einer eigenen Schadensersatzhaftung gegenüber M eine Trennung von B forcieren. Gleichzeitig wird I Sorge dafür tragen müssen, dass die Mehrkosten aufgrund eines insolvenzbedingten Ausfalls von B begrenzt werden. I wird zu diesem Zweck alle ihm zustehenden Gegenforderungen gegen B zusammenstellen und Aufrechnungs- sowie Zurückbehaltungsmöglichkeiten gegen fällige Zahlungen prüfen.

2. Risikobegrenzung

18 Die Handlungsoptionen von Gläubigern und Schuldnern im Hinblick auf eine Vermeidung von Insolvenzen oder insolvenzbedingter Nachteile sind wegen der gesetzlichen Rahmenbedingungen des Insolvenzrechts eingeschränkt. Der Gläubiger muss darauf hinwirken, dass er die ihm zustehenden Forderungen angemessen sichert und im Ernstfall durchsetzt. Der Schuldner muss sich bemühen, den Eintritt der Insolvenz zu verhindern oder wenigstens auf eine für ihn sachgerechte Abwicklung des Insolvenzverfahrens hinzuwirken.

2.1 Gläubiger

19 Eine definitive Absicherung des Gläubigers gegen Insolvenz des Schuldners gibt es nicht. Vorsorge kann jedoch getroffen werden, indem vor Vertragsschluss und danach in regelmäßigen Zeitabständen Bonität und Zuverlässigkeit des Schuldners sorgfältig kontrolliert werden. Dazu gehören die Einholung geeigneter – leider nicht immer verlässlicher – Auskünfte der am Markt tätigen Informationsdienste, die Prüfung vorgelegter Referenzen sowie Bestätigungen über die fristgerechte Begleichung von Steuern und Sozialversicherungsleistungen.[18]

20 Ergänzend können, soweit gesetzlich zulässig, **vertragliche Regelungen** für den (drohenden) Insolvenzfall getroffen werden. Denkbar sind beispielsweise Kündigungsklauseln, die dem Gläubiger bereits bei zweifelhafter Solvenz des Schuldners einen schnellen „Ausstieg" aus dem Vertrag ohne wirtschaftliche Nachteile erlauben. Derartige Klauseln können kombiniert werden mit Vorausabtretungen in Bezug auf Ansprüche des Schuldners gegen beteiligte Dritte wie Nachunternehmer und Lieferanten, die der Gläubiger bei einem Ausscheiden des Schuldners übernehmen kann. Die InsO muss in diesem Zusammenhang aber sorgfältig auf eventuelle Verbotsvorschriften untersucht werden.[19]

---

[18] Vgl. BGH, ZIP 2003, 1498 – Wirtschaftsauskunftsdatei.
[19] Vgl. BGHZ 160, 107 – Konzernaufrechnungsklausel.

Zentrales Instrument zum Schutz vor insolvenzbedingten Nachteilen sind sodann adäquate **Sicherheiten**, die der Schuldner dem Gläubiger stellt. Art und Umfang der Sicherheit sollten den Umständen des Einzelfalls und dem Sicherungsbedürfnis des Gläubigers angepasst werden.[20] 21

Auch geeignete **Versicherungen** können dem Gläubiger im Insolvenzfalle zu Gute kommen. Zwar ist ein spezieller Versicherungsschutz gegen Insolvenz in Deutschland bisher nicht üblich. Etwa bei der Haftpflichtversicherung ist der Gläubiger des insolventen Schuldners aber nach § 110 VVG zur abgesonderten Befriedigung in Bezug auf den Anspruch des Schuldners gegen die Versicherung berechtigt.[21] Durch ein sachgerechtes Nebeneinander von Sicherheiten und Versicherungen können daher Nachteile für den Gläubiger aufgrund der Insolvenz jedenfalls weitgehend abgefedert werden. 22

Rechtshandlungen außerhalb des Insolvenzverfahrens, insbesondere im unmittelbaren Vorfeld einer Insolvenz, können allerdings nach der InsO und dem Anfechtungsgesetz (AnfG) von anderen Gläubigern und vom Insolvenzverwalter unter bestimmten Voraussetzungen **angefochten** werden, wenn sie benachteiligenden Charakter haben. Schutzzweck des Anfechtungsgesetzes ist es, Vereinbarungen und Rechtshandlungen des Schuldners auszuschließen, die im Ergebnis zu Lasten anderer Gläubiger gehen. Klassisches Beispiel für einen derartigen Sachverhalt ist eine kurz vor Insolvenzantrag oder -eröffnung an einen einzelnen Gläubiger geleistete Zahlung, die der Insolvenzmasse entzogen wird und anderen Gläubigern demnach entgeht.[22] 23

Bei Insolvenz von Gesellschaften kann in einigen Fällen auch eine **Durchgriffshaftung** die Inanspruchnahme von Initiatoren und andere Beteiligten ermöglichen. Ausprägungen der Durchgriffshaftung sind etwa die Prospekthaftung[23] und die direkte Inanspruchnahme von Gründern, Vorgesellschaftern und Handelnden bei Gesellschaften mit beschränkter Haftung.[24] Auch über das Gesetz über die Sicherung der Bauforderungen (BauFordSiG) können eventuell Geschäftsführer und Vorstände von Bauauftraggebern unmittelbar haftbar gemacht werden.[25] 24

Im **Beispielfall 61** muss dem GU-Vertrag zwischen dem Investor I und dem Bauunternehmen B eine Bonitäts- und Zuverlässigkeitsprüfung vorangehen. Der Vertrag selbst muss geeignete Instrumente bieten, um einem Insolvenzszenario möglichst ohne wirtschaftliche Nachteile und Verzögerungen begegnen zu können. Zeichnet sich die Insolvenz des B ab, muss I einen Fahrplan erstellen, um die reibungslose Trennung von B zu bewerkstelligen und das Multiplex-Kino mithilfe Dritter bis hin zur vertragskonformen Übergabe an den Mieter M zu Ende zu bauen. 25

2.2 Schuldner

Für den Schuldner gibt es ebenfalls kein Patentrezept, wie der Eintritt der Insolvenz vermieden werden kann. Hier geht es primär darum, Zahlungsunfähigkeit und Überschuldung als die beiden maßgeblichen Eröffnungsgründe für ein Insolvenzverfahren im Auge zu behalten. 26

[20] Dazu § 7 Rdn. 47 ff. und § 12 Rdn. 161 ff.
[21] Vgl. LG Köln, VersR 2004, 1128 – abgesonderte Befriedigung.
[22] Vgl. BGHZ 154, 190 – Anfechtung bei Insolvenz.
[23] Dazu § 3 Rdn. 137 f.
[24] Dazu § 3 Rdn. 72 und 79.
[25] Dazu § 12 Rdn. 177.

27 Eine Überschuldung tritt ein, wenn die Verbindlichkeiten des Unternehmens das vorhandene Vermögen übersteigen. Verbindlichkeiten und Vermögen sind deshalb einer laufenden Kontrolle zu unterziehen. Dabei sind auf der Ebene des Vermögens insbesondere die Beurteilung der Einbringlichkeit von Forderungen und die Bewertung vorhandener Immobilien realistisch zu gestalten.[26] Auf der Ebene der Verbindlichkeiten sind Risiken für das Unternehmen abzuschätzen; je nach Vertragsgestaltung kann aus einzelnen Geschäften, etwa abgegebenen Mietgarantien, ein beachtlicher Schaden erwachsen.[27]

28 Um eigene Rechte zu sichern und zugleich einer Zahlungsunfähigkeit vorzubeugen, ist gerade bei komplexen gegenseitigen Verträgen ein effektives **Forderungsmanagement** des Schuldners – auch Claim-Management genannt – unumgänglich. Dazu gehört, dass

- der Schuldner ihm zustehende Forderungen frühzeitig ermittelt,
- der Schuldner geeignete Nachweise und Dokumentationsunterlagen erstellt, um die Forderungen im Streitfall zweifelsfrei belegen zu können,
- Forderungen vom Schuldner zum frühestmöglichen Zeitpunkt in der vorgesehenen Art und Weise, insbesondere durch Erteilung einer Rechnung, fällig gestellt werden,
- bei Zahlungsverzögerungen offene Posten umgehend angemahnt werden,
- bei Ablauf ultimativ gesetzter Nachfristen eine Forderungsbeitreibung über gestellte Sicherheiten oder auf gerichtlichem Wege erfolgt,
- bei Verzügen die inzwischen sehr hohen Zinsansprüche nach den gesetzlichen Bestimmungen geltend gemacht werden.

29 Zahlungsunfähigkeit wird ferner durch ein angemessenes **Liquiditätsmanagement** verhindert. Soweit sich der Schuldner bei der Erfüllung der ihm obliegenden Verpflichtungen Dritter bedient, müssen die Vertragsverhältnisse und Zahlungsflüsse aufeinander abgestimmt sein. Daneben müssen die Dritten leistungsfähig und zuverlässig sein. Beachtet der Schuldner in seiner hier übernommenen Gläubigerrolle die zuvor dargelegten Grundsätze nicht, ist nicht auszuschließen, dass er allein wegen der von ihm nach § 278 BGB zu vertretenden Insolvenz maßgeblicher Lieferanten oder Nachunternehmer selbst insolvent wird.[28] Es ist also – entsprechend den dargelegten Grundsätzen – auch seitens des Schuldners zu überlegen, wie ein Ausstiegs- und Alternativszenario wirtschaftlich und rechtlich vertretbar umgesetzt werden kann.[29]

30 Häufig werden von Unternehmen **Objekt- oder Tochtergesellschaften** mit dem Ziel ausgegliedert, bei wirtschaftlichem Scheitern abgrenzbarer Geschäfte die „dahinter" stehenden Gesellschafter oder Gesellschaften ihrerseits vor Insolvenz zu schützen. Diese sind über die übernommenen Einlagen und die gesellschaftsrechtlichen Haftungstatbestände hinaus nicht zum Nachschuss verpflichtet und können sich daher im Krisenfall weigern, weitere Gelder zur Verfügung zu stellen. Ein Zugriff der Insolvenzgläubiger auf (nicht persönlich haftende) Gesellschafter eines Immobilienunternehmens ist im Allgemeinen ausgeschlossen.

31 Schließlich hat der Schuldner im Insolvenzverfahren nach der InsO verschiedene Mitwirkungsbefugnisse und Rechtsbehelfsmöglichkeiten. Es ist jeweils festzustellen, welcher Verfahrensweg für den Schuldner von Vorteil ist.[30] Die Insolvenz kann gezielt auf die schnelle Abwicklung des Unternehmens ausgerichtet sein; sie kann aber auch – meist auf Gläubigerinitiative – unerwartet und planwidrig eingetreten sein, obwohl eine Unternehmensfortführung gewollt ist. Für beide Varianten bietet die InsO vielfältige Instrumente.

---

[26] Dazu § 6 Rdn. 38 f.
[27] Dazu § 7 Rdn. 77 f.
[28] BGHZ 66, 43 – Nachunternehmer als Erfüllungsgehilfe.
[29] Dazu § 16 Rdn. 19.
[30] BGH, ZIP 2004, 1727 – Beschwerde gegen Eröffnungsbeschluss.

Im **Beispielfall 61** haftet der Investor I gegenüber dem Mieter M als Schuldner für die rechtzeitige Fertigstellung des Kinos. Eine Insolvenz des beauftragten Bauunternehmens ändert daran nichts. 32

Bei Insolvenz des Mieters muss I dem Bauunternehmen gleichwohl den vereinbarten Werklohn bezahlen. I muss sich deshalb für beide Fälle hinreichend absichern. Dies geschieht am besten durch die sorgfältige Prüfung und Auswahl der Vertragspartner, die Vereinbarung geeigneter Sicherheiten und eine konsequente Abwicklung in der Realisierungsphase.

Literatur zur Vertiefung

Braun, Eberhard, Insolvenzordnung (Kommentar), 3. Aufl., München 2007; *Bruns, Patrick*, Forderungsdurchsetzung am Bau, München 2005; *Gogger, Martin*, Insolvenzgläubiger-Handbuch, München 2002; *Haarmeyer, Hans/Wutzke, Wolfgang/Förster, Karsten*, Handbuch zur Insolvenzordnung, 3. Aufl., München 2001; *Huber, Michael*, Anfechtungsgesetz (Kommentar), 10. Aufl., München 2006; *Leonhardt, Peter/Smid, Stefan/Zeuner, Mark*, Insolvenzordnung, 3. Aufl., München 2009; *Schmitz, Klaus*, Die Bauinsolvenz, 4. Aufl., München 2007.

§ 17 Rechtsschutz

1 Der Rechtsschutz im Immobilienrecht hat mehrere Aspekte. Einmal geht es um die Prophylaxe durch qualifizierte Rechtsberatung, die vornehmlich dazu dient, typische Konflikte frühzeitig zu erkennen und zu vermeiden. Sodann können im Streitfall nach Maßgabe der einschlägigen Prozessordnung die staatlichen Gerichte angerufen werden. Neben den staatlichen Gerichten etablieren sich gerade auf dem Gebiet des gewerblichen Immobilienrechts zunehmend alternative Formen der Streitschlichtung wie Schiedsgerichtsverfahren und Mediation.

1. Rechtsberatung

2 Die Rechtsberatung obliegt nach deutschem Recht in erster Linie den Rechtsanwälten. Bei Immobiliengeschäften werden in der Praxis aber auch vielfältige Aufgaben mit juristischem Bezug von nichtanwaltlichen Mitwirkenden erledigt. Daraus resultieren einige Risiken.

3 **Beispielfall 62:** Der „richtige" Rechtsberater
Der Investor I sucht einen Altbau zur „Entmietung", anschließenden Sanierung, Aufteilung in Wohnungseigentum und Weiterveräußerung. Da I einen größeren Betrag investieren will, ist er frühzeitig mit dem Projektsteuerer P und dem Architekten A im Gespräch. Als sich schließlich ein geeignetes Objekt findet und ein Notartermin für den Ankauf vom Voreigentümer avisiert ist, fragt sich I, wie er am besten eine rechts-, kosten- und terminsichere Abwicklung gewährleisten kann. Der Projektsteuerer P bietet I als „Grundleistung" unter anderem das „Vertragsmanagement" an. Der Architekt A legt I nahe, in seinem eigenen Falle einen sogenannten Einheits-Architektenvertrag nach „bewährtem Muster" zu schließen und im Übrigen die dem A aus vergangenen Projekten bekannten „Allgemeinen Vertragsbedingungen (AVB)" sowie die Vergabe- und Vertragsordnung für Bauleistungen (VOB/B) anzuwenden.

I ist sich speziell in Bezug auf den Ankauf nicht klar darüber, ob und inwieweit eine interessenorientierte Beratung durch den beurkundenden Notar „automatisch" erfolgt. I erwägt daher, zumindest für den Grundstücksankauf und die Ausgestaltung des Bauträgermodells einen auf Immobilienrecht spezialisierten Rechtsanwalt hinzuzuziehen.

1.1 Beratung durch Rechtsanwälte

4 Rechtsanwälte sind nach den Vorschriften der Bundesrechtsanwaltsordnung (BRAO) keine reinen Dienstleister, sondern **Organe der Rechtspflege**. Nachdem ursprünglich in der Juristenausbildung das Leitbild des Volljuristen mit Fachkompetenzen auf sämtlichen Rechtsgebieten verfolgt wurde, hat die Anwaltschaft mittlerweile erkannt, dass **Spezialisierungen** wegen der Komplexität diverser Rechtsgebiete unumgänglich sind. Diese Entwicklung hat die Entstehung überregional oder sogar weltweit tätiger Sozietäten bewirkt.

Auch hat sie dazu geführt, dass es Rechtsanwälten seit einiger Zeit erlaubt ist, etwa mit sogenannten Tätigkeits- und Interessenschwerpunkten sachliche Werbung zu betreiben.[1]

5 Ferner können Rechtsanwälte sich bei hinreichender praktischer und theoretischer Erfahrung in Lehrgängen zu **Fachanwälten** ausbilden lassen. Für den Bereich des Immobilienrechts sind speziell die nachstehend aufgeführten Fachanwälte kompetent:
- Fachanwälte für Bau- und Architektenrecht,
- Fachanwälte für Miet- und Wohnungseigentumsrecht,
- Fachanwälte für Verwaltungsrecht,
- Fachanwälte für Steuerrecht,
- Fachanwälte für Versicherungsrecht und
- Fachanwälte für Insolvenzrecht.

6 Auch sonst bestehen in der Praxis inzwischen vielerlei Möglichkeiten, **immobilienrechtlich qualifizierte Rechtsanwälte** zu finden. Die Anwaltskammern bieten teilweise entsprechende Datenbanken an. Es gibt darüber hinaus Nachschlagewerke wie das JUVE-Handbuch Wirtschaftskanzleien, die auf Basis von Marktrecherchen erstellt und in kurzen Zeitabständen neu aufgelegt werden. Bei wirtschaftlich interessanten Mandaten wie der langfristigen Begleitung von Großprojekten werden „Beauty contests" für Rechtsanwälte durchgeführt. Grundlage sind zumeist formalisierte Ausschreibungen, die an mehrere ausgewählte Rechtsanwälte versandt werden. In diesem Zusammenhang werden einschlägige Referenzen abgefragt, die gewünschten Beratungsteams konfiguriert und die Honorarkonditionen ausgehandelt.

7 Von einigen Kanzleien wird ein genau auf das jeweilige Vorhaben zugeschnittenes **Juristisches Projektmanagement** angeboten. Darunter wird die ganzheitliche und proaktive Bearbeitung aller oder ausgewählter projektspezifischer Rechtsfragen verstanden. Bei diesem Modell sind die Rechtsanwälte in Stabsfunktion – vielfach neben einem technisch-kaufmännischen Projektsteuerer[2] – unmittelbar den Entscheidungsträgern des Mandanten zugeordnet. Zu den Aufgaben der Rechtsanwälte gehören dann
- die Entwicklung individueller und vernetzter Vertragsstrukturen,
- die Klärung öffentlich-rechtlicher Rahmenbedingungen, vor allem bei der Schaffung von Baurecht,
- die Begleitung bei der Ausschreibung und Vergabe von immobilienspezifischen Leistungen,
- die Abwehr und Durchsetzung von Forderungen in der Realisierungsphase,
- die Mitwirkung bei Abnahme und Schlussabrechnung von Projekten.

8 Beauftragt ist der Rechtsanwalt mit der **Mandatserteilung.** Die Mandatserteilung kann schriftlich erfolgen, sie kann bei Bedarf auf einzelne Sachverhalte oder Rechtsgebiete beschränkt werden. Mit der Mandatserteilung kommt im Rechtssinne ein Geschäftsbesorgungsvertrag zustande, der den Mandanten zur Zahlung einer Vergütung an den Rechtsanwalt verpflichtet.

9 Wird nichts anderes vereinbart, richtet sich die **Vergütung** des Rechtsanwalts nach den gesetzlichen Bestimmungen des Rechtsanwaltsvergütungsgesetzes (RVG). Da das RVG nur begrenzt geeignet ist, vielfältige Abrechnungstatbestände im Rahmen von Immobiliengeschäften angemessen zu erfassen, werden in der Praxis häufig Stundenhonorarvereinbarungen getroffen oder Beratungspauschalen festgelegt. Eine ausschließlich erfolgsabhängige Vergütung des Rechtsanwalts ist nach wie vor unzulässig.[3] Ob eine eventuell bestehende

[1] Vgl. BVerfG, NJW 2003, 344 – Anwaltswerbung.
[2] Dazu § 11 Rdn. 12 ff.
[3] BGH, NJW 1987, 3203 – Erfolgshonorar Rechtsanwalt.

Rechtsschutzversicherung die Rechtsanwaltskosten übernimmt, hängt vom Umfang der vereinbarten Deckung ab.[4]

Mit dem Anspruch des Mandanten auf eine immobilienrechtlich qualifizierte Beratung geht die Frage nach der **Haftung** des Rechtsanwalts für Beratungsfehler und der Versicherung der insoweit zu besorgenden wirtschaftlichen Risiken einher. Ähnlich wie Architekten und Ingenieure sind Rechtsanwälte durch die BRAO gesetzlich verpflichtet, eine Berufshaftpflichtversicherung mit einer Deckungssumme von mindestens 250.000,00 € abzuschließen und nachzuweisen. Bei wirtschaftlich bedeutsamen Geschäften kann eine Erhöhung der Versicherungsdeckung sachgerecht sein; gleichermaßen kommen Haftungsbeschränkungsvereinbarungen in Betracht.[5] 10

Der Rechtsanwalt ist generell verpflichtet, den Mandanten ungefragt auf alle für den maßgeblichen Sachverhalt relevanten rechtlichen Gesichtspunkte **hinzuweisen** und ihm den sichersten Weg aufzuzeigen.[6] Ferner muss der Rechtsanwalt die Wahrung von Fristen insbesondere für Rechtsbehelfe kontrollieren und gewährleisten. 11

Bei **Beratungsfehlern** haftet der Rechtsanwalt dem Mandanten.[7] Auch kann der Rechtsanwalt zum Schadensersatz verpflichtet sein, wenn er eine Forderung des Mandanten verjähren lässt.[8] 12

Im **Beispielfall 62** ist die Beauftragung eines Juristischen Projektmanagements, zumindest aber die Einschaltung eines immobilienrechtlich qualifizierten Rechtsanwalts schon deswegen indiziert, weil es um ein beachtliches Investitionsvolumen geht. Berührt sind außerdem mit dem Grundstücksrecht, dem Bauträger- und Wohnungseigentumsrecht, dem Projektsteuerungs-, Architekten- und Bauvertragsrecht mehrere schwierige Rechtsgebiete. Bei einer optimalen anwaltlichen Beratung „aus einer Hand" erhält I aufeinander abgestimmte Vertragsstrukturen, die unabdingbare Voraussetzung für eine erfolgreiche Projektrealisierung sind. Beschränkt I das Mandat auf das Grundstücks- und Bauträgerrecht, können Schnittstellenpobleme entstehen; auch hat der Anwalt dann keine Hinweispflichten und Haftung in Bezug auf Projektsteuerung, Architekten und Bauunternehmen.[9] 13

1.2 Beratung durch Notare

Nach deutschem Recht muss eine Vielzahl von Grundstücksgeschäften **notariell beurkundet** werden. Dies gilt etwa für Grundstückskaufverträge,[10] daneben auch für Gesellschaftsverträge von Kapitalgesellschaften.[11] Der Notar ist deshalb ein maßgeblicher Mitwirkender auf dem Gebiet des gewerblichen Immobilienrechts. 14

Der Notar ist wie der Rechtsanwalt **Organ der Rechtspflege.** Ihm ist ein bestimmter Bezirk zugewiesen; dieser Gebietsschutz schließt es allerdings nicht aus, dass etwa ein Berliner Unternehmen mit einem Hamburger Vertragspartner einen Vertrag über ein Grundstück in Köln vor einem Notar in München beurkundet. 15

[4] Dazu § 15 Rdn. 25 f.
[5] Vgl. BGH, ZIP 1992, 1500 – Beschränkung Anwaltshaftung.
[6] BGH, BauR 1999, 56 – baubegleitende Rechtsberatung.
[7] BGH, NJW 1998, 900 – Beratungsfehler bei Abwicklung Grundstückskauf.
[8] BGH, BauR 2004, 1445 – Anwaltshaftung wegen Verjährung.
[9] Vgl. BGH, NJW 1997, 2169 – beschränktes Mandat.
[10] Dazu § 5 Rdn. 7.
[11] Dazu § 3 Rdn. 66.

16 Die **Aufgaben** des Notars sind in der Bundesnotarordnung (BNotO) detailliert dargestellt. Danach obliegt es dem Notar insbesondere, alle (!) Beteiligten **unabhängig und unparteiisch** über ihre Rechte und Pflichten aufzuklären.[12]

17 Der Notar kann zu diesem Zweck bereits im Vorfeld **Vertragsentwürfe** entwickeln und zur Verfügung stellen. Bei Grundstücksankäufen wählt typischerweise der Käufer, der im Nachhinein auch die Kosten der Beurkundung trägt, „seinen" Notar aus. Der Notar wird dann bei der Kaufvertragsgestaltung die Wünsche des Käufers berücksichtigen; wenn und soweit der Verkäufer abweichende Vorstellungen hat, werden diese in dem sich anschließenden Verhandlungs- und Beurkundungsverfahren erörtert und in geänderte vertragliche Bestimmungen umgesetzt.

18 Der Notar kann sich wegen seiner ausdrücklichen Verpflichtung zur Unabhängigkeit und Unparteilichkeit bei Immobiliengeschäften nicht als Interessenvertreter einer Seite betätigen. Besonders bei sogenannten Anwaltsnotaren, die in einigen Bundesländern sowohl als Rechtsanwalt als auch als Notar auftreten können, sind **Interessenkonflikte** wahrscheinlich, wenn einerseits eine qualifizierte anwaltliche Beratung gefragt ist, andererseits aber das notarielle Neutralitätsgebot beachtet werden muss.[13] Deswegen hat der Gesetzgeber inzwischen die Wahrnehmung anwaltlicher Aufgaben untersagt, wenn der Handelnde selbst oder eine mit ihm in Sozietät verbundene Person zuvor in der selben Angelegenheit Notarleistungen erbracht hat.[14]

19 Notare arbeiten oftmals mit **Standardtexten**, die dem konkret anstehenden Sachverhalt angepasst werden. Diese Vorgehensweise birgt das Risiko, dass sachfremde, weil aus anderen Angelegenheiten entlehnte Erwägungen Eingang in die Vertragsgestaltung finden. Zur Vermeidung derartiger Probleme werden beurkundungsbedürftige Immobiliengeschäfte bis hin zur Ausarbeitung und Verhandlung der jeweiligen Vertragsentwürfe vor allem bei wirtschaftlich bedeutsameren Sachen nahezu immer von Rechtsanwälten vorbereitet.

20 Notarielle **Beurkundungen** gestalten sich gleichwohl teilweise recht langwierig. Dies liegt darin begründet, dass der Notar nach dem Beurkundungsgesetz (BeurkG) nicht nur die Personalien der Anwesenden, die gesellschafts- und handelsrechtlichen Rahmenbedingungen sowie die Prämissen nach dem Grundbuch und dem Baulastenverzeichnis detailliert dokumentieren und mit den Beteiligten besprechen muss. Es hat vielmehr zudem, vorbehaltlich der gesetzlich zugelassenen Ausnahmen, eine komplette **Verlesung** der vorbereiteten Urkunden und der zugehörigen Anlagen stattzufinden.[15]

21 Da dieses Prozedere unter anderem dann faktische Schwierigkeiten bereitet, wenn etwa bei Immobilienverkäufen als Vertragsgrundlagen Baubeschreibungen, Architektenpläne und Baugenehmigungen zu beachten sind, hat es sich durchgesetzt, der Beurkundung des „Kern-Vertragstextes" eine **Bezugsurkunde** vorzuschalten. Mit der Bezugsurkunde verständigen sich die Parteien vorab über den Kaufgegenstand; dies verkürzt die anschließende Vertragsbeurkundung. In der Vertragsurkunde wird nämlich auf die Bezugsurkunde verwiesen, so dass deren Inhalt nicht mehr vollumfänglich erörterungs- und verlesungsbedürftig ist.[16]

22 Der Notar ist verpflichtet, seine Vergütung nach der einschlägigen **Gebührenordnung** zu berechnen. Gebührenvereinbarungen mit Notaren, sei es nach Aufwand, nach Beratungspauschalen oder sogar als Erfolgshonorar sind nach der BNotO nicht vorgesehen.[17] Hier besteht also eine deutlich geringere Flexibilität als bei der Mandatierung von

[12] Vgl. OLG Düsseldorf, RuS 2005, 155 – Notar mit Eigeninteresse.
[13] Vgl. Anwaltsgerichtshof Celle, BRAK-Mitt. 2005, 87 – Interessenkonflikt.
[14] Vgl. OLG Köln, NJW 2005, 2092 – Sozietät Notar-Anwalt.
[15] BGH, NJW-RR 2003, 1432 – Verzicht auf Verlesung Baubeschreibung.
[16] Vgl. OLG Schleswig, DNotZ 1990, 741 – Gebühren Bezugsurkunde.
[17] Vgl. OLG Celle, NdsRpfl. 2005, 115 – Gebührenverzicht.

Rechtsanwälten. Eine **Auslandsbeurkundung** kann deshalb bei Immobiliengeschäften mit einem größeren finanziellen Volumen unter Gebührengesichtspunkten erwägenswert sein. Nach der Rechtsprechung werden Urkunden ausländischer Notare allerdings im deutschen Rechtsverkehr grundsätzlich nur dann akzeptiert, wenn die Gleichwertigkeit der Beurkundung sichergestellt ist.[18]

Haftungs- und versicherungsrechtlich gelten für Notare vergleichbare Regeln wie 23
für Rechtsanwälte. Für schuldhafte Pflichtverstöße im Rahmen des erteilten Mandats haften Notare auf Schadensersatz.[19] Ein denkbarer Haftungstatbestand ist eine fehlerhafte Vertragsgestaltung, aus der einem Beteiligten ein nachweisbarer wirtschaftlicher Schaden entsteht.[20]

Zur Abwendung ihrer Haftung müssen Notare die Beteiligten durch vielerlei **Beleh-** 24
rungen auf Risiken aufmerksam machen.[21] Notare müssen sich nach dem Standesrecht in Höhe von mindestens 500.000,00 € haftpflichtversichern.

Im **Beispielfall 62** kann der Investor I von dem Notar aufgrund seiner Verpflichtung 25
zur Neutralität keine primär an seinen Interessen orientierte Vertragsgestaltung und -begleitung erwarten. Will I daher das bestmögliche Verhandlungsergebnis erreichen, ist die flankierende Unterstützung durch einen immobilienrechtlich qualifizierten Rechtsanwalt unumgänglich.

1.3 Beratung durch sonstige Immobilienfachleute

Mit Problemen des Immobilienrechts befassen sich neben Rechtsanwälten und Notaren 26
Mitglieder unterschiedlicher Berufsgruppen. So ist eine beratende Begleitung von Grundstücksankäufen durch **Maklerbüros** üblich.[22] Bei der Organisation von Bauherrenmodellen und geschlossenen Immobilienfonds werden ferner vielfach **Treuhänder** und **Geschäftsbesorger** eingeschaltet, die an der Schnittstelle zwischen Fondsgesellschaft und Anteilseignern wichtige Rechtsakte vollziehen.[23]

Projektsteuerer bieten als Grundleistung das „Vertragsmanagement" an. Dabei werden 27
nicht nur Vertragstexte zur Verfügung gestellt und bis zur Abschlussreife verhandelt. Auch in der Realisierungsphase begleitet der Projektsteuerer die Verträge bis hin zur Schlussabrechnung. Die Begleitung erstreckt sich dabei zwangsläufig auf Kontroversen, in denen von anderen Projektbeteiligten differierende Rechtspositionen etwa zu dem nach dem einschlägigen Vertrag vereinbarten Leistungssoll, zur Höhe von Vergütungsansprüchen oder zu terminlichen Themen vertreten werden.[24]

Architekten und Ingenieure müssen ebenfalls ausreichende Rechtskenntnisse haben. 28
Der Architekt hat für den Bauherrn eine öffentlich-rechtlich genehmigungsfähige Planung zu erstellen. Dies setzt voraus, dass er die für die Schaffung des Baurechts maßgeblichen Vorschriften des Bauplanungs-, Bauordnungs- und Baunebenrechts kennt und richtig anwenden kann.[25]

---

[18] OLG München, NJW-RR 1998, 758 – Notar in Basel-Stadt.

[19] BGH, MDR 2003, 417 – Haftungsprivileg bei Grundstücksgeschäft.

[20] BGH, DNotZ 2004, 849 – Löschung Grundschuld.

[21] Vgl. BGH, ZfIR 2008, 247 – ungesicherte Erschließungsvorleistungen; OLG München, OLGR 2004, 43 – Grundstückskaufvertrag mit ausländischem Unternehmen.

[22] Vgl. BGH, NJW-RR 2000, 1502 – Rechtsberatung durch Makler; OLG Koblenz, ZMR 2002, 678 – Provision und unzulässige Rechtsberatung.

[23] BGH, WM 2001, 2113 – geschlossene Immobilienfonds; dazu § 3 Rdn. 136 ff.

[24] Vgl. OLG Köln, IBR 2004, 632 – Projektsteuerer als Rechtsberater; dazu § 11 Rdn. 12 ff.

[25] BGH, NJW-RR 1999, 1105 – Architekt und Baurecht; dazu § 11 Rdn. 66.

29 **Nicht** Sache des Architekten ist dagegen die rechtliche Strukturierung von Auftragsvergaben und die Prüfung juristischer Gesichtspunkte bei der Ausführung von Immobilienprojekten. Als Teil oder Vorspann eines Leistungsverzeichnisses schuldet der Architekt nur technische Vertragsbedingungen, nicht dagegen komplette Bauverträge oder vergleichbare Regelwerke.[26] Viele Architekten bieten derartige Leistungen dennoch als Service für den Auftraggeber mit an. Bei der Objektüberwachung beraten Architekten gelegentlich auch zu juristischen Themen, die unter anderem wechselseitige Ansprüche wegen Leistungsstörungen betreffen können.

30 Der Investor ist gut beraten, wenn er dem mit Vorsicht begegnet. Nach dem Rechtsdienstleistungsgesetz (RDG) sind zwar auch Nichtjuristen inzwischen formell in beschränktem Umfange zur Unterstützung Dritter in Rechtsfragen, insbesondere auf unentgeltlicher Basis oder im Zusammenhang mit der Haus- und Wohnungsverwaltung, berechtigt; diese Befugnis erstreckt sich jedoch keinesfalls auf differenzierte Vertragsgestaltungen und die nachhaltige Verfolgung von Ansprüchen mit allen zu Gebote stehenden Mitteln.

31 **Verstöße** gegen die jeweiligen standesrechtlichen Vorschriften können als Ordnungswidrigkeiten, mit Geldbußen geahndet werden. Verträge, die aufgrund solcher Rechtsverstöße zustande gekommen sind, können möglicherweise wegen des Formfehlers unwirksam sein.[27] Schließlich ist zu beachten, dass die von Projektsteuerern, Architekten und Ingenieuren abzuschließenden Haftpflichtversicherungen rechtsberatende Leistungen prinzipiell nicht abdecken. Für alle Beteiligten ergibt sich aus einer unerlaubten Rechtsberatung deshalb ein erhebliches wirtschaftliches Risiko.

32 Ob und inwieweit öffentlich bestellte **Wirtschaftsprüfer** und **vereidigte Buchprüfer** sowie **Steuerberater** im Einzelfall Rechtsberatung leisten können, ist im Zweifel individuell festzustellen.[28] Bei Immobilienprojekten werden Wirtschaftsprüfer, Buchprüfer und Steuerberater ohnehin aufgrund ihrer beruflichen Ausrichtung nur Teilbereiche bearbeiten können. Die qualifizierte ganzheitliche Rechtsberatung bleibt mithin – trotz einer sicherlich zu beobachtenden Liberalisierung des Rechtsmarkts – auch künftig Sache der Rechtsanwälte.

33 Im **Beispielfall 62** ist dem Investor I davon abzuraten, sich hinsichtlich der Rechtsberatung auf den Projektsteuerer P und den Architekten A zu verlassen. Zwar mag der Projektsteuerer P für das Vertragsmanagement eingesetzt werden, auch mag zwischen I und A ein „Einheits-Architektenvertrag" abgeschlossen werden. I muss jedoch berücksichtigen, dass P und A im Rahmen des Immobilienprojekts erhebliche wirtschaftliche Eigeninteressen verfolgen und deshalb – unabhängig von der Frage nach der Qualität ihres immobilienrechtlichen Know-hows – möglicherweise die gebotene Objektivität vermissen lassen. Auch der begrenzte Versicherungsschutz setzt weitere Grenzen. Nur durch Einschaltung eines Rechtsanwalts kann I dem angemessen begegnen und Rechtssicherheit für sein Projekt schaffen.

2. Gerichtlicher Rechtsschutz

34 Streitigkeiten auf dem Gebiet des Immobilienrechts machen statistisch einen wesentlichen Teil der Verfahren vor den staatlichen Gerichten aus. Dennoch ist die Justiz nur sehr be-

[26] Vgl. OLG München, BauR 1993, 494 – Vertragsbedingungen des Architekten.
[27] BGH, NJW 2000, 1560 – Rechtsfolgen unzulässiger Rechtsberatung.
[28] OLG Köln, OLGR Köln 2005, 21 – Steuerberater und Bauträgermodell; BGH, NJW 1990, 2461 – Wirtschaftsprüfer und Prospekthaftung.

grenzt auf immobilienrechtliche Konflikte eingestellt; Verfahrensabläufe und Verfahrensdauer gestalten sich für die Beteiligten fast immer unbefriedigend.

2.1 Grundstruktur der staatlichen Gerichtsbarkeit

Beispielfall 63: Welches Gericht ist zuständig? 35
Der Investor I ist Eigentümer eines „Wellnessparks" in idyllischer ländlicher Gegend. Einziger „Schönheitsfehler" ist der benachbarte Truppenübungsplatz der Bundeswehr. I findet immer häufiger Munitionsteile auf seinem Grundstück. Zudem ist der Gefechtslärm teilweise erheblich.

I bittet in einem Schreiben an den Standortkommandanten, wenigstens die Mittagsruhe einzuhalten. Der Standortkommandant antwortet per Brief, „aus Gründen der Landesverteidigung" seien keine Einschränkungen bei dem Betrieb des Truppenübungsplatzes möglich.

Streitigkeiten des Immobilienrechts können vor zahlreichen unterschiedlichen Gerichten 36
ausgetragen werden. Die staatlichen Gerichte gliedern sich traditionell in mehrere **Gerichtsbarkeiten.** Von herausragender Bedeutung sind dabei für das Immobilienrecht

- die ordentlichen Gerichte und
- die Verwaltungsgerichte.

Die nachfolgende **Übersicht** verdeutlicht, wie die staatlichen Gerichtsbarkeiten in den 37
vorgenannten Bereichen aufgebaut sind:

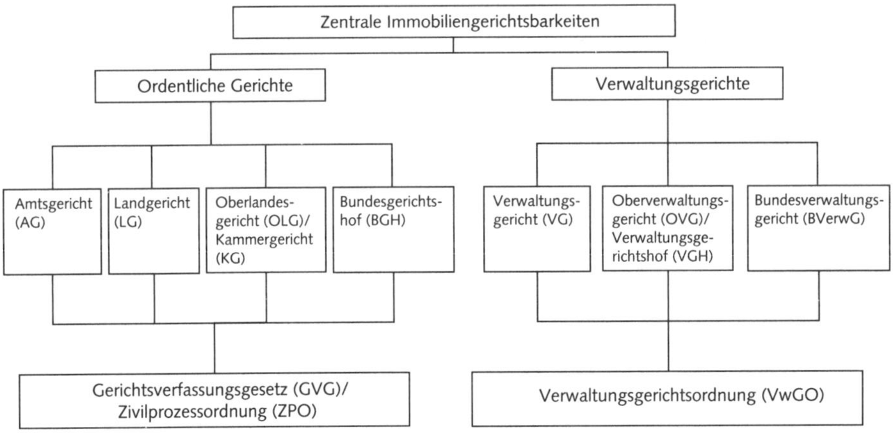

Abbildung 37: Aufbau der ordentlichen und der Verwaltungsgerichtsbarkeit

Die in der Übersicht dargestellten Ober- und Bundesgerichte sind vornehmlich für **Rechtsmittel** gegen Entscheidungen der Vorinstanzen verantwortlich. Die Zulässigkeit derartiger Rechtsmittel ist aber vom Gesetzgeber in den vergangenen Jahren immer stärker eingeschränkt worden. 38

Eine Sonderrolle spielen im Immobilienrecht die **Finanzgerichte**, nämlich die Finanzgerichte erster Instanz (FG) und der Bundesfinanzhof (BFH). Das Prozessrecht für diesen Bereich ist in der Finanzgerichtsordnung (FGO) geregelt. 39

40 Vor den Finanzgerichten geht es regelmäßig um Beanstandungen im Hinblick auf Entscheidungen der Steuerverwaltung; angesichts der großen Zahl und der erheblichen wirtschaftlichen Bedeutung der bei Immobiliengeschäften zu beachtenden Steuerarten[29] können derartige Entscheidungen im Einzelfall existenzielle Bedeutung haben. **Beispiele** für finanzgerichtliche Auseinandersetzungen sind die steuerliche Abzugsfähigkeit von Aufwendungen als Werbungskosten[30] oder die Gewerbsmäßigkeit von Grundstücksgeschäften.[31]

41 Nur wenn das **zuständige** Gericht angerufen wird, hat das konkrete Rechtsschutzbegehren Aussicht auf Erfolg. Anderenfalls droht ein Scheitern des Rechtsbehelfs aus Formgründen, soweit nicht nach der maßgeblichen Prozessordnung – für die ordentlichen Gerichte ist dies die Zivilprozessordnung (ZPO), für die Verwaltungsgerichte die Verwaltungsgerichtsordnung (VwGO) – eine **Verweisung** erfolgen kann.[32]

42 Die **ordentlichen Gerichte** sind insbesondere für alle bürgerlichen Rechtsstreitigkeiten zuständig, die nicht durch Gesetz einer anderen Gerichtsbarkeit zugewiesen sind. Bürgerliche Rechtsstreitigkeiten sind vor allem Konflikte im Zusammenhang mit Kauf-, Miet-, Architekten-, Bau-, Gesellschafts- und Darlehensverträgen sowie Nachbarrechten.

43 Die **Verwaltungsgerichte** bearbeiten demgegenüber alle öffentlich-rechtlichen Streitigkeiten nichtverfassungsrechtlicher Art. Öffentlich-rechtlicher Natur sind Konflikte wegen behördlicher Maßnahmen, etwa Bebauungsplänen und erteilten oder verweigerten Genehmigungen. Hier richtet sich der Rechtsbehelf typischerweise gegen einen Hoheitsträger.

44 Die zentralen Unterschiede zwischen dem Verfahren vor den ordentlichen und demjenigen vor den Verwaltungsgerichten lassen sich schnell ausmachen: Vor den ordentlichen Gerichten gilt der **Beibringungsgrundsatz**, das Gericht entscheidet also ausschließlich auf Basis des von den Parteien unter Berücksichtigung der jeweiligen richterlichen Hinweise vorgetragenen und erforderlichenfalls bewiesenen Sachvortrags.[33] Verwaltungsgerichte unterliegen hingegen dem **Amtsermittlungsgrundsatz**, sie ermitteln mit anderen Worten anhand der beigezogenen Verwaltungsakten den Sachverhalt – wenn auch ohne Verpflichtung zur „Fehlersuche" – in eigener Regie.[34]

45 Verfahren vor den ordentlichen Gerichten nehmen deswegen vielfach einen dynamischeren Verlauf; die Parteien können durch geschickte schriftsätzliche Aufbereitung eine für sie günstige Entscheidungsbasis schaffen. Vor den Verwaltungsgerichten ist die Flexibilität wegen des nach den Behördenakten weitgehend transparenten und „objektiven" Sachverhalts deutlich geringer. Auch die **Erfolgschancen** des Klägers/Antragstellers sind im Verwaltungsgerichtsverfahren im Vergleich zum Rechtsstreit vor den ordentlichen Gerichten erheblich schlechter; in vielen Bereichen werden den Behörden von den Verwaltungsgerichten recht weite, gerichtlich nicht kontrollierbare Einschätzungsspielräume zugebilligt.[35]

46 Weder bei den ordentlichen Gerichten noch bei den Verwaltungsgerichten existieren besondere „Immobilienspruchkörper". Das Verfahren wird vielmehr nach Eingang gerichtsintern derjenigen Kammer oder demjenigen Senat zugewiesen, die/der nach der

---

[29] Dazu § 8 Rdn. 1 ff.
[30] BFHE 202, 280 – Abzugsfähigkeit von Darlehenszinsen.
[31] BFH, BStBl. II 2002, 291 – 3- Objekte-Grenze.
[32] Vgl. OVG Münster, BauR 2004, 1759 – Unzulässigkeit des Verwaltungsrechtswegs.
[33] Vgl. BGH, NJW 2002, 3317 – Hinweispflicht des Gerichts.
[34] BVerwG, NVwZ 2002, 83 – Prüfungsumfang im Verwaltungsrechtsstreit.
[35] Vgl. BVerwG, NVwZ 2004, 1486 – Ausgleich von Eingriffen in Natur und Landschaft.

jeweiligen **Geschäftsverteilung** zur Entscheidung über die Sache berufen ist. Hier setzt die Idee an, durch außergerichtliche Streitbeilegung eine zügige Entscheidung spezifisch qualifizierter Experten einzuholen.[36]

Im **Beispielfall 63** wird der Investor I zunächst zivilrechtliche Ansprüche nach den §§ 906 und 1004 BGB auf Unterlassung und/oder Entschädigung in Erwägung ziehen. Da die Störungen jedoch von einem Hoheitsträger, nämlich der Bundeswehr ausgehen, ist zweifelhaft, ob und inwieweit die Zivilgerichte für die Abwehr von Beeinträchtigungen zuständig sind, die aus der öffentlich-rechtlichen Aufgabenwahrnehmung resultieren. 47

Beachtlich sein kann, ob I verwaltungsgerichtlich gegen die Genehmigung für den Betrieb des Truppenübungsplatzes vorgegangen ist oder vorgehen kann. Es gilt der Vorrang des Primärrechtsschutzes; vor den ordentlichen Gerichten wird I lediglich erfolgreich auf Unterlassung oder Entschädigung klagen können, wenn und soweit er verwaltungsgerichtlich die Nutzung des Truppenübungsplatzes nicht verhindern kann.[37]

2.2 Rechtsschutz vor den ordentlichen Gerichten

Der Rechtsschutz vor den ordentlichen Gerichten ist äußerst facettenreich. Wie erwähnt ist die ZPO maßgebliche Prozessordnung. Die ZPO unterscheidet eine Reihe von Verfahrensarten. Die für das Immobilienrecht wichtigsten Verfahrensarten sollen im Folgenden kurz vorgestellt werden. 48

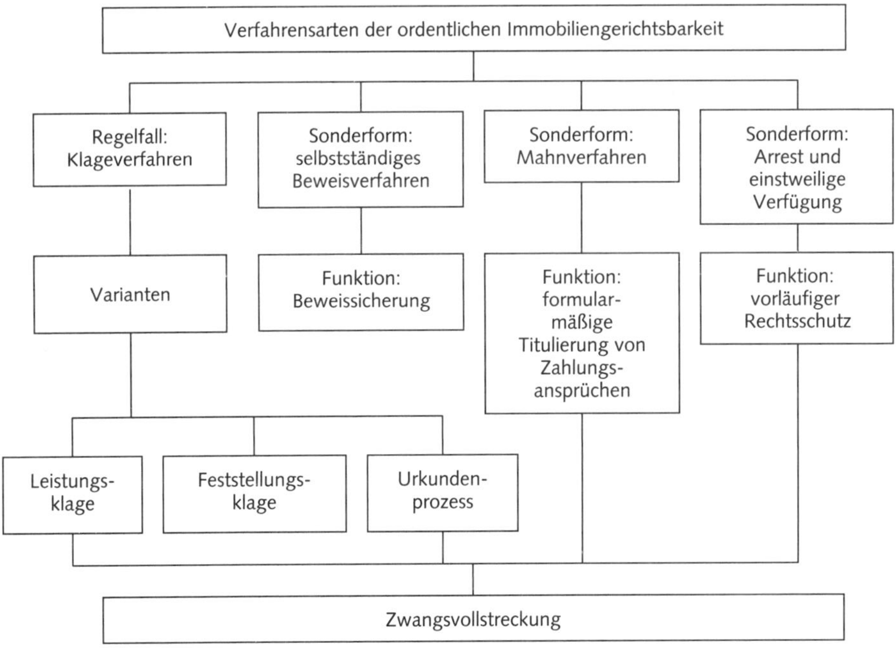

Abbildung 38: Verfahrensarten vor den ordentlichen Gerichten

[36] Dazu § 17 Rdn. 122 ff.
[37] Vgl. BGHZ 129, 124 – Militärflughafen.

49 **Beispielfall 64:** Prozessflut
Der Investor I hat einen Altbau gekauft, saniert, in Wohnungseigentum umgewandelt und anschließend weiterveräußert. Von dem beauftragten Generalunternehmer und dem planenden Architekten wird I jeweils auf Restwerklohn verklagt.

Im Wege der einstweiligen Verfügung beantragt der von I beauftragte Projektsteuerer P, eine Vormerkung auf Eintragung einer Bauhandwerkersicherungshypothek wegen offener Vergütungsansprüche aus Projektsteuerungsleistungen in das Grundbuch einzutragen. I hält dies allein deswegen für befremdlich, weil die ihn finanzierende Bank B eine erstrangige Grundschuld über eine erhebliche Summe im Grundbuch hat; die Bank hat I schon angedroht, aus der Grundschuld die Zwangsversteigerung zu betreiben, wenn es I nicht alsbald gelinge, seine Darlehensverbindlichkeiten ordnungsgemäß zu bedienen.

I selbst hat ein einstweiliges Verfügungsverfahren gegen den Projektsteuerer P mit dem Ziel eingeleitet, diesem die öffentliche Behauptung zu untersagen, das Immobilienprojekt sei „die letzte Katastrophe, die I zu verantworten" habe. Daneben läuft noch eine Räumungsklage des I gegen den Mieter M, der sich bis zuletzt geweigert hat, der Sanierung und einer Mieterhöhung zuzustimmen oder aus dem Altbau auszuziehen.

2.2.1 Klageverfahren

50 Kerninstrument des Rechtsschutzes vor den ordentlichen Gerichten ist die Klage. Im Klageverfahren kann es einerseits um die aktive Durchsetzung von Ansprüchen gehen, andererseits um die Abwehr von Klagen und anderen Rechtsbehelfen.

51 **Typische Gegenstände** immobilienrechtlicher Streitigkeiten sind
- Zahlungsansprüche,
- Ansprüche auf Herausgabe von Sachen,
- Ansprüche auf Vornahme von Handlungen,
- Ansprüche auf Unterlassung.

52 **Zahlungsansprüche** können Ansprüche auf Kaufpreiszahlung sein, Ansprüche auf Werklohn, Entschädigung oder Schadensersatz.[38]

53 „Klassisches" Beispiel für **Ansprüche auf Herausgabe von Sachen** ist die Räumungsklage gegen einen oder mehrere Mieter auf Rückgabe der Mietsache, etwa nach einer Kündigung.[39]

54 Um **Ansprüche auf Vornahme einer Handlung** geht es, wenn Mängelbeseitigung verlangt wird.[40] Die Abgabe einer Willenserklärung ist ein Unterfall der Vornahme einer Handlung; so liegen die Dinge, wenn seitens einer Bank eine Löschungsbewilligung in Bezug auf ein Grundpfandrecht erteilt werden soll.[41]

55 Ein **Unterlassungsanspruch** kann auf Grundstücksbeeinträchtigungen oder rufschädigende Behauptungen abzielen.[42] Er kann aber auch urheberrechtlicher Natur sein.[43]

[38] Vgl. BGH, NJW-RR 2002, 1177 – Werklohnklage aus gekündigtem Pauschalvertrag; BGH, NJW 1997, 2173 – Schadensersatzansprüche der WEG.
[39] Vgl. BGH, WuM 2004, 555 – Räumungsklage gegen Mieter und Ehegatten.
[40] Vgl. OLG Hamm, BauR 2004, 102 – Mängelbeseitigung.
[41] Vgl. KG, ZIP 2003, 1881 – Klage auf Löschungsbewilligung.
[42] Dazu § 10 Rdn. 6 ff.
[43] Vgl. OLG Saarbrücken, GRUR 1999, 420 – urheberrechtlicher Schutz von Bauwerken.

Besonderheiten gelten im Gesellschaftsrecht, zumal es insoweit regelmäßig um mehrere Beteiligte geht. Dies betrifft einmal die (fristgerechte) **Anfechtung von Gesellschafterbeschlüssen,**[44] zum anderen die sog. **Auflösungsklage.**[45] 56

Vergleichbare Rahmenbedingungen sind im Wohnungseigentumsrecht vorgegeben. Auch in diesem Bereich unterliegt die **Anfechtung von Beschlüssen der Wohnungseigentümer** speziellen Regelungen.[46] 57

Jede Anspruchsdurchsetzung (und -abwehr) verlangt eine genügende **Dokumentation** der relevanten Fakten. Dazu gehören erforderliche Grundbucheintragungen, Beschreibungen der Örtlichkeiten, vollständige und korrekte Firmenbezeichnungen und Angaben über die (aktuellen) Vertretungsverhältnisse sowie zustellungsfähige Anschriften. Ohne diese Basisdaten – die etwa bei einem als GmbH & Co. KG firmierenden Vertragspartner durchaus beachtlichen Umfang haben können – kann ein Verfahren vor einem ordentlichen Gericht nicht zielführend bestritten werden.[47] 58

Die „Basisdaten" sind nach Möglichkeit zu ergänzen durch Prospekte, Lagepläne, Zeichnungen und Berechnungen, schriftliche Protokolle zu Vertragsverhandlungen, kaufmännische Bestätigungsschreiben[48] und anderen maßgeblichen Schriftverkehr, Bautagebücher, Aufmaßunterlagen,[49] Abnahme- und Begehungsprotokolle, Rechnungen, Zahlungsbelege sowie Fotodokumentationen. Die Unterlagen sind von demjenigen beizubringen, der die **Darlegungs- und Beweislast** trägt.[50] 59

Grundformen der Klage sind die **Leistungs-** und die **Feststellungsklage.**[51] Prozesstaktisch sinnvoll kann es im Einzelfall sein, bei Vorliegen der in den §§ 592 ff. ZPO aufgeführten Voraussetzungen (Leistungs-) **Klage im Urkundenprozess** zu erheben. Auf diesem Wege ist eine beschleunigte Durchsetzung vor allem von Zahlungsansprüchen möglich, die auf eine Urkunde gestützt werden können. Als Grundlage für einen Urkundenprozess geeignet sind etwa Bürgschaften, Mietverträge, und unter Umständen auch geprüfte Schlussrechnungen.[52] 60

Häufig werden auf dem Gebiet des Immobilienrechts auch **Vergleiche** geschlossen. Durch einen Vergleich vor Gericht wird der Rechtsstreit ohne „streitige" Entscheidung beendet, die Parteien ersparen somit Gerichtsgebühren. Außergerichtliche Vergleichsverhandlungen sind ebenfalls verbreitet und stets zulässig; entscheidend ist in allen Fällen, dass die Parteien mit dem Vergleichstext alle offenen Punkte eindeutig erfassen und ein klares Abwicklungsmodell einschließlich Kostenverteilung fixieren.[53] 61

Im **Beispielfall 64** sind die verschiedenen Klageverfahren durch unterschiedliche Schwerpunkte gekennzeichnet. Im Bereich der Werklohnauseinandersetzungen geht es primär um die vertraglichen Vereinbarungen zwischen den Parteien, die Erbringung der abgerechneten Leistungen und etwaige Einwendungen sowie Gegenforderungen des I unter den Gesichtspunkten von Mängeln oder Verzug. 62

Daneben hat es I mit einer Räumungsklage gegen M zu tun. Hier greift das soziale Mietrecht; I muss damit rechnen, dass M eine Räumungsfrist nach § 721 ZPO – und

---

[44] Vgl. BGHZ 111, 224 – Anfechtung Gesellschafterbeschluss GmbH.
[45] Vgl. OLG München, GmbHR 2005, 428 – Auflösungsklage GmbH.
[46] Vgl. BGHZ 145, 158 – keine Anfechtung nichtiger WEG-Beschlüsse.
[47] Vgl. OLG Brandenburg, NJW-RR 2002, 1217 – Klage gegen nicht existente Partei.
[48] Vgl. BGH, NJW-RR 2001, 680 – abweichendes Bestätigungsschreiben.
[49] Dazu § 12 Rdn. 131 ff.
[50] Vgl. BGH, BauR 2002, 1249 – Dokumentation von Bauverzögerungen.
[51] Vgl. BGH, NJW 1999, 3774 – Feststellungsklage gegen Versicherung.
[52] Vgl. BGH, NJW 1999, 1408 – Mietzinsklage; BGH, NJW 2002, 1493 – Bürgschaft auf erstes Anfordern.
[53] Vgl. BGH, NJW 2002, 1503 – außergerichtlicher Vergleich und Prozessvergleich.

eventuell sogar noch weitgehender Vollstreckungsschutz – gewährt wird,[54] soweit das Mietverhältnis nach dem BGB wirksam gekündigt worden ist.[55]

2.2.2 Beweissicherung

63 Die rechtzeitige Beweissicherung kann in Immobiliensachen unumgänglich sein. Einmal kann es dabei um die prophylaktische Aufnahme des Zustands von benachbarten Grundstücken und Gebäuden vor und nach Bauarbeiten gehen. Effektiver Rechtsschutz ist allerdings gefragt bei **Schäden** an Immobilien, etwa aufgrund von Baumängeln. Dann geht es um die Klärung der Schadensursachen, geeignete Mängelbeseitigungsmaßnahmen, die damit verbundenen Kosten und eine eventuell verbleibende Wertminderung.[56]

64 Mit dem gerichtlichen selbstständigen Beweisverfahren (§§ 485 ff. ZPO) kann Beweissicherung **mit verbindlichem Charakter** betrieben werden. Selbstverständlich kann alternativ auch ein Privatgutachter eingeschaltet werden. Großer Vorteil des gerichtlichen selbstständigen Beweisverfahrens ist es indessen, dass die von dem Sachverständigen getroffenen Feststellungen in einem späteren Rechtsstreit nicht mehr angreifbar sind. So kann etwa ein Mangel, den der Sachverständige im gerichtlichen Beweisverfahren gutachterlich attestiert, im Folgeprozess nicht bestritten werden.[57]

65 Gerichtliche selbstständige Beweisverfahren lassen sich relativ einfach einleiten. Das Gericht entscheidet durch **Beschluss** auf einen schriftsätzlich vorzubereitenden Beweisantrag hin. Der/die Antragsgegner erhält zwar Gelegenheit zur Stellungnahme innerhalb kurzer Frist; dem Beweisantrag wird aber in vielen Fällen seitens der Gerichte entsprochen, ohne dass eine Sachprüfung, etwa im Hinblick auf eine mögliche Verjährung zugrunde liegender Mängelansprüche, stattfindet.[58]

66 Kompetente **Sachverständige** können vom Antragsteller vorgeschlagen werden, die Auswahl des Sachverständigen obliegt allerdings grundsätzlich dem Gericht. Das Gericht wird gleichwohl vielfach den vorgeschlagenen Sachverständigen beauftragen, wenn von der Gegenseite nicht widersprochen wird.

67 In das selbstständige Beweisverfahren können im Wege der **Streitverkündung** alle Unternehmen einbezogen werden, gegen die im Zusammenhang mit dem Beweisthema Ansprüche bestehen könnten. So kann der Bauherr in einem einzigen Verfahren klären lassen, ob und inwieweit ein Baumangel auf einem Planungs-, Ausführungs- und/oder Objektüberwachungsfehler beruht.[59]

68 Das selbstständige Beweisverfahren dient ausschließlich der Klärung von **Tatsachenfragen**. Abstrakte Rechtsfragen wie die Vertragskonformität einer Bauleistung oder ein Verzug des Vertragspartners sind daher einer Beweiserhebung nicht zugänglich.[60] Gelegentlich ist dennoch eine gewisse „Rechtslastigkeit" von Sachverständigen zu beobachten; Sachverständige sehen sich plötzlich in einer gerichtsähnlichen Funktion und machen Ausführungen, die ihnen nicht zustehen. Im äußersten Falle können die Beteiligten dann eine Ablehnung des Sachverständigen wegen Besorgnis der **Befangenheit** prüfen.[61]

---

[54] Vgl. OLG Hamm, NJW-RR 1995, 526 – Räumungsfrist.
[55] Dazu § 13 Rdn. 40 ff.
[56] Vgl. OLG Hamm, NJW-RR 2002, 1674 – Minderwert.
[57] Vgl. OLG Hamm, BauR 2002, 1372 – Bindungswirkung Beweisverfahren.
[58] OLG Celle, BauR 2003, 1076 – Beweisverfahren trotz Verjährung.
[59] OLG Brandenburg, BauR 2004, 698 – mehrere Antragsgegner.
[60] OLG München, BauR 1993, 117 – Rechtsfragen im Beweisverfahren.
[61] OLG Frankfurt, BauR 2001, 991 – befangener Sachverständiger.

Im **Beispielfall 64** kann I selbst während eines laufenden Klageverfahrens gegen ausführendes Unternehmen und Planer beim Prozessgericht Antrag auf Einleitung eines selbstständigen Beweisverfahrens stellen, wenn der Verlust von Beweismitteln droht.62 Dazu kann es etwa kommen, wenn Mängel gerügt werden, nachdem die Immobilie vermietet oder veräußert worden ist. Die Beweiserhebung wird dann vom Gericht prioritär behandelt; das kann Vorteile für den späteren Fortgang des Hauptsacherechtsstreits nach sich ziehen. 69

2.2.3 Mahnverfahren

Eine Alternative zur Klage kann bei der Durchsetzung von Geldforderungen die Beantragung eines **Mahnbescheids** sein. Der Mahnbescheid wird in einem standardisierten Verfahren nach den §§ 688 ff. ZPO erlassen und dem Schuldner zugestellt. Es ist ein entsprechendes Formular auszufüllen. In dem Formular ist der geltend gemachte Anspruch präzise zu bezeichnen.[63] Zuständig ist das Amtsgericht, es besteht somit – zunächst – kein Anwaltszwang. 70

Da es der Schuldner durch ebenfalls formularmäßigen **Widerspruch** ohne Begründung innerhalb der gesetzlich vorgegebenen 2-Wochenfrist erreichen kann, dass die Angelegenheit (auf Antrag des Gläubigers) an das eigentlich in der Hauptsache anzurufende Gericht – meist das Landgericht – abgegeben werden muss, kommt das Mahnverfahren speziell in zwei Konstellationen in Betracht: zum einen, wenn der Schuldner mutmaßlich nicht reagieren wird und der Gläubiger mithin auf einfachem Wege zu einem Vollstreckungstitel gelangen kann, zum anderen, wenn eine **Verjährung**[64] von Ansprüchen droht und keine hinreichenden Zeitreserven für die Ausarbeitung einer Klage bestehen. 71

Wird kein Widerspruch gegen den Mahnbescheid eingelegt, ergeht ein **Vollstreckungsbescheid**. Gegen diesen Bescheid kann der Schuldner bis zu zwei Wochen nach Zustellung Einspruch einlegen und so – erneut – die Abgabe des Rechtsstreits an das für das Klageverfahren zuständige Gericht erreichen. Geschieht dies, wird der Rechtsstreit als „normales" Verfahren weitergeführt, der Gläubiger hat eine entsprechende Anspruchsbegründung vorzulegen. 72

Im **Beispielfall 64** können etwa das ausführende Unternehmen und der Planer ihre Werklohnansprüche gegen I im Mahnverfahren titulieren lassen. Gelegentlich geschieht dies aus Verjährungsgründen; es schließt sich aber in solchen Fällen nahezu stets ein Hauptsacheverfahren an, weil Widerspruch oder Einspruch eingelegt werden. 73

2.2.4 Arrest und einstweilige Verfügung

Unter bestimmten Voraussetzungen ermöglichen es die §§ 916 ff. ZPO, in sehr kurzer Zeit eine gerichtliche Entscheidung zur Sicherung von zivilrechtlichen Ansprüchen oder zur vorläufigen Regelung streitiger Rechtsverhältnisse auf dem Gebiet des Immobilienrechts herbeizuführen. Die gerichtliche Entscheidung, die in einem besonderen Verfahren erwirkt werden kann, wird als einstweilige Verfügung bezeichnet. 74

Einstweilige Verfügungen können etwa ergehen 75

---

[62] Vgl. OLG Köln, MDR 1994, 94 – Beseitigung von Baumängeln.
[63] BGH, NJW 2001, 306 – Mehrzahl von Einzelforderungen.
[64] Dazu § 5 Rdn. 76 ff.

- zur Durchsetzung von Unterlassungsansprüchen wegen Urheberrechtsverletzung, unerlaubter Grundstücks- oder Gebäudebeeinträchtigung;[65]
- wegen Mitwirkung bei einer Beweissicherung[66] und
- wegen Eintragung einer Vormerkung auf Eintragung einer Bauhandwerkersicherungshypothek in das Grundbuch.[67]

76 Vorteil des einstweiligen Verfügungsverfahrens ist, dass keine lückenlose Beweisführung notwendig ist, sondern die **Glaubhaftmachung** der Eilbedürftigkeit und behaupteten Tatsachen, insbesondere mithilfe nachvollziehbarer Unterlagen und **eidesstattlicher Versicherungen** der Beteiligten, zulässig ist. Es muss außerdem nicht unbedingt eine mündliche Verhandlung durchgeführt werden. Das Gericht kann sogar die einstweilige Verfügung ohne Anhörung der Gegenseite erlassen, wenn es das Rechtsschutzbegehren als unaufschiebbar und in der Sache gerechtfertigt ansieht.

77 Die Flexibilität des Gerichts bei der Entscheidungsfindung ist im einstweiligen Verfügungsverfahren relativ groß. Es darf lediglich die Entscheidung in der Hauptsache nicht vorweggenommen werden. Deshalb können etwa von der Antragstellerseite **Sicherheiten** verlangt werden, wenn irreparable Rechtsbeeinträchtigungen drohen.

78 Gegen eine einstweilige Verfügung kann **Widerspruch** eingelegt werden; auf den Widerspruch hin prüft das Gericht die Problematik erneut und bestätigt die Entscheidung oder hebt sie wieder auf. Wichtig ist, dass der Antragsteller die einstweilige Verfügung förmlich **zustellen** lässt; wird die einschlägige Monatsfrist versäumt, verliert die Verfügung ihre Wirksamkeit.[68]

79 Die einstweilige Verfügung kann erheblich zur Sicherung und Durchsetzung von Rechten beitragen. Ein Manko ist jedoch bis heute, dass das deutsche Recht eine vorläufige Sicherung von Zahlungsansprüchen lediglich ausnahmsweise einmal erlaubt. Mithilfe des **Arrestes**, der in einem ähnlichen Verfahren wie die einstweilige Verfügung zu beantragen ist, können Vermögenswerte nur „eingefroren", nicht allerdings zu Gunsten des Anspruchsstellers in konkrete Liquidität umgewandelt werden. Eine einstweilige Verfügung „auf Zahlung" gibt es ebenfalls regelmäßig nicht, eine solche Entscheidung ist vielmehr dem – langwierigen – (Klage-) Verfahren vorbehalten.

80 Diese Rechtslage kann speziell dann Schwierigkeiten bereiten, wenn ein **Vorleistungsrisiko** besteht. Die Praxis begegnet dem Rechtsschutzdefizit, indem Sicherheiten vereinbart werden, die gegen Forderungsverluste wegen Insolvenz schützen.[69]

81 Der Investor I sieht sich im **Beispielfall 64** mit einer von P beantragten einstweiligen Verfügung auf Eintragung einer Vormerkung auf Eintragung einer Bauhandwerkersicherungshypothek nach § 648 BGB konfrontiert.[70] In einem solchen Verfahren sind die geltend gemachten sicherungsfähigen Werklohnansprüche glaubhaft zu machen. I kann versuchen, Einwendungen zu erheben und zu belegen; gelingt ihm dies nicht, erfolgt nach § 885 Abs. 1 BGB die Eintragung der Vormerkung. Dabei hat I indessen Recht, wenn er angesichts des vorrangigen Grundpfandrechts der Bank B die wirtschaftliche Sinnhaftigkeit des Vorgehens von P in Zweifel zieht.

Das von I selbst eingeleitete Verfügungsverfahren richtet sich auf Unterlassung und Widerruf der geschäftsschädigenden Äußerungen des P. In solchen Verfahren kann

---

[65] Vgl. KG, NJW-RR 2001, 1201 – Urheberrechtsverletzung; OLG Düsseldorf, IBR 2001, 370 – Grundstücksbenutzung durch Nachbarn.
[66] Vgl. KG, NJW 2001, 233 – Beweissicherung.
[67] OLG Hamm, BauR 1999, 407 – Bauhandwerkersicherungshypothek.
[68] Vgl. BGHZ 112, 361 – Vollziehungsfrist.
[69] Dazu § 7 Rdn. 47 ff. und § 12 Rdn. 161 ff.
[70] Dazu § 12 Rdn. 174.

ein eventueller „wahrer Kern" von Tatsachenbehauptungen im Mittelpunkt stehen; im Zweifel muss P dies glaubhaft machen.

2.2.5 Zwangsvollstreckung

Aus gerichtlichen Entscheidungen kann die Zwangsvollstreckung gegen den Schuldner eingeleitet werden. Faustformel ist, dass **Titel, Klausel und Zustellung** erforderlich sind. 82

Vollstreckungstitel und damit Grundlage von Zwangsvollstreckungsmaßnahmen können speziell Urteile und einstweilige Verfügungen sein. Solange Urteile noch nicht rechtskräftig sind, also noch Rechtsmittel eingelegt werden können, richtet es sich nach den §§ 708 ff. ZPO und der Entscheidung des Gerichts, ob und inwieweit eine **vorläufige Vollstreckbarkeit** – unter Umständen gegen Sicherheitsleistung etwa in Form einer Prozessbürgschaft – gegeben ist. 83

Möglich ist es auch, eine **Unterwerfung unter die sofortige Zwangsvollstreckung** aus einer notariellen Urkunde vertraglich zu vereinbaren (§ 794 Abs. 1 Nr. 5 ZPO). Eine solche Unterwerfungserklärung ist typischer Bestandteil von Grundstückskaufverträgen. Sie bewirkt, dass der Verkäufer insbesondere wegen des Kaufpreises bei Vorliegen der vertraglich festgelegten Voraussetzungen unmittelbar Zwangsvollstreckungsmaßnahmen gegen den Käufer einleiten kann, ohne zuvor in einem langwierigen Prozess ein Urteil erstreiten zu müssen.[71] Wegen dieser Privilegierung und der damit verbundenen Risiken für den Vollstreckungsschuldner werden Unterwerfungserklärungen in der Rechtsprechung unter verschiedenen Gesichtspunkten zunehmend kritisch gesehen.[72] 84

Es hängt von dem titulierten Anspruch ab, welche Instrumente der Zwangsvollstreckung eingesetzt werden können. **Zwangsvollstreckungsmaßnahmen** sind 85
- die Pfändung von beweglichen Sachen und Wertgegenständen,
- die Pfändung von Forderungen des Schuldners gegen Dritte und von anderen Vermögensrechten,[73]
- die Zwangsversteigerung und Zwangsverwaltung von Grundstücken,
- die Eintragung von Sicherungshypotheken im Grundbuch,
- die Räumung von Grundstücken und Gebäuden,[74]
- die Ermächtigung zur Ersatzvornahme auf Kosten des Schuldners,
- die Festsetzung von Ordnungsgeld und Ordnungshaft,
- die Fiktion der Abgabe einer Willenserklärung[75] und
- die Festsetzung von Zwangsgeld oder Zwangshaft.

Unter der **Immobiliarzwangsvollstreckung** wird die Zwangsvollstreckung in Immobilien wegen Geldforderungen verstanden. Wichtigste Instrumente sind in diesem Bereich die Zwangsversteigerung und die Zwangsverwaltung. 86

Die **Zwangsversteigerung** kann insbesondere aus Grundpfandrechten betrieben werden. Für die Zwangsversteigerung gelten die §§ 1 ff. des Zwangsversteigerungsgesetzes (ZVG). Mit dem Zuschlag wird der Erwerber neuer Eigentümer. Miet- und Pachtverhältnisse können nach den §§ 57 f. ZVG gekündigt werden; aus den §§ 91 ff. ZVG ergibt sich, inwieweit dingliche Rechte fortbestehen. 87

Von der Zwangsversteigerung abzugrenzen sind die **freihändige** und die **gesetzlich vorgesehene Versteigerung** von Immobilien. Einschlägige Bestimmung ist insoweit 88

---

[71] Vgl. BGH, NJW 2004, 59 – Unterwerfung Zwangsvollstreckung.
[72] Vgl. BGH, ZfIR 2008, 52 – Vollstreckungsunterwerfung beim Fondsmodell.
[73] BGH, NJW 1988, 2543 – Kontoguthaben; BGHZ 134, 33 – Ansprüche der Vor-GmbH.
[74] Vgl. BGH, NJW-RR 2003, 1450 – Räumungsvollstreckung gegen Untermieter.
[75] Vgl. BGHZ 90, 323 – Klage auf Auflassung.

§ 156 BGB in Verbindung mit den individuellen Versteigerungsbedingungen. Öffentliche Grundstücksauktionen, insbesondere Internetversteigerungen, können im Einzelfall spezielle Rechtsfragen aufwerfen.[76]

89 Die **Zwangsverwaltung** bietet sich bei Immobilien an, die im laufenden Betrieb Erträge abwerfen. Nach Maßgabe der §§ 146 ff. ZVG wird ein Zwangsverwalter bestellt, der z.B. Mieten einzieht und Zahlungen, etwa im Zusammenhang mit Mietsicherheiten, auskehrt;[77] der Verwaltungsaufwand ist recht hoch und steht teilweise nicht in einem angemessenen Verhältnis zu den Erträgen. Es ist daher individuell abzuwägen, ob andere Vollstreckungsarten, namentlich die Zwangsversteigerung, nicht effizienter sind.[78]

90 Im Vorfeld der eigentlichen Zwangsvollstreckung können **Sicherungsmaßnahmen** erheblich zur Durchsetzung der Gläubigerrechte beitragen. Eine Kontosperre kann über ein vorläufiges Zahlungsverbot nach § 845 ZPO erreicht werden.[79] Vergleichbare Effekte kann eine Sicherungsvollstreckung nach § 720 a ZPO haben.[80]

91 Meistens ist die Zwangsvollstreckung insgesamt eine unerquickliche Angelegenheit, zumal säumige Schuldner sich durch Umfirmierungen, Insolvenzantrag[81] oder Wechsel des Wohn- und Geschäftssitzes relativ einfach ihren Verpflichtungen entziehen können. Bevor Vollstreckungsaufträge von den regelmäßig zuständigen **Gerichtsvollziehern** oder **Rechtspflegern** erledigt werden, vergeht einige Zeit. Zudem kann der Schuldner nach der ZPO unter gewissen Bedingungen Vollstreckungsschutz in Anspruch nehmen oder weitere Rechtsbehelfe geltend machen.[82]

92 Vollstrecken **mehrere Gläubiger** parallel, werden die einschlägigen Anträge erst nacheinander bearbeitet. Soll in ein Grundstück vollstreckt werden, sind etwa die Grundpfandrechte zu Gunsten finanzierender Banken, aus denen die Zwangsversteigerung betrieben werden kann, im Range gegenüber nachträglich eingetragenen Rechten Dritter prioritär.[83] Es bedarf daher der Abwägung im Einzelfall, welche Zwangsvollstreckungsmaßnahmen für den Gläubiger zu welchem Zeitpunkt realistische Aussicht auf Erfolg haben.

93 Im **Beispielfall 64** genießt der Mieter M auch nach Ergehen eines Räumungsurteils noch recht weitgehenden Vollstreckungsschutz. Die Bank B kann dagegen aus ihrem Grundpfandrecht, falls erforderlich, die Zwangsversteigerung der Immobilie betreiben. Erstreitet I gegen P wegen dessen geschäftsschädigender Äußerungen einen Unterlassungstitel, kann I bei Verstößen nach § 890 ZPO Ordnungsgeld und Ordnungshaft gegen P festsetzen lassen. Wegen der Werklohnforderungen sind weitere Zwangsvollstreckungsmaßnahmen zulässig.

2.3 Rechtsschutz vor den Verwaltungsgerichten

94 Neben den Zivilgerichten bearbeiten auch die Verwaltungsgerichte immobilienrechtliche Fragestellungen. Die Verwaltungsgerichte kontrollieren das Staatshandeln in den unterschiedlichsten Ausprägungen.

[76] Vgl. KG, NJW 2001, 3272 – Internet-Auktion.
[77] BGH, NJW 2003, 3342 – Mietkaution; BGH, ZfIR 2008, 71 – Vergütung des Zwangsverwalters.
[78] Vgl. BGH, ZfIR 2008, 25 – Zwangsverwaltung und Zwangsversteigerung.
[79] BGH, NJW 2001, 2976 – Vorpfändung.
[80] OLG Düsseldorf, MDR 1997, 392 – Sicherungsvollstreckung.
[81] Dazu § 16 Rdn. 5 ff.
[82] BVerfG, NJW 1994, 719 – Räumungsschutz, BGH, IBR 2004, 225 – Vollstreckungsabwehrklage.
[83] Dazu § 4 Rdn. 127 ff.

Beispielfall 65: Einkaufszentrum 95
Der Investor I errichtet bundesweit Einkaufszentren. Projekt 1 ist – auf der Grundlage eines Bebauungsplans – soeben genehmigt worden, wird aber von dem Nachbarn N mit Widerspruch gegen die Baugenehmigung und verwaltungsgerichtlichem Eilantrag angegriffen. Für das schon komplett realisierte Projekt 2 hat I öffentliche Fördermittel unter der Auflage erhalten, eine bestimmte Anzahl von Arbeitsplätzen zu schaffen; der Fördermittelgeber verlangt die Mittel allerdings nunmehr von I zurück. Zur Begründung wird angeführt, I setze ganz überwiegend nur Aushilfskräfte ein.

2.3.1 Übergreifende Grundsätze

Bei den Verwaltungsgerichten ist maßgeblicher Beteiligter in allen Verfahren der Staat. Da- 96
bei hängt es von den Umständen ab, welche staatliche Institution „richtiger" Mitwirkender ist; **Beklagter** oder **Antragsgegner** sind üblicherweise Bund, Länder und Kommunen, vertreten durch ihre Behörden (= Organe), je nachdem um welchen Verwaltungsbereich es geht.

Typische Gegenstände verwaltungsgerichtlicher Auseinandersetzungen sind 97
- die Normenkontrolle gegen einen Bebauungsplan seitens eines betroffenen Grundstückseigentümers oder eines Nachbarn,
- die Klage eines Bauherrn auf Erteilung oder eines Nachbarn auf Aufhebung einer Bau- oder sonstigen Genehmigung,
- die Klage eines Betroffenen gegen eine ihn belastende Verfügung, etwa eine Nutzungsuntersagung,
- Eilverfahren mit dem Ziel eines Baustopps.

Privilegiert ist der Staat im Bereich der **Verwaltungsvollstreckung**; das Verwaltungs- 98
vollstreckungsgesetz (VwVG) enthält gegenüber dem Vollstreckungsrecht der ZPO einige Erleichterungen. So kann erforderlichenfalls bereits aus einem bloßen Verwaltungsakt die Vollstreckung betrieben werden; die öffentliche Hand muss nicht unbedingt einen gerichtlichen Titel gegen den Schuldner herbeiführen.[84]

Die wichtigsten **Verfahrensarten** vor den Verwaltungsgerichten lassen sich im Über- 99
blick wie in der Abbildung auf nächster Seite darstellen.

2.3.2 Normenkontrolle gegen städtebauliche Satzungen

§ 47 VwGO sieht ein Sonderverfahren für den Rechtsschutz gegen **städtebauliche Sat-** 100
zungen wie Bebauungspläne, Veränderungssperren, Sanierungs-, Entwicklungs- und Erhaltungssatzungen vor.[85]

Der Rechtsschutz gegen Bebauungspläne und andere städtebauliche Satzungen ist höchst 101
kompliziert. Klärungsbedürftig ist zunächst, ob der Antragsteller seine Einwendungen bereits im obligatorischen **Beteiligungsverfahren** bei der Aufstellung der städtebaulichen Satzung fristgerecht artikuliert hat.[86] Sodann gilt eine **1-Jahres-Frist** ab Inkrafttreten der städtebaulichen Satzung.

Einwendungen können stets nur auf **eigene Rechte** gestützt werden, etwa auf Beein- 102
trächtigung des festgesetzten Charakters als Wohngebiet oder auf unverträgliche Lärmimmissionen.[87] Allgemeinwohlbelange wie die Beeinträchtigung von Biotopen oder die Ver-

[84] Vgl. OVG Münster, BauR 2003, 1877 – Zwangsvollstreckung.
[85] Dazu § 9 Rdn. 28 ff. und 101 ff.
[86] BVerwGE 59, 87 – eingeschränkte Einwendungspräklusion.
[87] BVerwG, BauR 2000, 848, Immissionsschutz; BVerwG, ZfBR 2000, 423 – Anspruch auf Wahrung des Gebietscharakters.

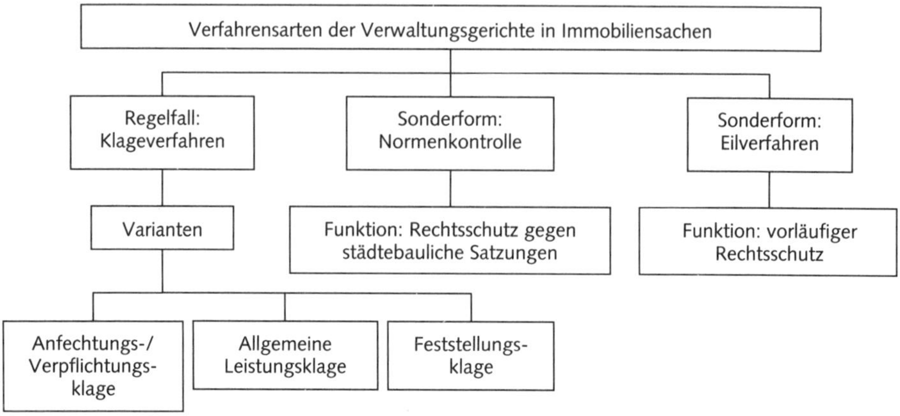

Abbildung 39: Verfahrensarten vor den Verwaltungsgerichten

schärfung einer wirtschaftlichen Konkurrenzsituation können gegen einen Bebauungsplan nicht ins Feld geführt werden.[88]

103 Bei kleineren Formfehlern gilt inzwischen der **Grundsatz der Planerhaltung**. Soweit die Fehler nach den Vorschriften des BauGB nicht ohnehin von vornherein unbeachtlich sind,[89] kann die planende Kommune fehlende oder fehlerhafte Planungsschritte im Wege eines ergänzenden Verfahrens nachholen.[90]

104 Fälle, in denen Bebauungspläne oder andere städtebauliche Satzungen seitens des Oberwaltungsgerichts für komplett **unwirksam** erklärt werden, sind eher selten. Dies gilt nicht zuletzt deswegen, weil die Aufstellung eines Bebauungsplans eine Abwägungsentscheidung ist, die nur bei „groben Fehlgriffen“ irreparabel mangelhaft ist.[91]

105 Im **Beispielfall 65** hängt es bei dem Projekt 1 von einer dem Nachbarn konkret drohenden Rechtsverletzung ab, ob der Nachbar gegen eine dem I erteilte Genehmigung erfolgreich vorgehen kann. Ist der zugrunde liegende Bebauungsplan bereits nach § 10 BauGB in Kraft getreten, kann bei einer Klage gegen die Baugenehmigung nur noch eine mittelbare Prüfung der Satzung auf Rechtmäßigkeit erfolgen.[92]

2.3.3 Klageverfahren

106 Klagen vor den Verwaltungsgerichten folgen ähnlichen Regeln wie Klagen vor den ordentlichen Gerichten. Als **Verfahrensarten** kommen neben der Anfechtungsklage vor allem die Verpflichtungsklage, die Allgemeine Leistungsklage und die Feststellungsklage in Betracht. Die Anfechtungsklage richtet sich gegen (belastende) Verwaltungsakte, mit der Verpflichtungsklage wird der Erlass eines (begünstigenden) Verwaltungsakts angestrebt. Pendant zur Anfechtungs- und Verpflichtungsklage ist die Allgemeine Leistungsklage, soweit es um einen Hoheitsakt geht, der kein Verwaltungsakt ist, etwa die

[88] OVG Greifswald, NVwZ 2000, 826 – kein Schutz vor Konkurrenz.
[89] BVerwG, BauR 2003, 216 – frühzeitige Bürgerbeteiligung.
[90] BVerwG, NVwZ 2004, 226 – ergänzendes Verfahren.
[91] BVerwG, NVwZ 2002, 83 – unwesentlicher Abwägungsfehler.
[92] OVG Münster, BauR 2004, 1594 – Anschlussfrist und Inzidentkontrolle.

Erteilung einer Auskunft oder die Unterlassung von Lärm.[93] Die Feststellungsklage ist subsidiär; mit ihr können streitige Rechtsverhältnisse einer gerichtlichen Entscheidung zugeführt werden.[94]

Leitmotiv ist wie im Normenkontrollverfahren das Bestreben nach einem **Ausschluss der Popularklage**. Insbesondere soll ein Dritter gegen einen Verwaltungsakt nur vorgehen können, wenn er dadurch **in eigenen Rechten verletzt** ist. Eigene Rechte resultieren z.B. aus Eigentumsbeeinträchtigungen oder Gesundheitsgefahren.[95] Keine eigenen Rechte sind bloße Wertminderungen oder die Verschlechterung der Aussicht.[96] 107

Formell muss, je nach dem Landesrecht, möglicherweise vorprozessual ein **Widerspruchsverfahren** durchlaufen werden, bevor Klage eingereicht werden kann. Dieses behördliche „Vorab- Kontrollverfahren" soll eine Überprüfung der getroffenen Entscheidungen und eine Entlastung der Verwaltungsgerichte bewirken. In Wahrheit sind Widerspruchsverfahren oft wenig hilfreich, weil die Neigung der Widerspruchsbehörde, die Ausgangsentscheidung zu beanstanden, tendenziell gering ist. 108

Für Widerspruchsverfahren und Klagen gelten kurze **Fristen**. Widerspruch kann nur innerhalb eines Monats nach förmlicher Zustellung des Verwaltungsakts eingelegt werden, wie in der **Rechtsbehelfsbelehrung** am Ende vermerkt wird. Gegen den Widerspruchsbescheid muss ebenfalls innerhalb eines Monats nach Zustellung geklagt werden. Längere Fristen können lediglich dann in Betracht kommen, wenn dem Betroffenen der Verwaltungsakt nicht förmlich zugestellt worden ist, sondern dieser auf anderem Wege – etwa durch Wahrnehmung von Bauarbeiten – von dem Genehmigungsvorgang erfahren hat. 109

Im **Beispielfall 65** kann der Nachbar des Projekts 1 nicht unmittelbar vor dem Verwaltungsgericht gegen die Baugenehmigung klagen, wenn das Landesrecht dies so vorsieht. Er muss vorab Widerspruch einlegen. Ist die Baugenehmigung dem Nachbarn nicht förmlich zugestellt worden, gibt es für die Widerspruchseinlegung keine feste Frist. Zwar wäre es rechtsmissbräuchlich und unzulässig, wenn der Nachbar bis zur weitgehenden Fertigstellung des Bauvorhabens wartete. Dennoch kann er sich, je nach den Umständen, durchaus mehr als einen Monat Zeit lassen, bevor er den Rechtsbehelf einreicht.[97] 110

Die Erfolgsaussichten des Widerspruchs hängen davon ab, ob und inwieweit der Nachbar durch die Baugenehmigung in eigenen Rechten verletzt ist. Typische Nachbarrechtsverletzungen sind von einem Bauvorhaben auf den Nachbarn einwirkende Immissionen jenseits der einschlägigen Richtwerte. Zu beachten ist indessen, dass der Widerspruch des Nachbarn allein keinen Baustopp bewirkt. Widerspruch und Klage gegen Baugenehmigungen haben nach § 212 a Abs. 1 BauGB keine aufschiebende Wirkung. Neben dem Widerspruch bedarf es daher eines Eilantrags, wenn der Nachbar ein ihn störendes Vorhaben verhindern will.[98]

Der Investor I muss hinsichtlich des Projekts 2 gegen den Bescheid über die Rückforderung der Fördermittel vorgehen. Auch insoweit ist nach Maßgabe des Landesrechts eventuell vorab ein Widerspruch erforderlich; parallel kann es in ähnlich gelagerten Fällen außerdem eines gerichtlichen Eilantrags bedürfen, wenn es um die

---

[93] Vgl. OVG Münster, BauR 2004, 1740 – Schulhoflärm.
[94] BVerwG, BauR 2004, 1749 – Fortsetzungsfeststellungsklage.
[95] Vgl. OVG Bremen, NordÖR 2003, 198 – An- und Abfahrverkehr.
[96] Vgl. BVerwG, BauR 2000, 564 – Wertminderung.
[97] Vgl. OVG Weimar, LKV 2003, 35 – Rechtsbehelfsfrist Nachbar.
[98] OVG Frankfurt/Oder, DVBl. 2001, 1298 – aufschiebende Wirkung.

kraft Gesetzes sofort vollziehbare Anforderung öffentlicher Abgaben und Kosten geht (§ 80 Abs. 2 Nr. 1 VwGO)[99] oder die Behörde die sofortige Vollziehung nach § 80 Abs. 2 Nr. 4 VwGO angeordnet hat.[100]

2.3.4 Eilanträge

111 Nach der VwGO und dem BauGB haben die herkömmlichen Rechtsbehelfe, namentlich Widerspruch, Klage und Normenkontrollantrag, in vielen Fällen keine aufschiebende Wirkung. Der Gesetzgeber hat damit – zu Gunsten des Investors oder des Staates – entschieden, dass das Vollzugsinteresse das Interesse Betroffener, von der Ausnutzung behördlicher Entscheidungen vorläufig verschont zu bleiben, überwiegt. So soll kein offensichtlich unbegründeter Rechtsbehelf zu Verzögerungen führen; nur wenn das Verwaltungsgericht dies in einem besonderen Verfahren entscheidet, soll der Vorrang des Vollzugsinteresses ausnahmsweise außer Kraft gesetzt werden können.[101]

112 Nach der VwGO sind **zwei Typen** von Eilanträgen zu unterscheiden, nämlich

- Anträge auf Anordnung/Wiederherstellung der aufschiebenden Wirkung eines Rechtsbehelfs und
- Anträge auf Erlass einer einstweiligen Anordnung.

113 Anträge auf **Anordnung/Wiederherstellung der aufschiebenden Wirkung** von Rechtsbehelfen sind nach den §§ 80 und 80 a VwGO bei sofort vollziehbaren Verwaltungsentscheidungen neben den eingelegten Hauptsacherechtsbehelfen, insbesondere Widerspruch und Klage, in Erwägung zu ziehen. Mit dem Rechtsbehelf in der Hauptsache wahrt der Einwender seine Rechte. Mit dem Eilantrag kann er zusätzlich auf einen Vollzugsstopp hinwirken.

114 Im Eilverfahren prüft das Verwaltungsgericht lediglich **summarisch** die Sach- und Rechtslage. Nach wenigen Monaten kann das Verfahren beendet sein; in besonders brisanten und terminkritischen Fällen legen die Verwaltungsgerichte den Beteiligten übergangsweise Regelungen wie eine vorläufige Einstellung von Arbeiten, die zur Schaffung vollendeter Tatsachen führen, nahe.[102]

115 Inhaltlich richtet sich das Verwaltungsgericht primär nach den **Erfolgsaussichten** des in der Hauptsache eingelegten Rechtsbehelfs. Ist dieser aussichtslos, wird der Eilantrag zurückgewiesen. Ist mit überwiegender Wahrscheinlichkeit davon auszugehen, dass die behördliche Entscheidung rechtswidrig ist und den Antragsteller in seinen Rechten verletzt, wird die aufschiebende Wirkung des Rechtsbehelfs angeordnet/wiederhergestellt.

116 Gelegentlich konzentriert sich die gerichtliche Entscheidung sogar auf eine **reine Folgenabwägung**. Sieht sich das Verwaltungsgericht außerstande, eine Vielzahl komplizierter tatsächlicher und rechtlicher Fragen in kurzer Zeit zu beantworten, wird geprüft, ob und inwieweit bei einem Vollzug der behördlichen Entscheidung irreparable Folgen drohen. Allein wegen solcher Folgen kann es sein, dass ein Baustopp verfügt oder umgekehrt der Antrag als vorläufig nicht begründet beurteilt wird.[103]

117 Die zweite Variante des Eilverfahrens ist die **einstweilige Anordnung**. Relativ selten sind einstweilige Anordnungen nach § 47 Abs. 6 VwGO, mit denen in Kraft getretene Bebauungspläne außer Kraft gesetzt werden sollen. Der Vollzug von Bebauungsplänen kann

---

[99] BVerwG, NVwZ 1983, 472 – Erschließungsbeitrag.
[100] OVG Münster, BRS 63 Nr. 214 – Sofortvollzug Beseitigung Werbeanlage.
[101] Vgl. OVG Berlin, NVwZ-RR 2002, 306 – Sofortvollzug Sanierungsabgabe.
[102] VGH München, DVBl. 2000, 925 – Schiebeverfügung.
[103] Vgl. BVerwG, NVwZ 2005, 689 – Flughafen Berlin-Schönefeld.

im Wege dieses Verfahrens unterbunden werden, wenn daraus evidente Nachteile oder Gefahren für Anwohner oder anderweitig Betroffene entstehen könnten.[104]

Verbreiteter sind einstweilige Anordnungen nach § 123 VwGO. Diese Regelung ist immer dann heranzuziehen, wenn es nicht um die Anordnung/Wiederherstellung der aufschiebenden Wirkung eines Rechtsbehelfs in der Hauptsache geht. Typisches Beispiel ist das behördliche Einschreiten gegen ein illegal errichtetes Bauvorhaben auf Initiative des Nachbarn.[105] Hier fehlt es an einem Verwaltungsakt, gegen den sich der Nachbar wehren kann, eine Stilllegungs- oder Beseitigungsverfügung soll von der Behörde erst noch erlassen werden. Nach der Systematik der VwGO wäre in der Hauptsache eine Verpflichtungsklage auf Einschreiten seitens der Behörde zu erheben. Eine entsprechende Eilentscheidung ergeht durch einstweilige Anordnung. 118

Auch in einstweiligen Anordnungsverfahren scheidet eine Vorwegnahme der Hauptsache – wie sie etwa mit einer „vorläufigen Baugenehmigung" einher ginge – regelmäßig aus.[106] Meist hat die Eilentscheidung gleichwohl **präjudiziellen Charakter** für den Ausgang der Hauptsache. 119

Wer durch ein letztlich erfolgloses Eilverfahren Störungen eines Bauvorhabens bewirkt, muss nur selten mit **Schadensersatzansprüchen** des Investors rechnen.[107] Angesichts dessen und angesichts der relativ niedrigen Kosten, die durch ein Verwaltungsgerichtsverfahren entstehen, werden bei größeren Projekten die Rechtsschutzvarianten nach der VwGO rege genutzt. 120

Im **Beispielfall 65** hat der Widerspruch des Nachbarn gegen die erteilte Baugenehmigung für das Projekt 2 keine aufschiebende Wirkung, § 212 a Abs. 1 BauGB. Das Verwaltungsgericht muss die aufschiebende Wirkung des Widerspruchs daher auf einen entsprechenden Antrag des Nachbarn hin durch Beschluss anordnen. Antragsgegner ist die Kommune, die die Baugenehmigung erteilt hat; der Investor wird beigeladen. Nur durch das Eilverfahren kann ein Baustopp bewerkstelligt werden. Ob dies gelingt, hängt davon ab, inwieweit der Nachbar dem Verwaltungsgericht im Rahmen der vorzunehmenden summarischen Prüfung nahe bringen kann, dass die Baugenehmigung rechtswidrig ist und den Nachbarn in seinen Rechten verletzt. 121

Im Projekt 3 wird die fördermittelrechtliche Auseinandersetzung eine analoge Struktur haben. Zugrunde liegt der Widerruf des Fördermittelbescheids (§§ 49 und 49 a VwVfG) mit der Folge eines Rückforderungsanspruchs.[108] Gegen diesen belastenden Bescheid wäre Anfechtungsklage zu erheben, für den vorläufigen Rechtsschutz gelten deshalb die §§ 80, 80 a VwGO.

3. Außergerichtliche Konfliktbeilegung

Angesichts der Überlastung der staatlichen Gerichte sowie des hohen Zeit- und Kostenaufwands, der regelmäßig mit einem „klassischen" Prozess verbunden ist, gewinnen außergerichtliche Formen der Konfliktbeilegung zunehmend an Bedeutung. Die gängigen Varianten der außergerichtlichen Konfliktbeilegung haben spezifische Vor- und Nachteile. Es obliegt den Beteiligten, eine für den jeweiligen Einzelfall geeignete Regelung zu treffen. 122

[104] Vgl. OVG Münster, BauR 2003, 1182 – einstweilige Anordnung.
[105] OVG Münster, NJW 1984, 883 – Grenzgarage.
[106] Vgl. OVG Lüneburg, BRS 52 Nr. 169 – vorläufige Baugenehmigung.
[107] Vgl. BGHZ 78, 127 – Schadensersatz bei Baustopp.
[108] BVerwGE 116, 332 – Rückforderung Subvention.

123 **Beispielfall 66:** Streitbeilegung ohne Gericht
Der Investor I realisiert ein bereits vorab vermietetes Bürogebäude mit einem Bauvolumen von ca. 15 Mio. €. I will gerichtliche Auseinandersetzungen mit den diversen Beteiligten unbedingt vermeiden. Bei Streitigkeiten soll ein unabhängiger Dritter eine verbindliche Entscheidung treffen.

3.1 Schiedsgerichtsverfahren

124 In Immobiliensachen bietet es sich zunächst an, Streitigkeiten durch Abschluss von Schiedsgerichtsvereinbarungen dem ordentlichen Rechtsweg zu entziehen. Solche Schiedsgerichtsvereinbarungen können im Zusammenhang mit anderweitigen Verträgen, etwa Grundstückskaufverträgen, getroffen oder auch aus Anlass einer konkreten Auseinandersetzung ausgehandelt werden.

125 Die Schiedsvereinbarung ist ein **eigenständiger Vertrag**. Nach den §§ 1025 ff. ZPO gelten für die Schiedsvereinbarung einige Mindeststandards. Genau bezeichnet werden muss einmal, was Gegenstand der Schiedsgerichtsvereinbarung sein soll; hier kommen sowohl globale Formulierungen, wie der Verweis auf „alle wechselseitigen Ansprüche im Zusammenhang mit dem Vertrag ..." als auch Spezifizierungen wie eine Beschränkung auf „Werklohnansprüche des Auftragnehmers aus dem Vertrag ..." in Betracht.[109]

126 Sodann muss das Schiedsverfahren näher beschrieben werden. Gängig ist es dabei, auf bewährte **Schiedsordnungen** wie die Schiedsgerichtsordnung für Bauwesen des Deutschen Betonvereins e. V. (SGO Bau) oder die Schiedsordnung der Deutschen Institution für Schiedswesen (DIS-Schiedsordnung) zurückzugreifen. Die entsprechenden Regelwerke werden kontinuierlich überarbeitet und fortentwickelt. Sie können bei Bedarf durch Modifikationen individuell auf die Anforderungen der Beteiligten zugeschnitten werden.

127 Bei größeren Auseinandersetzungen einigen sich die Beteiligten vielfach auf ein **Drei-Personen-Schiedsgericht**. Jede Seite benennt einen beisitzenden Schiedsrichter. Der Vorsitzende kann entweder von den beisitzenden Schiedsrichtern einvernehmlich bestimmt, von einer neutralen Institution wie der Industrie- und Handelskammer benannt oder im Konsens von den Parteien beauftragt werden.

128 Ein wichtiger Aspekt sind die Verfügbarkeit und die Vergütung der **Schiedsrichter**. Während die erwähnten formularmäßigen Schiedsordnungen entweder Analogien zu der Anwaltsvergütung nach dem Rechtsanwaltsvergütungsgesetz (RVG) ziehen oder eigene Gebührentabellen enthalten, können die Konditionen mit den Schiedsrichtern von den Parteien grundsätzlich frei ausgehandelt werden. Dazu werden bei Verfahrensbeginn Schiedsrichtervereinbarungen erstellt, die die Anforderung von Kostenvorschüssen, die Bereitstellung geeigneter Räumlichkeiten am Schiedsort und Vorschriften über Reise- und Unterkunftskosten enthalten können.

129 Der Ablauf des Schiedsgerichtsverfahrens unterscheidet sich nur begrenzt von einem Klageverfahren nach der ZPO. Im Schiedsgerichtsverfahren wird traditionell vorrangig auf eine **vergleichsweise Einigung** der Parteien hingewirkt. Das Schiedsgericht kann eine solche Einigung – bei Wahrung der gebotenen Neutralität[110] – durch geeignete Hinweise zur Sach- und Rechtslage befördern. Solche Hinweise können in mündlicher wie in schriftlicher Form gegeben werden; eine weitere Variante sind schriftliche Vergleichsvorschläge, zu denen die Parteien Stellung nehmen können.

[109] BGH, ZIP 2004, 1616 – Auslegung Schiedsvereinbarung.
[110] BGHZ 98, 35 – Neutralität der Schiedsrichter.

Kommt es zu keiner vergleichsweisen Einigung, ergeht ein **Schiedsspruch**. Der Schiedsspruch hat mit einem zivilgerichtlichen Urteil vergleichbare Rechtsfolgen. Er kann Vollstreckungstitel sein. Der Schiedsspruch ist zu begründen und wird den Parteien zugestellt. 130

Haben die Parteien mit der Schiedsgerichtsvereinbarung den ordentlichen Rechtsweg ausgeschlossen, gibt es gegen den Schiedsspruch grundsätzlich **kein Rechtsmittel**. Nach Maßgabe der Schiedsgerichtsvereinbarung kann lediglich in extrem gelagerten Ausnahmefällen bei offensichtlichen Unrichtigkeiten ein von den Parteien vorab festzulegendes ordentliches Gericht zur Überprüfung des Schiedsspruchs angerufen werden. Die Erfolgsaussichten sind in einem solchen Verfahren aber sehr gering.[111] 131

Schwierigkeiten bereitet die **Einbeziehung Dritter** im Schiedsgerichtsverfahren. Während nach der ZPO mehrere Personen oder Unternehmen verklagt und/oder über eine **Streitverkündung** verbindlich einbezogen werden können, gilt ein Schiedsspruch nur in dem Umfange, in dem sich die Betroffenen an der Schiedsgerichtsvereinbarung beteiligt haben. Bei komplexen Immobiliengeschäften, bei denen verschiedenste Protagonisten mitwirken, können unter diesem Aspekt Regelungsdefizite auftreten. Es ist frühzeitig abzustimmen, wie die Durchgängigkeit von Schiedsgerichtsvereinbarungen bewerkstelligt werden kann. 132

Im **Beispielfall 66** wird es nur selten machbar sein, alle Beteiligten in eine Schiedsgerichtsvereinbarung zu integrieren. Maßgeblich betroffen sind jedenfalls neben I der Mieter, das oder die mit der Ausführung beauftragte/n Unternehmen sowie Planer und Objektüberwachung. Enthält etwa der Mietvertrag keine Schiedsgerichtsvereinbarung, wird I insbesondere mit einem Generalunternehmer nicht anders verfahren können, weil andernfalls die Gefahr besteht, dass Mieter und/oder Generalunternehmer bei Streitigkeiten mit I nicht angemessen involviert werden können. Entsprechendes gilt, wenn eine Schiedsgerichtsvereinbarung zwischen I und dem Generalunternehmer nach weitgehender Fertigstellung des Projekts geschlossen werden soll, die von dem Generalunternehmer beauftragten Nachunternehmer allerdings nicht teilnehmen. 133

Ungeachtet dessen kann und sollte I namentlich gegenüber dem Mieter auf eine Schiedsgerichtsvereinbarung hinwirken. Das Risiko langwieriger Rechtsstreitigkeiten über mehrere Instanzen hinweg z.B. zur Übergabe- und Abnahmefähigkeit der Mietsache oder zu Zahlungsverpflichtungen des Mieters kann dadurch begrenzt werden. Ferner können die Modalitäten der Konfliktbeilegung besser gesteuert werden.

3.2 Schiedsgutachten

Vom Schiedsgerichtsverfahren zu unterscheiden sind Schiedsgutachterverfahren. **Gegenstand** von Schiedsgutachterverfahren ist die Beantwortung von Fragen der Beteiligten durch einen oder mehrere besonders qualifizierte/n Sachverständige/n. Dabei kann es sich gleichermaßen um tatsächliche Fragen, speziell technischer Natur, oder juristische Fragen handeln.[112] 134

Schiedsgutachterverfahren können mehrere Zielrichtungen haben. Ziel kann es einmal sein, die zur Beantwortung anstehenden Fragen durch das Gutachten **abschließend** zu erledigen und weitergehende gerichtliche und außergerichtliche Auseinandersetzungen 135

[111] BGH, NJW 2004, 2226 – Anfechtung Schiedsspruch.

[112] BGH, NJW 1990, 1231 – Abrechnungsdifferenzen; OLG Düsseldorf, BauR 1998, 195 – Mängel und Restarbeiten.

auszuschließen. Bei dieser Variante besteht eine Parallele zum Schiedsgerichtsverfahren.[113] Häufig kranken derartige Schiedsgutachterverfahren indessen daran, dass die Fragestellungen der Beteiligten nicht hinreichend präzise sind und/oder seitens des/der Sachverständigen in dem Gutachten keine eindeutigen oder sogar von den Fragen abweichende Ausführungen gemacht werden. Dann erweist sich das Schiedsgutachten – entgegen der Intention – nicht als „letztes Wort"; die Partei, die sich im Nachteil sieht, wird das Gutachten vielmehr nicht akzeptieren und ergänzende Schritte in Erwägung ziehen.[114]

136 Es ist allgemein anerkannt, dass die Parteien einer Schiedsgutachtervereinbarung an ein offenbar unrichtiges Gutachten nicht gebunden sind.[115] Die zweite gebräuchliche Variante des Schiedsgutachterverfahrens besteht deshalb darin, dem Schiedsgutachten von vornherein **keinen Verbindlichkeitsanspruch** beizumessen. Dies ist aber ebenfalls problematisch. Nicht selten kommt es auch bei diesem Modell, ausgelöst von der unterlegenen Seite, zu einer Folgeauseinandersetzung.

137 Schiedsgutachtermodelle nach angelsächsischem Vorbild („adjudication") werden neuerdings intensiv diskutiert. Solche Modelle können zur Vermeidung von Rechtsunsicherheiten mit einem institutionalisierten **Partnering** gekoppelt werden. Idee des Partnerings ist es, Immobilienprojekte von Beginn an auf fairem Wege unter Achtung der jeweiligen Interessen abzuwickeln. Schiedsgutachten, die allseits akzeptiert werden, können dazu beitragen.

138 Eine kooperative und auf Streitvermeidung angelegte Form des Zusammenwirkens wird auch in einem **Bauteam** angestrebt. Im Bauteam arbeiten die Beteiligten eines Bauvorhabens bereits in der frühen Planungsphase miteinander an der Optimierung der Details; im Zweifel können Schiedsgutachten Differenzen innerhalb des Bauteams beilegen.

139 **Haftung** und **Vergütung** von Schiedsgutachtern können individuell geregelt werden. Das gleiche gilt für die Verfahrensmodalitäten einschließlich der Möglichkeit einer eventuellen Ablehnung des Gutachters wegen Befangenheit.[116] Dritte, die der Schiedsgutachtervereinbarung nicht beigetreten sind, sind an das Schiedsgutachten nicht gebunden.[117]

140 Im **Beispielfall 66** muss I auch bei Einschaltung eines oder mehrerer Schiedsgutachter die Durchgängigkeit der Rechtsbeziehungen gewährleisten. Im Übrigen hat I zu beachten, dass Schiedsgutachten in Bezug auf Gegenstand und Rechtsfolgen nur dann den gewünschten Effekt entfalten, wenn die maßgeblichen Vereinbarungen transparent und effizient gestaltet werden. Ob und inwieweit dies möglich ist, hängt von dem Projekt, den eventuell konfliktträchtigen Themen und der Qualität der Zusammenarbeit der Beteiligten ab.

3.3 Mediation

141 Ein neues Rechtsinstitut, das außerhalb Deutschlands bereits seit längerem erfolgreich eingesetzt wird, ist die Mediation. Bei der Mediation einigen sich die Beteiligten darauf, ein freiwilliges außergerichtliches **Schlichtungsverfahren** mithilfe eines unabhängigen und unparteiischen Mediators durchzuführen. Die obligatorische Streitschlichtung nach § 15 a des Einführungsgesetzes zur ZPO (EGZPO) und dem teilweise dazu erlassenen Landesrecht

[113] Dazu § 17 Rdn. 131.
[114] Vgl. OLG Brandenburg, BauR 2002 1737 – Beweisverfahren trotz Schiedsgutachtervereinbarung.
[115] BGH, NJW-RR 1993, 1034 – Unrichtigkeit des Schiedsgutachtens.
[116] Vgl. OLG München, ZfIR 2008, 727 – befangener Schiedsgutachter.
[117] OLG Düsseldorf, IBR 2004, 13 – Schiedsgutachten und Dritte.

hat im Immobilienrecht keine nennenswerte Relevanz; sie beschränkt sich auf einige wenige Auseinandersetzungen von untergeordneter wirtschaftlicher Bedeutung.[118]

Im Unterschied zum Schiedsgerichtsverfahren und zum Schiedsgutachten werden bei der Mediation regelmäßig die **Entscheidungskompetenzen** nicht auf den Mediator delegiert. Der Mediator soll vielmehr gemeinsam mit den Beteiligten die jeweiligen Interessen ausloten und feststellen, wie ein angemessener Kompromiss unter Berücksichtigung aller Umstände einschließlich der Erfolgsaussichten andernfalls eventuell erforderlicher gerichtlicher Verfahren aussehen könnte. Ein solches Prozedere kann beispielsweise dann sinnvoll sein, wenn die Beteiligten trotz eines singulären Konflikts eine ständige Zusammenarbeit nicht gefährden wollen; Voraussetzung ist aber stets, dass die Beteiligten hinreichende Verfahrensdisziplin üben und eine echte Einigungsbereitschaft vorhanden ist. **142**

Vieles hängt bei der Mediation von der Verfahrens- und Sachkompetenz des **Mediators** ab. Einen staatlich ausgebildeten und geprüften Mediator gibt es bisher nicht.[119] Zwar haben sich inzwischen einige führende Interessenverbände gebildet, die Ausbildungen zum Mediator anbieten. Übergreifende Qualitätsmaßstäbe sind jedoch noch nicht definiert. Deswegen wird in der Praxis im Zweifel einem Schiedsgerichts- oder Schiedsgutachterverfahren der Vorzug gegeben. **143**

Im **Beispielfall 66** dürfte sich die Mediation für die komplexen Strukturen des Projekts von I nicht ohne weiteres eignen. Sie kann aber im Verhältnis zu einzelnen Beteiligten ein probates Schlichtungsinstrument sein. **144**

Literatur zur Vertiefung

Finkelnburg, Klaus/Dombert, Matthias/Külpmann, Christoph, Vorläufiger Rechtsschutz im Verwaltungsstreitverfahren, 5. Aufl., München 2008; *Haft, Fritjof/Schlieffen, Katharina von,* Handbuch Mediation, 2. Aufl., München 2008; *Hintzen, Udo, Zwangsversteigerung von Immobilien,* 2. Aufl., München 2008; *Kniffka, Rolf/Koeble, Wolfgang,* Kompendium des Baurechts, 3. Aufl., München 2008; *Kopp, Ferdinand/Schenke, Wolf-Rüdiger,* Verwaltungsgerichtsordnung (Kommentar), 15. Aufl., München 2007; *Kuhla, Wolfgang/Hüttenbrink, Jost,* Der Verwaltungsprozess, 3. Aufl., München 2002; *Schwab, Karl Heinz/Walter, Gerhard,* Schiedsgerichtsbarkeit (Kommentar), 7. Aufl., München 2005; *Weise, Stefan,* Selbständiges Beweisverfahren im Baurecht, 2. Aufl., München 2002; *Werner, Ulrich/Pastor, Walter,* Der Bauprozess, 12. Aufl., München 2008; *Stöber, Kurt,* Zwangsversteigerungsgesetz (Kommentar), 19. Aufl., München 2009; *Zöller, Richard,* Zivilprozessordnung (Kommentar), 27. Aufl., Köln 2008.

---

[118] Vgl. dazu LG Karlsruhe, Justiz 2003, 265 – Streitschlichtung bei Nachbarschaftskonflikt.

[119] Vgl. LG Rostock, NJW-RR 2001, 1290 – Mediation und Rechtsberatung.

Stichwortverzeichnis

Stichwortverzeichnis

Stichwortverzeichnis

Stichwortverzeichnis